翻轉學

SUPER THINKING
The Big Book of Mental Models

超級思維
——暢銷經典版——

跨界、跨域、跨能,突破思考盲點,
提升解決能力的心智模式大全

蓋布瑞・溫伯格 Gabriel Weinberg、蘿倫・麥肯 Lauren McCann 著
林麗雪 譯

目錄

好評推薦　　　　　　　　　　　　　　　　　　　　　　　7
序言　活用跨領域的心智模式，成為超級思維者　　　　　9

第 1 章　減少出錯，做出好決策　　　　　　　　　　17
從底層往上思考
站在旁觀者的角度，客觀思考
了解不同觀點，做出正確判斷
固守舊信念，容易陷入偏見
避免錯誤的直覺誤導你

第 2 章　預先防範，管控「不如預期」　　　　　　　61
重大的損失，常源自微小的決定
當報酬大於風險，風險就容易被忽視
誘因設置不當，將會倒果為因
缺乏長遠計畫，容易做出短視近利的決定
過多選項，反而對決策無益

第 3 章　有效運用時間，提升效率　　　　　103

　　　　將心力投注在最重要的事上
　　　　利用槓桿作用，放大報酬
　　　　跳脫無效的舊思維
　　　　預先制定計畫，避免浪費時間

第 4 章　克服慣性，適應各種變化　　　　　147

　　　　找出內在動力，有效對抗慣性
　　　　掌握事物的連鎖反應，更快達標
　　　　增強適應力，將危機變轉機

第 5 章　從龐大數據中，正確判讀　　　　　187

　　　　缺乏科學論證的資訊，會造成判斷偏誤
　　　　許多偏差，可能從一開始就出現了
　　　　要特別小心小數法則，不要片面下定論
　　　　樣本數越多，越接近常態分布
　　　　機率會隨額外資訊而改變
　　　　太小的樣本數，會使結果失真
　　　　檢視實驗結果能否重複驗證

目錄

第 6 章　從眾多選項中，選出對自己最好的　　245
　　　　加入評分來衡量成本與效率
　　　　把事情化繁為簡
　　　　當心事件背後隱藏的風險

第 7 章　面對衝突環境，尋求最佳結果　　289
　　　　找出能創造雙贏的可能
　　　　留意會影響決定的各種暗示
　　　　你看事情的角度會影響選擇的結果
　　　　追求達標的同時，也要考量方法的正當性
　　　　面對衝突時，不一定要正面迎擊
　　　　運用策略扭轉賽局，增加勝率
　　　　評估結果，思考可行的退場策略

第 8 章　激發潛能，創造高績效團隊　　337
　　　　發掘每個人獨特的能力
　　　　把對的人放在對的位置
　　　　透過練習，達到專業級表現
　　　　幫助團隊發揮最大潛能
　　　　建立團隊文化，朝目標邁進

第 9 章　展現你的市場競爭力　　　　　　　　　383

　　　　　找出看似平常，卻有發展性的契機
　　　　　沒有執行的遠見只是幻覺
　　　　　打造自己的競爭優勢

結語　內化心智模式，擴大你的能力圈　　　　　427
謝辭　　　　　　　　　　　　　　　　　　　　432
圖片來源　　　　　　　　　　　　　　　　　　433

好評推薦

「不論人生或商場，各種情形都需要蒐集對的情報、進行建設性的思考，並做出正確決斷。本書提供一個從思考到決策的完整框架，可以幫助讀者避免受到常見盲點的影響，客觀做出正確的決定，提高人生和商場上各種試煉的打擊率，非常值得一讀。」

──施典志，vocus.cc 方格子平台營運總監、科技評論者

「精讀本書，就能做出更好的決定，讓你的人生、事業、投資更加順遂！」

──姚侑廷，「姚侑廷的自學筆記」版主、醫師

「用『3個10』的時間心智模式表達我對本書的喜愛，拿到書的十分鐘內會翻閱這本書，十個月內會反覆細讀，10年後它仍會在我的書架上。」

──鄭匡寓，網路媒體總編、獨立撰稿人

「巴菲特的合夥人查理・蒙格曾說：『心智模式就是大腦做決定時所使用的工具箱；工具箱裡有的工具愈多，你就更有可能做出正確的決定。』而在這本書中，你可以找到超過三百多個在日常生活中被反覆利用的經典工具。」

──劉奕酉，《高產出的本事》作者、商務顧問

「如果你只記得單一的事實,就不可能真的知道任何事。如果事實不能在理論的架構上拼湊在一起,你就無法真正運用它們。你腦海裡必須要有模式。」

── 查理‧蒙格(Charlie Munger),
投資家暨波克夏‧海瑟威公司(Berkshire Hathaway)副總裁、
《窮查理的普通常識》(Poor Charlie's Almanack)作者

「這是一本了解世界、做出正確決定和下聰明賭注的寶貴資源。節奏快速且具閱讀樂趣,每一頁都充滿有用的資訊,真希望我早就擁有這本書。」

── 安妮‧杜克(Annie Duke),
《高勝算決策》(Thinking in Bets)作者

「內化這些心智模式將會幫助你了解周遭的世界。一旦你找到它們,就可以改變自己的行為,避免常見的陷阱,調整你與他人的互動,獲得更好的結果,甚至找到世界尚未發現的新心智模式。」

── 布萊恩‧阿姆斯壯(Brian Armstrong),
加密貨幣交易平台 Coinbase 共同創辦人暨執行長

序言
活用跨領域的心智模式，成為超級思維者

每天早晨，當我們的孩子出門去學校或是去露營後，我們會一起去散步，聊一聊生活、事業和目前的狀況。我們討論的主題雖然很廣泛，卻經常發現共同的思路，也就是幫助我們解釋、預測，或是處理看似毫不相關但反覆出現的概念。從比較熟悉的概念，例如機會成本和慣性，到比較晦澀的概念，像是「葛哈德法則」（Goodhart's law）和「管制俘虜」（regulatory capture）⋯⋯後面章節將解釋這些重要的概念。

這些反覆出現的概念稱為「**心智模式**」（mental models），一旦熟悉它們之後，就可以很快運用它們創造一個情境的心智圖像。在本書裡，介紹主要的心智模式時，將以粗體字呈現（如**心智模式**）；強調模式名稱裡的詞語，還有常見的相關概念和慣用語則改換黑體字呈現（如心智）。

這些模式雖然很有用，但即便是在大學裡，大部分的概念也通常不會教。我們從正規教育中挑選出一些概念（我們倆都在麻省理工學院〔MIT〕拿到大學和研究所學位），但大多數都是我們自己從閱讀、會話和經驗裡學習而來。

我們都希望自己能早一點就學會這些概念，因為不只能幫助我們更了解周遭發生的事，也讓我們在生活各領域中成為更有效率的決策者。雖然我們不能回到過去，去教導年輕的自己這些概念，但

是可以提供這個指南給其他人和我們的小孩。這是我們寫本書的主要動機。

物理學的一個好用的心智模式例子就是「**臨界質量**」（critical mass）概念，臨界質量指的是，核材料的**質量**需要創造出一個**臨界狀態**，核子連鎖反應才可能發生。臨界質量是發展原子彈的重要心智模式。

和物理學一樣，每一個學科都有自己的一套心智模式，讓各領域的人經由課程、師徒制和第一手經驗中學習。不過，其中有些心智模式，有助於一般日常生活中的決策、解決問題和尋求真理，通常源自於特定的學科（物理學、經濟學等），但其中的隱喻價值卻超越其原始領域。

臨界質量是應用較廣泛的一種心智模式。想法能夠到達臨界質量；集會可以達到臨界質量；在物理學的脈絡之外，臨界質量也有廣泛的運用（第4章將仔細探討臨界質量）。

我們稱這些具有能廣泛運用的心智模式為「**超級模式**」，藉由經常運用它們，你將會擁有超級力量：「**超級思維**」（Super Thinking），也就是對這個世界有更好的思考能力。你可以善加利用，以便在個人和專業上做出更好的決策。

多年前，我們經由知名投資家華倫・巴菲特（Warren Buffett）的夥伴查理・蒙格（Charlie Munger），而接觸到超級模式的概念。1994年，蒙格在南加州大學（University of Southern California）馬歇爾商學院（Marshall Business School）一場以「關於投資管理與商業的普世智慧」為題的演講中解釋道：

什麼是普世智慧？第一個原則是，如果你只是記得單

一的事實,然後把它們硬湊在一起,就不可能真的理解那件事。如果事實不能在理論的架構上組合在一起,你就無法真正運用它們。

你腦海裡必須要有模式,且必須把你間接感受到的,或是直接的經驗,與模式連結在一起。

他繼續說:「歷史不會重演,但是會有規律。」如果你能找出一個適用於眼前狀況的心智模式,那麼就會立刻掌握很多事。例如,你正在思考要開一間公司,讓人們把閒置於車庫裡的昂貴電動器具拿來出租,如果你了解臨界質量的概念能夠運用在這個事業上,就會知道在實行之前,有些需要滿足的門檻。在這個例子裡,你在一個社區裡需要有足夠可供出租的器具,來滿足一開始的顧客需求,就像是在一個城市裡要讓人們開始依賴來福車(Lyft)＊時,你需要有足夠的駕駛人。

這就是超級思維,因為一旦你確定可以用臨界質量的角度解釋一部分的商業模式,就能開始從更高的層次理解它,並且回答類似這樣的問題:

- 在特定區域裡要達到臨界質量,工具需要多密集?
- 在那個區域裡,工具與工具之間,距離要多遠?
- 某個地區是不是可以達到臨界質量,為什麼?
- 為了讓臨界質量可以達成或是比較容易達成,你可以改變這

＊ 透過 APP 提供載客車輛租賃及媒合共乘的共享經濟服務。乘客可以透過傳送簡訊或是使用 APP 來預約車輛並追蹤車輛位置。

個商業模式嗎？（例如，公司可以在每個地區投入自己的工具。）

如你所知，超級模式是通往更高階思維的捷徑。假如你能夠了解一個狀況的相關模式，那麼你就可以越過低階思維，立即躍升到高階思維。相對地，不知道這些模式的人可能永遠不會到達更高的層次，也肯定沒有辦法用快速的方法抵達。

回想你第一次學乘法時，你可能還記得，乘法只是重複的加法。事實上，所有以算術為基礎的運算都能回歸到加法，例如減法只是加上一個負數，除法只是重複的減法等。然而，用加法來做複雜的運算可能會非常慢，這就是為什麼你要用乘法的原因。

假設你眼前有一個計算機或試算表，當你有158個「7」，而你想要知道總數，可以利用你的工具把 7 加上 158 次（較緩慢的方式），或是只要把 7 乘以 158（較迅速的方式）。當你知道乘法這個更高階的概念，可以幫助你快速而有效率地工作時，耗費時間的加法就會讓人感到頭大了。

當你沒有利用心智模式時，思考就像是明明有乘法卻使用加法一樣。你沒有利用這些可以幫助你從更高層次來理解問題的元素，卻每一次都從頭開始。這正是為什麼知道正確的心智模式能夠開啟超級思維，就像減法、乘法和除法開啟你解決更複雜數學問題的能力一樣。

一旦你像運用乘法一樣內化一個心智模式，就會難以想像沒有它的世界。但很少心智模式是與生俱來的，也曾有過人們不知道加法的時代，甚至現今依然能找到完全都不需要它也能生存的社會，例如巴西亞馬遜雨林的皮拉哈族（Pirahã），他們沒有具體的數字

概念，只有「較小」和「較大」的概念，因此他們沒辦法簡單計算超過三的數量，更不用說運用加法。就像英國倫敦大學認知神經科學研究所榮譽教授布萊恩・巴特沃斯（Brian Butterworth）在 2004 年 10 月 20 日《衛報》（The Guardian）的文章〈當你不會計算超過四以上的數時，會發生什麼事呢？〉（What Happens When You Can't Count Past Four?）中所描述的：

> 因為沒有太多的數字詞彙，沒有像是 1、2、3 的數字符號，因此不能用我們在英國測試五歲小孩的方法去測試他們的算術技巧。高登＊反而實施了一個配對的試驗，他在桌上擺放最多八樣物品，參與測試的皮拉哈人需要把數目相同的物品依照順序排在桌子上。測試結果顯示，即使順利將物品排成一列，但在三樣物品之後，準確度卻大幅降低。

思考一下，可能有很多的學科，你只有初淺的知識，或許物理就是其中一個，大部分的物理概念是深奧的，但本書介紹的物理心智模式，在你每天的日常生活中卻經常會用到。因此，雖然你對這個學科只有初淺的知識，你還是能夠，而且也應該要充分學習特定的概念，以便在非物理學的領域裡派上用場。

舉例來說，除非你是物理學家，你不太可能會每天用到「柯氏力」（Coriolis force）、「冷次定律」（Lenz's law）、「繞射」（diffraction）等上百種物理概念，但我們將會證實臨界質量的心

＊ 美國語言學家彼得・高登（Peter Gordon）。

智模式可以活用在日常生活中。這是一般心智模式和超級模式之間的差異，而且這個模式會重複發生於每一個主要的學科。如同蒙格所說的：

> 模式來自好幾個學科，因為小小的學術科系不可能包含世界上所有的智慧⋯⋯你必須擁有橫跨許多學科的模式。
>
> 你可能會說：「天啊，這也太難了！」不過幸運的是，它並沒有那麼難，因為只要掌握 80 到 90 個模式，幾乎就能讓你成為善於處世的人。而且其中只有一小部分真的很重要。

1996 年 4 月 19 日，蒙格在史丹佛法學院演講關於「普世智慧與結果」的主題時進一步闡述：

> 當我鼓勵多學科的研究方法時⋯⋯我希望你們要忽視學科範圍的界線。如果你想要成為一個好的思想家，你必須發展出超越這些界線的心智。你不用知道全部，只要掌握所有學科裡面最好的概念。而這麼做並不困難。

你最好隨時擁有大量的心智模式，否則無法使用最佳模式來解決事情。有句話說：「如果你手上拿的是一根槌子，每樣東西看起來都會像是釘子。」（這句話和另一個超級模式「**馬斯洛的槌子**」有關，第 6 章會詳談。）針對特定的狀況，你會想要使用正確的工具，但前提是你需要一個裝滿超級模式的工具箱。

這本書就是那個工具箱，系統化列出、分類和解釋所有跨領域

的重要心智模式。在 9 個章節裡，以敘述的方式替你把所有的超級模式組織起來，希望讀起來有趣，並且容易理解。每個章節都有一個貫穿的主題，書寫的方式也方便日後回頭參看。

我們相信把這些超級模式整理在一起，將讓你終生受用，包括讓你了解情況、協助你產生想法、幫助你做決策。然而，要讓這些心智模式發揮最大的作用，必須在正確的時間和正確的情境下應用。而為了做到這一點，必須充分理解，才能將正確的模式和所處的情境結合。當你深入了解一個心智模式後，它會像乘法一樣自然而然出現在你的腦海裡。

以這種方式學習應用超級心智模式無法一夕可成，你不會立即就精通，必須要從這些心智模式的初步知識中發展出超能力。第一次閱讀這本書如同蜘蛛人被蜘蛛咬傷，或是綠巨人浩克受到放射線照射一樣，在第一次變形之後，你必須藉由不斷練習，培養自己的能力。

圖 0-1　累積心智模式，開啟你的超級思維

「那就是我的祕訣，我總是會利用心智模式。」

如同圖 0-1 所描繪的，當你的能力受到鍛鍊後，你就會像電影《復仇者聯盟》（*The Avengers*）經典場景裡的浩克一樣。當美國隊長想要班納（變身前的浩克）變身成浩克時會對他說：「現在可能是憤怒的好時機。」班納回答：「那就是我的祕訣，隊長……我一直是憤怒的。」

　　這是一本我們希望很多年前就有人送給我們的書。不論你處於生命的哪一個階段，本書的設計是用來幫助你即刻開啟你的超級思維旅程，成為一個超級思維者。這讓我們想到另一句諺語：「種樹的最佳時機是二十年前，第二個最好時機就是現在。」

第 1 章
減少出錯，做出好決策

想減少錯誤，我們必須更客觀，或是站在他人的角度思考，以降低偏誤的影響。我們可以運用以下心智模式：

- 反向思考
- 非受迫性失誤
- 反脆弱
- 從第一原理開始論證
- 去風險化
- 過早最佳化
- 最小可行性產品
- 奧坎剃刀
- 聯集謬誤
- 過度配適
- 參考架構
- 框架
- 推力
- 定錨

- 可得性偏差
- 過濾氣泡
- 回聲室
- 第三個故事
- 最尊重的解釋
- 漢隆的剃刀
- 基本歸因謬誤
- 自利偏誤
- 無知之幕
- 出生樂透
- 公正世界假說
- 譴責受害者
- 習得無助
- 典範轉移

- 塞麥爾維斯反射
- 驗證性偏誤
- 逆火效應
- 不驗證性偏誤
- 認知失調
- 灰色思維
- 魔鬼代言人
- 直覺
- 近因
- 根本原因
- 事後檢討
- 五個為什麼
- 樂觀的可能性偏誤

或許你沒意識到，你每天做的決定有好幾十個。不論是個人或工作上，當你做這些決定時，通常想做出正確的決策，而不是犯錯。然而，因為這個世界很複雜，而且持續在改變，想要一直都做對決策，通常是困難的。你會不斷面對陌生的狀況，通常還伴隨著大量的選項，而正確答案總是要到事後才會看得清楚。

19世紀德國數學家卡爾・雅可比（Carl Jacobi）經常說：「反向，永遠反向思考。」*他的意思是從反向的角度思考一個問題，可以開啟新的解答和策略。例如，大部分的人是從賺更多錢的角度投資金錢，反向則是從不賠錢的角度投資金錢。

假設想要吃得健康，直接的方式是建立一套健康飲食的方法，也許可以自己選擇食材在家料理；相對地，反向的方式則是避免不健康的選項，你可能還是外食，但只挑選比較健康的選項。

「反向思考」（inverse thinking）的概念可以幫你在面對挑戰時做出好決策。對的比較多，反向就是錯誤少一點。心智模式是一套可以幫你錯誤少一點的工具，是更有效探索複雜世界的概念。

如同序言提到，心智模式來自各種特定的學科，但是有很多模式在各自的領域之外，具有更高的應用價值。當你要解決眼前發生的狀況時，如果可以運用這些心智模式幫你做決定，就可以減少出錯機會。

以體育界為例，在網球運動中，**「非受迫性失誤」（unforced error）**的發生不是因為另一個選手產生失誤，而是選手自己判斷錯誤或產生失誤所造成。例如，把一個簡單的球打到網子上就是一種非受迫性失誤。打網球若想要錯誤少一點，在球場上就需要少犯

---

* 實際上他說的是「Man muss immer umkehren」，因為英語不是他的母語。

一點非受迫性失誤；想在做決定時錯誤少一點，你就需要少犯一些非受迫性失誤。

這還可以運用在哪些地方呢？非受迫性失誤雖然是來自網球的概念，但是在任何狀況裡，當出現可以避免的錯誤時，就可以用來作為一種比喻。烘焙時把湯匙當成茶匙；約會時不小心留下了不好的第一印象；決策時沒有考慮到所有的選項，都屬於非受迫性失誤。開始檢視你的周遭，將會發現它們無所不在。

不過，非受迫性失誤並不是做出錯誤決定的唯一形式。基於當下所有的資訊而做出認為是最好的決定，事後來看也很容易變成錯誤的決定，這是因為事情本身即具有不確定性。無論你多麼努力，但由於不確定性，做決定時還是可能會出錯，而且比你所預期的更頻繁。你所能做的是，時時刻刻都運用健全的判斷和技巧，做出最佳決定，努力在歷程中減少非受迫性失誤。

另一個改善思考的心智模式稱為**「反脆弱」**（antifragile），這是金融分析師納西姆・尼可拉斯・塔雷伯（Nassim Nicholas Taleb）在同名的書籍裡所探討的概念。他的說法是：

> 有些事情會因衝擊得到好處，當這些事情處在不穩定、隨機性、失序、壓力源、風險和不確定性時，會茁壯成長。然而，即使這些現象無所不在，卻沒有精確的字詞形容脆弱的相反意義，姑且稱為「反脆弱」。
>
> 反脆弱超越彈性或堅強，彈性會抵抗衝擊，並維持相同的狀態，反脆弱則會變得更好。

就像面對經濟衝擊，反而讓你的投資組合反脆弱；同樣地，在

面對新的決定時，也會讓你的思考反脆弱。如果你的思考是反脆弱的，那麼當你從錯誤中學習，並與周遭人、事、物互動時，它就會跟著得到改善。和在健身房運動一樣，你活動肌肉和骨頭，讓它們長得更強壯。我們想藉著幫助你把心智模式納入每日的思考，而逐漸找到與特定狀況相符的正確模式，以改善你的思考過程。

當你閱讀完本書時，會有來自幾十個學科、超過三百個心智模式浮現在你的腦海裡，迫不及待在適當的時機出現。你不需要是網球專家或金融分析師才能獲得這些概念的好處，你只需要了解它們廣泛的意義，適時加以運用。如果你持續且正確運用這些心智模式，你的決策將會變得**錯誤少一些**，或者反向來說，**對的多一點**。這就是超級思維。

本章將要探討不帶偏見地解決問題。遺憾的是，演化讓我們落入許多心理陷阱，假如你沒有覺察，那麼通常會不知不覺做出不好的決定；但如果你可以提早辨識出這些陷阱，並且利用經過試驗、證明為有效的技巧來避免，將會穩健步上通往超級思維的道路。

從底層往上思考

任何稱職的數理老師都會強調，必須知道如何導出公式的重要性，唯有如此，你才會真正了解它。能夠在空白的紙上破解一道數學難題，和先給你一道公式再讓你開始解題，是不一樣的；廚師拿到食材後，不用看食譜就可以做成一道美味的料理，和只知道照著食譜做菜的人，也是不同的。

蘿倫在麻省理工學院的那幾年，曾擔任幾堂統計課的助教。有

一門課的課本附有一張光碟，內含簡單的程式，可以拿來計算書裡的統計題目。有一次考試，有個學生在一題統計題目寫下這樣的答案：「我會利用光碟，輸入數字來得到答案。」這個學生並不是前述不用看食譜的廚師。

幫助你成為不靠食譜的廚師，主要的心智模式是「**從第一原理開始論證**」（arguing from first principles）。這是錯誤少一點的實際起點，意思是從底層往上思考，利用你認為是正確的構成要素來建立完善的（有時候是新的）結論。**第一原理**是一套不證自明的假設，是你構成結論時仰賴的基礎；也就是食譜裡的食材，或是形成一道公式的數學原理。

一個廚師拿到一批食材後，可以調整和創新食譜，如同美國實鏡節目《廚藝大戰》（Chopped）一樣。如果可以從第一原理開始論證，當你做決定時，就可以如法炮製，為困難的問題找到新的解決方案。想想馬蓋仙*或電影《阿波羅13號》（Apollo 13）描述的真實故事（如果你還沒看過，應該去看看），當時太空船故障，必須提早返回地球，還必須製作臨時的設備，確保太空人在返家途中有足夠的氧氣。

美國國家航空暨太空總署（NASA）工程師利用太空船上僅有的「原料」，想出了解決方案。電影裡，一個工程師把太空船上所有的零件倒在桌上說：「我們必須想辦法把這個（拿起一個方形的金屬罐）放進這個洞裡（拿起一個圓形的金屬罐），能用東西的只有這些了（指著桌子上的零件）。」（見圖 1-1）

---

* 美國同名電視劇《馬蓋先》（MacGyver）中的主角。

圖 1-1 從第一原理開始論證，找到解決方案

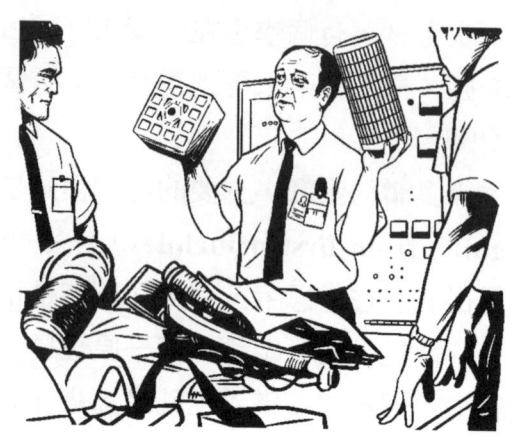

如果你可以從第一原理開始論證，就可以更輕鬆應付不熟悉的狀況，或是用創新的方法應付陌生的狀況。了解公式是如何導出來的，可以幫你理解如何導出新公式；了解分子如何結合在一起，可以讓你建造新的分子。電動車特斯拉（Tesla）創辦人伊隆‧馬斯克（Elon Musk）在 Podcast 節目《基礎》（*Foundation*）的訪談裡描述這個過程實質上是如何進行的：

　　第一原理是以一種物理的方式看待世界……有點像是把東西歸結到最根本的事實，並且問：「我們所確信的東西是真實的嗎？」然後從那邊開始推理……

　　有人會說：「電池組真的很貴，而且一直都是如此……從歷史資料來看，每度電要 600 美元，而且未來並不會便宜多少。」……

　　有了第一原理後，你會說：「電池的組成材料是什麼？材料的股票市場價值是多少？」它含有鈷、鎳、鋁、

碳、分離用的聚合物，以及密封外殼。拆解這些材料，並且問：「如果我們在倫敦金屬交易所（London Metal Exchange）購買這些，每一樣東西要花費多少錢？」⋯⋯

每度差不多是80美元。所以顯然地，你只要想出聰明的方法去拿到那些材料，把它們組合成電池，你就可以擁有比任何人都便宜的電池。

從第一原理開始論證時，你要刻意從頭開始，避免落入傳統觀點的陷阱，否則你的論證最後可能會是錯的。即使你最後同意了傳統觀點，但是藉由採取第一原理的方式，你會對眼前的主題有更深入的了解。

每一個問題都可以用第一原理來處理。以換工作來說，大部分的人會申請很多份工作，最後卻接受了第一份錄取他們的工作，但有可能不是最好的選擇，如果運用第一原理的話，你則會先思考在一個職業裡你最重視的是什麼，例如自主性、地位、工作內容等，你需要哪些工作條件，例如薪水、地點、職稱等，以及之前的經驗。當你把這些加總起來，對於理想工作就會有比較具體的樣貌，然後你就可以積極去找那樣的工作。

即使是遵循第一原理，如果沒有付諸行動的話，也只是停留在思考階段。你的第一原理只不過是可能正確、可能錯誤，或者介於兩者之間的假設。你是真的重視工作的自主性，還是你只是以為你在乎？轉換職業真的需要重修科系，或者實際上可能沒有必要？

最後，為了要錯誤少一點，你也需要在真實世界測試你的假設，這個過程稱為「**去風險化**」（de-risking）。如果有一個或多個假設是錯的，就會有**風險**，而且得到的結論也會不正確。

另一個例子是，任何新創公司的假設，都是建立在一連串的原理上：

- 我的團隊能夠打造我們的產品。
- 人們會想要我們的產品。
- 我們的產品會產生利潤。
- 我們能夠擊退競爭者。
- 市場大到足以提供長期的商業機會。

可以把這些籠統的假設，細分成更具體的假設：

- **我的團隊能夠打造我們的產品。**我們有足夠人數和類型的工程師；我們的工程師非常專業；我們可以在合理的時間產出產品等。
- **人們會想要我們的產品。**我們的產品能解決我們所認為的問題；我們的產品簡單好上手；我們的產品具備成功的重要特質等。
- **我們的產品會產生利潤。**我們的產品售價能比製造和行銷成本更高；我們可以銷售夠多的產品來支應固定成本等。
- **我們能夠擊退競爭者。**我們可以保護我們的智慧財產；我們所做的難以模仿；我們可以建立一個可信賴的品牌等。
- **市場大到足以提供長期的商業機會。**會有相當多的人想要購買我們的產品；我們產品的市場正在快速成長；我們成長的規模越大，就可以創造更多的利潤等。

一旦你的假設夠具體，就可以制定計畫來測試（去風險化）。去風險化的最重要假設，首先就是那些成功的必要條件，以及你覺得最不確定的事情。以新創公司為例，要測試「設計的方案可以充分解決問題」的假設。如果這個假設不正確，就需要立刻改變正在進行的方案，否則整體的努力將會白費。

一旦找到去風險化的重要假設，下一步則是實際測試這些假設，證明或推翻它們，然後妥善調整你的策略。

第一原理的概念可以廣泛運用，去風險化也一樣，可以將任何事情去風險化，例如政策構想、度假計畫、例行的健身。在去風險化的時候，要快速和簡單測試假設。以度假計畫來說，假設的內容可以是有關花費，例如「我付得起這次旅費」；有關滿意度，例如「我會享受這個假期」；有關協調，例如「我的親朋好友可以加入我的度假行程」等。這裡的去風險化和花幾分鐘上網研究、閱讀評論，以及寄電子郵件給你的親朋好友一樣容易。可惜的是，人們經常犯了一個錯誤，即在實際測試假設以前，就先投注過多心力。在電腦科學裡，這個陷阱稱為**「過早最佳化」**（**premature optimization**），指你太快（過早）調整或完成程式碼或演算法（最佳化）。如果到頭來你的假設是錯的，你就得丟掉所有的成品，最後只是浪費時間。

就如同你預訂了一個完整的假期，並假設家人能夠和你一起去，但你到最後才問他們，而他們說不能去一樣。於是你只好重頭開始，重新安排每一件事，但其實只要事先簡單的溝通，這些就可以避免。

回到新創的情況，另一個可以幫你測試假設的心智模式稱為**「最小可行性產品」**（**minimum viable product**）或 **MVP**。MVP

是指為了可用或**可行性**，只開發具備夠用的功能和**最小數量**的**產品**讓真人測試。

MVP 讓你不用獨自努力太久。領英（LinkedIn）共同創辦人雷德・霍夫曼（Reid Hoffman）這麼說：「如果你第一個版本的產品不會讓你感到尷尬，那麼你就是太晚開始了。」

就和很多有用的心智模式一樣，現在你熟悉了 MVP 以後，就會經常想到它。有句常聽到的軍事格言說：「沒有任何作戰計畫在遭遇敵人之後還會有效。」曾獲重量級冠軍的拳擊手麥克・泰森（Mike Tyson），在 1996 年即將對抗強勁對手依凡德・何利菲德（Evander Holyfield）曾說：「每個人直到嘴巴被擊中之前都有個計畫。」無論是什麼情況，他們想說的是，你的第一份計畫可能是錯的。雖然你覺得現在處於最好的起始點，但是你必須依照實際收到的回饋經常修正。而且我們建議，在得到實際的回饋之前，盡可能少花點工夫。

圖 1-2　最低可行性產品，有助快速測試

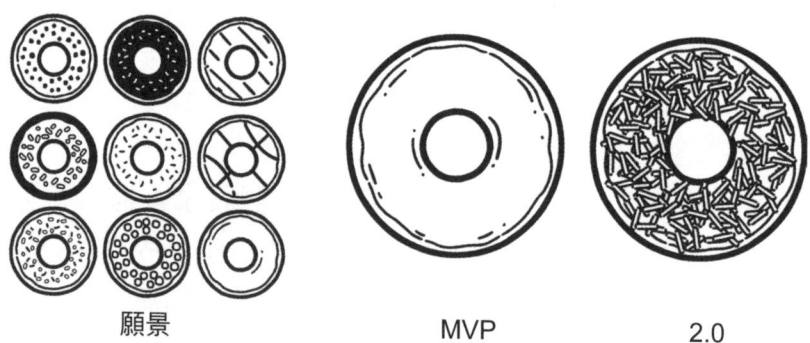

願景　　　　　　　MVP　　　　　　　2.0

和去風險化一樣，你可以延伸 MVP 模式，置入到其他情境裡，例如最小可行性組織、最小可行性溝通、最小可行性策略、最

小可行性實驗。因為我們有太多的心智模式要介紹，我們試著做最小可行性解釋！

MVP 促使你快速評估你的假設。你的假設會出錯的一個可能是，明明可以從較簡單的假設開始，卻做出太多、太複雜的假設。在這裡**「奧坎剃刀」（Ockham's razor，或簡約法則）**可以幫得上忙，它指出，最簡單的解釋最可能是真的。當你遇到相互競爭的解釋，都可以說明一組數據時，盡量選擇最簡單的那個來開始調查。

這個模式把不必要的假設「剔除了」。它的命名是源於 14 世紀英格蘭修士奧坎的威廉（William of Ockham），但其所蘊含的概念有更古早的起源。古希臘天文學家托勒密（Ptolemy）指出：「我們認為，盡可能用最簡單的假設來解釋現象，就是一個好的原則。」近期，美國作曲家羅傑·賽旬思（Roger Sessions）釋義阿爾伯特·愛因斯坦（Albert Einstein）的話說：「應該盡量讓每一件事變簡單，而不是比較簡單！」醫學裡有句話說：「當你聽到蹄聲時，要先想到馬，而不是斑馬。」

一個實用的技巧是，檢視你對一個情況的解釋，把它分解成幾項假設，並逐項問你自己：

- 這個假設真的有必要嗎？
- 它應該留下來的證據是什麼？
- 它是一種錯誤的相依關係嗎？

例如，奧坎剃刀對尋找長期伴侶是有幫助的。我們見過很多人在交友網站和軟體上，對他們的理想伴侶列出一長串的條件清單，「我只和有藍眼睛的巴西男人約會，而且他還要喜愛熱瑜伽和

覆盆莓冰淇淋,也要跟我一樣最喜歡《復仇者聯盟》的角色雷神索爾。」

然而,這是沒必要的擇偶條件,如果人們試著回想,過去導致關係失敗的根本特質是哪些,大概就會出現比較簡單的擇偶標準。通常伴侶的長相或文化背景,甚至喜歡不同的《復仇者聯盟》角色並非感情能否長久的原因,而是需要能夠讓彼此思考和開心,以及覺得互相受到吸引。

因此,一個人不應該用特定的標準來窄化他們的約會對象。如果約會對象對超級英雄的喜好不同,真的會毀了這段關係,那麼他們隨時可以再把這個特定的篩選條件加回去。

奧坎剃刀不是一項永遠正確的「定律」,只是提供了指引。有時正確的解釋確實相當複雜,不過,當你有比較簡單的選項要探討時,沒有理由先跳到複雜的解釋。

如果沒有簡化你的假設,可能會落入接下來要描述的幾個心智模式陷阱。第一,大多數的人會本能地聚焦在不必要的假設,這個偏好稱為**「聯集謬誤」**(conjunction fallacy)。以色列裔美國心理學家阿莫斯・特沃斯基(Amos Tversky)和丹尼爾・康納曼(Daniel Kahneman)對此進行了研究,他們在1983年10月的《心理學評論》(*Psychological Review*)舉了一個例子:

琳達31歲,單身、坦率,而且非常聰明。他的主修是哲學,身為學生的她,深入關切歧視和社會正義的議題,也參加反核示威運動。

哪一個比較可能是事實?

1. 琳達是銀行員。

2. 琳達是銀行員，而且積極參加女性主義運動。

在他們的研究中，大部分的人都回答第二個選項，但是除非**所有的銀行員都積極參加女性主義運動，否則是不可能成立的。謬誤**的出現是因為兩個事件同時發生的可能性，永遠比其中一個事件單獨發生的機率低，圖 1-3 的文氏圖（Venn diagram）說明了這個概念。你不只在本能上容易認為，某個特定的事情比普通的事情更可能發生，還會有使用過多假設的傾向。

圖 1-3　聯集謬誤

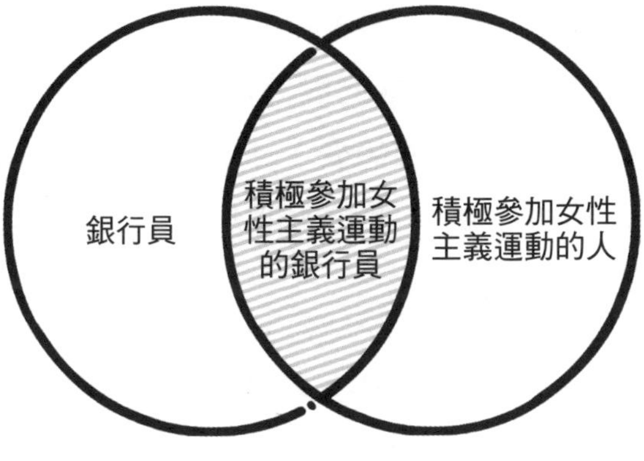

（銀行員　積極參加女性主義運動的銀行員　積極參加女性主義運動的人）

第二個謬誤的心智模式是**「過度配適」（overfitting）**，這個概念來自統計學。將所有特定的約會條件加在一起，就是把你的約會歷史予以過度配適；同樣地，在感冒時，你以為自己得了癌症，就是過度配適你的症狀。

有比較簡單的解釋時，卻使用了複雜的解釋，就會發生過度配適。這就是當你沒注意到奧坎剃刀、陷入聯集謬誤，或是犯下非受迫性失誤時所發生的事。當任何一個解釋提供了非必要的假設，都

有可能發生這個狀況。

舉一個視覺的例子來說，圖 1-4 的數據可以簡單用一條直線來解釋，但你也可以製作一個穿過每一點的曲線，把數據過度配適。

避免這兩個陷阱的方法是問自己：

- 和其他的結論相對照，我的數據能否支持我的結論？
- 我的症狀真的只有指向癌症，或者它們也可能是其他不同的疾病，例如一般感冒？
- 我真的需要用曲線來解釋數據，或是一條簡單的直線也可以有相同的解釋？

這則建議與本章其他建議的簡潔記憶法是「KISS」（Keep It Simple, Stupid，保持簡單和愚蠢）！在產出一個問題的解答時，無論是做決策或解釋數據，要從所能想到的最簡單的一組假設開始，並且盡量去風險化。

圖 1-4　可以用直線呈現的數據被過度配適

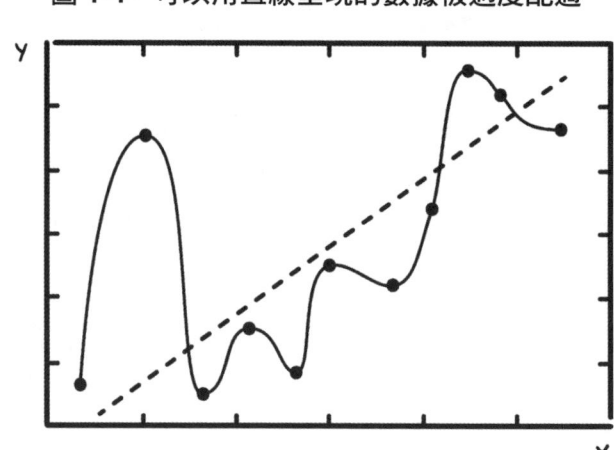

站在旁觀者的角度，客觀思考

　　生活中，你用自己的觀點看待每一件事，你的觀點會依據你特殊的生活經驗和目前處境而有很大的差異。

　　你的觀點在物理學裡稱為「**參考架構**」（frame of reference），是愛因斯坦相對論的主要概念。這裡有個日常生活的例子：如果你在移動中的火車裡，你的**參考架構**是火車裡，它從你的角度看來是靜止不動的，你和火車裡的其他東西都沒在移動。然而，對外面的人來說，從他們的參考架構來看，你和火車內所有的東西是以極快的速度在移動。事實上，除了光速，即使是時間，每樣東西在不同的參考架構看來都是不相同的。

圖 1-5　參考架構會依據目前處境而有所不同

當你在做決定或解決問題時，你想盡可能客觀，但總是會回到你的參考架構。你當然會被自己的觀點所影響，但你不會願意在不知不覺中受到影響。假如你認為，你可能沒有充分了解某個狀況，就必須積極地從各種不同的參考架構來檢視，以便看見全貌。

　　一個參考架構的心理陷阱（或是有用的技巧，取決於你的觀點）是「框架」（framing），指的是你對一個狀況的呈現或解釋的方式，當你向同事或家人提出一個重要的議題時，嘗試用最能幫助他們理解的方式來架構，可以為有利的對話做好準備。假如你想要你的組織開始一項創新但昂貴的計畫，你對同事提出的架構可能是「在競爭裡脫穎而出的機會」，而不是「一個需要過多資源的努力」，後者可能馬上就會遭到拒絕。

　　你也需要知道，家人和同事同樣不斷在向你架構議題，而你對他們想法的認知，會依他們框架的方式，而有很大的差異。當有人向你提出一個新概念或決定時，退一步思考它可以被框架的其他方法。如果一個同事告訴你，他們為了尋找更好的機會，要離職接受另一份工作時，雖然可能確實是真的，但他們想離開組織也可能是因為覺得工作量太大。每個框架都傳遞出大為不同的觀點。

　　假如你看新聞網站，大概能發現標題具有「框架效應」，影響人們從故事裡獲得的意義。例如，2015年8月31日，三個警員回應一通發生搶劫的報案電話。可惜的是，電話沒有明確說明正確的地址，警員馳援到錯誤的住所。他們一發現後門沒上鎖，就進入屋內，並遇到一隻狗，接著發生了槍擊，狗、房屋主人，以及一名警員被射傷，全部是被警員開槍射擊，房屋主人和警員最後存活了。兩則頭條新聞用極為不同的方式架構了這起意外。

　　澳洲學者烏利希・艾克（Ullrich Ecker）等人進行了一項研究，

圖 1-6　標題具有框架效應，影響你對事情的解讀

福斯新聞：危險的混淆　馳援錯誤的住所，喬治亞州警員被槍擊，傷勢嚴重

CNN：警察誤入住所射傷屋主

發表於 2014 年 12 月《實驗心理學應用期刊》（*Journal of Experimental Psychology: Applied*）的〈新聞標題裡，微妙的錯誤訊息效應〉（The Effects of Subtle Misinformation in News Headlines）。研究中，學生閱讀一篇有關竊盜案的文章，在過去一年微幅增加（0.2%），相對於過去十年間大幅下降（10%）來說是反常的。一篇相同的文章有兩個不一樣的標題：「竊盜案件上升」或「竊盜率有下降的趨勢」。標題對於哪些文章內的事實會被記住有明顯的影響：

> 模式很清楚：一個誤導的標題會減損對文章的記憶……即使真的想正確了解一篇文章，但誤導的標題卻會造成傷害……這項研究的實際意義很明顯：新聞讀者必須知道（或被告知），編輯可能會有策略地運用標題來左右民意，以及影響個人行為。

一個相關的陷阱或技巧是**「推力」**（nudging）。阿爾德特·弗瑞（Aldert Vrij）在他的著作《識別謊言和欺騙》（*Detecting*

Lies and Deceit）提出了一個有力的例子：

> 參與者觀看一段交通意外的影片，然後回答問題：「車子在碰撞前，速度有多快？」除了碰撞這個動詞被替換成相撞、衝撞和猛衝，其他參與者回答的問題都是相同的。即使參與者看了相同的影片，問題的措辭卻影響了他們的答案。估計的速度分別是 50、55 和 66 公里。

你可能因為一個微妙字詞的選用或其他環境的暗示，而被「輕推」（nudged）到某個方向。餐廳會輕推你，方法包括在菜單上插入特定的菜餚來強調它，讓服務生口頭敘述拿手菜，或是在特定的品項加方框（見圖 1-7）。零售店和網路則是把特定的產品放在容易看到的地方，助推你購買。

圖 1-7　餐廳的菜單會暗示你選購

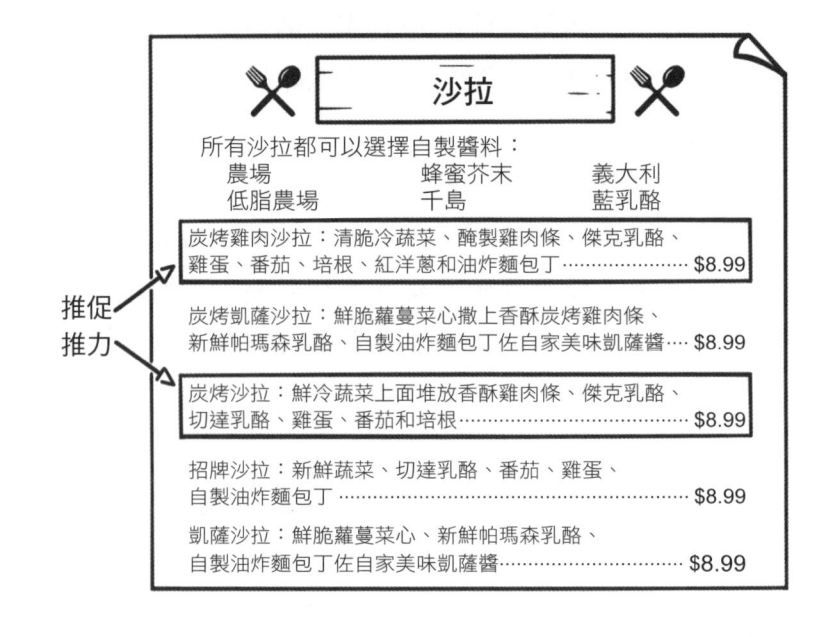

```
                    沙拉
所有沙拉都可以選擇自製醬料：
  農場           蜂蜜芥末        義大利
  低脂農場       千島            藍乳酪

┌─────────────────────────────────────────────┐
│ 炭烤雞肉沙拉：清脆冷蔬菜、醃製雞肉條、傑克乳酪、│
│ 雞蛋、番茄、培根、紅洋蔥和油炸麵包丁……$8.99  │
└─────────────────────────────────────────────┘

  炭烤凱薩沙拉：鮮脆蘿蔓菜心撒上香酥炭烤雞肉條、
  新鮮帕瑪森乳酪、自製油炸麵包丁佐自家美味凱薩醬……$8.99

┌─────────────────────────────────────────────┐
│ 炭烤沙拉：鮮冷蔬菜上面堆放香酥雞肉條、傑克乳酪、│
│ 切達乳酪、雞蛋、番茄和培根……$8.99            │
└─────────────────────────────────────────────┘

  招牌沙拉：新鮮蔬菜、切達乳酪、番茄、雞蛋、
  自製油炸麵包丁……$8.99

  凱薩沙拉：鮮脆蘿蔓菜心、新鮮帕瑪森乳酪、
  自製油炸麵包丁佐自家美味凱薩醬……$8.99
```

推促
推力

當你決定採買時，另一個有用的概念是**「定錨」（anchoring）**，指的是做決定時過於依賴第一印象的傾向。你被定錨在第一個遇到的框架資訊，公司在定價時，普遍會利用這個傾向。

猶太裔美國行為經濟學家、《誰說人是理性的》（*Predictably Irrational*）作者丹．艾瑞利（Dan Ariely）以《經濟學人》（*The Economist*）的訂閱方案，給了我們一個定錨的例子。讀者有三種訂閱方式：僅限網路（59美元）、僅限印刷品（125美元）、印刷品和網路（125美元）。

是的，你沒有看錯：「僅限印刷品」選項的花費和「印刷品和網路」是相同的。誰會挑這個選項？可以預測得到的是，沒有一個人。調查一百個麻省理工學院學生所陳述的偏好結果如下：

　　僅限網路（59美元）：16％
　　僅限印刷品（125美元）：0％
　　印刷品和網路（125美元）：84％

所以究竟為什麼要納入這個選項？把它從問題中移除後，就能顯示出答案：

　　僅限網路（59美元）：68％
　　印刷品和網路（125美元）：32％

只是將「僅限印刷品」的選項放上去，即使沒有人會選擇，就可以把讀者定錨到價錢比較高的「印刷品和網路」選項。感覺像是免費獲得了網路版本，因此讓很多人選擇它。光是加入一個沒有人

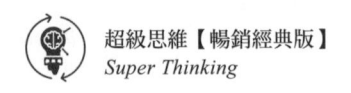

會選擇的選項，就為雜誌創造了多出43％的收入！

　　美國零售商麥克斯（Michaels）或柯爾百貨公司（Kohl's）的顧客知道這些店家經常在特價，在特定的品項或部門，可以省下40％以上。然而，那些降價真的划算嗎？通常沒有，它們從相當高的製造商建議零售價（MSRP）降低價錢。由於知道MSRP將你定錨，你會覺得買到了6折的好商品。降價往往只是讓價錢回到一個比較合理的水準而已。

　　定錨不只是用在數字而已。唐納‧川普（Donald Trump）利用這個心智模式，把其他人定錨在他的極端立場，因此看起來像是妥協的事，實際上是同意他的偏好。他在1987年的書籍《交易的藝術》（*Trump: The Art of the Deal*）裡如此寫道：

> 　　我達成交易的風格相當簡單和直接，我定下很高的目標，然後努力不懈去得到我想要的目標。有時我會妥協於比我想的還要少的結果，但大部分的情況是，我最後仍然得到我想要的。

　　更廣泛地說，這節介紹的心智模式全都是「**可得性偏差**」（**availability bias**）的例子，其發生是由於你最近得到的訊息，讓偏見或謬誤不知不覺影響你對現實的主觀看法。近幾年來，美國非法移民一直是保守派專家和政治人物的熱門話題，也讓很多人相信它是史上的高點。但數據指出，經由南方邊界進入的非法移民實際上是五十年來的低點，表示這個話題的盛行對很多人產生了可得性偏差（見圖1-8）。

　　可得性偏差會因為媒體對一個主題的大幅報導而輕易出現。不

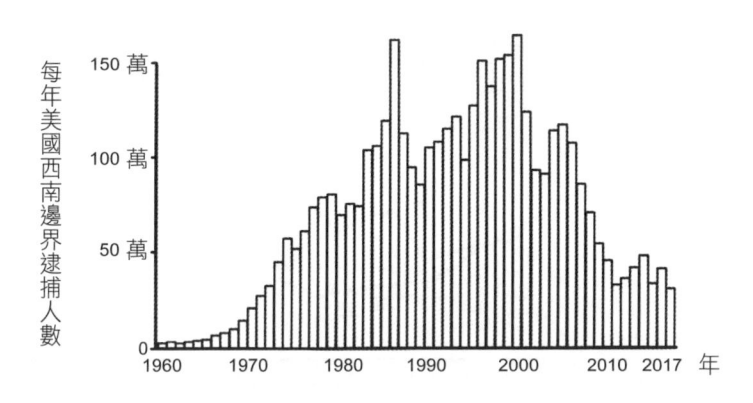

圖 1-8　美國南方邊界逮捕人數為 50 年低點

(每年美國西南邊界逮捕人數，1960–2017)

管對還是錯，眾所周知，媒體奉行「見到血，才能上頭條」這個教條的結果，讓人們認為暴力犯罪比以前更常發生。民調公司蓋洛普（Gallup）每年都會詢問美國人對犯罪率改變的感覺，在 2014 年發現，「近幾年聯邦犯罪的統計數字與大眾對犯罪的感覺，並沒有高度相關。」（見圖 1-9）

1978 年，《實驗心理學期刊》刊登的一個知名研究〈致命事件的判斷頻率〉（Judged Frequency of Lethal Events）中，美國決策領域先驅莎拉・黎坦斯丹（Sarah Lichtenstein）等研究人員詢問人們關於死亡的 41 項主因。他們發現對於被過度報導、駭人聽聞的死因，人們經常會誇張它的風險，像是龍捲風的死亡估計人數是實際人數的 50 倍；卻低估普通死因的風險，像是中風，實際死亡人數是估計人數的 100 倍（見圖 1-10）。

可得性偏差，源於過度依賴你參考架構的近期經驗，而失去了整個大方向。假設你是個經理，需要撰寫下屬的年度檢討，你理應嚴謹和客觀思考他過去一整年的表現，然而你卻很容易被過去幾週那些不好或良好的貢獻所動搖。或者忽略他與其他同事

圖 1-9　美國犯罪率：實際 vs. 感覺

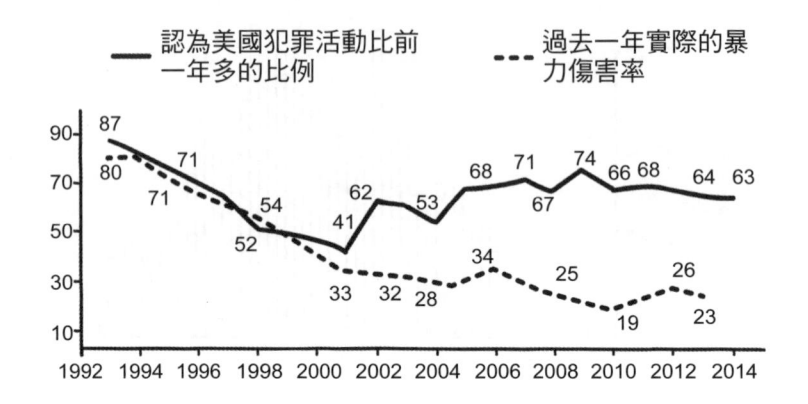

—— 認為美國犯罪活動比前一年多的比例
---- 過去一年實際的暴力傷害率

數據點（認為犯罪增加的比例）：
1993: 87、1994: 71、1996: 71、1998: 54、2000: 41、2002: 62、2004: 53、2005: 68、2006: 71、2008: 67、2009: 74、2010: 66、2011: 68、2012: 64、2014: 63

數據點（實際暴力傷害率）：
1993: 80、1994: 71、1996: 52、2000: 33、2001: 32、2002: 28、2006: 34、2008: 25、2010: 19、2012: 26、2013: 23

圖 1-10　死亡率起因：實際 vs. 感覺

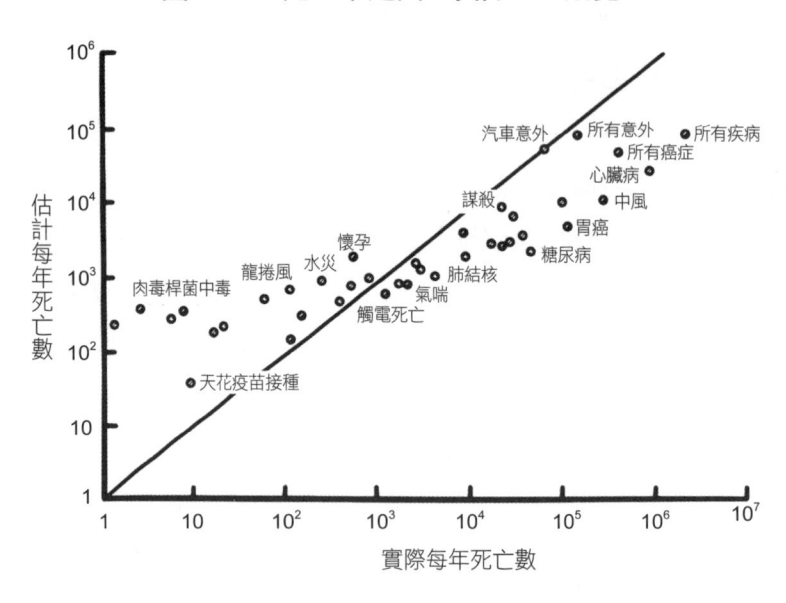

縱軸：估計每年死亡數（10 到 10^6）
橫軸：實際每年死亡數（1 到 10^7）

標示項目：汽車意外、所有意外、所有疾病、所有癌症、心臟病、中風、謀殺、胃癌、糖尿病、懷孕、水災、肺結核、龍捲風、氣喘、觸電死亡、肉毒桿菌中毒、天花疫苗接種

互動所得到的更整體觀點，你可能只會考慮你個人和他之間的互動。

隨著網路上個人化的推薦和新聞推播的增加，可得性偏差成為

越來越具危害的問題。這個模式稱為網路的**「過濾氣泡」（filter bubble）**，這是由同名書籍作者伊萊・帕理澤（Eli Pariser）所創造的名詞。

由於可得性偏差，所以你可能會點擊你本來已經熟悉的事物，因此谷歌（Google）、臉書（Facebook）等公司傾向把他們認為你已經知道和喜歡的展現給你看。因為他們可以呈現給你看的東西太多，而第一個頁面搜尋結果的連結卻有限，因此他們會過濾掉他們認為你不可能會點擊的連結，例如相反的觀點，因此實際上是把你放在一個氣泡裡。

2012年及2018年美國總統大選競選時，私密搜尋引擎DuckDuckGo（由本書作者蓋布瑞創立）針對個人在谷歌搜尋相同的政治主題進行了研究，像是槍枝管制和氣候變遷。發現人們在相同的時間搜尋相同的主題時，會得到明顯不同的個人化結果。即使是他們登出後，再以匿名模式登入，也發生相同的事。很多人不明白他們所得到的搜尋結果，其實是量身打造的，並不是客觀的排行結果，因為演算法認為呈現這些結果將會提高點擊率。

圖 1-11　同樣的搜尋，不同的結果

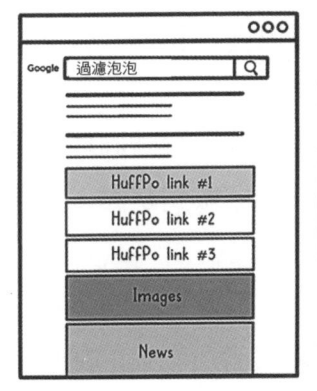

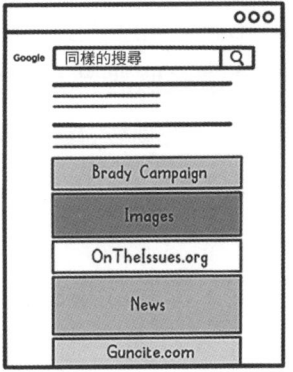

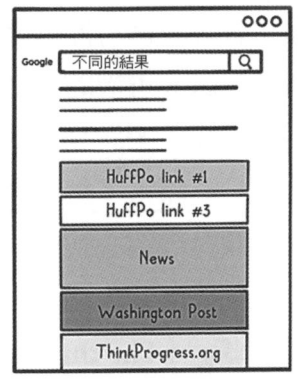

當你把很多相同的過濾氣泡放在一起，會得到「**回聲室**」（echo chambers，或稱同溫層）效應，這是指相同的想法似乎在同一群人之間回應，**回聲重複在相互連結的過濾氣泡形成的集體房間裡**。因為人們越來越少接觸不同的觀點，回聲室會導致越來越嚴重的黨派立場。又由於可得性偏差，他們會持續高估持相同意見者的比例。

只關注你面前的事情很簡單，要往外尋找一個客觀的參考架構就比較困難，但為了要錯誤少一點，這是你必須要做的事。

了解不同觀點，做出正確判斷

世界上多數的重要問題都與人有關，因此處理這些問題經常需要深入了解相關的人。例如，生產的食物足夠餵養地球上的每個人，但因為未能有效分配食物，所以飢餓仍然存在。分配失敗背後的主要原因牽涉別人，像是腐敗的政府。

然而，我們很容易誤解別人的動機。你可能假設他們和你有相同的觀點或背景，想法和你一樣，或是和你有類似的狀況。有了這樣的假設，你可能會做出結論，認為他們應該也會有和你一樣的行為或信念。可惜的是，通常這些假設都是錯的。

因此，考慮到人的時候，要減少錯誤就必須找到增強同理心的方法、更深入了解別人的真正想法。為了要幫助你做到這點，這部分要探討幾個心智模式。

任何兩個人之間的衝突，都有故事的兩面，因此也會有「**第三個故事**」（The third story），即**第三個公正觀察者所敘述的故事**。

在任何衝突的狀況裡，強迫你自己像一個公正觀察者一樣思考，對你都是有幫助的，包括困難的商業談判和生活中的意見不合。

第三個故事幫你看到狀況的真實面貌，但是要如何讓自己敞開心胸？把情境想像成是一段影片，然後試著去想，假如一個局外的觀眾看到或是聽到，會如何陳述？他們會說出什麼樣的故事？他們同意你故事的程度會有多少？哈佛法學院教授道格拉斯‧史東（Douglas Stone）、布魯斯‧巴頓（Bruce Patton）和席拉‧西恩（Sheila Heen）在他們的著作《再也沒有難談的事》（*Difficult Conversations*）中探討這個模式：「重點是學習描述你和其他人故事之間的隔閡或是差異，無論你認為和感受到的是什麼，至少可以同意你和其他人對事情有不同的看法。」

如果你能條理清楚地表達其他觀點，即使是與自己有直接衝突的意見，就比較不會做出偏頗或不正確的判斷。你會大幅增加同理心，了解其他人的參考架構，無論你同不同意。此外，如果你經由緊張的對話了解第三個故事的觀點，就能產生緩和的效果，讓其他人減少一點防衛心態。

另一個幫助你增加同理心的策略性模式是**「最尊重的解釋」**（most respectful interpretation）或稱**「MRI」**。在任何狀況下你都可以用很多方法解釋人的行為，MRI 要你盡可能用最**尊重**的方式去**解釋**另一方的行為，要暫且相信對方。

例如，你寄電子郵件給小孩的學校，要索取明年科學課程的資訊，但是過了幾天，你都還沒有收到。你的第一個解釋可能是他們忽視你的要求；比較尊重的解釋是他們正積極要回你，但在回信之前，可能要等候一些重要資訊，像是因為課程還沒定案，因此延誤了答覆。

重點是當尚未知道真相為何，如果你用最尊重的解釋來處理這個狀況，那麼通常會和有關的人建立信任，而不是破壞關係。有了MRI，接下來的電子郵件或電話，你就會用好奇的語調，而不是責難的語氣。隨著時間過去，建立信任會得到回饋，尤其是在衝突的狀況下，信任可以成為解決問題的橋梁。下一次你想要指責時，先退一步思考，這是否真的是一個公平的假設。

運用MRI看起來可能很天真，但是和第三個故事一樣，這個模式並不是要求你放棄自己的觀點。相反地，MRI要求你從尊重的角度看待某個狀況，先對其他解釋持開放態度和不做批判。

另一個暫且相信別人的方法稱為「**漢隆的剃刀**」（Hanlon's razor），即如果可以用不小心來解釋時，就不要歸咎別人是惡意的。和奧坎剃刀一樣，漢隆的剃刀找尋的是最簡單的解釋。當人們做錯事，最簡單的解釋通常是他們採取了最容易的途徑，也就是他們不小心造成負面的結果；他們造成這個結果並不是出於惡意。

在現實生活中探索事物間的關聯時，漢隆的剃刀特別有用。例如，我們都曾在網路上錯誤解讀情勢，由於欠缺肢體語言和聲音語調，沒有惡意的訊息也可能被當作是負面的。漢隆的剃刀指出，人們在撰寫訊息時可能只是沒有足夠的時間和不夠小心。所以下一次你傳送訊息後，得到的回應只有OK時，要認為對方很忙，或者手邊有事（比較可能的解釋），而不是因為輕視你。

第三個故事、最尊重的解釋和漢隆的剃刀，都是企圖克服心理學家所稱的「**基本歸因謬誤**」（fundamental attribution error）。這個謬誤是指，經常將他人的行為歸因為內在或基本的動機，而非外在因素。每當你認為某個人很可惡時，就會想著他本來就是可惡的人，而不是去想他是受到環境的影響，這就是犯了基本歸因謬

誤。當然，你往往會用相反的方式看待你自己的行為，這稱為「**自利偏誤**」（self-serving bias）。當你是行為者時，對自己的行為經常有**自利**的理由，但是當你是**觀察者**時，就容易怪罪別人內在的本質，這就是為什麼這個模式有時候也稱為「**行動者─觀察者偏誤**」（actor-observer bias）。

例如，如果有人闖紅燈，你通常會假設這個人天生魯莽，你不會認為他可能是為了緊急事故要趕到醫院；另一方面，當你開快車時，你會立即合理化自己的行為（「我在趕時間」）。

另一個讓你更有同理心的策略型模式，是美國哲學家約翰·羅爾斯（John Rawls）提出的「**無知之幕**」（veil of ignorance）。它主張在思考社會的樣貌時，我們應該要想像，自己對自己在這個世界的特定位置是**無知**的，好像有一層**帷幕**阻擋我們知道自己是誰。羅爾斯將它稱為「原初立場」（original position）。

例如，在思考一個允許奴役的世界時，不應該只是考慮你目前是個自由人的立場，也必須思考你可能會生為奴隸的可能性，以及會有什麼感受。在思考難民政策時，必須想著你是那些尋求庇護者之一。無知之幕鼓勵你同理各種背景的人，因此可以做出更好的道德判斷。

和最近幾年的很多公司一樣，假定你相信你的團隊在面對面的狀況下會表現得更好，所以正在考慮結束允許員工遠距工作的政策。身為經理，從你的角度去想像政策的改變可能很容易，尤其是你個人並不重視遠距工作。但是，無知之幕促使你從自己是員工的原初立場去想像這項改變。如果你是要照顧年長者的員工呢？假使你是單親父母？即使整體考量後，你可能會覺得新政策是正當的，但無知之幕可以幫你了解，新政策為員工帶來的挑戰，甚至幫你想

出更好的替代方案。

談到特權，我們（作者）經常說，我們很幸運中了**「出生樂透」（birth lottery）**。我們不只沒有出生當奴隸，而且也沒有出生在弱勢族群裡。**出生時**，比起出生於貧窮、身體殘障，或是任何一種弱勢處境的兒童，我們更能輕鬆過生活。因為沒有這些弱勢處境，我們都是那些**贏得樂透**的人。

要承認你的成功有很大一部分是來自運氣，可能有點困難，很多人寧願選擇相信，這個世界是完全公平、有秩序和可以預測的。這個觀點稱為**「公正世界假說」（just world hypothesis）**，指人們光憑他們的行為，總是會得到他們該得的，無論好或壞，沒有考慮運氣或隨機性。這個觀點就是**種什麼因，得什麼果**。

諷刺的是，公正世界的信念可能會導致人們**「譴責受害者」（victim-blame）**，而阻擋了真正的公正，例如：性侵事件的受害者「應該要穿不一樣的衣服」，或是接受社會福利的人「就是懶惰」。**受害者**實際上是因為他們的環境而受到**譴責**，而沒有考慮到類似出生樂透這樣的隨機性事實。

公正世界假說和譴責受害者的問題是，對於發生在人們身上的事件做出粗略的批判，這經常是不正確的。你也應該記住，**「習得無助」（learned helplessness）**模式可能會讓有些人無法在缺乏幫助下改善自身處境。習得無助是指，隨著時間過去，我們已經習慣了困難的環境，而不再嘗試逃離困境。有些人**學習**到他們的環境是**無助**的，因此放棄嘗試改變。

1972 年 2 月《醫學年度評論》（*Annual Review of Medicine*）刊登的〈習得無助〉總結了一系列的實驗，美國心理學家馬汀·塞利格曼（Martin Seligman）將狗放在箱子裡，並施以不規律的重複

電擊，然後再將牠們改放在可以輕易逃脫的同樣箱子裡。然而，牠們並沒有嘗試脫逃，只是躺著等待電擊停止；另一方面，未被電擊過的狗則會快速地跳出箱子。

<u>當動物或人們看見他們的行為可以造成改變，並不是真的無助時，就可以克服習得無助</u>。針對習得無助做改善，可以幫助多年來露宿街頭的人找回生命控制權，這樣的策略是減少遊民的一線曙光。住屋優先（Housing First）的策略是提供遊民公寓，同時分配社工幫助每個人重新融入社會，包含找工作和每天在公寓裡的生活。美國猶他州是這個策略的領頭羊，遊民人口的降幅達72%。而且因為遊民傾向使用很多的公共資源，例如醫院、監獄和收容所，這個策略實際上也為每人年度支出平均節省了8,000美元。

並不是只有在悲慘的狀況下才會有習得無助，人們在日常環境裡也會出現習得無助，相信自己沒有能力做到或學習某些事情，例如公開演講或使用新科技。但是在各種例子裡，如果有正確的指導，他們或許能改進自己的弱點，第8章將會進一步討論。當你的同事其實只是需要適當的指導時，你就不會犯下基本歸因謬誤，假定他們是沒能力的人。

從第三個故事到習得無助，這個部分所有的心智模式都能幫助你增加同理心。在應用時，你其實是嘗試進一步理解人們實際的環境和動機，試著盡你所能設身處地為他人著想。

固守舊信念，容易陷入偏見

就像你會被定錨於一個價錢，對某件事情，你也可能完全被定

錨於一種思考方式。換句話說，當一個相反概念已經深植在你的想法裡，要說服你接受一個新的概念可能會非常困難。

和很多美國小孩一樣，我們的兒子正在學習「新加坡數學」（見圖 1-12），這是一個算術的方法，為了發展對基本概念的了解而導入圖解的步驟。即使是對數學精通的父母，因為多年來以另一種方式思考，還是會對這個算術法感到陌生。

圖 1-12　新加坡數學：加法

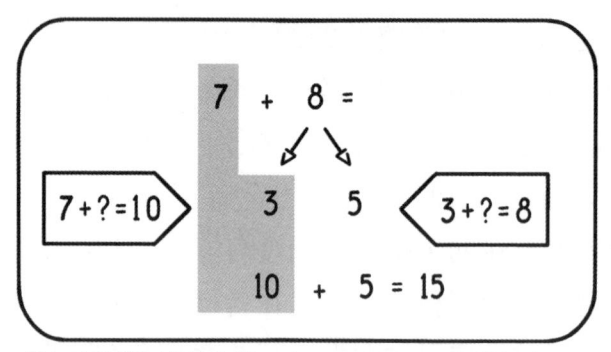

7 + 8 =
7 + ? = 10
3　5
3 + ? = 8
10 + 5 = 15

新加坡數學用「數字鏈」（number bonds）教加法，把數字拆解，讓學生可以在 10 的範圍內相加

美國物理學家湯瑪斯・孔恩（Thomas Kuhn）在《科學革命的結構》（*The Structure of Scientific Revolutions*）一書中記錄了這個現象，描述被人接受的科學理論如何隨著時間改變，將**「典範轉移」**（paradigm shift）模式普遍化。

孔恩描述的是，科學理論一開始的問題並不是逐漸演化而來，而是一種不是被忽略，就是被合理排除的混亂過程。最後，累積的問題太多，導致受到質疑的科學學科陷入危機，接著**典範轉移**到一個新的解釋，並進入一個新的穩定時代。

基本上，保守派固守舊理論的時間太長，即使是在面對一個有明顯後見之明的替代理論時仍不願放手。諾貝爾物理學獎得主馬克思・普朗克（Max Planck）在他的《科學自傳及其他文章》（*Scientific Autobiography and Other Papers*）做出這樣的解釋：「一個新的科學真相能成立，並不是透過讓反對者信服和開悟，而是因為反對者最後都不在了，然後有一個熟悉它的新世代成長起來了。」或者更精簡地說：「科學是隨著每一次的死亡而往前邁進。」

德國地質學家阿爾弗雷德・魏格納（Alfred Wegener）在 1912 年提出大陸漂移說，指出各大陸地曾經在海洋上漂移，這是一個今日我們都知道的理論。魏格納先是注意到，不同的大陸像拼圖一樣完美合在一起，進一步研究後發現，不同大陸的化石有驚人的相似之處，彷彿在過去的某一段時期，這些大陸真的合在一起過（見圖 1-13）。

圖 1-13　化石橫跨南方盤古大陸的分布

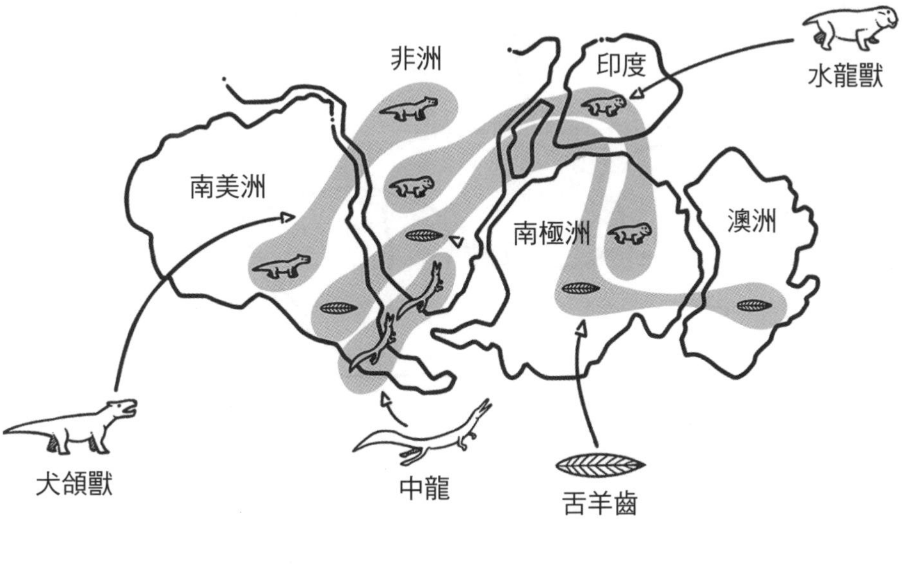

所有的大陸曾經結合在一起，形成一個現今稱為盤古（Pangea）大陸的超大陸，我們現在知道這是事實。然而，由於魏格納，是一個受氣象學訓練的人，而不是地理學家，又因為這只是曾經可能發生過的概念，他無法提供造成大陸漂移的論證，因此他的理論遭受到嚴厲的批評。基本上，有長達四十年的時間，都沒有主流地理學家探討這個概念，直到古地磁學的新科學開始建立支持它的新資料，這個理論才復活起來。

　　這個時期的主要理論是，在過去的某個時期，一定有狹小的陸橋（稱為岡瓦納〔Gondwanian〕橋，見圖 1-14）讓動物在大陸之間穿越，雖然並沒有它們存在過的具體證據。與其協助調查魏格納的理論（當然是不完美，但有可能），地理學家卻選擇堅守這個不正確的陸橋理論，直到大陸漂移的證據勢不可擋，才發生了典範移轉。

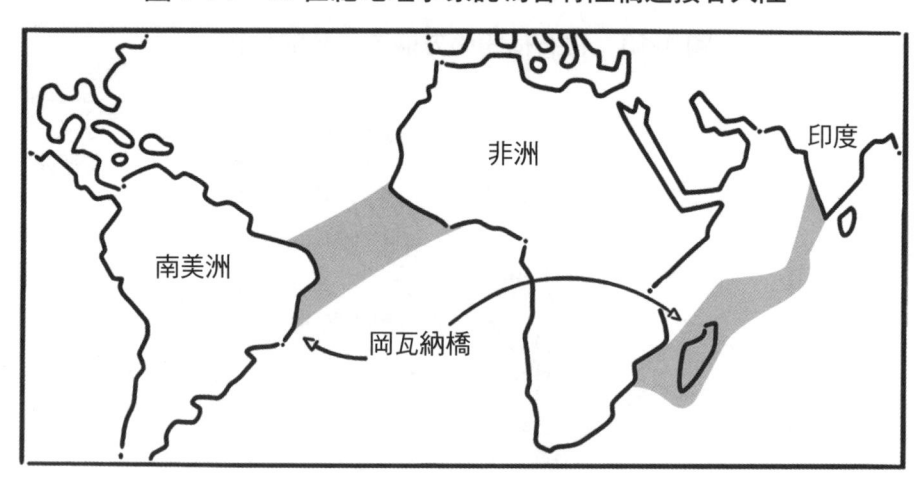

圖 1-14　19 世紀地理學家認為曾有陸橋連接各大陸

　　19 世紀匈牙利醫師伊格納茲・塞麥爾維斯（Ignaz Semmelweis）也遭遇到類似的命運。他在一間教學醫院工作，部門醫師照例要處

理屍體和接生嬰兒,但卻沒有好好清洗他們的雙手,結果產婦死亡率約達 10%!同一家醫院由助產士接生嬰兒的部門,他們沒有經常性地處理屍體,相對的死亡率是 4%。

塞麥爾維斯不斷思考這個差異,他將所有變項除去,直到剩下一組變項:醫師對照助產士。在研究醫師的行為後,他得出了結論——一定是因為他們處理過屍體。因此他創立了一個作業方式:用可以殺菌的氯化石灰溶液清洗雙手,該部門死亡率立即降低到和另一個部門相當。

即使死亡率明顯下降,他的理論卻被整個醫學界拒絕。部分原因是,醫師被病人是他們殺死的這個想法所觸怒,而其他人則在意塞麥爾維斯理論解釋上的缺陷,因而忽視了洗手改善死亡率的實證經驗。塞麥爾維斯的想法遭挫後,因為發瘋而被送進精神病院,47 歲時過世。去世後二十年,法國微生物學家路易・巴斯德(Louis Pasteur)的細菌理論獲得認同後,消毒的概念才開始占據主流地位。

和魏格納一樣,塞麥爾維斯沒有完全了解支撐他理論的科學論證,而且他的最初解釋有些也不完全正確。然而,他們兩個都注意到,其他科學家應該要調查的重要事實,但因為提出的解釋不符合當時的傳統想法,而被這些科學家反射式地拒絕,現在,這被稱為**「塞麥爾維斯反射」**(Semmelweis reflex)。

個人在面對看起來無法抵擋的證據時依然固守舊理論,一般來說,這常常發生在科學領域和生活中。<u>人類傾向以偏誤的方式蒐集和解釋新資訊,來驗證先前存在的信念,這稱為</u>**「驗證性偏誤」**(confirmation bias)。

可惜的是,屈服於驗證性偏誤相當容易,因此要質疑自己的核心假設是困難的。為什麼很多瓦解產業的新創公司是由產業門外漢

所創立，這是有原因的；為什麼很多科學的突破是由該領域的門外漢所發現，這是有原因的；「新視野」和「跳出框架思考」會成為陳腔濫調，也是有原因的；原因就是門外漢不會固守既有的典範，如果他們質疑現狀，名聲不會受損。他們是名副其實的「自由思想者」，因為他們沒有這些限制，可以自由的思考。

要克服驗證性偏誤很困難，因此有一個相關模式稱為**「逆火效應」（backfire effect）**，是指面對否定自己立場的證據時，卻進一步固守的現象。換句話說，<u>當人們嘗試用事實和數據改變你的想法時，通常都會放出逆火，使你產生相反效應，你會變得更堅持原來不正確的立場。</u>

圖 1-15　人們通常會堅持固有的信念

「我相信這個網站說的是真的。」

耶魯大學在 2008 年所做的一項研究中，主張墮胎合法化的民主黨員，在聽到宣稱法官約翰・羅伯茲（John Roberts）支持「暴

力激進團體和（墮胎）診所炸彈客」廣告之前和之後，分別詢問對於他被高等法院提名的意見。不令人意外地，反對率從56％升到80％。然而，當他們被告知廣告內容並不真實，並且被製作廣告的擁護墮胎團體撤回時，反對率仍然維持在72％。

當你對不願意相信的想法賦予較強的舉證責任時，也可能會因為**「不驗證性偏誤」**（**disconfirmation bias**），而去固守不正確的信念。心理學家丹尼爾・吉伯特（Daniel Gilbert）在2006年4月16日《紐約時報》（*The New York Times*）的〈我沒有問題，是你有偏見〉（I'm OK., You're Biased）的文章中如此說道：

> 當我們不滿意浴室裡體重計的數字時，我們會跳下來再站上去，只是為了確認沒有看錯上面的顯示，或者是單腳壓得太用力；當我們滿意體重計的數字時，我們會微笑著去沖澡。當它取悅了我們時，我們會欣然接受證據，反之，則會堅持要更多的證據。我們微妙地把天平傾斜到對我們有利的方向。

驗證性偏誤和相關模式的負面效應可以用**「認知失調」**（**cognitive dissonance**）來解釋，也就是同時抱持兩個矛盾、不一致信念的壓力。科學家實際上把認知失調，和大腦內部幫助避免反感結果的區域做連結，與其面對實際上我們可能是錯的，我們會採取簡單的脫身方式，並合理化相互衝突的資訊。這是生存的本能！

一旦你開始留意驗證性偏誤和認知失調，我們保證你會發現它無所不在，包括你自己的思想裡。要錯誤少一點的真正技巧是對抗你忽視新資訊的本能，取而代之的是擁抱新的思考方式和新典範。

圖 1-16 完美詮釋了認知失調如何讓我們覺得理所當然的事看起來是荒謬的。

這裡有幾個策略性心智模式，可以在每天的日常生活中幫助你對抗根深柢固的驗證性偏誤和部落主義（tribalism）*。第一，要考慮**「灰色思維」（thinking gray）**，這是我們從美國學者史蒂芬・山

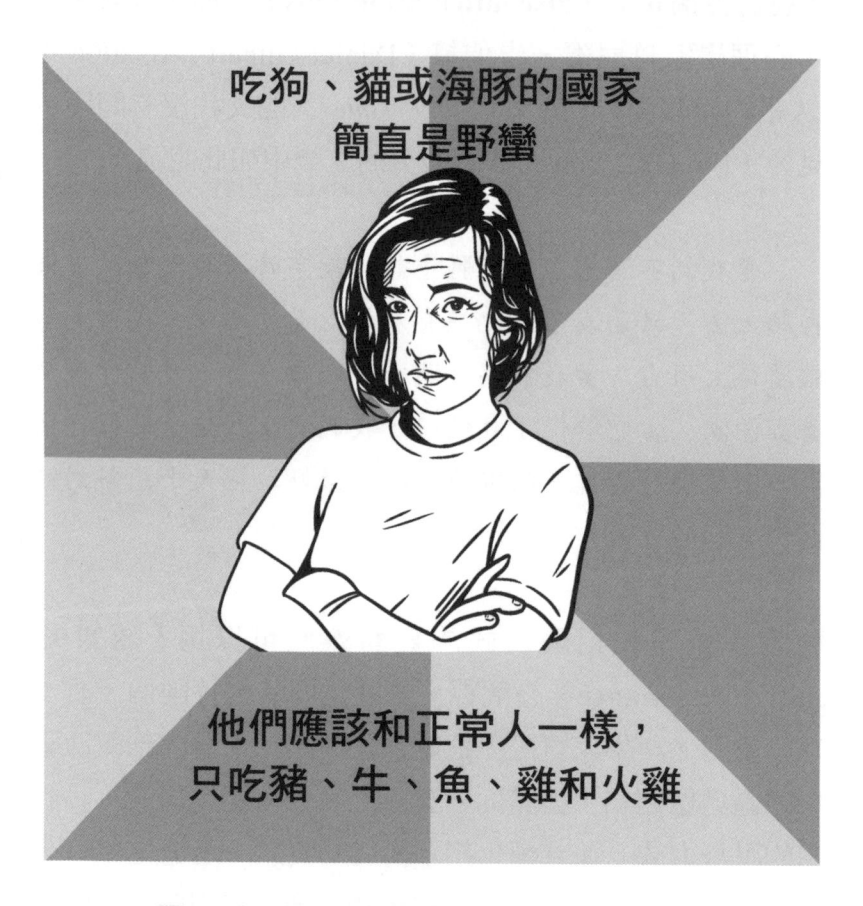

> 吃狗、貓或海豚的國家
> 簡直是野蠻

> 他們應該和正常人一樣，
> 只吃豬、牛、魚、雞和火雞

圖 1-16　認知失調讓我們合理化自己的行為

---

* 群體基於血緣、語言、族群等形成的存在方式。

普（Steven Sample）的著作《領導人的逆思考》（*The Contrarian's Guide to Leadership*）學到的概念。你可能會用黑和白來思考問題，但是真相是介於兩者之間，是一個灰色地帶。如同山普所說的：

> 大多數人的判斷是二元和即刻的；他們會立即把事情區分為好或壞、真或假、黑或白、朋友或敵人。然而，一個真正有效率的領導人為了要做出如何著手的明智決定，必須能夠看出一個狀況內在的灰色地帶。
>
> 灰色思維的本質是：在聽到所有相關的事實和論點之前，或者直到環境逼迫你在欠缺所有事實下產生意見（偶爾會發生，但是不如你想像的那樣頻繁）之前，對重要的事不要有意見。美國小說家 F‧史考特‧費茲傑羅（F. Scott Fitzgerald）曾經描述過與灰色思維類似的概念。他觀察到，一個人是否擁有一流心智，取決於他是否在行事之餘還持有兩種相反想法的能力。

這個模式是強大的，因為它促使你要有耐心。藉著延後做決定，你會避免驗證性偏誤，因為你還沒決定要驗證它！灰色思維可能是困難的，因為所有細微的差異和不同的觀點都可能造成認知失調，不過為了更接近客觀的事實，和不一致奮戰是值得的。第二個可能幫助你對付驗證性偏誤的心智模式是「**魔鬼代言人**」（**Devil's advocate position**），這曾是天主教會封人為聖徒過程中的正式職位。一個人一旦被封聖，將有永久的效力，所以必須確保不會出錯，因此創造這個**職位**來讓某個人從**魔鬼**的角度代言，站在反對受

封者的聖徒地位來調查受封者的事蹟。

廣泛地說，扮演魔鬼代言人就表示，在一項爭議中要站在反對的一方，即使是自己不同意的立場。一個方法是強迫自己針對一項決定寫下各種情況，或是指派團體裡不同的成員來做這件事。另外，更有效率的方法是，在決策過程中積極納入持反對意見的人，這麼做能幫助每個參與者發現不同觀點的好處，並且強迫你形成一個更有力的論點，來支持你的信念。就像蒙格所說的：「對於對方的任何論點，我如果沒有比他們更清楚，就不會允許我有自己的見解。」

避免錯誤的直覺誤導你

你每天大多數是利用你的「直覺」（intuition）在做決定，你的潛意識自動地憑本能和已編碼的知識（encoded knowledge），讓你依直覺行事。它是你的常識或第六感、你的直覺，就是依照你過去的經驗和天生的特質，對情境做出反應。

諾貝爾經濟學獎得主康納曼在他的著作《快思慢想》（Thinking, Fast and Slow）中，把這種直覺式的快速思考，和質疑直覺時，放慢速度、邏輯性的思考做出區分。

他認為當你頻繁做某件事，漸漸就會編碼進你的大腦內，直到你的直覺掌管了大部分的時間，就能夠不假思索地執行任務，例如在高速公路開車、做簡單的算術、說出你的名字。然而，當你缺乏已編碼的知識，就必須運用緩慢的思考，例如：在新的道路上開車、計算複雜的數學、努力回想某個你曾經認識的人。這些並不是

不需要動腦筋的任務。

處在不清楚應該快速或放慢思考的情況下，盲目相信你的直覺會讓你遇到麻煩。有時候，單憑直覺可能會讓你落入定錨、可得性偏差、架構等陷阱。迷路通常是因為一開始你直覺地認為，你知道要往哪邊走，結果卻發現你的直覺讓你失望了。

同樣地，在大部分的情況下，本書的心智模式都是有用的，你會想要放慢速度，想要好好應用它們。你可能會把直覺當作指引，但不會只依賴直覺做決定，就像當你迷路時，你會需要拿出地圖，在下個轉彎前先研究一番。

你應該無法用直覺處理人生中的每一件事，因此在任何新的和不熟悉的情況下，你都應該特別留意你的直覺。例如，如果你是個有經驗的徒步旅行者，在熊出沒的鄉間，你會知道永遠不要盯著一頭熊，因為牠會將其視為侵略的意圖，而做出攻擊的反應；假如你現在在山獅出沒的鄉間徒步旅行，而且遇到了一頭獅子，你會怎麼做？你的直覺會告訴你，不要盯著牠看，但事實上，你應該這麼做。對山獅來說，眼神直接接觸代表你不是簡單的獵物，牠們就會感到遲疑，而不敢攻擊你。

但同時，直覺有助於引導你更快速找到正確答案。例如，你越熟練心智模式，對於特定情況要使用哪一個模式的直覺，就會越準確，就能越快利用這些模式做出更好的決定。

換句話說，如同我們在這章一開始時的解釋，隨著時間的推移，使用心智模式是一種緩慢和漸進的方式，可以讓你變得更反脆弱，更能與時俱進處理新的狀況。當然，你能夠放越多資訊在你的腦海裡，你的直覺就會變得更準確。

一個加速建立有效直覺的方法是，要嘗試不斷從第一原理開始

論證。另一個方法則是，利用每一個機會去理解事情發生的實際原因是什麼。這個章節其餘的新模式，可以幫助你做到這點。

1986 年，北美東部標準時間 1 月 28 日上午 11:39，**太空梭挑戰者號（Challenger）升空只有 73 秒後，就在大西洋上空解體，機上 7 名機組人員全部喪命**。我們全都清楚記得這個令人悲傷的一天。美國總統委員會被指派調查這起意外，最後產生了以主席威廉·羅傑斯（William Rogers）命名的「羅傑斯委員會報告」（Rogers Commission Report）。

當某件事情發生時，「**近因**」（proximate cause）是立即造成它發生的事情。在挑戰者號的例子裡，羅傑斯委員會報告指出，近因是外部氧氣槽燃燒。

對照之下，「**根本原因**」（root cause）就是某件事發生的真正原因。人們對自己行為的解釋沒有什麼不同：任何人都可以給你一個他們行為的原因，但可能不是他們做某件事的真正原因。例如，工作上一直表現欠佳的人，通常對每件事都會有看似合理的藉口，但是真正的原因卻是另一件事，例如缺乏技術、動機或努力。

1986 年 6 月 6 日，羅傑斯委員會向總統做了結論報告，挑戰者號災難的根本原因是組織失靈：

> 溝通失敗……導致根據不完整和偶有誤導的資訊，就決定發射 51-L*，工程數據和管理判斷之間有衝突，以及 NASA 的管理架構允許內部飛安問題跳過太空梭的主要管理者。

---

* 太空梭的任務名稱。

委員會的部分工作是進行「**事後檢討**」（postmortem）。在醫學裡，**事後檢討**指檢驗屍體，確認死亡的根本原因。作為一種比喻，事後檢討指的是任何對先前狀況的檢查，以了解事情的發生，以及下一次要如何改進。DuckDuckGo 強制對每一個計畫進行事後檢討，所以組織能夠集體學習並變得更強大（反脆弱）。

事後檢討常用到的一個技巧稱為「**五個為什麼**」（5 Whys），你不斷提問「為什麼會發生？」直到找到根本原因。

1. 為什麼挑戰者號的氧氣槽會燃燒？固體火箭推進器滲漏熱氣。
2. 為什麼會滲漏熱氣？推進器的密封結構破裂。
3. 為什麼密封結構會破裂？原本應該要保護密封結構的 O 型環失效。
4. 為什麼 O 型環會失效？它在超過原先預期的溫度範圍外使用。
5. 為什麼 O 型環在超過它的溫度範圍外使用？因為發射的那天，溫度低於冰點的 -1.7°C（先前發射的最低溫度是 11.7°C）。
6. 為什麼這麼低的溫度仍然進行發射？安全考量在發射會議時被忽略。
7. 為什麼安全考量被忽略？NASA 欠缺適當的制衡。那就是根本原因，挑戰者號災難的真正原因。

如你所見，為了得到根本原因，你可以不斷追根究柢，「5」只是一個任意的數字。諾貝爾獎得主物理學家理查・費曼（Richard Feynman）在有條件的情況下同意加入羅傑斯委員會（他後來因癌症而去世）。他揭露了 NASA 內部組織的失能，並

威脅辭去委員會委員職務，除非委員會報告納入他個人對根本原因的想法，部分內容如下：

> 對於失去太空梭與生命這個失敗的或然率，看起來有相當大的意見分歧。約從百分之一到十萬分之一，比較高的數字是來自操作的工程師，而非常低的數字是來自管理階層……
>
> 不論目的是什麼，無論是內耗或是外耗，NASA 的管理階層都誇張了產品的可靠性，甚至到了幻想的地步。
>
> 對於一個成功的科技，現實必須要優先於公共關係，因為本質不能被愚弄。

有時候，你可能會非常希望某件事情是真的，而欺騙你自己去相信它可能是真的。這樣的感覺稱為**「樂觀的可能性偏誤」**（optimistic probability bias），因為你對於成功的可能性太樂觀。NASA 管理者對於成功的可能性就是太過樂觀；反之，善於分析的工程師對於失敗率的預測就比較準確。

不論用 5 個為什麼或其他架構，分析根本原因可以幫你切斷樂觀的可能性偏差，強迫你的思考慢下來，安然通過你的直覺，小心謹慎地發現事實真相。

根本原因如此重要的原因是，藉著找出它們，你可以避免在未來發生相同的錯誤。一個貼切的類比是，藉由調查根本原因，你不止是治療症狀，也治療根本的疾病。

我們在本章開始時解釋說，要錯誤少一點，你需要與時俱進的改善（反脆弱），而且你思考時要減少犯下本可避免的錯誤（非

受迫性失誤）。你需要積極避免的心理陷阱有很多，例如：過於依賴近期的資訊（可得性偏差）、太堅持你目前的立場（驗證性偏誤）、誇大結果的可能性（樂觀的可能性偏誤）。如同費曼在1974年警惕加州理工學院（Caltech）畢業生所說的：「你不可以欺騙自己，而你是最容易受騙的人。」

本章重點

- 為了避免心理陷阱，你必須要客觀的思考。嘗試從**第一原理**論證，找到根本原因，尋找第三個故事。
- 基於**可得性偏差、基本歸因謬誤、樂觀的可能性偏誤**……解釋常見錯誤的心智模式，你用直覺理解的世界，通常可能是錯的。
- 一開始先利用**奧坎剃刀**和**漢隆的剃刀**來調查最簡單的客觀解釋，然後對你的假設進行**去風險化**，測試你的理論，避免過早最佳化。
- 嘗試**灰色思維**，努力避免驗證性偏誤。
- 納入**魔鬼代言人**和迴避**過濾氣泡**，積極尋求其他觀點。想一想「人如其食」這句諺語：要成為健康的人，你需要攝取各式各樣的食物。同樣地，吸收各種觀點將會幫助你成為超級思維者。

第 2 章
預先防範，
管控「不如預期」

　　看似無法預期的事件，其實都有可以依循的模式，如果能擁有正確的心智模式，就能預測和處理這些狀況，避免風險發生。我們可以運用以下心智模式：

- 公有地悲劇
- 小決定暴政
- 搭便車問題
- 公共財
- 群體免疫
- 外部性
- 外溢效果
- 內在化
- 寇斯定理
- 總量管制與排放交易
- 道德風險
- 委託人－代理人問題
- 資訊不對稱
- 反向選擇

- 市場失靈
- 政府失靈／政治失靈
- 葛哈德法則
- 不當誘因
- 眼鏡蛇效應
- 史翠珊效應
- 九頭蛇效應
- 觀察者效應
- 寒蟬效應
- 附帶損害
- 回爆
- 煮蛙效應
- 短期主義
- 技術負債

- 依賴現有路徑
- 保留可能性
- 預防原則
- 資訊超載
- 分析癱瘓
- 完美是美好的敵人
- 可逆的決定
- 不可逆的決定
- 希克定律
- 選擇的弔詭
- 決策疲勞
- 莫非定律

所有的行為都會產生後果，但有些後果是出人意料的。表面上，這些非預期結果似乎無法預測，然而，如果深入思考就會發現，非預期結果通常依循可預測的模式，因此在很多狀況下是可以避免的。只是必須知道，要注意哪一個心智模式。

在這裡舉個例子，英國政府在 2016 年要大眾幫一艘新的極地考察船命名，每個人可以提出建議名稱，然後在網路上投票。民眾提出的名稱超過 7,000 個，但是有一個名字獲得了 124,109 票，獲得壓倒性的勝利，那就是皇家考察艦小舟・麥克船臉號（RSS Boaty McBoatface）（這艘船最後命名為皇家考察艦大衛・艾登堡號〔RSS Sir David Attenborough〕）。

政府能夠事先預測到這個結果嗎？或許無法一字不漏的猜中惡搞的名稱，但他們是否猜得到，有人可能會惡搞這項活動，而玩笑通常廣受大眾歡迎，結果這個開玩笑變成贏家？

人們經常惡搞這樣的公開票選活動。2012 年，碳酸飲料激浪（Mountain Dew）舉辦了類似的活動為新汽水命名，但是當「糖尿病」（Diabeetus）和「希特勒沒有做錯事」（Hitler Did Nothing Wrong）出現在排名前幾名時，他們就火速地把它撤掉。同一年，零售商沃爾瑪（Walmart）和能量口含片公司 Sheets Energy Strips 合作，邀請饒舌歌手嘻哈鬥牛㹴（Pitbull）舉辦音樂會，地點將選在臉書上獲得最多讚的沃爾瑪商場。被網路惡作劇的人操控了票選以後，沃爾瑪位於阿拉斯加州科迪亞克（Kodiak），最偏僻的商場贏了。沃爾瑪和嘻哈鬥牛㹴如期在那裡舉辦音樂會，他們甚至還讓惡搞比賽的惡作劇者參與嘻哈鬥牛㹴的行程！

在比較嚴肅的情況下，非預期結果可就不是有趣的事了。例如醫療人員經常要開立類鴉片藥物幫助患有慢性疼痛的人。遺憾的

是，這些藥物也具有高度成癮性，因此病患可能會濫用他們的處方藥物，或甚至去尋找類似、比較便宜及更危險的藥物，像是在街頭購買海洛因。美國國家衛生研究院（National Institutes of Health）指出，有將近一半注射海洛因的年輕人是從濫用處方類鴉片藥物開始上癮的。

病患容易對類鴉片藥物上癮和濫用，對美國史上最致命的藥物危機有相當大的影響。2018年11月29日，《紐約時報》的報告指出，2017年死於藥物過量的人，比當年度死於愛滋病、車禍，或是槍擊的人還要多。當然，醫師開立止痛藥的用意不是為了要讓病患上癮而亡，這些死亡都是醫師非預期的後果。

透過這個章節，我們想要幫助你避免類似的非預期結果。如果你擁有了正確的心智模式，你就更能預測和處理這些狀況，避免落入它們的陷阱。

重大的損失，常源自微小的決定

有一個非預期後果的類型是，當很多人選擇對自己最有利的事，但決定的總和卻創造出對每一個人都較差的結果。要說明這是如何發生的，請想想美國最古老的波士頓公園（Boston Common）。

在1630年代成為公園之前，這片位於麻薩諸塞州波士頓市區的50公頃土地，是當地家庭共同使用的放牧牛草地。在英國，這種類型的土地在法律上被稱為「公有地」（commons）。

然而公有地會出現一個問題：每個農夫多放牧一頭牛就能增加

自己的收益,但是假如所有的農夫都不斷飼養新的牛,那麼公有地就可能會被耗盡。所有農夫都將面臨因過度放牧對牛群和土地造成的負面效果。

1833 年的一篇論文〈關於人口制衡的兩堂課〉(Two Lectures on the Checks to Population),經濟學家威廉・洛伊(William Lloyd)描述了一個類似過度放牧的假設,如今被稱為「**公有地悲劇**」(**tragedy of the commons**)。然而,他所不知道的是,他所假設的狀況在兩百年前真的在波士頓公園發生了。因為事實上,比較有錢的家庭不停購買更多的牛,導致土地因為過度放牧而受到破壞。直到 1646 年,波士頓公園強制實施最多 70 頭牛的限制。

圖 2-1　公有地悲劇

任何共享資源或公有地都容易受到這種悲劇的影響。過度捕撈、砍伐森林、傾倒垃圾，都與過度放牧有類似狀況，然而這個模式遠遠超越環境議題。增加垃圾郵件對發送垃圾郵件的人有好處，卻同時降低了整個電子郵件系統的品質；醫學與農藥集體過度使用抗生素，造成危險的抗生素抗藥性；大眾自行編輯《維基百科》（Wikipedia）的文章，也降低了百科整體的可信度。

在這些例子裡，個人所做的決策看起來是理性的（例如：開立抗生素給可能有細菌感染的病患），他們為了自己的利益，以極少或零成本的方式使用共享資源（例如：每個療程只有很小的機會增加抗藥性）。但是隨著越來越多的人做出相同的決定，共享資源被集體耗盡，也降低了未來每個人從中受益的能力（例如：抗生素變得比較沒有效）。

更廣泛地來看，公有地悲劇是從**「小決定暴政」**（**tyranny of small decisions**）衍生而來，這是指一連串小的、個人的理性決定，最後對一個體系造成全面性的負面後果，或是暴政。這就像是凌遲至死。

你和朋友一起外出晚餐，並預期你們會分攤帳單。晚餐時，每個人都面臨了同樣抉擇，就是要點高價或是比較便宜的餐點。獨自晚餐的時候，人們經常會點比較便宜的餐點，然而，當他們知道晚餐費用會由一群人分攤時，就會傾向選擇高價的餐點。如果每個人都這麼做，那麼最後每個人都會付比較多的錢！

生態學家威廉・奧登（William E. Odum）在1982年《生物科學》（BioScience）期刊的文章裡，將小決定暴政和環境惡化做了連結：「目前圍繞在環境議題的困惑和壓力，大部分都不是來自有意識的決定，而只是一系列的小決定。」

在這裡設置一口井，在那邊砍下一些樹，在那裡蓋工廠，都是個別的決定，但是隨著時間過去，這些獨立的決定共同在我們的環境裡創造了普遍的問題，而漸漸難以逆轉。

你可能也會在自己的生活裡發現小決定暴政。想想那些小額的信用卡購物或花費，消費當下似乎都是合理的，但全部加起來卻變成可觀的信用卡帳單或現金短缺；在工作上可能是偶爾分心和小小延遲，集合起來卻讓你的完工期限難以達成。

在可以預見廣泛的負面影響時，如果有某個對制度有整體視野的人，能夠否定或限制特定的個人決定，就可以避免小決定暴政。你自己也可以這麼做，例如要停止失控的支出，你可以訂定一筆預算，檢查預算內每一項可能的採買，看看是否和你的支出計畫相符；藉由更嚴格管理行事曆，也可以為你的時間管理做控管。

不只是由你自己做決定的時候，通常需要有第三方擔任這個角色，就像是波士頓市在限制波士頓公園牛群的數量時所做的一樣。公司為了預防過度支出所做的經費政策，就是一個組織上的例子。

另一個像公有地悲劇這類議題的起因是「**搭便車問題**」（free rider problem），這是指有些沒有付費就**搭便車**使用資源的人。人們或公司如果報稅不誠實，就是搭政府服務的便車，例如使用基礎建設和法制。如果你曾經從事一個團隊計畫，當中有人沒有做任何實質的工作，那個人就是在團體中搭其他人的便車。另一個熟悉的例子是：有沒有任何人曾經依附你的無線網路或網飛（Netflix）帳號？或者你曾經是搭便車的人？

搭便車在「**公共財**」（public goods）上很常見，像是國家軍隊、廣播電視，甚至是我們呼吸的空氣。從這些例子可以看出，要避免人們利用公共財通常很困難，因為它們到處都可以取得（公共

的）資源。由於一個人的使用並不會顯著減少公共財，所以搭便車看起來是沒有危害的。然而，假如大家都想搭公共財的便車，那麼就可能落入公有地悲劇的地步。

疫苗的例子可以說明所有的模式（公有地悲劇、搭便車問題、小決定暴政、公共財）和**「群體免疫」**（herd immunity）。疾病只有在出現合適宿主時才會傳播，當大多數的人都接受了對抗疾病的疫苗時，由於（**群體裡**）大部分的人都注射疫苗而對感染**免疫**，合適的新宿主就會很少。因此，全體大眾就比較不容易受到疫情爆發的影響。

圖 2-2　當疫苗普及後，即產生了群體免疫

疾病	疫苗普及前 平均每年死亡數	疫苗普及後 每年死亡數（2004 年）
白喉	1,822 (1936 年～1945 年)	0
麻疹	440 (1953 年～1962 年)	0
腮腺炎	39 (1963 年～1968 年)	0
百日咳	4,034 (1934 年～1943 年)	27
小兒麻痺症	3,272 (1941 年～1954 年)	0
德國麻疹	3,17 (1966 年～1968 年)	0
天花	337 (1900 年～1949 年)	0
破傷風	472 (1947 年～1949 年)	4

在這個例子裡，公共利益是由於群體免疫的無疫情環境，搭便車的是那些沒有接種疫苗而得到這個公共利益好處的人。小決定暴政的發生則是，如果有相當多的人選擇不接種疫苗，而造成疫情爆

發，就會產生公有地悲劇。

實際上，要達成群體免疫，對於特定疾病需要接種者的比例，需視疾病的傳染性而定，門檻大約是95%。這代表假如一個社區裡接種麻疹疫苗的比例低於95%，就可能會爆發！

在1963年麻疹疫苗被引進之前，美國一年有超過50萬的人染上麻疹，每年死亡數超過400人。疫苗普遍施打後，麻疹死亡數降到了零。

近年來，有些父母根據缺乏證據和造假的研究，相信疫苗和自閉症有關，因此拒絕小孩注射麻疹和其他疾病的疫苗。在群體免疫上，這些選擇不注射疫苗的人，就是搭了選擇接種疫苗的人的便車。

在歷史上，為了預防大流行，疫苗接種率維持在各個群體免疫的門檻以上，因此搭便車的人並不了解他們對自己和其他人可能造成的危害。然而，近年來有些地方的疫苗接種率已經掉到了危險的低點。例如，2017年明尼蘇達州（Minnesota）有超過75個人感染麻疹，大部分的人都沒有注射疫苗。只要有社區的疫苗接種率低於群體免疫的門檻，我們就可以預期，像這樣的大流行會繼續發生。

遺憾的是，有些人在醫學上無法免疫，例如嬰兒、嚴重過敏的人，以及那些免疫系統受到抑制的人。這不是他們本身的錯，但他們面臨了反接種運動導致的致命性後果，這就是一個名副其實的公有地悲劇。

群體免疫的概念在醫學環境以外也很有用，可以直接應用在維持社會、文化、商業和產業規範上。如果違法行為沒有受到控制，這類行為就會快速增加，並形成難以鬆動的負面準則。例如，目前在義大利普遍被用來描述繳稅的文化準則：「只有笨蛋才繳稅。」

雖然義大利過去十年來積極打擊逃稅，但這個普遍的逃稅文化準則卻主導了更長的時間，而且事實證明很難逆轉。

在這樣的情況下，掉到群體免疫門檻以下可能會產生持續的危害。**覆水難收**，想像一個曾經是樸實的地方，現在到處有人亂丟垃圾和塗鴉。一旦它變髒了，那樣的狀況很快會變成常態，而且髒亂得越久，越可能維持髒亂的狀態。

像蕭條的底特律，或是像紐奧良部分受災難侵襲的地區，最近都曾上演這個情節。不想與惡化效應共存，但也不願費力清理的人，可能乾脆搬離那個地區，或減少逗留的時間，且由於缺少稅基資助、維護，而讓環境進一步惡化。最後，想復甦這個地區所要花費的工夫，會比一開始還要多更多。不只是要找經費，還要重新規劃它的樣貌，吸引人們回來。

這些我們討論過的非預期結果在經濟學上有個名詞，叫**「外部性」（externalities）**，這是指從外部對個體造成的影響，不論是好或壞。例如，不能注射疫苗的嬰兒，接收到那些選擇注射疫苗的人的正外部性（較少機會得到疾病），以及那些沒有注射疫苗的人的負外部性（較大機會得到疾病）。同樣地，一間工廠的空氣汙染對居住在附近的民眾也產生了負外部性，也就是不佳的空氣品質。如果有一家公司訓練員工急救護理技術，假如有些員工在工作場合之外，利用所受的訓練拯救了別人的生命，那麼居民就是接收到正外部性。

每當有**「外溢效果」（spillover effects）**時，就會產生外部性，就是指一個活動的**效果外溢**到核心之外。抽菸的效果會經由二手菸外溢到周圍的人，從更廣泛的層面來說，是增加了公共健康的支出。外溢效果有時候可能比較不容易察覺，當你買車的時候，就

增加了你行駛道路的擁擠程度，這就是每個駕駛要承擔的成本。或是當你用大聲的音樂吵得鄰居睡不著的時候，你就是剝奪了他們的睡眠，害他們沒有生產力。

接下來幾天，去找找外部性的現象。<u>當你看見或聽到有人或組織採取一個行動的時候，要思考與活動沒有直接關聯但可能會從中受益或受害的人。</u>當你看見有人丟垃圾時，要注意在相同空間的其他人所承擔的負外部性。思考如果大家都亂丟垃圾，群體免疫門檻可能會遭到破壞，就會讓環境陷入更糟糕的狀態。

處理負外部性問題通常是指把它們「**內在化**」（internalizing），內在化是指要求造成負外部性的單位支付代價。理想上，附加在這個有害活動的「代價」夠高，就可以完全支應處理活動後果的成本。高昂的代價也可以在一開始就阻止傷害的發生，如果你看見丟垃圾罰款 500 元的警告標示，保證你會去找垃圾桶。

內在化負外部性有很多方式，包括稅金、罰款、規範和訴訟。抽菸的外部性內在化是透過菸稅。交通阻塞的外部性是藉由過路費予以內在化。就個人層次而言，假如你不斷把音樂放太大聲，鄰居就可能會投訴你太吵了。

另一個外部性內在化的方法是經由市場機制。英國經濟學家羅納德·寇斯（Ronald Coase）贏得 1991 年諾貝爾經濟學獎的其中一項理由，是提出知名的「**寇斯定理**」（**Coase theorem**）。指中立的市場可以如何內在化負外部性。寇斯指出，如果符合下列條件時，不需要進一步的干涉，就可以有效將外部性內在化，也就是不需要政府或其他相關單位規範：

1. 清楚定義的財產權
2. 理性的行為者
3. 低交易成本

當這些條件符合時，圍繞外部性的實體將會自己進行交易，直到額外的成本被內在化。如果你回想波士頓公園的例子，雖然沒有財產權，但過度放牧的外部性，是藉由限制每個農夫的牛群數目而被內在化（規範）。

寇斯定理認為與其限制牛群的數目，另一個解決辦法應該是簡單劃分每個農夫在公有地財產的放牧權。然後農夫之間可以交換放牧權，以創造一個有效使用公有地的市場。

各國政府做過類似的嘗試，經由「**總量管制與排放交易**」（cap-and-trade）制度處理化石燃料的負外部性（例如氣候變遷），這是當代對寇斯定理的應用。這個制度運作的方法是，政府要求排放者必須持有排放汙染物額度的許可，同時政府也制定固定

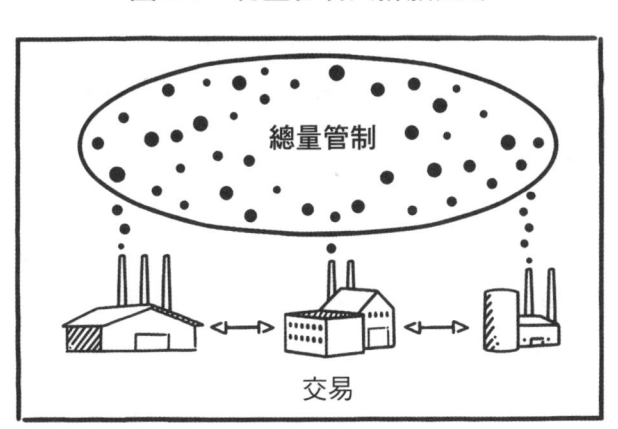

圖 2-3　總量管制與排放交易

的許可總額，作為市場上排放的**總量管制**，這和波士頓公園實施限制放牧牛群的數目類似，然後公司就可以在公開的交易所裡**交易許可**。這樣的制度符合了寇斯定理的條件，因為透過許可的程序，財產權被清楚的定義，公司則理性採取讓他們利益最大化的行動，而公開市場則提供了低交易成本。

如果你負責制定制度或政策，必須事先考慮可能的負外部性，並且設計避免的方法。會發生什麼外溢效應，誰會受到影響？有沒有公共資源會被搭便車的人利用，或是可能惡化成公有地悲劇？有沒有其他制定政策或制度的方法，可以降低可能的負面效應？

當報酬大於風險，風險就容易被忽視

當人們根據個人的立場和觀點，對風險做出不同的評估時，可能會發生另一種非預期結果。這種複雜的型態常發生在保險上，因為它的風險評估會影響到財產。例如，當你購買額外的租車保險後，如果撞車的話，在財產上比較有保障，那麼在駕駛租賃車時，你會不會比較大意？一般來說，人們會如此。

這個現象被稱為**「道德風險」**（moral hazard），指一旦有了讓你相信自己受到更多保障的資訊時，就會冒更大的危險或風險。從 17 世紀以來，這一直是保險產業關心的事！有時候道德風險可能只牽涉到一個人：戴腳踏車安全帽可能給你**虛假的安全感**（false sense of security），導致你騎車更不小心，但你是唯一要承擔腳踏車車禍成本的人。

當一個人或公司成為另一個人或公司的**代理人**（agent），代

表委託人（principal）做決策時，也可能發生道德風險。當代理人面對較大的風險時，就會產生問題，因為當事情出錯時，代理人所受的保障比較大。例如，財務顧問在管理你的錢時，雖然他們嘗試依循你的風險承擔能力，但是與你相比，他們比較敢冒更大的風險，僅僅是因為那不是他們的錢，因此損失對他們的淨值沒有那麼大的影響。

代理人也可能造成另一個問題，集合起來稱為**「委託人－代理人問題」（principal-agent problem）**，指在各式各樣的情況當中，代理人的私利可能導致委託人獲得次佳結果。例如：政治人物的作為不一定都是依照選民的最佳利益；房地產仲介的作為不一定都會依照賣方的最佳利益；金融經紀人的作為不一定都會依照顧客的最佳利益；企業管理的作為不一定都會依照股東的最佳利益。你應該有概念了，代理人的私利可能會勝過委託人的利益。

有一些針對這個概念的研究，比較了代理人替自己和為他人服務時的行為。與客戶的房子相比，房地產仲介在出售自己的房子時，傾向賣出比較高的價錢，很大原因是他們願意把房子放在市場較長的時間。史帝文・李維特（Steven Levitt）和史蒂芬・杜伯納（Stephen Dubner）在《蘋果橘子經濟學》（*Freakonomics*）中探討了它的原因：

> 只有購買價格的 1.5% 會直接進到代理人的口袋。
> 因此你的房子以 30 萬美元賣出，他個人拿到 18,000 美元仲介費的 4,500 美元……還不錯，你說。但是如果實際上房子的價值超過 30 萬美元呢？如果再多一點點努力和耐心，還有多一點報紙廣告，他可以賣到 31 萬美元

呢？扣掉仲介費，可以多放 9,400 美元到你的口袋。但是仲介個人多分到的錢，也就是多出來的 10,000 美元的 1.5%，只有 150 美元……

結果就是，房地產仲介把他自己的房子在市場上平均多放了 10 天，售出高過 300 百分點以上，或者是將 30 萬美元房子再賣高 10,000 美元。當仲介銷售自己房子的時候，會等待最好的出價；他在出售你房子的時候，會鼓勵你接受第一個還不錯的出價。和證券經紀人抽取佣金一樣，他想要達成交易，並且要快速的完成。為什麼不？雖然較好的出價他能分到 150 美元，但是這太微不足道，不足以成為促使他這麼做的動機。

圖 2-4　法律和網路上的公開資訊，可以降低資訊的不對稱

「在揭露條例的規範下，我必須告訴你，我在開給你藥物的公司擁有股票。」

會發生道德風險和委託－代理人問題是因為**「資訊不對稱」**（asymmetric information），指交易的一方擁有的**資訊**和另一方不同；也就是說，獲得的資訊沒有被**對稱地**散布。房地產仲介對房地產市場擁有的資訊比賣方更多，因此很難質疑他們的建議。相同地，財務顧問對金融市場擁有的資訊通常也比他們的顧客還要多。

對委託人來說，代理人是如何獲得報酬，也不一定完全透明，如果委託人知道全貌，也可能會做出不同的選擇。假如你知道你的財務顧問因為推薦一項金融產品給你而得到報酬，你可能比較不會投資。資訊公開的法律和經由網路而增加的公開資訊，可以降低資訊不對稱的影響。

不過，有時候顧客在資訊不對稱上擁有較佳的優勢。這經常發生在保險產品上，因為當個人或公司投保時，他們通常比保險公司還清楚自己的風險承擔能力。

當有一方基於自己的非公開資訊，而**選擇**認為對自己有利的交易時，就稱為**「反向選擇」**（adverse selection）。知道自己將會需要看牙齒的人，比較會去投保牙齒險。也因此拉高了每個人的價格。保險市場上兩個減輕反向選擇的方法是強制參與，有很多地區的汽車保險就採取這種方式；還有依據風險承擔能力區分出不同的亞族群（subpopulation），如同壽險對抽菸者採取的做法一樣。

和跨越群體免疫門檻一樣，一個市場上的資訊不對稱如果持續蔓延，就可能造成市場的瓦解。想想二手車市場，賣方知道車子的品質，但買方卻無法區分出檸檬（不好的車）和桃子（好車）。

圖 2-5　反向選擇引發的「死亡螺旋」

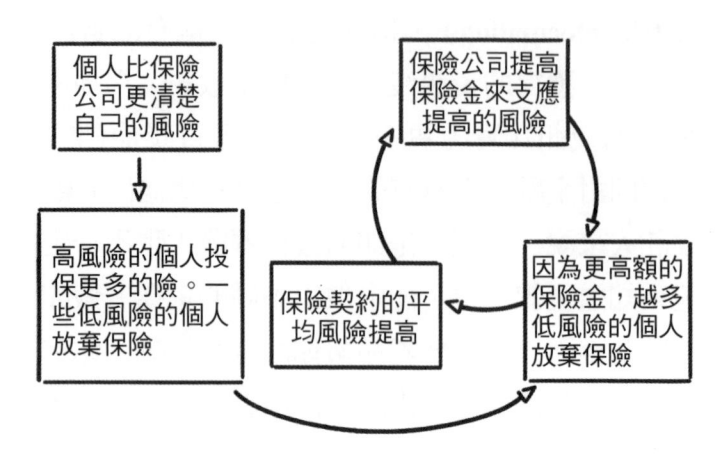

```
個人比保險公司更清楚自己的風險
        ↓
高風險的個人投保更多的險。一些低風險的個人放棄保險
        → 保險契約的平均風險提高
        → 保險公司提高保險金來支應提高的風險
        → 因為更高額的保險金，越多低風險的個人放棄保險
```

在這樣的市場裡，買方只想支付市場上中等品質車子的價格，因為他們沒有辦法看出桃子和檸檬的差別。然而，因為賣方知道他們的車子是桃子，比中等價格值更多錢，並不會想要在這個市場上賣掉它們。當他們把桃子從市場上下架，平均品質往下掉，結果，留在市場上的二手車價錢就會持續下跌。檸檬的賣方搭著市場的便車，直到它崩跌成一個只有檸檬的市場。

反向選擇是美國平價醫療法案（Affordable Care Act, ACA）早期對各州健康保險交易的顧慮。延伸這個比喻，檸檬是生病的人申請交易，桃子是健康的人申請交易。雖然強制個人必須投保健康險，但是沒有遵守的罰款很低，因此與其參與保險，很多健康的人會選擇付罰金。由於提出申請的人多是生病需要保險的人，而造成保險金上漲，結果導致更多健康的人不願意支付更高的保險金，於是進一步導致價格飆升。這個情況依然在發展中，而那些投資在平價醫療法案順利運作的人正在努力確保它不會失控。

有的時候要打斷循環是有方法的。以二手車市場為例，像 Carfax 這類提供車輛歷史紀錄的商業服務就試著重建對稱的資訊。它的規劃是讓買方可以區分檸檬和桃子，最後把檸檬驅逐出市場。相較之下，ACA 的目標是確保先前有狀況的人不會被趕出市場。但是要讓這個制度維持運作的唯一方法是，健康、低風險的人繼續付保險金，以便讓保險公司把風險較高的人的成本分攤開來。這可以讓保險金不會漲得太高，也讓每個人更負擔得起醫療服務。這就是為什麼 ACA 的強制性對整個制度的成功如此重要的原因。

　　上一節的心智模式（公有地悲劇、外部性等），以及這節的模式（道德風險、資訊不對稱等），都是**「市場失靈」（market failure）**的徵兆，這是指沒有干預的公開市場可能會產生次佳結果或失靈。要矯正市場失靈，外部的一方必須以某種方式進行干預。遺憾的是，這些干預本身也可能失靈，這種結果就稱為**「政府失靈」（government failure）或「政治失靈」（political failure）**。

　　在市場和政府失靈裡，抗生素是一個好的案例研究。如同我們前文所描述的，過度使用抗生素會降低它們作為共有資源的效力，因為每一次使用抗生素，病毒就有機會進化發展出抗藥性。因此，開立太多抗生素處方會造成普遍抗藥性的負外部性。

　　在抗生素問世之前，細菌感染是死亡的主因。猩紅熱是鏈球菌感染（通常是鏈球菌性喉炎）未經治療的併發症，1900 年代早期常常讓孩童致命，另外，結核病在高峰時期占了歐洲 25％ 的死因。任何可能引起感染的東西，像是手術或小割傷，都可能致命。

　　如果細菌對所有抗生素都能發展出抗藥性，大規模的細菌感染會再度爆發。這就是為什麼公共衛生官員想要保留一些尚未發展出任何抗藥性的抗生素，以便在大爆發的危急狀況時使用。我們需要

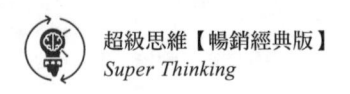

新的抗生素，以抵抗無法被現存抗生素殺死的「超級細菌」。

不過，要讓這些新的抗生素在未來緊急情況時派得上用場，使用上必須要謹慎，只有在絕對必要的情況下才能使用。因為每使用過一次，細菌對它們發展抵抗力的風險會上升。讓我們假定，政府是藉由許可這些抗生素只能在緊迫情況使用，來處理過度使用它們的市場失靈。

製造新抗生素有明顯的需求，但同時卻不能經常使用或銷售。假設主要是由私人市場持續進行發展和製造，監管的環境就會出現政府失靈：依目前的專利法，製藥公司要如何從投資獲得回收？在藥物有需求之前，專利可能會過期或是接近過期，實際上砍去了製藥公司大部分的可能利潤。還有，在這個時期仍然需要持續生產一定數量的藥物，以備不時之需，但在可以銷售之前，一批批的藥物仍然繼續過期（令人遺憾的是，要在顧及成本效益下保留大規模的製造能力，同時等待需求高峰，這是不可能的事）。

這些不確定性還造成第二次的市場失靈，也就是發展新抗生素的投資嚴重不足，這讓我們集體容易遭受未來爆發的威脅。事實上，長久以來，大部分的大型製藥公司已經完全停止投資這個領域的研究和開發。

根據 2014 年美國衛生及公共服務部（U.S. Department of Health and Human Services）所做的一份報告，一個新抗生素對社會和私人市場的價值有極大的落差。在一些例子裡，像是給予耳朵細菌感染的抗生素，在私人市場上預期的價格實際是**負**的，但是估計對社會的價值則大約有 5,000 億美元！

這些未來的抗生素是公共財（因為保護大眾的健康），所以應該要由政府提供有效的獎勵，來矯正市場失靈，例如延長專利保護

或是分攤開發成本。否則，由於欠缺這樣的獎勵，我們全都搭了這些藥物開發的便車，導致它們生產不足，而我們則將處在公有地悲劇的狀況。

沒有人知道什麼時候會需要這些藥物，而且考慮到一般開發時程需要十年，並沒有時間可以浪費，因為一場致命性的爆發有可能即將來臨。在任何狀況下，當危機和報酬是分割開來的時候，就和這個情況一樣，你得尋找和危機有關的非預期結果。

誘因設置不當，將會倒果為因

「計畫趕不上變化」，這是羅伯特・伯恩斯（Robert Burns）在1785年所寫的詩句。換句話說，事情不會都依照計畫進行，經常會出差錯。負責蘇聯20世紀大半中央經濟計畫的單位是國家計畫委員會（Gosplan），計畫通常需要制定全國日用品的目標數量（小麥、輪胎等），再為個別的機構劃分生產目標。1990年，經濟學家海爾布魯諾（Robert Heilbroner）在《紐約客》（The New Yorker）發表〈後共產主義〉（After Communism）一文，描述這個體制的一些困難：

> 多年來，目標以具體的名詞訂定，也就是多少碼的布，或幾噸的釘子，但是這造成了明顯的困難。如果布是用碼作回報，就會織得很鬆散，讓紗線可以產出更多碼。如果釘子的產出是用數量來決定，工廠就會生產大量像大頭針一樣的釘子；要是用重量計，就會是少量非常重的

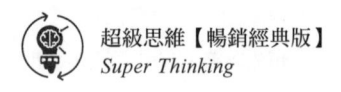

釘子。諷刺雜誌《鱷魚》（Krokodil）曾經刊登過一則漫畫：一個工廠經理驕傲地展示創紀錄的產出，一根由起重機懸吊起來的超大釘子。

「葛哈德法則」（goodhart's law）把這個議題做了總結：當方法變成目標，就不會是一個好的方法。比較普遍的講法是來自劍橋大學人類學家梅若琳・史翠珊（Marilyn Strathern）在1997年寫的論文〈改進評分：英國大學體制的審查〉（Improving Ratings）。然而，這個法則是以英國經濟學家查爾斯・葛哈德（Charles Goodhart）命名，因為1975年時，他在澳洲儲備銀行（Reserve Bank of Australia）研討會發表的論文指出原始構想：「一旦為了控制目標而施壓，任何觀察到的統計規則往往都會瓦解。」

1979年社會心理學家唐納・坎貝爾（Donald T. Campbell）在〈計畫性社會變遷的影響之評估〉（Assessing the Impact of Planned Social Change）的研究裡，創立了一個類似的「法則」（被稱為**坎貝爾法則**）。他對這個概念作了比較精確的解釋：「在社會決策中使用越多量化的社會指標，就越容易受到腐化的壓力影響，也越容易扭曲和損害這個指標監測的社會過程。」

兩者都描述了相同的基本現象：當你嘗試藉由制定可測量的目標來鼓勵一個行為時，人們基本上會專注於達成那個測量目標，而且經常不是以你所期待的方式。更重要的是，他們所專注的測量目標可能與你希望提倡的行為沒有相關。

高風險型測驗（high-stakes testing）的文化創造了「考試引導教學」的「**不當誘因**」（**perverse incentives**），或者更糟糕的是，作弊。2011年，亞特蘭大有178個老師涉入一樁牽連廣大的

醜聞，牽涉到修改學生標準測驗的答案，最後的結果是有 11 人被控詐欺罪，最多判刑 20 年。同樣地，醫院和大學也漸漸受到批評，因為他們為了排名而犧牲醫療和教育的品質，但排名這件事的本質應該是測量。

比爾‧布萊森（Bill Bryson）在《萬物簡史》（*A Short History of Nearly Everything*）一書中，描述生物學家高斯塔夫‧海因里希‧雷夫‧馮‧孔尼華（Gustav Heinrich Ralph von Koenigswald）在一次探險中意外創造了不當誘因：

> 若不是因為太晚才明白一個策略性的錯誤，孔尼華的發現還會更了不起。當地居民每帶來一件原始人類骨頭，他就給十分錢。後來他震驚地發現，他們為了讓收入更多，而將大塊的骨頭砸成小碎片。

這就像許你實現願望的精靈，發現你的願望有漏洞，只滿足了願望的字面意義，而不是它的精神，結果讓你比一開始還要糟。事實上，這個較為特定的狀況有其適用的心智模式，稱為**「眼鏡蛇效應」**（cobra effect），指的是試圖解決問題的方案，實際上讓問題更惡化。

這個模式的名稱與真的眼鏡蛇有關。在英國統治印度的時候，他們擔心這些致命毒蛇的數量，因此提供賞金給帶蛇來的人。一開始這個政策運作得很好，眼鏡蛇數量的確下降了。但是很快的，當地生意人為了拿獎金，開始飼養眼鏡蛇。政府發現以後，中止了政策，所有用來繁殖的眼鏡蛇被放了出來，讓眼鏡蛇的數量變得更多。

一樣的事件也發生在法國統治越南的時候。在河內，當地政府為了鼠患設立了賞金計畫，獎金依老鼠的尾巴支付。然而，企業化的捕鼠者抓到老鼠後，只把牠們的尾巴割下又放回，這樣老鼠可以再回去繁殖。當你創立獎勵制度時，必須注意葛哈德法則，小心不當誘因，免得眼鏡蛇和老鼠橫行！

「**史翠珊效應**」（Streisand effect）適用在更為特定的狀況：當你試圖遮掩某件事，卻意外吸引到更多的注意力。它的命名是來自藝人芭芭拉·史翠珊（Barbra Streisand），他在 2003 年控告一個攝影師和網站刊登他想保有隱私的別墅空拍照。訴訟之前，照片在網站上總共被下載六次；當人們看到訴訟新聞以後，造訪網站的次數高達幾十萬次，而且現在照片免授權，還刊登在維基網站及其他地方。就像水門案件的名言：**重點不在於犯罪，而是事後的**

圖 2-6　史翠珊效應

藝人芭芭拉·史翠珊本想保有隱私，沒想到反而讓別墅空拍照廣為流傳

掩飾。

另一個要注意的相關模式是以希臘神話怪物勒拿九頭蛇（Lernaean Hydra）命名的**「九頭蛇效應」（hydra effect）**，牠被砍下一個頭，就會再長出兩個頭；當毒販被逮捕，很快會有其他人遞補上來，以滿足市場需求；當你關閉一個非法分享影音的網站時，會出現更多替代的網站；國家政權的改變，也可能會出現一個更糟的政權。

有一個貼切的諺語是**別捅馬蜂窩**，意思是不要擾亂某件不值得去引起更多麻煩的事。有了這些陷阱，也就是葛哈德法則，還有眼鏡蛇、九頭蛇和史翠珊效應，如果你想改變一個體制或狀況，必須對人們可能有的反應負責任，或是明智的回應。永遠都會有人為了個人利益或樂趣，企圖玩弄體制，或是推翻你嘗試要做的事。

如果你真的著手去做，另一個要注意的陷阱是**「觀察者效應」（observer effect）**，指某件事情的**效應**取決於你如何**觀察**它，甚至是誰在觀察它。一個日常的例子是使用胎壓測量儀器，為了要測量壓力，也必須要釋放一些空氣，而在過程中降低了輪胎的壓力。或者，當大老闆來了，每個人就會表現出最好的樣子，穿著比較漂亮的衣服。

在做實際測量時，觀察者效應當然是要注意的事，但也要考慮，當人們採用匿名時，會如何間接改變他們的行為。試想當你知道攝影機在錄影時，要表現坦率有多麼困難。或是要提供同事的表現回饋時，匿名調查對比寫上你的姓名，你的回答可能有什麼不同。

牛津大學研究員強納森·潘尼（Jonathon Penny）在〈寒蟬效應：網路監控與《維基百科》的使用〉（Chilling Effects: Online

Surveillance and Wikipedia Use）論文中，研究在2013年前中央情報局職員愛德華・史諾登（Edward Snowden）揭露美國國家安全局（National Security Agency）網路祕密監看手法之前和之後，維基百科流量的模式，發現字詞含有**蓋達組織**（al-Qaeda）、**塔利班**（Taliban）和**汽車炸彈**等與恐怖主義相關文章的點閱，下降了20％。這件事的意涵是，當人們知道他們被政府監視時，有些人會停止閱讀他們認為可能會惹上麻煩的文章。這個概念的名稱就是「**寒蟬效應**」（chilling effects）。

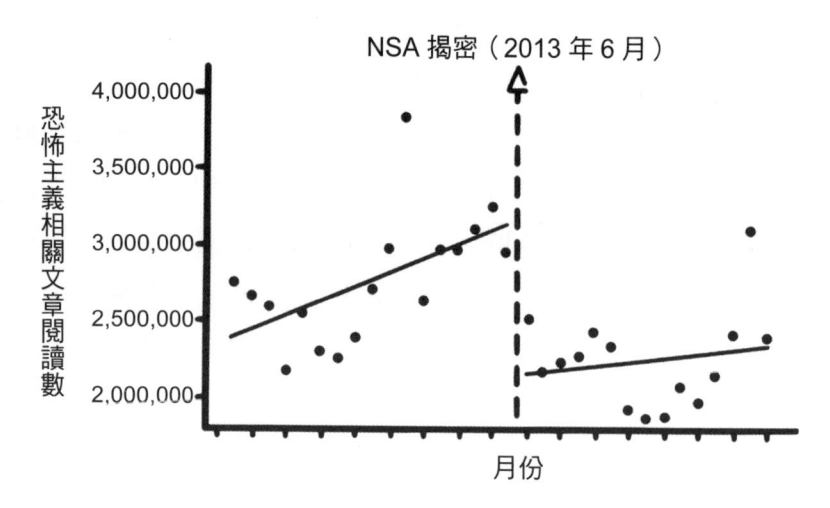

圖 2-7　《維基百科》的寒蟬效應

NSA 揭密（2013 年 6 月）

恐怖主義相關文章閱讀數

月份

寒蟬效應這個名詞源自法律，它指的是當人們因為恐懼訴訟或是被起訴，而不敢或害怕行使權利。更普遍的是，寒蟬效應是觀察者效應的一種，由於害怕被調查而產生了行為的改變。

有的時候寒蟬效應是刻意的，例如有人被當成例子，來傳遞違法者將被如何處置的訊息給其他人。例如，公司會控告強烈侵犯其

專利的人,來嚇跑其他可能想要與他們競爭的公司。

然而,有很多時候,寒蟬效應是非刻意的。強制性的騷擾報導可能會讓受害者在考慮伸手求援時卻步,因為他們無法承受那樣的監視。

對騷擾的恐懼也會遏止社群媒體的使用。在2017年6月6日皮尤研究中心(Pew Research)的研究當中,在看到其他人被網路騷擾後,有13%的受訪者表示會停止使用線上服務;27%的人決定不要在網路上張貼東西。

在你的個人關係裡,某個你認識的人很易怒,你可能會發現自己在他身邊如履薄冰。同樣地,有些戀愛中的伴侶如果意識到伴侶心猿意馬,可能不會完全地坦白對關係的不滿。

像前述維基百科研究討論的,MIT在〈政府監控與網路搜尋行為〉(Government Surveillance and Internet Search Behavior)的研究中,發現了另一個非刻意的寒蟬效應,顯示在史諾登事件之後,人們也停止很多在谷歌網站搜尋健康相關的詞語,即使這些詞語和任何非法活動沒有直接關聯。隨著人們對公司和政府追蹤越了解,他們對敏感主題的搜尋就冷卻下來。作者指出:「對搜尋健康資訊的壓抑,可能會傷害搜尋引擎使用者的健康,而且搜尋流量降低,也損害了搜尋引擎公司的獲利。」

負面的非預期結果可以想成是**「附帶損害」**(**collateral damage**),在軍事領域裡,這個詞代表對非預期的、附帶的目標造成的傷害和損害,你可以將這個模式應用在任何行動造成的負面副作用。美國政府有一份禁飛名單(No Fly List),名單上的人被禁止在美國境內搭乘商業航空,或入出境美國。過去曾經出現很多的例子,名字與名單相同的人遭受到禁止登機和錯過班機的附帶損

失，包括一名在伊拉克從軍的美國海軍陸戰隊士兵，被禁止登上返鄉的班機。即使是為了好的理由，當人們被驅逐或監禁時，可能讓他們的家庭成員蒙受附帶損害。例如，失去收入可能造成財物損害，或小孩成長過程缺少父母陪伴，最後可能要去寄養家庭的創傷。

有時附帶損害可能影響到起初引起損失的實體，這稱為「**回爆**」（**blowback，或稱反彈**），有時候後座力會緊接著發生在一開始的行動之後。美國在1980年代支持阿富汗叛軍對抗蘇聯，幾年後，同樣一批團體加入蓋達組織對抗美國，他們使用的一些武器就是幾十年前美國所提供的。

就像葛哈德法則和相關的模式一樣，與觀察者和寒蟬效應有關的非預期後果可能發生在經過深思熟慮的行動之後，無論是政策、實驗或是競選活動。此外，最好事先思考你的行動實際上要鼓勵的行為是什麼，會出現什麼樣的不當誘因，以及這些不當誘因可能造成什麼樣的附帶損害或回爆。

以現代醫療照護為例，在美國盛行的論量計酬（fee-for-service）醫療制度中，付給健康照護者的錢是根據他提供多少治療。簡單來說，提供越多的治療，就會賺越多的錢，這將有效鼓勵治療的量。如果你動手術，任何必須的額外照護（後續的手術、測試、物理治療、藥物治療等），治療的提供者將會分別計費，包括任何手術併發症可能產生的照護。每項治療通常會為照護者帶來獲利。

相較之下，以價值為基礎（value-based）的制度，與手術相關的各個項目通常只有一次付款，包括大部分的額外照護在內。這個付款方案是鼓勵質勝過量，因為有時候即使是由其他照護者負責額外照護，但進行手術的健康照護者也無法脫離關係。這個付款方案

會讓照護者面臨照護過度或不足的後果，因此會專注在決定精確的治療量。

簡單改變醫療服務的計費方式（一次付款給一個照護者對比多次付款給多個照護者），就能大幅改變健康照護者的誘因。利用付款與優質照護之間較為一致的誘因，美國醫療體系正在轉型成以價值為基礎的付款模式，以降低成本和改善健康成果。

換句話說，看起來似乎是誘因架構裡的微小改變卻事關重大。應該要讓想要的結果盡可能和提供的誘因一致，應該要預期，人們普遍會依照他們自己所認知的自我利益而行動，所以要確認，這個認知上的自我利益會直接支持目標。

缺乏長遠計畫，容易做出短視近利的決定

我們在本章的第一節提醒了小決定暴政，指一系列個別和表面上是好的決定，加總起來還是造成不好的結果。有一個同樣要注意，且較廣泛的非預期後果，也和做出表面上似乎是好的短期決定，但長期下來卻是不好的結果相關。這個心智模式通常用來形容被稱為「**煮蛙效應**」（boiling frog 或溫水煮青蛙）的非預期結果：青蛙跳入一鍋冷水中，溫度慢慢升高，最後青蛙將被煮沸的水燙死。

不過真的青蛙在這個狀況下一般會跳出熱水，但溫水煮蛙的比喻是在形容，漸進式的改變讓人難以反應，甚至察覺，所以仍然是一個有用的心智模式。煮蛙效應也在各式各樣的情況下被拿來作為告誡的故事，從氣候變遷到虐待關係，以至於侵犯個人隱私。有

時候會拿來和另一個在科學上也是不真實的動物比喻相提並論，也就是**把頭埋在沙裡**的鴕鳥，指忽視危險的訊號。這兩個例子都說明了，沒有及早反應的非預期後果，最後成為難以逃脫、極度令人不安的狀態，例如全球暖化、家庭暴力、大規模監控。

圖 **2-8** 漸進式的改變會讓人難以察覺

我們正慢慢在鍋子裡被煮熟

我們正慢慢在鍋子裡被煮沸

看到沒？沒有共識……

SCIENTIST　SCIENTIST　DENIER

氣候變遷

　　這些非預期結果可能發生在人們沒有做長期計畫的時候。在金融界裡，這類型的狀況就稱為「**短期主義**」（short-termism），指的是當你專注在**短期**的結果勝過長期的結果，像是每季的所得高過五年的利潤。如果你只著重在短期的財務成果，你對未來就不會做足夠的投資。最後，你會被那些做長期投資的競爭者給甩在後面，或是你可能會迅速被新的新創公司打亂布局（我們將在第 9 章做討論）。

　　日常生活裡有很多有害的短期主義例子。如果你因為眼前的任

務而推遲學習新技術，就永遠不會拓展你的視野。如果你裝修房子時，一次只做一個地方，裝潢最後就不會有一致性。如果新增稅務代碼欠缺長期簡化的思考，最後會變成一團混亂。

短期主義的後果在軟體產業有個名稱：「**技術負債**」（technical debt）。這個概念來自編寫程式碼：假如你把短期的程式修正，或是「駭客」技術，看得比長期、設計良好的程序還要優先，那麼你最後累積的**負債**，未來得用改寫程式碼和重構（refactor）做補償。累積的技術負債不一定是有害的，它可以在短期內讓計畫快速進展，但應該採取謹慎觀察者的角度，而不是沸水裡的青蛙完全渾然不覺。

圖 2-9　選擇只做短期的修正，而非長期規劃，
最後可能會付出較高的成本

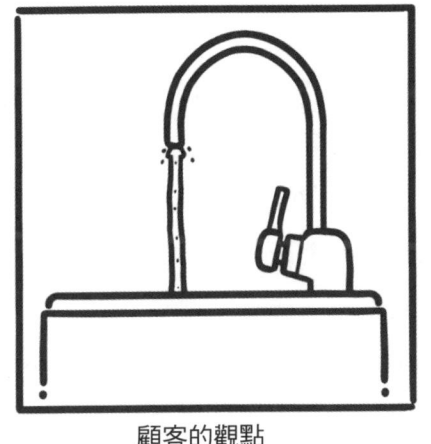

顧客的觀點　　　　　　　　開發者的觀點

如果你曾經做過任何小規模的家庭裝修，大概就會熟悉這個模式。當小地方出現破損時，很多人選擇自己動手修理（或甚至是貼膠帶），在當日做短時間的修理，因為這樣比較便宜和快速。然

而，這些「修理」可能不符合建築標準，最後或許會讓你付出成本。尤其是這狀況可能需要再花更高的成本去修理，例如當你想要賣房子的時候。

新創文化將這個概念延伸至其他形式的「負債」：**管理負債**（management debt）指沒有讓長期管理團隊成員或程序到位；**設計負債**（design debt）的意思是沒有一致的產品設計或品牌風格；**多樣性負債**（diversity debt）指的是忽略做必要的聘僱，以確保多樣性的團隊。這個模式同樣可以延伸到任何描述短期思考的非預期結果：關係負債、節食負債、清理負債。

在這些情況下，你需要持續「付款」，否則負債會變得難以招架：失控凌亂的房子、變粗的腰圍，或是惡化的關係，這些未清的負債影響了長期的發展。這種影響的普遍模式來自經濟學，稱為**「依賴現有路徑」**（path dependence），指的是你現在擁有的一系列決定或**路徑**，都是**依賴**過去的決定。

有時候一開始的決定或事件看起來可能是無害的，但最後強烈影響或限制了可能的結果。你可能沒有太多思考就為小公司選擇了計畫管理的軟體，但隨著公司的成長，將會有一大群人使用這個軟體，最後可能變成是次佳的選擇；然而，現在你所有的資料都儲存在裡面，轉換產品將會造成極大的混亂。

在個人的層面上，很多人可能會居住在畢業學校的附近，這對他們可以找到的職業和家庭選擇產生了巨大的長期影響。

相同的事情可能會大規模的出現。型態類似的公司通常會聚集在一起，像是珠寶店、家具倉儲店、汽車經銷商。在這些例子裡，第一家出現的商店為所有跟隨的店家創造了依賴的路徑。

蘿絲・博妮（Rose Bonne）和艾倫・米爾斯（Alan Mills）

在 1952 年寫下了歌曲〈我知道一個老太太〉（I know an Old Lady），描繪了如果未加控制，短期主義和依賴路徑會產生的危險。

> 有個吞下一隻蒼蠅的老太太／我不知道她為什麼要吞下一隻蒼蠅，她可能會掛掉！
> 有個吞下一隻蜘蛛的老太太／她身體在蠕動、扭動和搔癢！
> 她吞下蜘蛛去抓蒼蠅／我不知道她為什麼要吞下蒼蠅，她可能會掛掉！
> ……有個吞下一隻牛的老太太／我不知道她是怎樣吞下一隻牛！
> 她吞下一隻牛去抓山羊／她吞下山羊去抓狗，
> 她吞下小狗去抓貓／她吞下小貓去抓鳥，
> 她吞下小鳥去抓蜘蛛／她身體在蠕動、扭動和搔癢！
> 她吞下蜘蛛去抓蒼蠅／我不知道她為什麼要吞下一隻蒼蠅，她可能會掛掉！
> 有個吞下一匹馬的老太太／……她掛了，如你所料！

要逃脫老太太或沸水裡的青蛙的命運，你需要思考短期決定的長期後果。任何決定都要問你自己：這麼做會招致什麼樣的負債？我今日的行為將除去未來的什麼路徑？

另一個經濟學模式可以暫時緩解依賴現有路徑的一些限制：「**保留可能性**」（preserving optionality），概念是所做的選擇保留了未來的可能性。做生意時，你可能把一些多餘的利潤放到備用

資金，或是身為一名員工，你決定學習讓未來工作有更多選擇的新技術。或者，面臨一項決策時，你可能會延遲做出任何決定（見第1章的灰色思維），繼續等待更多的資訊，直到更確定要採取的更佳路徑之前，保持各種可能。

大學新鮮人對於想讀什麼可能有一些想法，但是大部分的人並沒有準備好要馬上選擇主修。學生在挑選學校時，可以選擇各領域都很強，而不是只有單一領域很強的學校，直到真的準備好做決定前，保留它們的可能性。

對於大部分的事情都一樣，一定要穩健的保留可能性。即使你選擇一間有許多主修可能的學校，為了要及時畢業，到了某個時間點，你還是必須要挑選出一個主修。在挑選研究所時，蘿倫選擇了作業研究課程作為保留可能性，而不是更量身打造的生物統計學課程。然而，因為對於論文想要研究什麼領域沒有強烈的想法，導致在學校多待了一年。

保持很多開放選項的缺點是，這經常需要更多資源，而增加了成本。試想你有一份全職工作還去讀書；選擇出租房屋為生，或是在公司裡探索好幾條業務路線。你需要在保留可能性和路徑依賴之間找出合適的平衡。

在某些狀況下，可以幫助你解決如何找到平衡的模式是「**預防原則**」（precautionary principle）：當一項行動可能會產生未知的重大傷害時，在制定政策之前，你應該要極度小心。這好比是醫療的「首要之務，不要造成傷害」原則。

例如，如果有理由相信某個物質可能致癌，預防原則會建議，在科學界找出傷害的程度之前，最好要嚴格控管，不要為了這個物質沒有被控制，而讓人們冒不必要的風險。2012年，歐盟在

《歐洲聯盟運作條約》（*Treaty on the Functioning of the European Union*）正式採取了預防原則：

> 聯盟的環境政策應該將聯盟各地區的多樣性納入考量，以最高標準的保護為目標。政策應以預防原則為基礎，並據此原則採取預防性的行動，環境破壞應優先從根源矯正，並且由汙染者付費。

在個人層面上，預防原則教你，當一個行動可能為你個人帶來重大傷害時，就要停下來。這似乎是顯而易見的道理，但是人們總是從事危險的行為，例如酒駕或開車漫不經心。除了身體的傷害，同樣的概念也適用在其他類別的傷害，例如：財務損失（賭博或接受不良貸款）、感情傷害（不忠或激烈爭吵）。

在思考生存風險時，這些心智模式最有用。畢竟，在煮蛙效應的故事裡，青蛙最後死了。因此，首先就要評估，長期可能會發生什麼實質的傷害，然後回頭評估你的短期決定（或其所缺乏的）對長期的負面情況可能造成什麼影響（第 6 章會更深入討論）。具備這個知識，你就可以採取必要程度的預防措施，在必要的時候償還技術負債，開心預防自己變成沸水裡的青蛙。

過多選項，反而對決策無益

德爾菲神諭（Oracle of Delphi）起源的古希臘神殿旁邊，雕刻著箴言適可而止（Nothing in excess），現代的說法是過猶不及。

想擁有更多的好東西，是人之常情，但太多可能就不好了。起司蛋糕公司 Cheesecake Factory 的起司蛋糕餅乾底很美味；然而，吞下一整個蛋糕大概不覺得有那麼美味了。

這對資訊來說也是一樣，人們抱怨被太多資訊轟炸，並不是什麼新鮮事。羅馬作家馬庫斯・塞內卡（Marcus Seneca）在西元第一世紀曾說：「書多則分神！」今天，幾乎在網路上研究任何東西，都會讓你感到頭暈腦脹，從平凡的事情，例如大費周章地在亞馬遜網站找所有咖啡機的產品和評論；到改變生命的事，例如比較大學或是選擇要搬遷的新城市。幾乎所有的主題都有太多的資料和建議，很容易讓人無法招架。

圖 2-10　為了做出最完美的決定，有時反而花費了太多時間

當然，你需要一些資訊來做出好的決策，但是太多的資訊會造成「資訊超載」（information overload），讓決策過程變複雜。過多的資訊可能讓系統處理的能力超載，無論是對個人、團體或電腦來說，做決策都將花費太久的時間。

這種非預期結果有個名稱，就是「分析癱瘓」（analysis paralysis），指由於過度分析大量可得的資訊，而讓你的決策陷入癱瘓。這就是為什麼當你試圖決定一台咖啡機，或是面對美國最大評論網站 Yelp 上無窮盡的選項，選擇要去哪裡吃晚餐時，會花太多時間的原因。更嚴肅的是，人們經常待在自己不喜歡的工作上，就是因為未來有太多可能性，他們不確定下一步要怎麼做。

「完美是美好的敵人」（perfect is the enemy of good）模式闡明了這個論點，如果你等待完美的決定，或是任何完美的事，你可能會等待很長的一段時間。而且，沒有做選擇實際上也是做了選擇：你選擇了現狀，也許比另一個你可能做出的選擇還要糟糕很多。

想快速做決策的欲望，以及覺得需要累積更多資訊來確定你做了正確的選擇，兩者之間存在著天生的衝突。你可以將決定區分為「可逆的決定」（reversible decisions）或「不可逆的決定」（irreversible decisions），來處理這個衝突，也許就能解決。但不可逆的決定是困難的，而且往往是非常重要的，試想一下要賣掉你的公司或生小孩這類決定。這個模式主張，和可逆的決定相比，這些決定需要不同的決策過程，處理起來應該要更具有流動性。亞馬遜公司執行長傑夫‧貝佐斯（Jeff Bezos）在給股東的一封信當中，強調了這個模式的重要性：

有些決定是意義重大的，而且是不可逆或近乎不可逆的，也就是單向門，你必須深思熟慮、與人諮商，然後有條不紊、小心翼翼、緩慢做出這些決定。因為如果你做了決定，卻發現不是你想要的，就沒有辦法回到做決定之前⋯⋯但大部分的決定並不是如此，它們是可以改變的、可逆的，它們是雙向門。如果你做了次佳（可逆的）的決定，並不需要長久忍耐這個結果。你可以再把門打開，轉身回頭⋯⋯

隨著組織變得越龐大，大部分的決策似乎有使用重量級的（不可逆的）決策過程的趨勢，包括很多（可逆的）決定。最後的結果變成是緩慢、思慮不周的風險趨避，也未能充分地實驗，最後創造力也消失了。

另一個幫助對抗分析癱瘓的方法是限制選項，因為有越多的選項，就越難在中間做選擇。1950 年代早期，心理學家威廉・希克（William Hick）與雷伊・海曼（Ray Hyman）分別進行了一些實驗，嘗試量化「選擇的數量」和「花多少時間做決定」之間的數學關係。他們發現，選擇的數量越多，決策時間就會以對數關係增加，這道公式稱為「**希克定律**」（Hick's law）。

在用戶經驗設計中，希克定律是經常被引用的重要因素，像是餐廳菜單、網站搜尋，以及表格（離線或線上）的設計。例如，在菜單上設計素食專區，就可以讓素食者縮小應該要看的菜單區域。能夠讓人快速決定菜單上的素食選項是否夠多，可能是讓有素食者的家庭選擇是否在你的餐廳用餐的一個重大因素。

在你自己的生活裡，可以用希克定律來記住，決定的時間會隨

著選擇數量變多而增加，所以如果要人快速做決定，就要降低選項的數目。一個做法是，給你自己或其他人多重步驟，但選項要比較少，像是詢問要去哪一類的餐廳（義大利、墨西哥等），然後在選定的類別裡提供一組選項。

除了增加決策時間，有證據顯示，在某些狀況下，豐富的選項會讓人產生焦慮。這種焦慮被稱為**「選擇的弔詭」（paradox of choice）**，名稱來自美國心理學家貝瑞‧史瓦茲（Barry Schwartz）2004年的同名書籍。

史瓦茲解釋，過多的選擇、害怕做出次佳決定，以及錯失機會後徘徊不去的懊悔，可能會讓人不快。在尋找戀愛關係的情況，人們經常被提醒「天下好男人多的是」，有這麼多好男人，會讓你懷疑要怎麼知道自己已經找到了「那一個」。同樣地，你可能會懷疑某個過去的伴侶是否就是「跑掉的那一個」。這種焦慮也會出現在比較小的決定上，像是當有年幼孩子的你，終於有機會在晚上出門，你會和朋友一起，或者只與伴侶出去？你會去好餐廳或看電影？如果是電影，是哪一部？越多選擇，以後就有越多後悔的機會。

雖然作者是相當快樂的人，但是我們在生活中也經歷過選擇的弔詭衍生的焦慮。我們很幸運地在年輕時就出售了一間新創公司，讓我們基本上擁有不受限制的事業選擇。在出售的時候，蘿倫剛剛接受了葛蘭素史克的一個職位，而且對於未來的道路很滿意。然而，隨著時間的過去，他懷疑這是不是正確的道路，然後發現自己不斷在看工作職缺，也花了很多時間考慮回學校攻讀不同的領域，實現不一樣的兒時夢想，例如成為建築師或設計義肢。

蓋布瑞則有了完全開放的未來，並且休息了一段時間。但是他很快就開始發問，下一步要做什麼？應該開始另一間營利公司嗎？

圖 2-12 「凡是會出錯的事情，一定會出錯」

「莫非定律」研究中心

本日關閉，因為可能出錯的事，真的出錯了。

我和蘿倫應該開始一起做非營利組織？寫一本書？無論過去和現在，選擇都是無限的。不要誤會我們，這不是在抱怨，只是表達我們對這個模式的感同身受。

希克定律和選擇的弔詭解釋了有很多選擇的不利，還有一個模式也說明了在有限的時間裡，做太多選擇的不利因素：**「決策疲勞」**（decision fatigue）。隨著所做的決策越來越多，你會感到疲勞，導致更差的決策品質。腦筋休息一下之後，會有效重新振作，又能開始進行優質的決策。

2011年有一項「司法判決的外來因素」（Extraneous Factors in Judicial Decisions）的研究，說明了決策疲勞對假釋委員會是否給予囚犯假釋的影響：「我們發現，在每一段判決的時間裡，有利

圖 2-11　減少做決定的次數，可以避免決策疲勞

裁定的比例逐漸從（大約）65%降到趨近於零，在休息之後，卻突然回升到（大約）65%。我們的發現指出，司法裁定可能會被與法律判決無關的外在變數影響。」

一些非常有生產力的人，包括史帝芬・賈伯斯（Steve Jobs）和巴拉克・歐巴馬（Barack Obama），都曾經嘗試用降低每天決策的數量來避免決策疲勞，像是要吃或穿什麼，如此一來，他們就可以保留決策的能力給更重要的決定。歐巴馬選擇只穿藍色或灰色西裝，並曾談及這個選擇：「我試著減少決定，我不想對要吃或穿什麼做決策，因為我有太多其他的決策要做。」蓋布瑞在某些程度上也傾向這麼做，他通常穿 7 件完全相同的深灰色牛仔褲，經常連續幾週吃一樣的午餐。他真的覺得這樣能讓事情變簡單，而且節省時間！

如果在生活中想要有更多的變化，建議你把一週的服裝和餐點提前到週日做決定。在壓力通常較低的一天中做這些決定，可以釋放工作日的決策能力。在週末規劃餐點，甚至做一些餐點的準備，可以讓你在稍後被工作淹沒的一週中，不會做出有害健康的選擇。

　　我們在本章討論了一系列的非預期結果，從市場失靈到不當誘因，從短期內有太多的焦點到過猶不及。最普遍的是，要留心**「莫非定律」**（Murphy's law）：凡可能會出錯的事情，一定會出錯。這是以航太工程師愛德華・莫非（Edward Murphy）的名字來命名，源自他在測量儀表沒有如預期般運轉時所說的話。它的用意是建議要有所防備，提醒你要做好準備，而且在事情出錯時能有應變措施。

　　可惜的是，要說明所有可能的非預期結果是不可能的。不過，本章的心智模式可以在很多狀況下，幫你辨識和避免負面的非預期結果。環視周遭，當你看見非預期結果時，無論是個人的、工作上的，或是在更廣大的世界裡，這些心智模式通常就潛伏在後。下一次，看看你是否可以辨識出潛在的心智模式，也嘗試預先設想要如何把它運用在你的計畫裡。

本章重點

- 在任何你可以看見**外溢效果**（像是汙染的工廠）的狀況下，要尋找潛伏在附近的**外部性**（像是對健康的不良影響）。矯正它將需要藉由法令（像是政府法規），或是依據**寇斯定理**制定市場制度（像是總量管制與排放交易）的介入。
- **公共財**（例如教育）特別容易經由**搭便車問題**（例如沒有繳稅），而受到公有地悲劇的影響（例如貧窮的學校）。
- 要注意**資訊不對稱**的狀況，可能造成**委託人－代理人問題**。
- 當報酬的給予是基於可測量的目標時要小心，因為你可能引起無預期和令人討厭的後果（**葛哈德法則**）。
- **短期主義**容易造成**技術負債**的累積，產生不利的**依賴現有路徑**；要對抗它，要想想保留可能性，並記住**預防原則**。
- 要內在化可逆和不可逆的決定，不要讓自己屈服於**分析癱瘓**中。
- 要留心莫非定律！

第 3 章
有效運用時間，提升效率

　　人的時間和精力有限，想要有效利用時間，我們必須專注在真正重要的事。如何判斷時間的投注與運用，我們可以運用以下心智模式：

- 北方之星
- 複利
- 雙線作戰
- 多工作業
- 腦海裡的第一個想法
- 深度工作力
- 艾森豪決策矩陣
- 塞爾定律
- 腳踏車棚效應
- 機會成本
- 資本機會成本
- BATNA
- 槓桿作用
- 高槓桿活動
- 帕雷托法則
- 乘冪定律分布
- 報酬遞減法則
- 效用遞減法則
- 負報酬
- 倦怠
- 當前偏差
- 折現率
- 現金流量折現
- 淨現值
- 雙曲線折現
- 承諾
- 預設值效應
- 帕金森定律
- 侯世達定律
- 損失規避
- 沉沒成本謬誤
- 設計模式
- 反面模式
- 蠻力
- 嘗試錯誤
- 演算法
- 黑箱
- 自動化
- 規模經濟
- 平行處理
- 分治
- 重新架構問題
- 社交工程

小北斗七星在星座上被稱為小熊星座，北極星是裡面最亮的一顆星。你可以輕易地在夜空中找到北極星，因為它是小北斗七星手柄上的最後一顆星，大北斗七星勺子最外圍的兩顆星也直接指向它。

遠從中世紀開始，北極星在航行上就扮演重要的角色。北極星幾乎在北極的正上方，由於它獨特的位置，即使地球在轉動，看起來也似乎是固定在夜空中。只要抬頭仰望，就可以大約知道你前進的方向，如果想要往北方走，只要朝北極星的方向前進。

在商業界有個受到北極星啟發的心智模式，稱為「**北方之星**」（**north star**），指公司的指導願景。例如，DuckDuckGo的北方之星是「提升網路上的信賴標準」。如果你知道你的北方之星，就可以讓行動瞄準你所想要的長期未來。沒有北方之星，你可能會輕易「迷失在海上」，容易受到短期主義的非預期結果所影響（見第2章）。

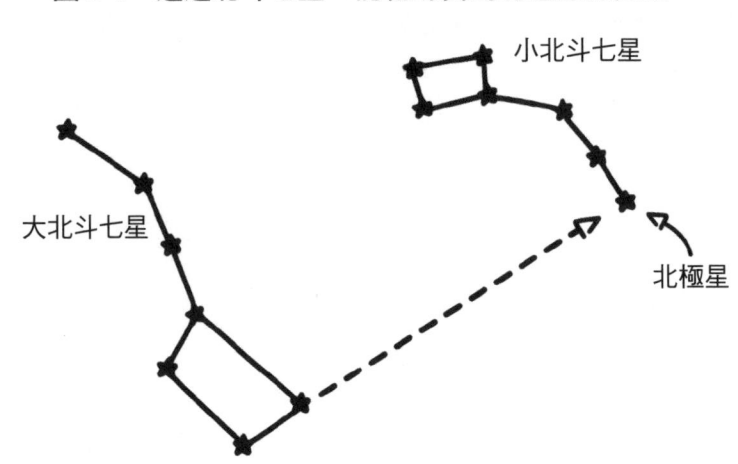

圖 3-1　透過北斗七星，能輕易找到北極星的位置

對個人來說，擁有自己的北方之星或使命宣言很重要。你有嗎？如果沒有，你應該思考為自己擬一份。假如你可以讓自己朝北方之星前進，並且將正確的行動列為優先，就可以與時俱進地達到驚人的成果。雖然北方之星可以是任何事，但這裡提供啟發你思考的一些例子：

- 盡我所能成為最好的父母
- 盡我所能幫助難民
- 省下足夠的錢，在 40 歲退休
- 發揮我對無家可歸者的正面影響
- 簡單生活和保持快樂
- 促進人類長壽科學

圖 3-2　北極星在正中央的典型北半球星軌

如果你的北方之星隨著你朝它前進而改變，那也沒有關係，因為你可能更清楚自己想要什麼，或是出現把你推往另一個方向的人

生重大事件，例如婚姻、小孩、事業，工作地點更換。當你成功達成目標後，你可能還會需要一個新的北方之星！舉例來說，高中生的北方之星可能是申請進入某一所大學，但是一旦完成了，就會需要新的北方之星。

北方之星是一個長期的願景，因此假如你無法快速達成，也是正常的。然而，如果你不知道要往哪裡去，那就不會有抵達目的地的一天。你的北方之星將引導你通過人生的各種選擇，緩慢而持續地指引你接近你的目標。企業家和慈善家比爾·蓋茲（Bill Gates）在 1996 年的著作《新·擁抱未來》（*The Road Ahead*）中評論逐漸前進的力量：「人們經常高估未來兩年會發生的事，而低估下一個十年會發生的事。」

蓋茲在商業環境中寫下的這段話，是告誡大家不要忽視未來可能變成重大危機的威脅。也就是說，不要低估新興的競爭者可以進步多少，或是科技在十年內會有多少改變。想想網飛（Netflix）在十年內是如何從微不足道的地位，進展到成為打亂整個有線電視產業的串流巨擘。

這個概念對個人也十分受用。每天朝目標穩步前進可能不明顯，但是久而久之，如果你維持在對的方向，累積許多小步伐也能讓你到達相當遠的地方。

假如你把 1,000 美元放在年利率 2% 的儲蓄帳戶裡，第一年會拿到 20 美元。但是第二年你會拿到多一點點（20.4 美元），因為你也會從前一年拿到的 20 美元利息中，收到 2% 的利息。這稱為「複利」（compound interest），指利息所得隨著時間成長或增加。前面賺到的利息在每個週期再計入總額，讓下一個利息週期的計算基準變得更多。

曾經是世界首富的投資家華倫・巴菲特曾說：「我的財富是住在美國，加上一些幸運的基因，以及複利的結合。」（見第1章的**出生樂透**）。複利說明了為什麼有錢人容易變得更有錢，相對於只能憑勞力去賺錢的人，他們是用錢去賺錢。

從個人的角度來看，<u>只要瞄準你的北方之星，就能利用複利的概念，將你的能力增強至你所希望的程度</u>。這是因為你的能力，需要依靠知識、技巧和人脈的累積，隨著這些能力的成長，你潛在的影響力也會增加。例如，隨著你在一個產業裡的發展，你的人脈也會跟著拓展，也就有可能透過某個你認識的人，幫助你的事業更上一層樓，像是聘用你到下一份工作，成為你的推薦人或指導者。

本章將介紹有效運用寶貴時間所需要（或是需要避免）的心智模式。從制定北方之星這個終極目標，到安排每天的行程，以及如何最有效率完成這些任務，都要留意這些心智模式，以創造你最好的未來。

將心力投注在最重要的事上

一戰和二戰時，德國同時與東邊的俄羅斯和西邊的西方同盟國作戰，主要是靠**「雙線作戰」**（two-front wars）策略，由於注意力被分割，造成德國最後的戰敗。有句諺語貼切描述了這個概念：「如果你同時追兩隻兔子，一隻也抓不到。」

如果你曾經必須照顧兩個以上不想進行同樣活動的小孩，你就會了解雙線作戰是多麼具有挑戰性。在商業上，假如你的競爭者從雙邊攻擊你，你就面臨了雙線作戰，例如就價格來說，同

時從最低和最高端壓縮你的客戶群。最近幾年以來，在美國像A&P這樣的中型雜貨商，被沃爾瑪、好市多（Costco）、奧樂齊超市（Aldi）、亞馬遜及其他食品雜貨業的廠商，搶走了許多低端客戶群；被全食連鎖超市（Whole Foods）、威格曼連鎖超市（Wegmans）等公司搶走高端客戶群，而被逼到破產。

政治人物在對抗政治光譜的兩端時，通常會遭遇左派與右派的攻擊，經常面臨雙線作戰。近期的例子是希拉蕊‧柯林頓（Hillary Clinton）2016年在爭取美國總統候選資格時，當時在艱困的初選作戰中，要面對左派的伯尼‧桑德斯（Bernie Sanders），接著在大選中，他依然要對抗那些投票者，同時要吸引比較中間的選民。

你應該要留心雙線作戰，雖然你大概每一天都以**「多工作業」**（**multitasking**）的方式在這麼做。第1章在討論**直覺**時，我們解釋過有兩種形式的思考：低專注力、自動導航的思考（說出自己名字、走路、簡單的加法等），以及高度專注、深思熟慮的思考（在不熟悉的路況開車、計算複雜的數學等）。

人一次只能做一件高專注力的事，因為大腦沒有辦法同時專心於兩個需要高度專注的事，如果你嘗試這麼做，你會被迫在兩件事之間進行上下文交換（context-switch）。

這就像當你在閱讀一篇文章時，停下來回一封電子郵件。在這個例子裡，上下文交換的狀況很明顯；如果你閱讀文章時，同時有人對你說話，也是同樣的道理。你的大腦嘗試處理兩個活動（閱讀和傾聽），因此必須快速在兩者之間切換，並放棄某件事。這種上下文交換並不是立即發生的，所以最後要不是其中一項活動必須慢下來，就是其中一件或兩者都做得不好。

如果不是處理很重要的事，有時候多工作業的負面效應（緩慢

或不佳的表現）是可以被接受的,像是一邊折衣服一邊看電視,或是在健身房運動時聽音樂。相對地,在重要的事上進行多工作業,將立即會出現問題,甚至是致命性的問題,像是開車時傳簡訊。

此外,所有多工作業時的上下文交換,其實是浪費時間和精力的事。要一次掌控許多個工作也需要額外的心理間接成本,因此,在重要的活動上,你應該要避免多工作業。

一次專心在一項高度專注的事,也能大幅幫助你產出比較好的成果。這是因為最好的成果要依賴有創意的方案,而這經常來自專心一意在一件事情上。新創投資家保羅・葛拉漢(Paul Graham)在 2010 年的同名論文中,將它稱為**「腦海裡的第一個想法」**(**the top idea in your mind**):

> 每個曾經處理過困難問題的人,大概對這個現象很熟悉,努力要想出些什麼、但想不出來,然後稍後在做其他事情時,突然發現了一點答案。有一種思考是你不用去嘗試也會出現的思考。我越來越相信,這種思考不僅在解決困難問題時是有幫助的,也是必要的。弔詭的是,你只能以間接方式控制它。
>
> 我認為,大部分的人在腦海裡隨時都有第一個想法,當他們的思考被允許自由飄移時,他們的思緒會朝這個想法飄移。而這個想法往往可以得到這種思考型態的所有好處,但其他想法卻沒有。意思是,讓錯誤的想法成為你腦海裡的第一個想法時,會是個災難。

如果你不斷在事情之間轉換,最後就無法有創意的思考。作

者卡爾・紐波特（Cal Newport）將產生突破性方案的思考稱為**「深度工作力」（deep work）**，他提倡為了讓最重要的問題有所進展，得花費一段長期、不間斷的時間。2014年11月6日，企業家和投資家凱斯・拉波斯（Keith Rabois）在一場以「如何運作」（How to Operate）為題的演講上，講述彼得・提爾（Peter Thiel）在擔任第三方支付平台PayPal執行長時，如何運用這個概念的故事：

（彼得）在PayPal時，曾堅持每個人只能做一件事。然而我們全都反對，公司裡每個人都反對這個想法，因為這是如此的不自然，和其他公司截然不同，他們會想要做許多件事，尤其是當你變得越資深，肯定想要做比較多的事情，而且被要求只做一件事情，你會覺得受辱。

彼得會相當嚴格執行，他會說，除了我指派你的這件事，我不會和你討論其他任何事。我不想聽見你在這邊做得有多好，只管給我閉嘴，然後彼得就會跑掉⋯⋯

這件事背後的洞見是，大部分的人會解決他們理解要如何解決的問題。粗略地說，他們會解決B^+的問題，而不是A^+的問題。A^+問題對你的公司有高度的影響，但是很困難。你不會早上醒來就有解決方案，因此你往往會耽擱它們。

所以想像你早上醒來，做了一份今日待辦事項清單，通常A^+會在清單的頂端，但是你從來沒有去做。所以你解決了第二和第三個。然後你的公司有超過100個人，就這麼一連串的做下去。你將有個總是在解決B^+事情的公司，這表示你有成長、你有增添價值，但是你從來沒有真

的創造出突破性的想法。沒有人會整天花時間絞盡腦汁，直到他們解決問題為止。

提爾的方法是藉由嚴格限制多工作業，來鼓勵深度工作力。當然，如果你限制自己一次只做一件事，關鍵是你腦海裡的第一個想法必須是很重要的事。幸運的是，有一個心智模式可以幫助你辨識出真正重要的活動。

美國總統德懷特・艾森豪（Dwight Eisenhower）有句著名的妙語：「重要的事很少是緊急的，緊急的事很少是重要的。」這句話啟發了史蒂芬・柯維（Stephen Covey）在《與成功有約：高效能人士的七個習慣》（*7 Habits of Highly Effective People*）一書中創造了**「艾森豪決策矩陣」**（**Eisenhower Decision Matrix**），它

圖 3-3　艾森豪決策矩陣

	緊急	不緊急
重要	I - 管理 •危機/緊急情況 •家庭義務 •真正的期限	II - 焦點 •策略性規劃 •關係建立 •深度工作力
不重要	III - 分類 •阻礙 •很多「急迫」的事 •大部分的事件	IV - 避免 •虛工 •挑選服裝 •大多數的電子郵件和訊息

是一個 2 乘以 2 的格子（矩陣），幫助你把個人和工作生活上的重要活動依緊急和重要性來分類，並按優先順序處理它們。

象限 I 是「緊急且重要」，像是醫療的急救需要立刻完成。象限 II 是「不緊急但重要」，像是深度工作力，應該緊接在象限 I 的後面，列為優先。你應該盡可能把你創造性的能量集中在象限 II，因為處理它們會讓你最快接近你的長期目標。

象限 III 是「緊急卻不重要」，像是大部分的事件及「急迫」的事，可能最好委辦、外包或乾脆忽略。最後，象限 IV 是「不緊急也不重要」，像是虛工和大部分的電子郵件，這些是你應該嘗試降低或完全排除花時間在上面。

這個矩陣讓我們得到的基本見解是，象限 II 的重要活動經常被象限 III 的緊急性分散注意力，重要性因此被蓋過。由於它們有緊急性，會搶走你的注意力，你可能被騙去立即處理象限 III 的任務。然而，如果你讓象限 III 這些令人分心的事占據很多時間，你可能永遠也不會處理象限 II 的重要任務。

同樣的道理，象限 IV 的「不緊急也不重要」，可能是有吸引力、讓人分心的事，因為它們提供了立即的滿足（像是快速完成一件虛工任務）或樂趣（像是不須動腦筋的手機遊戲）。在生活中完全排除休閒活動是不健康的，但重要的是，要評估你有多少時間是花在休閒和不重要的活動上，這樣才不會阻礙你達成長期的目標。

象限 IV 的活動也具有展現**虛假的緊急性**的能力（像是大多數的電子郵件和簡訊）。如果不斷讓它們打斷你，你將會承受多工作業的負面效應，因為在象限 II 和 IV 的活動之間進行上下文交換，在重要事件上面的表現就會明顯變差。對抗這種效應的一個方法是關掉提醒通知，就不會聽任虛假的緊急擺布。

使用艾森豪決策矩陣是假定你可以正確將活動歸類到每個象限。不過，要決定什麼是重要的可能是有挑戰性的，尤其是在一個組織裡。對於這個困難度，有兩個心智模式可以提供深入的見解。

以政治學家華萊士・塞爾（Wallace Sayre）命名的**「塞爾定律」**（Sayer's Law）指出，任何爭論的情感強度，與涉及議題的價值成反比。

另一個相關的概念是以西里爾・帕金森（Cyril Parkinson）命名的帕金森瑣碎定律（Parkinson's law of triviality），指組織中對於瑣碎的議題，容易賦予不成比例的重要性。兩個概念都解釋了團體的動力能夠如何帶領團體聚焦在錯誤的事情上。

圖 3-4　釐清事情的優先順序

「我們想先處理困難的部分……
我們午餐要點什麼。」

帕金森在 1957 年的著作《帕金森定律》（*Parkinson's Law*）裡，以考慮原子反應器和腳踏車棚的預算委員會為例，指出「在議程裡任何事項所花費的時間，與牽涉到的金額成反比」。委員會成員不願意深入討論所有決定原子反應的複雜面向，因為它有挑戰性，也難以理解。相對地，對於腳踏車棚的決定，每個人都想要插入自己的意見，因為相對於反應器，這是簡單和熟悉的，即使它相對地並不重要。這個現象被稱為**「腳踏車棚效應」（bike-shedding）**。

你必須試著不讓自己陷入這類型的辯論，因為它會剝奪你可以花在重要議題的時間。在預算會議裡，議題可以另外架構，時間會依每個項目的相對重要性，事先成比例地分配，項目也可以按照重要性排序。相對於腳踏車棚，這個方法會分配給反應器更多的時間，而且將會第一個進行反應器的討論。你可以進一步為每一項議案設定嚴格的時間限制（稱為時間箱〔timeboxing〕），以確保真的出現任何的腳踏車棚時，不會占據整個會議時間。

拿現實生活的例子來說，試想美國每年的國家預算，眾所周知會一再發生對細小項目的辯論。政治人物以平衡預算為名義，不斷建議削減全國藝術資金、科學資金、國外援助。

不論你個人對這些計畫的想法是什麼，大幅削減它們並不會明顯降低預算，因為它們個別的金額大約只占總預算的 0.01%、0.2%、1.3%。換句話說，如果你的目標是大幅削減預算，你需要把焦點放在預算裡更重大的項目。因此你聽到的針對這些相對細小項目的爭吵，不是推動既定目標實質進展的一種分心行為，就是為了非既定目標（像是讓聯邦政府全面停止資助這類型的計畫），而誤用了刪減整體預算的想法來攻擊這些計畫。

也就是說,決定什麼是重要的和什麼是不重要的,是根據所追求的特定目標而定。將可能的活動放入整體目標的脈絡裡,盡可能使用量化的方法,就可以更清楚確定它們的相對重要性。

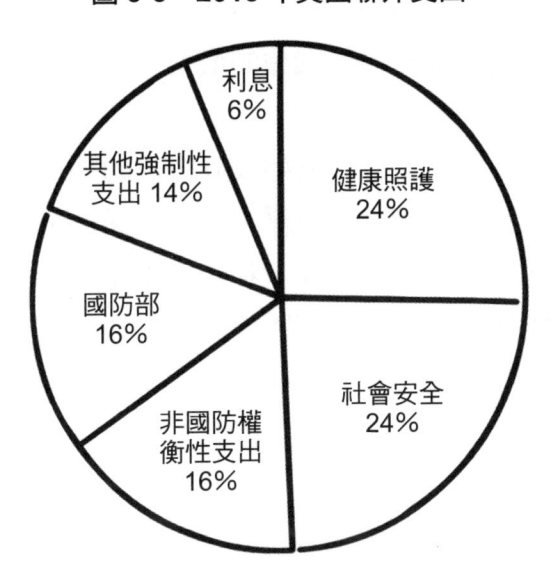

圖 3-5　2015 年美國聯邦支出

利息 6%
其他強制性支出 14%
國防部 16%
非國防權衡性支出 16%
健康照護 24%
社會安全 24%

　　一旦你正確將活動區分為重要和不重要,你還有另一個問題:對大部分的人來說,永遠沒有足夠的時間去做很多已經被他們區分為重要的活動。你要如何選擇做什麼?

　　這個章節的主題可以用生產力顧問大衛・艾倫（David Allen）,也是《搞定!》（Getting Things Done）作者的一句話做簡要的總結,他在接受科技雜誌《快公司》（Fast Company）訪問時提到:「你可以做任何事情,但不是每一件事情。」你必須在重要的事之間做選擇,不然就會發現自己在多工作業,而且缺少深度工作力的時間。艾倫也指出:「想要做的事情總是比時間多,特別是

在有這麼多可能性的環境裡。我們都想要被認可；都想要我們的工作是有意義的。在企圖達成那個目標時，生活中的事情就越來越多。」

幸運的是，經濟學有一個極具力量的心智模式可以引導你：「**機會成本**」（opportunity cost）。你所做的每個決定都有**成本**，也就是其他你沒有選擇的最佳**機會**的價值。通常，你想選的是機會成本最低的選項。

假設你在考慮辭去工作，開始成立自己的公司。新公司的外顯成本顯而易見：任何新創公司所需的設備、雇員、法律成本等。如果你需要貸款，外顯成本必須加上利息支出（稱為**資本成本**）。但是還有隱藏成本，例如你現在即將放棄的工作薪資和其他好處，以及你原本可能用在其他投資（例如股票市場）的新創資金。此外，還要衡量非財務性的隱藏成本（或好處），例如對你的家庭和個人自我實現的影響。

你成立這個公司的**機會成本**的定義，就是所有外顯成本和隱藏成本的總和，根據的是另一個未來，也就是指維持現有工作，繼續賺薪水，並且把新創資金配置到其他投資。對照路徑 A 和路徑 B，你的報酬會是什麼？

機會成本可以延伸到每天的決策，像是你想到「便宜」的加油站而把車子開遠一點。假定油箱是 76 公升，每 3.8 公升你可以節省 10 美分，最多只有省下 2 美元。即使只是多開了 6 分鐘，實際上你是把你每小時的價值換算成大約 20 美元。這還沒有算進開比較長的路所需的油錢，也沒有算到，如果油箱不是全空，或是把較長旅程擠進時間表的心理間接成本，其實你省的錢比較少。當然，少付一點錢或是拿到折扣，感覺可能會不錯，但是當你把有限的時

間拿去做這件事的時候就不會了。**時間就是金錢！**

在商業上，機會成本有時候被正式稱為**「資本機會成本」**（opportunity cost of capital），指從**資本**的最佳替代用途得到的報酬，也就是你的次佳**機會**。例如，假定現在你經營自己的公司，在持續性廣告活動的花費上，每 1 美元至少獲利 5％，現在你正在決定把這些獲利重新投入公司的最佳方案。

無論你選擇的是什麼，應該要確定你的投資至少會賺回 5％，因為你把更多的錢投入廣告活動，就可以輕易賺到那個數額。從資本機會成本角度來思考相互競爭的投資選項，就可以從很多手上的計畫和機會裡面，做出相應的選擇。

圖 3-6　做選擇時，可先評估機會成本

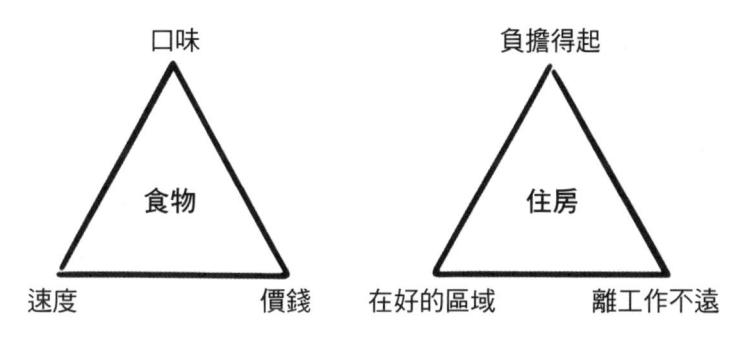

另一個可以運用在談判的機會成本，稱為**「BATNA」**，代表**「談判協議的最佳替代方案」**（best alternative to a negotiated agreement）。如果你有一個工作機會，包含你目前的工作在內，你的 BATNA 就是你手上最佳的替代工作機會。你不應該接受比你的 BATNA 更差的機會，因為你永遠都可以接受這個較好的替代機會（這可能是現狀）。

在比較不明朗的狀況下，要了解你的 BATNA 可能比較有挑戰性，所以腦力激盪和正確列出所有替代方案是有幫助的，這個過程可以幫助你發現不是馬上容易看見的額外替代方案。在任何狀況下，談判時知道你的 BATNA，對於做出不會後悔的決定是很重要的。

可以把生活和工作想成是一系列這樣的選擇，要從事什麼，住在哪裡，以及和誰合夥，這些機會成本模式將幫助你不斷做出較好的選擇。大體而言，你會想要選擇價值比機會成本高的事情，眼前所有替代方案裡面最好的那一個。當你這樣做的話，聽起來就很簡單。

當你明白你不能全部擁有時，就會出現複雜性。當你在選擇對你很重要的追求時，總是要有所取捨。

我們曾經試圖用簡單的方法向我們的小孩解釋這個概念，可惜的是，到目前為止幾乎沒有什麼成果。我們的兒子從學校巴士下車到熄燈睡覺，只剩四到五個鐘頭。在這段時間裡，需要做一些基本的活動，包括家庭作業、晚餐，和晚上的例行工作。

因為他們愛玩鬧，在花了很久的時間穿上睡衣和刷牙後，對於只剩下一點時間聽故事、擁抱，或是看 iPad，他們通常很失望。我們向他們解釋，玩鬧的**成本**是他們錯過了這些其他的**機會**，這是他們做的選擇。同樣地，如果我們特地出門去吃晚餐或冰淇淋，他們也會感嘆上床前沒有時間自由玩耍，也無法充分理解這個取捨。

利用槓桿作用，放大報酬

槓桿是由一個放在支點上的硬棒組成的簡單機械裝置，施力

點距離支點越遠，力量越能放大，就像利用鐵撬來打開一道上鎖的門。西元前 3 世紀阿基米德（Archimedes）對於槓桿的力量曾經著名地誇口說：「給我一個支點，我就能舉起全世界。」

從槓桿獲得的利益被稱為**「槓桿作用」（leverage）**，是廣泛應用於各種情況的心智模式。相對於將力氣用在其他地方，把力氣用在能產生放大效果的地方，即為槓桿作用。

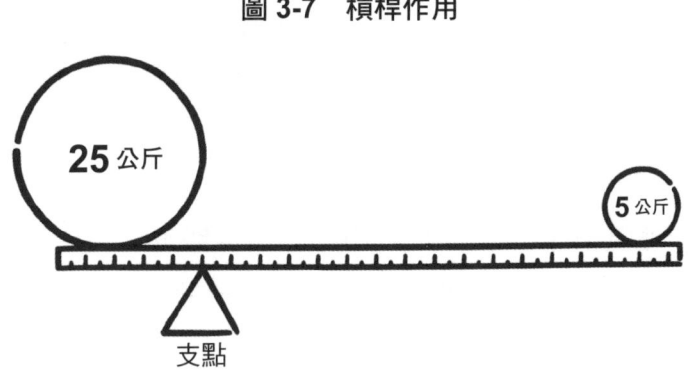

圖 3-7　槓桿作用

在金融領域中，槓桿作用指的是借錢購買資產，讓利潤或損失倍增。在這個情況下，**槓桿（leveraging up）**代表增加債務，而**去槓桿化（deleveraging）**則是它的相反。當一家公司收購另一家公司，部分資金是運用別人的金錢時，就會出現**槓桿收購（leveraged buyout）**。

在這些金融情境裡，小的力量是指你一開始拿出來的金額，藉由舉債得到比較多的金額，就可以運用較大的力量。例如，個人通常會用比總價少很多的頭期款購買房子，在美國一般是 20％，但是在 2007 年和 2008 年金融危機升高時，人們用零頭期款就可以買房子！但是靠著舉債，人們可以居住在他們想要的房子裡。

在談判中，槓桿作用指一方大過另一方的力量。如果你有能力給予或從另一方拿走比較多的東西，你就有較多的槓桿作用。無論是什麼狀況，少量的槓桿作用可以擁有很大的效應。

和應用在個人時一樣，特定的活動或行動會比其他的活動或行動擁有更大的槓桿作用，而且在這些**「高槓桿活動」**（high-leverage activities）上花費時間或金錢，將產生最大的效果。因此，你應該花時間繼續找出高槓桿活動，讓你的錢得到更多的利潤。

你可以把這個模式應用在生活中。<u>最高的槓桿選項通常不一定是最適合你的，但是以最低的成本提供最大影響的選項，永遠是值得考慮的。</u>

- 哪一個工作將帶給你提升事業的最佳機會？
- 哪一種房屋裝修在即將出售時最能增加你房子的價值，或是最能增加房屋的可居住性？
- 哪一個活動在未來對你的孩子最有幫助，或是給他們最大的樂趣？
- 把金錢捐獻給哪一個理想或慈善團體最有幫助（**有效利他主義**，effective altruism）？
- 你需要做多少和什麼型態的運動，才能在最少的時間得到最大的成效？

思考槓桿作用幫助你把機會成本的因素納入決策裡。通常，高槓桿活動擁有最低的機會成本。

「帕雷托法則」（Pareto principle）可以幫助你找出高槓桿活動，它說明在很多狀況下，80％的結果來自大約20％的努力，因

此處理這 20％，就是高槓桿活動。這個法則源自 1800 年代晚期經濟學家維爾弗瑞多・帕雷托（Vilfredo Pareto）在著作《政治經濟學手冊》（*Manuel d'economie politique*）裡所敘述的觀察：他花園裡收穫的豌豆，有 80％是來自僅有 20％的豆莢，當時義大利 80％的土地是由 20％的人擁有。

當代很容易找到這個法則的例子。美國有大約 80％的健保支出是來自 20％的病患（見圖 3-8）。類似的例子是，在 207 年，美國有 85％的財富由 20％的人所擁有。雖然不是所有的關係都是 80-20，但結果的常態並不是平均分配。

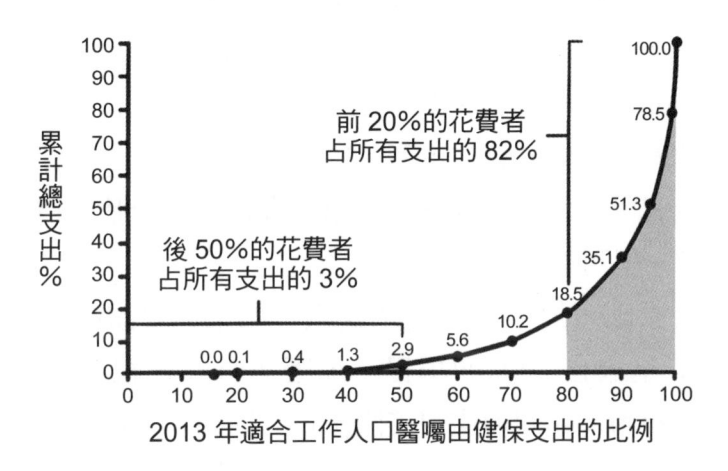

圖 3-8　美國健保支出集中度

```
累計總支出％
100 ─                                              100.0
 90 ─
 80 ─         前 20%的花費者                         
 70 ─         占所有支出的 82%                    78.5
 60 ─
 50 ─                                        51.3
 40 ─    後 50%的花費者
 30 ─    占所有支出的 3%                  35.1
 20 ─                                18.5
 10 ─                          10.2
  0 ─ 0.0 0.1  0.4  1.3  2.9  5.6
      0  10  20  30  40  50  60  70  80  90  100
```
2013 年適合工作人口醫囑由健保支出的比例

這個特別的 80-20 配置結果被稱為「**乘冪定律*分布**」（power

---

* 乘冪定律是兩個量之間的函數關係，其中一個量變化，會導致另一個量產生相應的冪次比例變化，且與初始值無關。表現方式為一個量是另一個量的冪次方。例如，正方形面積與邊長的關係，如果長度加倍，那麼面積將擴大四倍。

law distribution），指相對少數的事件說明了總數裡的絕大多數（它是以數學的乘冪命名，因為造成這種分布的數學與這個運作有關）。

在圖 3-8 的數字裡，我們在花費最多健保費用的人身上，看見乘冪定律分布作用。其他類似型態的例子包括創投資金的報酬、火山爆發的力量，以及停電的規模。當你努力在影響這樣的分布時，通常會關注那些最重要的結果，因為它們對整體將會造成最大的影響。

1940 年代，管理顧問約瑟夫·朱蘭（Joseph Juran）將帕雷托定律大眾化，建議找尋高槓桿計畫，並且專注在最少量能帶來最佳結果的工作，他把這些高槓桿活動稱為「關鍵少數」。例如，如果你想要改善一個網頁的有效性，要專注在通常被稱為「主頁」（hero section）的標題和主要意象。這是訪客首先會看到的地方，而且是很多人唯一會閱讀的東西。主頁也是會被分享到社群媒體的部分。在這個頁面進行小改變很簡單，像是利用吸睛的措辭或更有魅力的圖像，但可能有很大的效果。

相同的原則可以應用在整個組織。如果你嘗試降低成本，而 80％ 的預算是來自 20％ 的項目，那麼花時間檢視要如何降低那 20％ 是有意義的（如同前文對美國預算的討論）。同樣地，如果你公司的銷售有 80％ 是來自 20％ 的顧客，你就需要確認這些顧客是滿意的，並且找到更多像他們一樣的顧客。如果使用你的網站時，有 80％ 的使用是其中 20％ 的功能，就應該專注在那些功能。附帶一提，這些也應該是**最小可行性產品**的功能類別（見第 1 章）。

在你決定 80-20 法則，並處理**容易實現的目標**（low-hanging fruit）之後，工作每多一個小時所生產出來的結果，影響力將越

來越小。在經濟學裡，這個模式稱為**「報酬遞減法則」**（law of diminishing returns），指在達到某個程度的結果以後，繼續工作下去會讓效率遞減的趨勢。

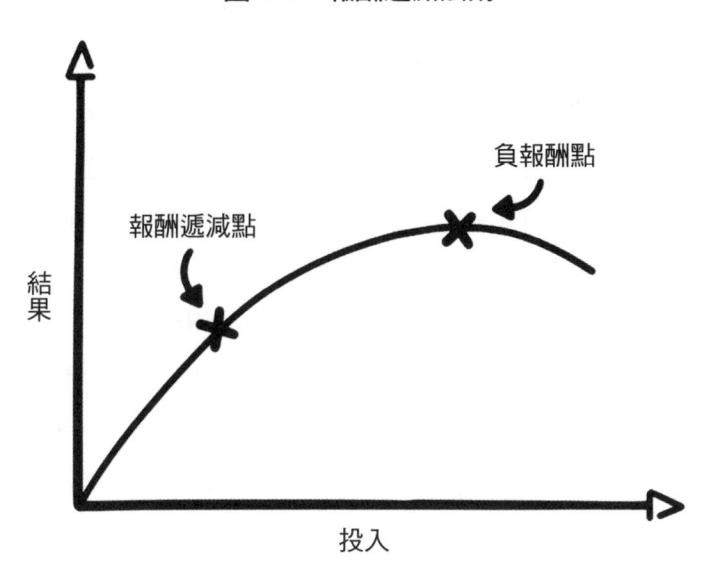

圖 3-9　報酬遞減法則

[圖表：曲線顯示「結果」相對於「投入」的關係，標示「報酬遞減點」與「負報酬點」]

羅倫在葛蘭素史克的時候，有一個外部團體受聘評估臨床研究報告的品質和撰寫的效率。這個團體評估報告草稿，並隨時查看它們的進展。有一份報告共有六個草稿，但顧問發現，報告的品質從草稿第 2 版到第 6 版，並沒有實質的改進，這顯然是報酬遞減的例子！這個團隊在製作草稿第三版到第六版時，顯然是在浪費時間。而且，這也對在等待最後研究報告的同事，施加了過度的壓力。

有個類似的概念稱為**「效用遞減法則」**（law of diminishing utility），指每增加使用一個項目，到了某個時間點以後，它的價值或是效用通常會比上一個更少。比較一下吃一個甜甜圈，與第二

個或第三個甜甜圈所得到的享受，到了吃第六個甜甜圈的時候，你可能再也得不到任何的樂趣，甚至可能開始想吐。

超過這個時間點還要繼續下去時，實際上可能會讓事情變糟，會從報酬遞減變成「**負報酬**」（negative returns）。這可能會發生在當你想努力做到完美，卻變得適得其反的時候（見第 2 章）。

「**倦怠**」（Burnout，**或燃燒殆盡**）也是通往筋疲力盡的快速道路，意思是高度的壓力可能得付出代價，最後讓你的動機消失殆盡，或者還要更糟。日本在 1970 年代晚期創造出**過勞死**（karoshi）一詞，描述越來越多人因為工作過度，而死於中風和心臟病，有一些人甚至才二三十歲就過勞死了。

在現代生活的高壓環境裡，類似的負報酬和筋疲力盡現象，在世界各地很普遍。例如，為了追求成功的運動生涯，美國各地的小孩因為訓練過度，而受到嚴重的傷害，這是負報酬的明顯徵兆。父母開始讓小孩參加專門的教練課程，他們在年紀很小的時候就被指定一整年專攻一種運動，這很容易讓他們年輕、正在成長的身體負擔過度。

光是棒球，每年就有幾百個年輕投手接受手肘手術，手術是以大聯盟投手命名，俗稱湯米・約翰（Tommy John）手術，但幾十年前只有職業投手才做這種手術。因為在一年裡，球投得越多次，就會大幅增加受傷的風險，而且年度密集的行程讓很多青少年處於危險的狀況。很多小孩甚至在兩年以後就不再打棒球了，因為他們沒有完全康復，或是徹底失去熱情。

另一個熟悉的負報酬例子是開夜車。填鴨被證明不是長期記住資料的有效方法，整夜的死記硬背可能恰好適得其反，因為沒有人在睡眠被剝奪的狀況下，還會處於最佳狀態。如果開夜車是為了

完成報告，寫作的人在半夜是否可以準確評估報告的品質？大概不行。所以，隨著夜色越深，報告的品質也會下降。

因此，一旦你盡速完成了特定的高槓桿計畫，什麼時候應該繼續下去？很顯然，你應該在達到負報酬以前停止，但只因為已經到達效用遞減，不一定代表你應該停止正在做的事。這實際上與機會成本有關，如果你可以找到另一個花費相同的功夫就可以產出更多成果的活動，那麼你應該趕緊去做。

否則，你應該維持現在的活動，因為你依然有進展（即使是緩慢的進步），而且沒有任何更好的事可以做。然而關鍵是，你不應該假設沒有更好的事可以做，你必須定期進行腦力激盪以尋找替代方案，以確認沒有其他符合 80-20 法則、只是沒有被看見的高槓桿計畫。

跳脫無效的舊思維

運用槓桿作用和相關的心智模式，將幫助你把時間花在對的活動上。下一個步驟是讓那些活動適時完成，行進的路徑上會充滿陷阱，第一個陷阱是「拖延」。

我們的小孩是拖延專家，如果這是基因遺傳的話，蘿倫就必須要負責任。大約在 1999 年，我們剛認識的時候，蓋布瑞在 MIT 的學生報《科技》（*The Tech*）寫了一篇文章，建議每個人應該停止拖延。雖然蘿倫不是拖延專家，但他通常都在週四深夜完成週五的問題集。蓋布瑞是蘿倫在 MIT 認識的人裡面，唯一會在週二完成每週工作的人；事實上，他很少拖延，因此三年就完成了 MIT

學位。

人們為什麼常常拖延的一個原因是**「當前偏差」**（present bias），這是指過於高估**當前**的近期報酬正在逐步趨近長期目標的傾向（見第 2 章的**短期主義**）。任何一天都很容易找到不去健身房的理由（工作太多、睡不好、覺得不舒服、痠痛等），但是如果你太常這麼做，永遠不會達到長期的健身目標。

與現在相比時，每個人在某個程度上都會低估未來。舉例來說，在今天拿到 100 美元與一年後拿到 100 美元的選項之間，大部分的人都會選擇今天拿到。不過，假定一年後給你 100 美元，但如果你今天付費，就可以先拿到 100 美元（扣掉費用），你會願意付多少？你會付 20 美元，現在就拿到 100 美元（淨值 80 美元），還是一年後拿到 100 美元？

當你將這個費用以比例計算，它實質上會變成一種「利率」，稱為**「折現率」**（discount rate），以前述的例子來說，會是 25％，因為 80×125％ 等於 100。和任何利率一樣，它可以是複利，但不像前文討論過的是正複利，折現率的複利是負的。負的複利率讓未來支付款項的**折現**越來越大，因為你要很久以後才能拿到它們。

折現率是**「現金流量折現」**（discounted cash flow）的基石，估算資產、投資和報價的基礎。這個模式幫助你妥善決定和未來付款有關安排的價值，像是投資房地產、股票及債券。例如，假設你贏了樂透，而且可以選擇每年持續拿到 100 萬美元，或今天一次拿到總額。付款總額需要多高，你才會接受？一開始你可能認為應該要相當的高，因為以後就沒有錢拿了；但是由於複利折現率，對今天的你來說，遙遠未來的期待收入實際上並沒有價值那麼多。

圖 3-10　拖延者類型

例如，以每年折現率5％來說，明年100萬美元的**現金流**今天會**折現**成只有952,381美元（$1,000,000÷1.05）。因為複利計算，兩年到期的100萬美元，今天會變成只有907,029美元（$1,000,000÷1.052）。所得繼續折現下去，又進一步變少，直到折現成接近於今天的0元。50年到期的100萬美元，以5％的折現率計算，今天對你的價值只有87,204美元（$1,000,000÷1.0550）。

當你把所有未來每一年的折現收入加總起來，就會得到樂透收入的**「淨現值」**（net present value 或 NPV）。在這個例子裡，總額是2,000萬美元，也就是說，如果5％的折現率是合理的，你會把每一年持續拿到100萬美元的現金流，只估價為今天的2,000萬美元，也就是假設你現在可以一次拿到總額2,000萬美元。而且事實上，一般樂透提供的大約就是5％。

圖 3-11　100萬美元的淨現值（NPV）

	NPV 總額	第一年	第二年	第三年	第四年	…	第五十年
折現率 0%	無限	$1,000,000	$1,000,000	$1,000,000	$1,000,000	…	$1,000,000
折現率 5%	$20,000,000	$952,381	$907,029	$863,838	$822,702	…	$87,204
折現率 10%	$10,000,000	$909,091	$826,446	$751,315	$683,013	…	$8,519
折現率 20%	$5,000,000	833,333	$694,444	$578,704	$482,253	…	$110

當然，這個方法對折現率非常的敏感（例如5％相對於20％）。如果每年採用的是20％的折現率，現金流量的淨現值就

會被估價為今日的 500 萬美元，而不是 5% 折現率的 2,000 萬美元。

　　應用在商業和投資情況下的合適折現率，將在第 6 章進一步探討。不過，在這裡你要考慮的一件事是，如果你現在擁有這筆錢，你要拿它來做什麼。純粹從財務觀點來看的話，假如你可以保證投資報酬率大於折現率，那麼你一次拿到支付款總額，並且拿來做投資的話，是比較明智的。例如，假如你認為你的投資報酬率可以到 6%，那麼你就會接受 5% 的折現率。樂透通常是基於類似的原因，而提供大約 5% 的折現率（因為他們可以用這個比率做投資）。

　　當然，你不會只有從財務觀點來思考。假如你今天拿到付款總額，你可能更能夠享受贏來的錢，因為擁有更多錢，讓你在花錢上有更多選項。另一方面，有很多樂透得主後悔接受一次性付款，因為他們後來一開始就花掉了大部分的錢。

　　在個人情況下，大多數的人無疑會用相當高的折現率來折現未來，而且他們採取的方式實際上並不會隨著時間固定下來，這稱為**「雙曲線折現」**（hyperbolic discounting）。換句話說，人們確實把立即的滿足看得比延遲的滿足重要很多，而且除了其他在生活中糾結於自我控制的領域，像是節食、上癮等，這個偏好也在拖延中扮演關鍵的作用。

　　在節食的時候，就很難抗拒辦公室裡甜甜圈的誘惑。那是因為你在當下得到甜甜圈的短期報酬，而節食在遙遠未來的長期報酬，則在你心裡被折現為幾近於零（就像是未來五十年公司的利潤）。

　　在研究當中，詢問人們 100 美元問題的變化時，通常會出現這種偏好，並找到人們願意早點拿到比較少的錢，而不是以後拿到比較多錢的點。在一份這樣的研究裡，經濟學家理查・

塞勒（Richard Thaler）在「一些動態矛盾的實證研究」（Some Empirical Evidence on Dynamic Inconsistency）中發現，人們平均願意馬上收到 15 美元，三個月後 30 美元，一年以後 60 美元，或是三年後 100 美元。這些價值蘊含遞減的折現率，隨著延遲得越久，從 277％降到 139％，再到 63％。

一旦你年紀大到會對拖延感到非常後悔（像我們一樣），就比較能理解如果繼續拖延事情，未來將會有更大的麻煩。<u>你必須努力把這些後悔的感覺放在心裡，成為專注在長期利益的動機，把目前的努力看成是在往目標逐步邁進。</u>用這種方式，你就可以試著對抗你固有的當前偏差，以及因此而產生的拖延傾向。

一個可以幫助你進一步對付當前偏差的心智模式式是**「承諾」（commitment）**，指以某種方式積極承諾你想要的未來。承諾可以是正式的或非正式的，但是打破承諾時附帶一些處罰，通常是最有效的。

例如，如果你嘗試減重，可以報名成為健身房會員，或是和朋友打賭。在這些情況下，你做出了財務的承諾，假如沒有遵守，就會蒙受損失。或者你可以和朋友講好一起運動和節食，或是對於你們兩個想減輕多少體重，進行某種公開的宣布。在這些狀況下，你是藉由社會壓力讓自己負起責任。

選擇把錢放到 401(k) 計畫[*]是另一個例子，你藉此承諾要為了退休省錢。提早從這些帳戶提取金錢的代價相當高，讓你比較可能堅守承諾。

---

[*] 也稱退休福利計畫，是美國在 1981 年創立的一種退休金帳戶計畫，政府把相關規定都納入在國稅法第 401(k) 條目中，因此簡稱為 401(k) 計畫。

由於很多人會採取阻力最小的路徑，所以 401(k) 計畫也展現了**「預設值效應」**（default effect），因為很多人只會接受預設選項的效應。要不要參加 401(k)，或是像器官捐贈或選民註冊計畫，會因為該計畫是預設參加或預設不參加，而有明顯不同。

藉著替長期目標設定預設承諾，你可以讓預設效應成為個人優勢。一個簡單的例子是，把例行公事排入你的行事曆，例如一週花一小時找工作、徹底清潔你的居住空間、做業餘專案。因此，<u>透過預設，你的時間就會分配到你所選擇的長期目標</u>。同樣的技巧對於安排深度工作也很有用，將深度工作的時段放進你的行事曆，藉由預設避免自己把那個時段預訂成開會，因為它已經被指定了。

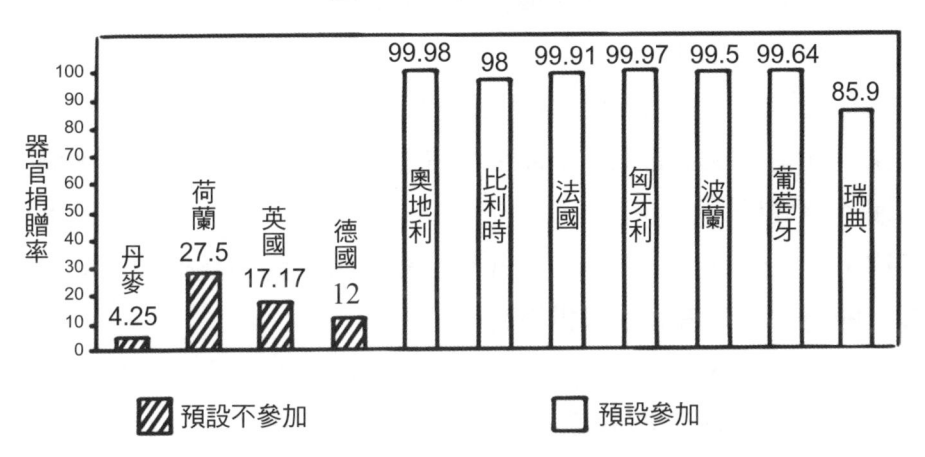

圖 3-12　預設值效應

國家	器官捐贈率	類型
丹麥	4.25	預設不參加
荷蘭	27.5	預設不參加
英國	17.17	預設不參加
德國	12	預設不參加
奧地利	99.98	預設參加
比利時	98	預設參加
法國	99.91	預設參加
匈牙利	99.97	預設參加
波蘭	99.5	預設參加
葡萄牙	99.64	預設參加
瑞典	85.9	預設參加

然而，承諾也有缺點。首先，做承諾本身很容易拖延。第二，如果懲罰不大，如同很多社會契約或行事曆裡的承諾，你可能會決定違背承諾，這個目的也就失效了。第三，規劃一個無效的承諾有很多方式，包括不切實際，例如「我每天都會去健身房運動」；沒

有明訂清楚的時間表，例如「我會更常去健身房」；以及太模糊，例如「我會試著做更多運動」。相對地，一個實際、有時限且具體的健身房承諾可能是：「接下來三個月的週三和週日上午，我會和朋友一起去健身房，並完成 20 分鐘跑步和 20 分鐘重量訓練，而且我每一次失約就會給朋友 20 美元。」

一旦你克服了拖延，而且真的持續朝目標前進，下一個你可能落入的陷阱是未能有效規劃你的時間。**「帕金森定律」**（和帕金森瑣碎定律同一個帕金森）指出：「工作總是會填滿完成它所需的時間。」對你來說，聽起來是不是真的？對我們來說確實是如此。

當你的優先事項期限在很久以後，不代表在期限之前就需要把所有時間都花在上面。你越早完成，就越快可以進行下一個事項。你永遠也不會知道，及早完成對你會有什麼幫助，例如當另一項重要且緊急的事情出現時。

有幾個異想天開的模式能表達出完成計畫工作的心理。認知科學家侯世達（Douglas Hofstadter）在他的著作《哥德爾、艾舍爾、巴赫：集異璧之大成》（*Gödel, Escher, Bach*）中創造了**「侯世達定律」（Hofstadter's law）**：做事花費的時間總是比你預期的還要長，即使你事先考慮到侯世達定律。

換句話說，做事花費的時間比你預期的還要久，即使你考慮到它們會比你預期的還要久！湯姆·卡吉爾（Tom Cargill）於 1980 年代在貝爾實驗室寫電腦程式的時候，提出了類似的 **90-90 法則（ninety-ninety rule）**發表於 1985 年 9 月的《ACM 通訊》（*Communications of the ACM*）：前 90％的程式碼要花費 90％的開發時間，剩餘 10％的程式碼要再花費 90％的開發時間。

兩個概念都強調，你通常不善於估算事情會在什麼時候完成，

因為除非花很多功夫持續做專案規劃，否則你不會真正了解要順利完成專案，需要做到的所有小事情。書寫這本書時，無疑也已經證明了這一點！

然而，更深入的重點是，你通常要選擇什麼時候才叫作「完成」。這個選擇可以大幅影響計畫的時間需求，因此定期討論什麼是構成「完成」的條件，可以避免你浪費精力。在前面章節提到臨床研究報告的例子裡，每一次草稿完成後應該要有一個步驟，將它和預先為計畫定義好的目標做比較，並評估小組是否應該要繼續下一步。

回想第 2 章的完美是美好的敵人，如果你要遞交無瑕疵和最後定版的報告給你的組織，等待的時間大概會太久。不盡完美的解決辦法通常已經夠好了，可以讓人繼續前進。這個模式也適用於其他的狀況：等你確定做出完美的決定、直到你做出沒有瑕疵的產品等。宣布某件事已經完成的最佳時間，通常比它出現的時候更早。

當然，也會有事情接近完美情境的時候。然而，那些時候比你認為的還要稀有，因此值得提前及在計畫進行期間思考，最後可以接受的品質水準，也就是說，在這個狀況下，「完成」代表什麼意義（見第 2 章可逆的決定與不可逆的決定）。

另一個經常被忽略的選項是，在計畫完成之前，完全放棄它。有時，你必須承認自己沒有走在成功的道路上；有時，你可能會發現，再也不值得花費工夫。可惜的是，從心理學來說，你的心智會努力反抗你，「**損失規避**」（loss aversion）心智模式解釋了其中的原因。你更傾向於避免損失，而去規避它們。

這個道理很簡單，你損失 50 美元造成的不悅，大過於得到 50 美元的快樂。因為你厭惡失去，在很多狀況下，損失規避會對你造

成傷害，例如：賠錢的股票可能持有過長的時間，因為希望它們會回到購買時的股價；你可能會住在一間讓你很想搬走的房子裡，因為它的售價超過你的買價。這些買價是武斷的數字，與目前資產的價值是分開的，但對你是有意義的，因為它們代表損失或是獲利。同樣地，你會避免扼殺一個計畫，因為那代表承認你目前為止的努力都白費了。

丹尼爾‧康納曼和阿莫斯‧特沃斯基在 1992 年 10 月號的《風險與不確定性期刊》（*Journal of Risk and Uncertainty*）詳述了對於這個主題的研究，證明了在很多有風險的情境裡，像是擲銅板下注，人們下注之前，預期的報酬率大約是可能損失的 2 倍。也就是說，如果人們要拿 50 美元來冒險的話，會希望有一半一半的機會贏得 100 美元。

利用**參考架構**模式（見第 1 章）可以比較了解損失規避。當你已經贏了錢，會容易想要**獲利了結**。從參考架構來看，如果要你用目前贏來的金錢做賭注的話，你往往會採取更保守的行動，而且比較可能放棄收益更大的機會。

相反地，當你輸了錢，會想要冒險打平，而不是接受必然的損失。從參考架構來看，你傾向採取更積極的行動，而不想以輸錢做結束。

然而，從客觀的參考架構來看，你應該用相同的機會成本來面對這兩種狀況。為了一個損失而堅持太長的時間，就會錯用了原本可以在別的機會有更好用途的時間或金錢。同樣地，放棄一個確定但很小的收益以後，也可能會錯失一個更好的機會。

尤其是和損失有關時候，你需要理解它們已經發生了：到目前為止，你已經把資源花在這個計畫上了，當你允許這些不能挽回

的成本蒙蔽你的決策，就是落入了**「沉沒成本謬誤」**（**sunk-cost fallacy**）。截至目前為止，計畫的**成本**，包括你投入的時間，已經沉沒了，沒有辦法拿回來。

當以前的損失影響你做出不好的決定時，可能會是個問題（謬誤）。沉沒成本導致**承諾升高**（escalation of commitment）的情況，有時被稱為**協和謬誤**（Concorde fallacy），這是以超音速客機的發展計畫命名，指其被過高的超支成本拖累，卻從來沒有賺過錢。你可以問問自己：我的計畫是不是像協和號？當轉身離開比較好的時候，我是不是還在花冤枉錢？

日常的沉沒成本謬誤，比較普遍的例子，像是把你不喜歡的電影或一本書看完；比較重要的例子，像是把更多的錢投入失敗的生意，或是待在已經惡化的工作或關係裡。你需要避免這樣的想法：**我們已經走得太遠，現在無法停下來**。替代的是，用實際的角度看待成功的機會，並且從機會成本的觀點評估，有限的資源是否最好繼續用於正在做的事情上，或是去追求別的機會。你可能做了承諾，但是基於現在已知的所有事情，可能到了你應該打破的局面。

誠實評估你的機會可能有困難，因為你迫切地想要相信你會成功。羅伯特・諾克斯（Robert E. Knox）和詹姆斯・因克斯特（James A. Inkster）在1968年的《性格與社會心理學期刊》（*Journal of Personality and Social Psychology*）一篇報告中，描述他們在兩個不同的賽馬場進行的兩個實驗。他們盡可能要求最多的人評價他們下注的馬的得勝機率，有些人是在下賭注前被訪問，而其他人則是在下注以後。在下注以後被訪問的團體，評估他們的馬贏的機率，明顯比較高。這支持了科學家的預測，賭客在下注後對他們的選擇比較有自信。很明顯，單純的下注行為就讓賭客相信他們贏的機率

提高了（見第1章的**認知失調**）。保持資料驅動（data-driven）的心態可以幫助你避免這個錯誤，「正向思考」對你的幫助只有到此為止。

一些經濟學家認為，當承擔損失可能傷害你的名聲時，沉沒成本是好的。然而，你也應該要考慮，因為自尊心而堅持過長的時間，也可能會傷害到一些人對你的看法，也就是那些對你的失敗感到失望，或是被你的困境拖住的人。重點是要記住，對你的成功來說，彈性即使沒有比堅韌更重要，至少也和堅韌一樣重要。

然而，有時候你真的可以扭轉劣勢。在這些情況下，承認你沒有在正確的軌道上是挽救計畫的最佳方法。坦白可以逼你改變策略和戰術，而且可能召來增援。

我們在第1章討論過**事後檢討**，指分析計畫的失敗原因，讓下一次可以做得更好。但是你不需要等到計畫結束，你也可以進行**期中檢討**，甚至是偶爾的**事先檢討**，事先預測什麼地方可能會出錯。

第1章也討論過**第三個故事**，指從客觀的觀點審視衝突。在評估自己的計畫時，你需要利用相同的觀點。如果你承認做不到這一點，那麼就讓其他人來幫你脫離你自己的方法。

預先制定計畫，避免浪費時間

一個好的攻擊計畫就是要確保，你用來完成工作的工具和程序是正確的。舉例來說，撰寫這本書時，我們的第一步是發想大綱。與其沒有方向的寫作，或是在迥然不同的概念之間來來回回，我們想要確保這本書適當展開與進行。大綱幫助我們連結相關的概念，

並且把它們歸類到連貫一致的章節裡。

當一件新的事情開始時，好的做法是提醒自己沒有必要做白工。你不太可能是世界上第一個面臨這項任務的人，而且現在也有無所不在的自助出版專家，幾乎任何主題都可能找得到網站、部落格文章，或是教學影片。如同班傑明・富蘭克林（Benjamin Franklin）在《致富之道》（*The Way to Wealth*）裡面所寫的：「投資在知識上，會得到最好的收益。」

在很多領域裡，根據過去可行或不可行的例子，很多領導者已經認可了一些**最佳典範**（best practices）。建築家克里斯多夫・亞歷山大（Christopher Alexander）引進了**「設計模式」**（design pattern）的概念，指的是可以重複用在設計問題的解決辦法。這個想法已經被其他領域調整應用了，在電腦科學界尤其普遍。

在日常事物中常見的設計模式，你可能已經非常熟悉。比如門把被設定在某個高度，所以大部分的人都可以輕易使用，或是階梯寬度足以讓大部分的人行走。它們之所以相同，是因為遵守了相同的基本設計模式，這些模式已經被證明是可行的。在一些例子裡，這些模式已經被制定成官方**標準**，像是建築法規。

無論你在做什麼，也都可能有適用的設計模式。對於撰寫一本像這樣的書籍，有很多適用的設計模式，從書本如何呈現和印刷，以及長度和預期的寫作風格。這對於我們的職業也是一樣，例如新創公司的設計模式（它們一般是如何募集資金、管理等）；寫程式碼（程式如何架構，常見的演算法等）；生物統計學（普通的藥物試驗設計、統計方法等）。

與充分測試過的設計模式相反的是**「反面模式」**（anti-pattern），指的是針對一個已經有更好解決方案的普遍問題，一種看起來是直

覺，但其實無效的「解決方案」。本書大部分的心智模式若不是設計模式，就是反面模式，學習它們可以幫助你避免常見的錯誤。這一章的反面模式包括腳踏車棚效應、當前偏差及負報酬。你可以實際去注意它們，然後找到已經成立的替代設計模式，來避免反面模式。

雖然事先規劃總是有用的，但是有時候完成任務最有效的方法是快速投入並開始，而不是陷在分析癱瘓裡（見第 2 章）。

蘿倫小的時候曾經有一個四碼的數字鎖，但他忘記了開鎖的密碼。大人的解決方法會是買一個新的鎖，但還是小孩子的他沒有錢，經過快速的計算之後，她決定徹底搜尋所有的組合將鎖打開。而且這招真的有用！

像這樣的全面搜尋是一種用**「蠻力」**（brute force）解決的類型。**蠻力**這個詞明顯適用於一個真的需要力氣的活動，像是用斧頭砍下一棵樹。然而，它也被用來指任何一個不需動用縝密智力的解決方案。例如，如果你需要寫十個信封，用手寫可能比列印還要快。

蠻力解決方案對很多小規模的問題，可能是有效的。然而，當問題越來越大，也可能很快變得難以繼續下去。發生這個狀況的時候，利用更複雜的工具是比較權宜的作法，雖然比較昂貴。

再思考一下砍樹這件事。要砍下一棵小樹，一把斧頭或用手鋸，是沒有問題的。要砍下比較大一點的樹，你會想要用鏈鋸。要清除一片樹林，「伐木聚材機」則是首選的工具。在這些例子裡，如果你負擔得起，**為了解決問題，花更多的錢在比較好的工具上是有效果的。**

不過，有些問題即使有複雜工具的幫助，可能還是會變得棘

手，像是大型的計算問題。一個剛好 8 個字長的密碼（字母或數字，區分大小寫），會有 218 兆個可能的組合，不可能用手去嘗試，甚至對電腦來說也是極為耗時的。以 1 秒鐘 1,000 個密碼計算，試遍所有的組合仍然會花掉你 6,923 年。

比起隨機嘗試每個組合更好的方法，首先可能是嘗試字典裡的字詞組合，因為人們經常挑選字詞作為密碼。一個更好的方法是考慮常見的密碼，以及對特定的人有意義的字或數字，像是相關的生日、運動隊伍或字首。這是「**嘗試錯誤**」（**heuristic**）類型的解決方案，嘗試錯誤的方案不保證會產生最佳或完美的結果，但在很多狀況下仍然是非常有效的。

你應該考慮嘗試錯誤，因為即使它們在其他的狀況不見得有用，卻可能是通往眼前問題解決方案的捷徑。不過，如果問題持續下去，而繼續增加更多的嘗試錯誤規則，這類的解決方案可能會變得難以處理。那就是臉書的內容審核所發生的事，這間公司從一組簡單的嘗試錯誤規則開始（例如：無裸露），逐漸增加越來越多的規定（例如：某些狀況下的裸露，像是哺乳是被允許的），截至 2018 年 4 月為止，它累積了 27 頁的嘗試錯誤規則。

另一個方法則是「**演算法**」（**algorithms**），一種循序漸進的程序。演算法在現代生活裡很普遍，解決了很多棘手的問題，但是我們通常對它並不理解。想想旅行的例子：演算法決定了如何控管交通模式，如何計算方向，如何挑選「最佳可供選擇的」座位，當你搜尋飯店時，哪幾家會被推薦……而這只是一小部分而已。

演算法可以從簡單的（像是每 2 分鐘改變一次的交通號誌），到複雜的（像是根據現場感應器不斷變化的交通號誌），再到高度複雜的（像是統籌管理整個城市交通號誌的人工智慧）。很多演算

法是「**黑箱**」（black boxes）運作，意思是使用者對於它們如何運作的了解非常少。你不用擔心要如何拿到最好的座位，你只想要最好的座位！你可以把每一個演算法想成是一個**箱**子，有資料**輸入**，有成品**輸出**，但是外面被漆成**黑色**，所以你看不出來裡面發生了什麼事。黑箱演算法常見的例子包括網飛或亞馬遜的推薦系統，線上約會網站的媒合，以及社群媒體的內容審核。

實體工具也可以是黑箱。有兩句話說：「技能內建在工具裡」以及「工藝就在工作台本身」，意指工具越精密，就越不需要技術去操作。但是修理或設計程式又是另一回事！

當你想利用工具讓工作更快完成時，應該從發掘**現成**可得的選項開始，這些是你能買到的有效設計模式。例如，在列印地址標籤時，你可以利用信件合併程式、預先列印標籤紙張，以及全方位服務影印中心。

你會想花時間想通各個選項的利弊，因為如果挑選到錯誤的工具，很容易讓自己陷入麻煩（浪費金錢或時間，或者更糟）。專家可以幫助你找到你的選項，像是到家居裝飾店時，詢問 DIY 修理工具的建議。一旦挑選了工具，你也會想花更多時間了解如何有效地使用它，或是聘僱專家來幫你操作。

當你一次又一次面臨相同的問題，你不只會想要更好的工具和演算法，你也會想與這些工具和演算法有更好的互動程序。例如，假如你想要製作個人預算，可能會從筆、紙和一台計算機開始。當你清楚第一個月的支出後，可能會很快發展到利用試算表，因為它計算得比較快，錯誤也比較少。

更進一步，你可以找到另一個把資料自動匯入試算表的程式，每個月將為你省下更多的時間。透過更有效率的處理，以及可能有

更好結果，最後省下的金錢和時間比架設成本更重要，像這樣的**「自動化」**（automation）是有意義的。

自動化也是善用**「規模經濟」**（economy of scale）的絕佳辦法，意指一項運作隨著規模的增加而變得更有效率。規模經濟解釋了相對於比較小型的公司，大型公司所擁有的一些優勢。他們可以負擔得起預付成本，取得配備有尖端機器人和機械裝置的最大型工廠和倉庫。一旦架設完成，就代表每一樣新產品在工廠和倉庫之間的流動會更快速、更便宜。

接著，公司可以把初期的固定成本分散到大量生產的產品上，即使把預付成本也計算在內，整體上還是能夠以更便宜的價格生產或運送貨物。這個整體的效率代表他們可以比競爭者收取更少的費用。想想亞馬遜的例子。

另一個讓事情加速的方法是**「平行處理」**（parallel processing），就是指**平行**解決一組問題。在電腦作業裡，實際上會把不同的計算分配給不同的**處理器**，所以多重運算是同時進行，與**串行**（serial）相反，計算是一個接著一個進行。亞馬遜出貨的倉庫不只有一個，而是超過一百個！這個做法讓它可以將每天的物流，切成不同場所的子問題而便於處理。

平行處理是**「分治」**（divide and conquer）策略的例子。如果你可以把一個問題分割成獨立的區塊，而且把這些區塊交給不同群體去解決，可以完成的事就會更多，也更迅速。想想你把一個計畫的各部分委託給不同的人或部門去執行。

圖 3-13　運用分治策略將能更有效完成工作

「我們已經有相當多知道要怎麼分解問題的人，所以基本上現在我們要找知道怎麼解決的人。」

在面臨困難的狀況時，要更快得到解決的另一個策略是「**重新架構問題**」（**reframe the problem**）。思考一下迪士尼世界（Disney World）面臨的主要問題：大排長龍的隊伍。大部分的遊樂設施座位數都有限，所以同樣的時段要讓更多人搭乘的唯一方法是，要為同一個遊樂設施建造更多設備。但這牽涉到遊樂設施要關閉一段相當長的時間，這成本會太昂貴，而且由於空間有限，這甚至可能是不切實際的作法。但若是把「要怎樣讓人群在隊伍中移動得更快速？」的問題重新架構為「要怎樣讓人們在隊伍中等待時更快樂？」

圖 3-14　重新架構問題，能節省不必要的力氣

當一個問題被重新架構時，**解空間**（solution space）會真的就此展開，可以看見迪士尼針對這個重新架構的問題，運用了各種解決方案。迪士尼的快速通關（FastPass）制度給每一個客人固定次數，可以跳過大部分隊伍的等待時間。在隊伍外面公布的等待時間消除了不知道要等多久的謎團，這是其他排隊制度最讓人感到挫折的一點。迪士尼的排隊隊伍也有其他特色，像是遊戲、藝術品、電子動畫等，來娛樂顧客，讓等待時間感覺不會那麼久。其中的一些特色似乎應該被當成設計模式，納入任何的排隊制度裡。常常去

度假的人（像我們一樣）一旦體驗過以後，造訪欠缺這些設計模式的遊樂園就會感到相當挫折。

在數學和科學中，問題經常被重新架構或是操作成較容易解決的形式。做法是利用已知的演算法和設計模式，把它轉換成有現成可用的解答的問題。

由於密碼變得比較難破解，駭客已經把「我們要怎樣成功猜到你的密碼？」的問題，重新架構成「我們要怎樣成功拿到你的密碼？」從這個角度來看，一個比較可行的解答是**「社交工程」**（social engineering），意指你受到操縱而自願交出自己的密碼。駭客實際上是策畫了一個社交的情境，設計你自願交出你的密碼。想一想那些假裝是你的客戶，但實際上是來自駭客的釣魚電子郵件。這些都是最知名的駭客攻擊事件背後的社交工程技巧，包括名人的iCloud照片帳號（發生於2014年），以及從民主黨全國委員會和希拉蕊競選主席約翰‧波德斯塔（John Podesta）洩漏的電子郵件（發生於2016年），還有美國司法部違法暴露幾千名聯邦調查局和國土安全部雇員的姓名、電話號碼和電子郵件地址（發生於2016年）。

從蠻力到重新架構問題，這個部分的心智模式全都可以當作策略性的解決辦法，幫助你更快順利完成計畫。當你面前出現一個困難的問題時，花費片刻思考一下，是否有一個或更多個可以適用的心智模式。有個不知名的樵夫曾說過：「給我6個小時砍下一棵樹，我會花第1個小時磨利斧頭。」概括地說，知道如何明智運用時間，就能更聰明工作。

本章重點

- 根據你的**北方之星**,挑選能夠達成目標的項目去實行。
- 一次只把時間專注在一個真正重要的活動(不要**多工作業**!),讓它成為你腦海裡的**第一個想法**。
- 根據**機會成本**模式決定選項。
- 利用**帕雷托法則**找出任何事情的 80-20 法則,並且盡可能增加你的**槓桿作用**。
- 承認你已經遇到了**報酬遞減**,並且要避免**負報酬**。
- 利用**承諾**和**預設值**效應來避免**當前偏差**,並且定期評估,以避免**損失規避**和**沉沒成本**謬誤。
- 藉由現有的**設計模式**、**工具**,或聰明的**演算法**找尋捷徑,思考你是否能夠**重新架構**問題。

第 4 章
克服慣性，適應各種變化

想要適應變化，我們可以利用慣性及內在的動機，幫助我們克服困難，保持靈活與彈性。我們可以運用以下的心智模式：

- 物競天擇
- 科學方法
- 慣性
- 策略障礙
- 薛基原則
- 林迪效應
- 峰值
- 動量
- 飛輪
- 恆定
- 位能

- 重心
- 活化能
- 催化劑
- 強迫功能
- 臨界質量
- 連鎖反應
- 轉捩點
- 技術採用生命週期
- S 曲線
- 網路效應
- 梅卡菲定律

- 級聯失效
- 蝴蝶效應
- 幸運表面積
- 熵
- 二行二列矩陣
- 極性
- 非黑即白謬論
- 群體內的偏袒
- 群體外的偏見
- 零和
- 雙贏

在工業革命之前，英國曼徹斯特大多數的斑點蛾都是淺色的，牠們利用樹上覆蓋的淺色樹皮與苔蘚當作保護色，以免成為鳥類的食物。第一個發現暗色斑點蛾的報告是在 1811 年，但這種蛾類顏色變異的明確證據，則要等到 1848 年才真正確立。暗色斑點蛾是極度罕見的，數量在當時推測僅占全體斑點蛾的 0.01％。可是到了 1895 年，曼徹斯特出現暗色斑點蛾的頻率，就由 0.01％，增加至 98％。

為什麼會這樣呢？因為在這段期間內，煤炭工廠排放的黑煙，讓樹木覆蓋了一層煤煙，並殺死了淺色苔蘚，造成樹木呈現深色。淺色斑點蛾的色彩變得不利，已不再是天然的保護色；深色的基因反而有利生存，因為有這種基因的斑點蛾，停在深色樹上時，就有了保護色。鳥類成群啄食淺色斑點蛾，留下深色斑點蛾繼續繁衍，並接管了主導基因。英國於 1956 年實施的《空氣淨化法案》（*Clean Air Act*）改善了汙染情況，讓樹木再度變成淺色，扭轉了情況，最後深色斑點蛾再度變得罕見。

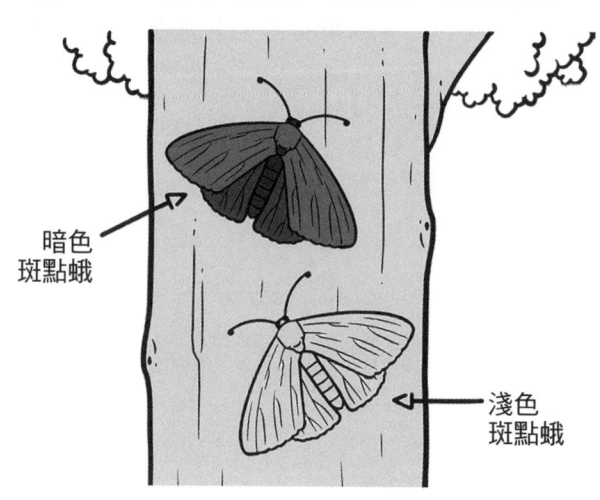

圖 4-1　工業革命之前，淺色是一種保護色

深色斑點蛾的這種興衰過程，就是「**物競天擇**」（natural selection）的展現，也就是生物進化的過程。它是由亞爾弗德・華萊士（Alfred Wallace）和查爾斯・達爾文（Charles Darwin）兩人分別制定，後來因達爾文於 1859 年出版了《物種起源》（*On the Origin of Species by Means of Natural Selection*）一書而出名。隨著物種為了適應環境而進化，具有繁殖優勢的特徵，會經過數個世代的**天擇**後，變得更加普遍。

除了生物進化，物競天擇的概念還推動了社會演變。社會上的思想、行為和產品為了適應不斷變化的品味、規範與科技而不斷改變。如果你能將五十年前大獲好評的公司、電影和書籍傳送到今天，並將它們公開上市，大多數都不會成功，因為時空背景已經改變了許多。

圖 4-2　天擇的概念也推動了社會演變

「這裡是以前那個時代的 PS（遊戲站，play station），和現在的電視遊樂器 PS 不同。」

相對於現今的社會變化速度，五十年是很長的一段時間。想想在一代人的生活過程中可能發生的巨大變化。當蘿倫 7 歲的時候，她只能收看 7 個電視頻道，因為當時有線電視還不普及，但現在我們的孩子透過影音串流平台 Hulu、網飛與亞馬遜等平台，幾乎可以在任何時候看他們想看的任何內容。難怪他們把 1980 年代稱為「古老的日子」。

你將經歷更多的社會變遷，包括經濟週期、創新浪潮，以及不斷變化的規範和標準等。隨著人口不斷成長，加上網際網路與全球化讓人與人更加緊密，這些轉變比過去更加快速。你必須適應這些不斷變化的環境壓力才能成功。

正如物種經過數個世代發展出適應性，你也必須對新的思想和典範抱持開放心態，在必要時調整你的想法和行為。同樣地，當組織面臨劇變時，如果想持續茁壯，就必須找到新的營運方式。里昂‧麥金森（Leon Megginson）教授於 1963 年對西南社會科學學會（Southwestern Social Science Association）的一次演講中，如此重述了達爾文的學說：「能存活下來的物種，不見得是最聰明的，也不見得是最有力量的，而是最能調整與適應不斷變化的環境。」也就是說，你需要像斑點蛾那樣能夠改變自己的顏色。

身為一間快速發展的公司執行長，蓋布瑞發現他和他團隊的工作內容，看起來與十八個月前的樣貌大不相同。這是因為隨著公司發展，對管理階層的要求也有所變化，從最初的產品開發（設計與創造等），到打造一家公司（管理員工與定義組織結構等），到建立永續的業務（財務模式與管理經理人等）。在如此快速變化的環境中，你需要一種快速調適的方法。

很幸運地，科學提供了我們這樣一個心智模式，以確保我們

處於「適者」行列，那就是**「科學方法」**（scientific method）。從形式上來說，科學方法是一個嚴密的步驟，包括進行觀察、規劃假設、驗證假設、分析資料與發展新理論。但你也可以簡單採納一種實驗心態，來運用這個科學方法。<u>最成功與適應力最好的人和組織，會不斷改進他們的工作方式和工作內容，以提高效能</u>。

我們來舉個例子，試想你自己的生產工具和方法。你無法馬上找到有助於完成工作的最佳方案，但如果你繼續嘗試，使用不同的時間表、軟體、組織及流程等，你就會越來越接近最佳方案，並讓你能夠走得更快更遠。

同樣的思維也可以應用在生活中，例如飲食和運動。哪一種運動計畫是你能真正持之以恆的？你可以改進哪些飲食或日常生活習慣，讓你吃得更健康？當一種科學思維方式，透過實驗不斷加以應用時，你將更有機會成為身材最好的人[*]。

物競天擇和科學方法只是一個開端。有許多自然法則可以幫助你理解周遭正在發生的變化，以及你該如何適應，甚至塑造它們。本章重點介紹了許多這種自然的超級模式，它們可以幫助你更能適應和管理各種變化。

找出內在動力，有效對抗慣性

你很可能聽過艾薩克‧牛頓（Issac Newton）的第一運動定律（first law of motion），通常被稱為慣性定律（law of inertia）：

---

* 此處作者使用了雙關語。英文 fit，有「身材合度」與適者生存中的「適者」之意。

「靜止的物體恆久維持靜止，運動中的物體，除非受到不平衡的外力作用，否則仍將以相同的速度和方向持續運行。」

「慣性」（inertia）是物體對改變其當前運動狀態而產生的阻力。圖 4-3 便描繪了這個觀念的實際運作方式。

圖 4-3　慣性定律

卡車有煞車，但它們載的貨物卻沒有。

當作一種比喻時，慣性可以用來描述對改變方向所生的任何阻力。在第 1 章中，我們解釋了由於**驗證性偏誤**和相關模式，你的信念往往具有明顯的慣性。這種對自己信仰的堅持，可能阻礙你的適應能力。藉著質疑你的假設，你可以適應新的思維方式，並克服這種個人慣性。

你堅持原本信念的時間越長，慣性就可能越強。如同大多數的人一樣，你的許多核心政治、宗教和社會信仰，都可以追溯到你成長時期的家庭和地理文化。你最近有重新評估過這些觀點嗎？如果沒有，你有可能堅持了許多信念，是與你後來學到的信念相衝突

的，或者它可能不是正確的。你的慣性越大，你就越抗拒改變這些信念，也越無法在必要時調整你的思維。

試想科學理論是如何隨著時間而改變，但你深信的「事實」卻仍堅持不讓。我們的父母在讀書時，並沒有被教導小行星是如何導致恐龍滅絕的，因為這個理論直到1980年才被提出，如今在四十年後，這個普遍被接受的小行星理論，卻遭到越來越多的質疑，懷疑它在導致大滅絕的過程中，是否扮演了如此重要的角色。幾十年後的教科書裡，很可能會出現一些不同的說法。

你有沒有聽說，最新的研究顯示，**暴龍**的身體有羽毛？或者1980年代當我們還是小孩的時候，針對飽和脂肪和膳食膽固醇而掀起的全面戰爭，已經完全改觀，現在全脂牛奶和雞蛋，已經被認為是健康飲食的一部分？舊習慣與信仰一旦根深柢固，哪怕你現在知道它們有缺陷，也很難扭轉。我們當然知道這兩個觀念的修正，但每當我們聽到暴龍時，腦海中浮現的，仍然不會是一隻長著羽毛的恐龍；而我們對每天吃雞蛋的想法，也仍然停留在舊的觀念中。

由於慣性的存在，各種機構也面臨類似的危險。公司的長期承諾，將產生許多對公司策略的慣性。這種慣性可能導致不佳的決策，我們稱為**「策略障礙」**（strategy tax）。舉例來說，大多數用戶都希望盡量隱藏他們在網路上的瀏覽紀錄，並減少被廣告商追蹤。因此，網路瀏覽器就包含了更多的保護隱私功能。2017年，蘋果的Safari瀏覽器就引入了反跨網頁追蹤機制（Intelligent Tracking Prevention），試圖阻止廣告商在你上網時追蹤到你。但是，我們卻不會期望谷歌在它的Chrome瀏覽器中增添這種功能，因為谷歌本身就是在大部分網站上追蹤你的公司，而它的長期策略，就是要主導網路廣告。谷歌藉由追蹤你的網路行動，它就能向

廣告商推銷它在網路上追蹤並播放廣告的能力。

谷歌想成為全球最大廣告公司的策略，就設下了它不在瀏覽器中增添反追蹤功能的障礙，因為這樣做就違反了這個策略。由於蘋果沒有這樣的策略，所以就沒有這種障礙。

政治人物與政黨在將自己鎖定在長期立場時，也創造了策略障礙。舉例來說，美國共和黨已經採取了反對減緩氣候變遷的立場，許多政治人物甚至否認人為活動會造成氣候變遷，但隨著災難性氣候事件增加，人為活動造成氣候變遷的證據越加明顯時，這種策略障礙就可能開始在政治上產生代價。

一旦形成策略障礙，想逆轉它的成本可能更高。1988年，老布希（George H. W. Bush）在共和黨全國代表大會上發表了這句名言：「聽清楚，不再課徵新稅。」後來，在他擔任總統期間面臨經濟衰退時，這個承諾成為了他的阻礙，老布希最後決定打破承諾，並提高稅收，這也讓他連任失敗。

此處的教訓就是，你應該盡可能避免將自己困在嚴苛的長期策略中，因為外在情況很可能迅速改變。你現在有哪些策略障礙呢？

與策略障礙相關的一個模式是**「薛基原則」（Shirky principle）**，以經濟學作家克雷‧薛基（Clay Shirky）的名字命名。薛基原則指出，**各機構將會致力維護它們能提供解決方案的問題**。一個很好的例子就是TurboTax，這是一間讓報稅變得更容易的美國軟體公司，但這家公司卻大力遊說，反對更方便的報稅方法。舉例來說，「免填寫申報」這個讓政府根據既有資訊，寄發預填報稅表格的制度，對大多數的人都很方便，有些國家已經付諸實施，也為數百萬人節省了時間和金錢，但TurboTax卻反對採行這個計畫，它希望納稅申報維持複雜，因為該公司就是這個問題的解決方案。

第 4 章
克服慣性，適應各種變化

有時候，即使新的想法或科技能使事情變得更容易，但某個人或某個部門仍會試圖維持低效率的流程。想想在你的辦公室或學校裡，那個總是說著「事情一直都是這樣處理的」並一直對改變與新科技感到焦慮的人。那個人就展現了薛基原則，你應該不想成為那樣的人吧。

信仰和行為上的慣性，讓根深柢固的想法與組織得以長期存在，這種現象就叫作**「林迪效應」**（Lindy effect）。它是透過塔雷伯所著的《反脆弱》一書而廣為人知，我們在第 1 章中曾提過這本書。塔雷伯是如此解釋林迪效應的：

> 如果一本書已經印行了 40 年，我可以預料它還會繼續發行 40 年，但如果它能再存續 10 年，那麼它將被預期能繼續發行 50 年。這個法則很清楚地告訴你，一件長期存在的事物的「老化」過程與人類不同，而是有其自己的反向「老化」方式。只要它沒有被消滅而存活了一年，就會讓它的額外預期壽命倍增。這顯示了它們的某種耐久性。物品的耐久性，與其壽命成比例！

林迪效應適用於科技、思想、組織，與其他不容易自然消亡的事物。假設探討的事物沒有退流行，那麼它持續的時間越長，你就越能預期它將繼續流行更久。

林迪效應說明了莎士比亞和披頭四的存續。由於他們沒有退流行的跡象，林迪效應告訴我們，我們可以預期莎士比亞戲劇至少會再演出四百年，而披頭四的歌曲則至少還能再聽五十年。

當然，事情最後總會變得不受歡迎，有另一個心智模式用來描

述事情的重要性開始下降。這種模式叫作**「峰值」（peak）**，與性別歧視的峰值（peak sexism）與臉書峰值（peak Facebook）的概念相同。這個概念實際上是因為石油而普及的，**石油產量峰值**通常被定義為從地球上開採出最大石油量的時間點。在石油產量峰值過後，產量會開始下降，而不是上升。

人們已經多次預測過石油產量峰值。早在 1919 年，美國地質勘探局（U.S. Geological Survey）首席地質學家大衛·懷特（David White）在〈美國尚未開採的石油供應量〉（The Unmined Supply of Petroleum in the United States）一文中就預測，美國「石油產量峰值很快就會出現，很可能就在三年內。」此後也有過許多類似的預測，但石油產量峰值至今仍未出現。事實上，需求的增加，推動了開採更多石油的創新方式，導致石油年產量不斷上升。

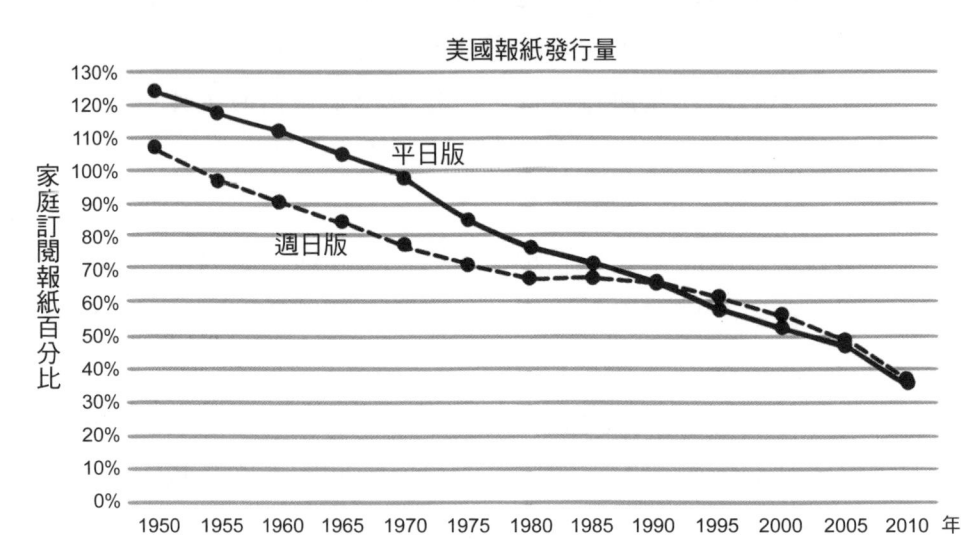

圖 4-4　由於慣性，即使達到峰值後仍不會馬上消退

美國報紙發行量

但現在，隨著石油市場基本結構被證明並不健全之後，新的石油產量峰值觀點已經開始成形。氣候變遷的影響正在逼近，太陽能正在全球迅速發展，是具有成本競爭力；電動汽車日益增強的競爭力，以及自動駕駛與共乘觀念的出現，正威脅著傳統汽車市場，可能造成崩潰。這些都可能對石油市場造成持久影響。

無論你是市場觀察者還是參與者，在評估石油市場可能的新發展時，這些結構性變化都值得考量。你的下一輛車應該是電動車嗎？你是否該再買一輛車呢？

一般來說，林迪效應和峰值概念可以幫助你評估任何想法或市場機會，並更精確預測這個想法或機會可能會如何展開。這個市場健康嗎？它是否已經達到峰值了？已經存在多久了？要記住，已經存在很久的市場，會有更多慣性。而一個市場越是健康，就越難改變。

事實上，如果一樣事物擁有許多慣性，那麼即使在它達到峰值後，也可能要花很長的時間才會衰退。過去十年間，消費者越來越不閱讀實體報紙，而且一直在「切斷」有線電視，但市場上還是存在大量的報紙和有線電視訂閱戶數，在未來數十年也將持續銷售。同樣地，傳真機、錄影帶出租店，以及撥接上網都讓人感覺像是九〇年代的遺跡，可是人們仍然在發送大量傳真；直至 2020 年，俄勒岡州本德市還有一間百視達；而且還有超過 100 萬人仍然在使用美國線上公司的撥接上網服務！正如薩繆爾·克萊門斯（Samuel Clemens）*所說：「關於我的死訊，只不過是一則誇大的報導。」

「**動量**」（momentum）是一個可以幫助你理解事物如何變化

---

* 美國文學家馬克·吐溫（Mark Twain）的本名。

的模式。動量和慣性是相關的概念。在物理學中,動量是質量和速度的乘數,而慣性只是與質量相關的函數。這代表一個靜止的重物,由於很難移動,所以有很大的慣性,但由於其速度為零,所以沒有動量。可是一個重物一旦開始移動,就會迅速獲得動量。物體走得越快,它的動量就越大,但是慣性卻維持不變,因為它的質量保持不變,而要改變它速度的難度是相同的。

讓我們將這個概念與現實的例子連結,發送傳真這件事正在持續減少動量。然而,這個行為仍然有許多慣性,因為這項科技在許多商業流程中已經根深柢固所以發送傳真的動量下降得很慢。

在生活中,你也可以尋找正在快速獲得動量的事物,並善用這個概念。舉例來說,你可以加入一個組織,而這個組織正在起飛或開始成為市場主流。在第 3 章,我們討論了專注於**高槓桿活動**,以充分利用時間。與具有持續增加動量的組織或觀念有關的活動,通常都是高槓桿的,因為你的努力成果得以被這種動量放大。

同樣地,藉著對他人加強信念與流程而創造慣性,也是一種高槓桿活動。一旦這些信念或流程建立起來,就會難以放棄,並且持續很長的時間。想想我們前面提起的小時候那些信念,它們是多麼讓你難以放棄。

在組織環境中,建立這種信念與規範,就是打造**文化**,我們將在第 8 章對這一點進行更充分的探討。不過,有句老話隱含了文化與慣性關係,那就是**文化把策略當早餐吃了(Culture eats strategy for breakfast)**。這是一個警告,告訴你如果你採取的策略與你所在組織的文化相互違背,而這個組織的慣性力量甚至遠遠超過了它的策略,那麼這個策略就不太可能成功。

舉例來說,美國政府於 2013 年開始採納一項策略,打算建造

一個網站，讓民眾可以直接申請醫療保險。這個名為 HealthCare.gov 的網站原定於 2013 年 10 月 1 日上線，不過與主流科技公司不同的是，美國政府並沒有「限期完成」的文化。這種文化與策略不搭配的情形，在政府倉促推出 HealthCare.gov 網站時就看得很明顯。網站開始營運的第一週，只有少數人能夠完成註冊登錄。政府後來召集了一個緊急小組來修復這個網站，小組成員都是來自主要科技公司的頂尖人才，這個小組所熟悉的文化與這個策略就更匹配了。

簡單來說，想取得成功，你必須讓組織的文化與策略維持一致。身為組織領導者，你必須體察兩者之間是否不一致，並採取因應行動。正如美國政府最後所做的，你可以成立一個具有不同文化的新團隊，讓他們更適合這個策略。你也可以放棄這個策略，或者追求一個與現有文化更一致的修正策略。或者你可以試著用一段時間來改變文化，將它導向符合你期望的長期策略，但要了解，這可能是一個緩慢又富有挑戰性的過程。

在新的組織中，你有機會將文化順著長期策略的方向打造。然而，你周遭的世界也會迅速改變，因此你最後可能也必須迅速改變你組織的策略。到頭來，在許多情況下，最好的組織文化就是適應能力很強的文化，就像我們通常也會建議個人具有很強的適應性一樣。也就是說，你很可能想要打造一種可以隨時接受新策略或流程的組織文化，像這樣的文化講求敏捷，願意嘗試新的想法，而不會拘泥於既有的流程。

好消息是，如果你能在一個適應性強的文化，或者任何環境裡面，建立起慣性和動量，它就擁有持久的力量。一個能掌握到這個過程的心智模式就是「**飛輪**」（flywheel），這是一個用來儲存能量的實體旋轉圓盤。飛輪仍然使用在許多工業應用上，不過，更能

讓你了解這個概念的相關例子，就是兒童玩的旋轉木馬。要讓旋轉木馬開始運轉，需要花很大力氣，可是一旦開始旋轉，要保持旋轉就幾乎不太費力。

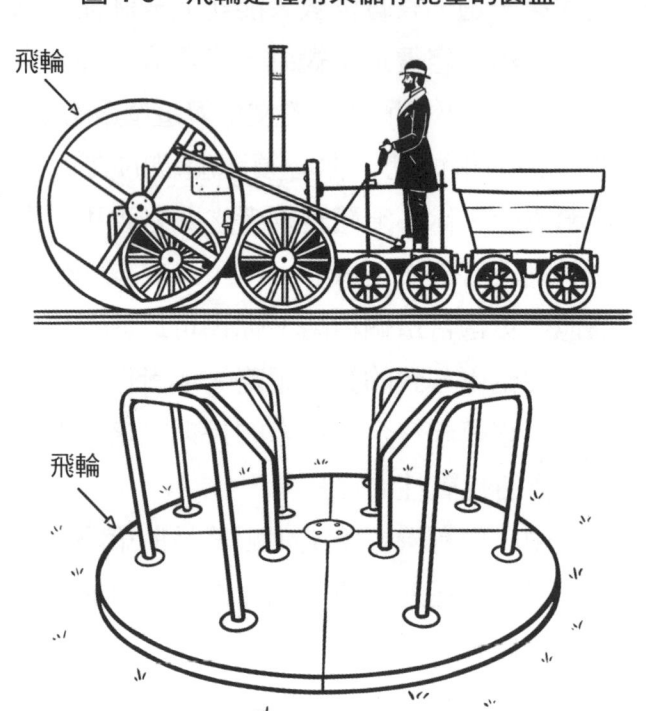

圖 4-5　飛輪是種用來儲存能量的圓盤

非營利組織行銷專家湯姆‧彼特森（Tom Peterson）認為，飛輪模式讓全球反貧困非營利組織小母牛國際（Heifer International）的收入，從 1992 年的 300 萬美元，增加到 2008 年的 9,000 萬美元。在 1970 年代，小母牛國際創立了禮品目錄募捐概念，鼓勵大家對有需要的家庭贈送山羊或水牛等禮物，讓他們更能自立。在彼得森的幫助之下，小母牛國際每年改進這份目錄，透過改變它的外

觀、內容、製作、發行和文宣，進行了數十次實驗。這種不斷的測試和實驗，幫助公司的收入每年小幅成長，從未減緩。直至今日，收入仍保持著越來越高的水準。

詹姆‧柯林斯（Jim Collins）在他著作的《從 A 到 A$^+$》（*Good to Great*）一書中講述了許多類似的例子，用飛輪的比喻來總結公司如何系統化且漸進式地從優秀等級的 A，走向卓越等級的 A$^+$。

> 飛輪圖像捕捉到了公司從 A 到 A$^+$，內部的整體感覺。無論最後結果多麼戲劇性，從 A 到 A$^+$ 的轉變，從來都不是一蹴可幾的。沒有單一的明確行動，沒有宏偉的計畫，沒有單一的致勝創新，沒有單獨的幸運突破，也沒有令人痛苦的革命。從 A 到 A$^+$ 是由堆疊的過程造就的，一步一步、一個一個行動、決策，加上飛輪不停轉動，最後由這些堆疊成持久且壯觀的結果。

飛輪在日常生活中的一個例子，就是成為某個領域的專家，需要大量的時間與實務經驗，可是一旦你成為專家後，只需要很少的努力，就可以掌握該領域的最新發展。在較短的時間範圍內，任何個人或專業計畫，都可以從飛輪角度來檢視。當你開始這個計畫時，進度是緩慢的，但一旦你獲得了一些動量，取得進展似乎就更容易了。正如我們在第 3 章中所討論的，當我們「**進行多工作業**」時，在任何一個任務上，都無法獲得足夠的動量，讓它可以讓人感到輕鬆。相反地，我們不斷耗費能量啟動與重啟飛輪，而不是在飛輪開始運轉後利用它的動量。

飛輪模式告訴你，<u>你的努力將有長期的利益，並可將你與他人</u>

以往的努力成果加以複合運用。這是將動量和慣性概念加以應用，讓你取得優勢的戰術方法。

另一方面來說，試圖改變有許多慣性的事物，是非常有挑戰性的，因為這需要超出比例的努力。這並不意謂這些努力不值得付出，但你在付出時要隨時留意，因為你知道這可能是困難且耗時的。如果你決定嘗試這樣的改變，有幾個有用的模式可以幫助你進行探索。

首先，來自生物學，有一個模式叫作**「恆定」**（homeostasis），它描述了一個有機體，以體溫為特定目標，而不斷自我調節的情況。當你太冷的時候，你會發抖讓自己發熱；當你太熱的時候，就會出汗來降溫。在這兩種情況下，你的身體都在試圖恢復到正常的溫度。但同樣的效果也會在你希望產生變化時，阻止現況的改變。

一般來說，社會、組織、家庭和個人通常會圍繞著一組與群體地位相關的核心文化價值或衡量標準，而展現出這種恆定現象，這樣做可以保護自己。舉例來說，在美國，競選資金改革的嘗試不斷失敗，因為遊說團體總會找到新的方法來因應法規，而他們也持續將資金投入政治。

從日常生活來看，在組織或社區內，大家通常會自然而然地抵制改變，經常會用「如果沒壞，就不用修理」、「別搗亂」或「我們這裡就是這麼做事的」來回應。這種反應也是情有可原，因為就算改變具有誘人的好處，但改變本身仍然可能具有破壞性。

現在在我們小孩的學區，就有一個關於改變上課時間的爭論，根據可靠研究顯示，青少年在較晚的時間開始上課，表現會更好。然而，更動上課時間對社區各單位造成相當程度的干擾，需要許多家庭和教師調整他們的時程與安排，例如托兒安排等。如果目標是

為了讓學生達成最好的教育成果，那麼資料顯示，上課時間應該要調整，但是維持現有上課時間的反應，也是可以理解的。

遺憾的是，由於恆定反應，我們會在次佳安排中停留太久，從有害的人際關係到糟糕的組織流程，一路往上包括無效的政府政策，都是如此。當你為自己或他人對抗恆定狀態時，請特別注意那些阻礙你做出改變的潛在機制。

一個很好的例子就是，為了減重而做更多運動，結果卻讓你食欲大增。由於預期會有這種反應，有些人在運動後會吃蛋白質，以減輕恆定的影響，因為某些消化緩慢的蛋白質，能延長你的飽足感。

找出答案就可以幫助你克服現狀。一種常見的方法就是，找到支持你改變的資料，並用這些資料來抵消反抗改變的力道。在上課時間的例子中，有些人聲稱延後開始上課的時間，只會導致青少年熬夜，而否定了這種效果。但來自已經改變的學區研究結果則顯示，情況並非如此，在上課時間延後之下，青少年的平均睡眠時間其實變得更長。

這種致力不偏離現況的概念，讓我們想起了一種不倒翁玩具，在美國，兒樂寶（Playskool）公司則有一個自創品牌的版本稱為 Weeble，宣傳詞為「Weeble 會搖晃，但不會跌倒」，當你推它時，它會自動恢復原樣。這些玩具使用兩個有用的概念來運作，這兩個概念在你執行改變時，也是有幫助的比喻性心智模式，它們就是**「位能」**（potential energy）和**「重心」**（center of gravity）。位能是物體儲存的**能量**，具有釋放出來的**潛能**。重心則是物體或系統的**中心點**，其質量圍繞著它而取得平衡。

在不倒翁傾斜時，它的位能就會增加，因為它吸收了用來讓玩具傾斜的能量。這個能量一旦釋放，就會轉化為圍繞著重心的晃動

力量。像這樣的位能有許多實體形態，包括與引力相關的，例如任何被舉起的物體；還有與彈性相關的，例如拉緊的弓弦或彈簧；以及與化學相關的，例如食物或燃料中包含的能量，諸如此類。

圖 4-6　位能一旦釋放，就會產生改變的力量

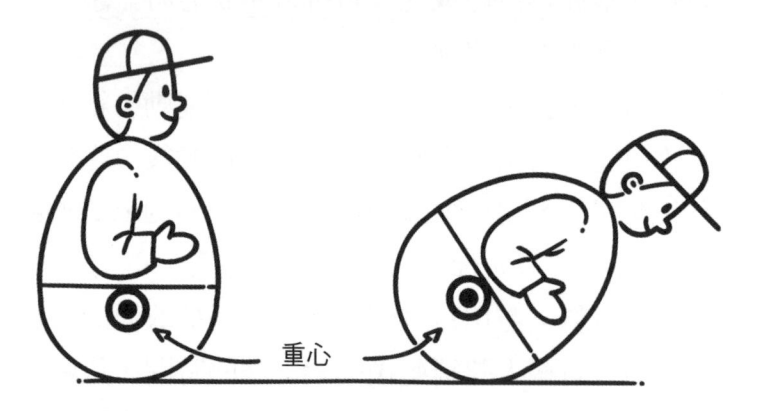

重心

人們與組織擁有**被壓抑的能量**，這是等待被釋放的能量。在尋求改變時，隱藏的位能是另一個你可以尋找的東西。想想在你的組織中，那些有動力讓改變發生的人，他們可能願意幫助你。與一群不同的潛在利害關係人交談，可以幫助你找出這些隱藏的位能。

在軍事戰略上，**重心**這個字眼特別被用來描述作戰的核心。了解敵方的重心可以讓你知道從哪裡攻擊，會造成最大的傷害，或者他們哪些基礎設施會放置更多防備。離他們的重心越近，你所能造成的傷害就越大，他們也越可能重兵防守。

就像應用在變革一樣，如果你能找出一個想法、市場、流程，或任何事物的重心所在，就可以針對這一點採取行動，更快促成改變。舉例來說，你可以說服一個有影響力的中心人物，也就是其他人或組織負責指引方向的人，讓他相信某個想法是有價值的。

企業常常利用這個概念，尋求名人、有影響力的人、媒體或名氣響亮的客戶背書代言。一個背書就可以引發連鎖效應，因為說服了正確的人，促成你的想法得以傳播。在這種情境下，它就是一種**壓力點**，只要按下它，你就可以移動整個系統。

本節中，我們已經討論了慣性的力量（策略障礙與薛基原則），還有如何評估（峰值與林迪效應），該如何利用它（飛輪），以及如何透過戰術來逆轉（恆定、位能與重心）。還有兩個化學觀念，也能在戰術上幫助你，那就是**「活化能」**（activation energy）和**「催化劑」**（catalyst）。

活化能是要**激發**兩個或更多反應物之間的化學反應時，所需的**最小能量**。想想點燃一根火柴的例子，劃火柴所產生的摩擦力，就是提供了點燃火柴所需的活化能。催化劑則降低了觸發化學反應所需的活化能。想想在炎熱乾燥的氣候下，野火比較容易發生，因為溫度升高和溼度降低，擔任了催化劑的角色。

簡單來說，活化能指的是開始改變某件事物所需的努力，而催化劑則是指任何能減少這種努力的東西。當你安穩地坐在沙發角落裡，起身就需要大量的活化能。但知道冰箱裡有冰淇淋，就是降低這個活化能的催化劑。試圖改變時，你會想要了解需要投入的活化能，並尋找催化劑，讓改變更容易。

2017年，美國迅速拆除了紀念南北戰爭時南方邦聯領導人的雕像，並透過「我也是」（#Me Too）活動*，加速打擊性侵者。在這兩個例子中，似乎一旦擁有足夠的活化能，活動就會非常迅速向

---

* 這是2017年10月「溫斯坦效應」（Weinstein effect）後，於社群媒體上廣泛傳播的一個主題標籤，目的在譴責性侵害與性騷擾行為。

前推進。事實證明，一旦邁出第一步，就有許多潛在能量等待釋放。此外，社群媒體的貼文和記者的報導則是催化劑，其作用既是藍圖，也是其他人宣傳這些事件的管道。

在第 3 章，我們描述了承諾如何幫助你克服「當前偏差」，它也可以當作一個強大的催化劑，或者是一種「強迫功能」（forcing function），來達到個人或組織改變所需的活化能。它通常以預先安排的事件或功能的形式，幫助或強迫你採取必須的行動。強迫功能的一個常見例子就是常態會議，例如與經理或教練的一對一會議，或者定期的團隊會議。這些都是既定的行程，你可以在這些時間中反覆提出可以促成改變的主題。

你也可以用類似方式，在個人或公司文化中培養額外的強迫功能。舉例來說，你可以設定製作每週專案更新報告這個期望值，就可以當作催化劑，對專案狀態進行批判性思考，並對相關人員傳達進度。一個更個人化的強迫功能，則是在健身房和教練定期上課，或每週家庭會議，或者預算檢視。這些設置好的時間區塊，可以為改變的巨輪增加潤滑度。

本節提醒你應該自我警惕，不要盲目抵抗高慣性系統。相對地，你該更深入看待事情，了解它們的內在動力，並嘗試打造一條高槓桿且更能及時成功的改變之路。

掌握事物的連鎖反應，更快達標

新思想滲透到社會時，往往會產生潛在動量，那就是「臨界質量」（critical mass）。正如我們在序言中指出，根據物理學的定

義,臨界質量是產生核子「**連鎖反應**」(chain reaction)所需核材料的**質量**,其中一次**反應**的副產品,就被當成下一次反應的輸入品,並以一種自我延續的方式,將這些反應**連鎖**起來。

這個知識對於製造原子彈是不可或缺的。在臨界質量之下時,核元素是相對無害的,但在臨界質量之上時,你便有足夠的物質驅動原子爆炸。

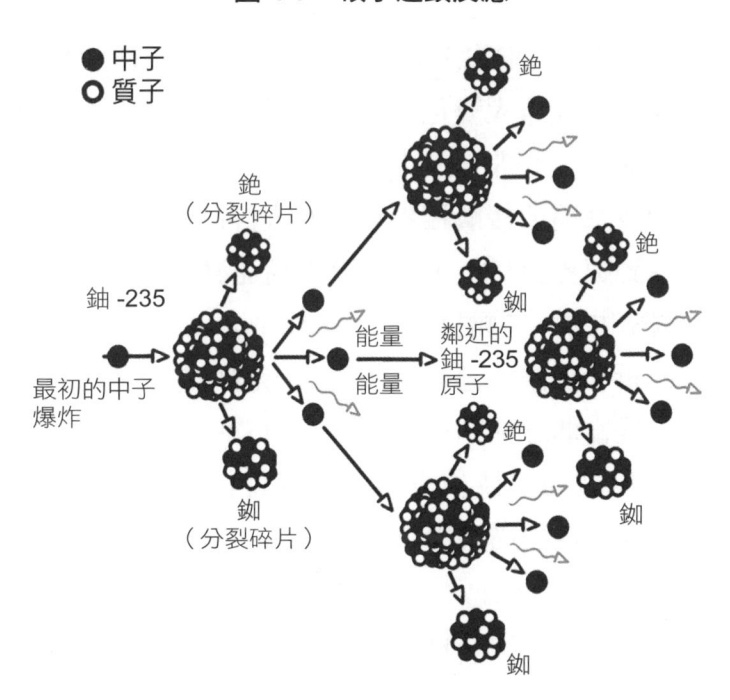

圖 4-7　核子連鎖反應

● 中子
○ 質子

鋇
（分裂碎片）

鈾-235

最初的中子爆炸

氪
（分裂碎片）

能量
能量

鄰近的鈾-235原子

鋇

氪

鋇

氪

鋇

氪

1944 年,在新墨西哥州的洛色拉莫士,具有奧地利與英國血統的物理學家奧托・弗利胥(Otto Frisch)受命測量製造第一顆原子彈所需的臨界質量,需要多少濃縮鈾才夠。弗利胥計算出臨界質量的部分方法,是實際堆疊 3 公分的鈾棒,然後隨著堆疊物越來越

大，不斷測量它們的放射性輸出量而計算出來的。有一天，他只是將身體靠在鈾棒堆上，就幾乎引發了一次失控反應，這也是第一件已知的臨界意外。有一些輻射從他的身體反射到已經接近臨界質量的鈾棒堆裡，造成附近探測輻射的紅燈持續發光，而不是像往常一般的間歇閃爍。留意到燈光的狀況後，弗利胥迅速用手撥開了一些鈾棒。他後來在回憶錄《我記得的那點小事》（*What Little I Remember*）中寫著，如果他「在移除那些原料前，再多遲疑2秒鐘，那個劑量就會致命。」

臨界質量當作一個超級模式，可以適用於任何當累積值達到某個門檻，就會造成重大變化的系統。當系統開始劇烈變化，並迅速獲得動量的時刻，通常被稱為「**轉捩點**」（tipping point）。舉例來說，一個政黨需要接觸臨界質量的人群後，才感覺自己像個政黨，在政黨達到臨界質量後，就會邁入高速發展。

有時這個點也被稱為**轉折點**（inflection point），成長曲線在這個點上彎曲或**轉折**。但請注意，在數學上，轉折點實際上指的是曲線上的不同點，是當曲線從凹變凸，或反過來時的那個點。

大多數受歡迎的科技和思想，都有將它們進一步推進主流的轉捩點。如圖4-8這樣描繪出它們的採用曲線，就可以清楚看到這些點。

在考慮採用新想法和科技時，你該檢視它們在採用曲線上的位置，尤其要特別注意轉捩點。轉捩點是否剛剛出現？會不會有轉捩點？什麼事件可能是催化劑？身為一個即將達到轉捩點領域的專家，是一個有利的位置，因為隨著這個想法或科技開展，你的專業知識將擁有越來越大的影響力。相反地，如果在一個距離達到轉捩點還有十年的領域擁有專業，你擁有的影響力就會小得多。

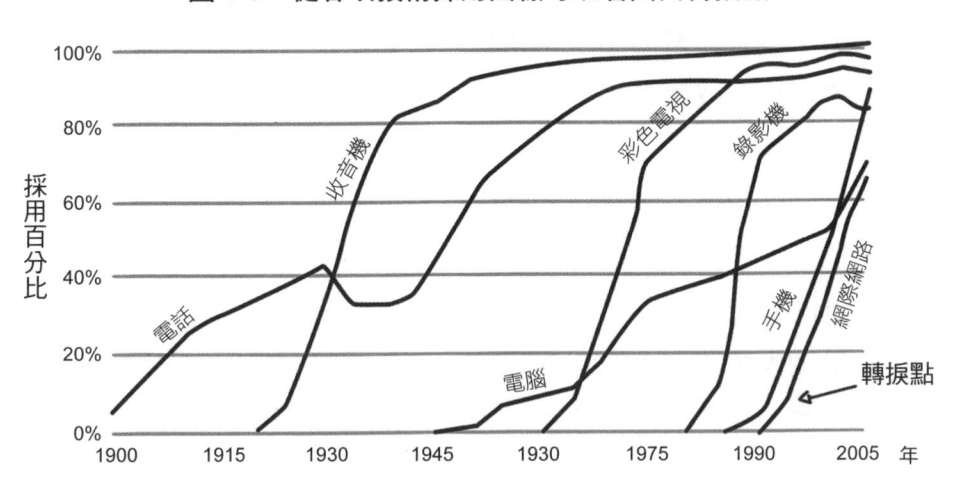

圖 4-8　從各項技術採用曲線可以看出其轉捩點

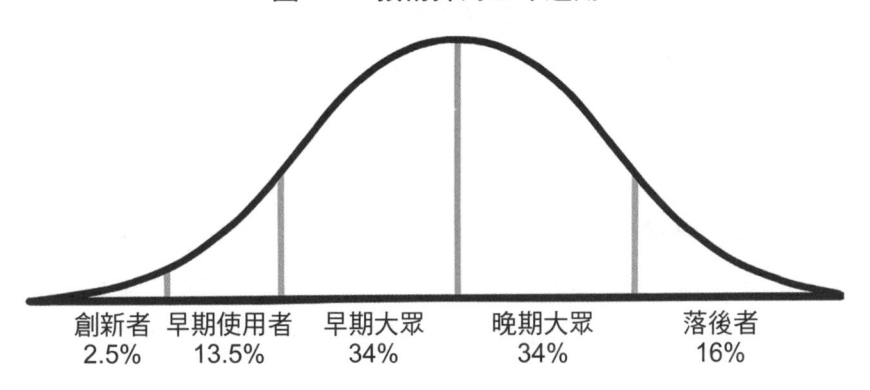

(曲線標示：電話、收音機、彩色電視、錄影機、電腦、手機、網際網路、轉捩點)

圖 4-9　技術採用生命週期

創新者	早期使用者	早期大眾	晚期大眾	落後者
2.5%	13.5%	34%	34%	16%

一個想法或科技的傳播或擴散，被稱為**「技術採用生命週期」**（technology adoption life cycle）。社會學家埃弗瑞特・羅傑斯（Everett Rogers）在 1962 年出版的《創新的擴散》（*Diffusion of Innovation*）一書中，根據人們接納新事物的方法與時間，將他們分為五個群體：

- **創新者**（約占整體人口的 2.5%）有接受風險的願望與財力，並且與新興領域密切相關，通常是因為他們對於嘗試新事物特別感興趣。
- **早期使用者**（占 13.5%）願意在新事物出現時就加以嘗試。早期使用者不需要等到社會證明，才使用某樣產品或想法。他們往往是有影響力的人，能將一個想法推過轉捩點，使它更廣為人知。
- **早期大眾**（占 34%）願意在早期使用者一旦明確建立價值立場後，就採用新事物。這群人不想浪費他們的時間和金錢。
- **晚期大眾**（占 34%）一般對新事物保持懷疑態度。他們會等到某樣事物已經遍布各處，讓大多數的人接受後，才會採用它。當他們接受這樣的事物時，通常成本已經較低。
- **落後者**（占 16%）是最後一批接受新事物的人，他們接受的原因，只是因為他們覺得這是必要的。

我們用手機導入市場當作例子，從圖 4-10 中可以看出，手機的導入經歷了幾個階段。最初的使用者，包括創新者和早期使用者，是有錢的小發明家或專業人員，例如醫生能夠而且願意支付高額費用，因為這有助於他們將工作做得更好。後來，隨著價格下降和新的使用功能出現，例如簡訊，早期大眾和晚期大眾也開始採用了手機。最後，當落後者感到被拋在後頭時，他們也買了手機。智慧型手機也遵循了類似的模式，不過速度更快。你知道還有誰在使用掀蓋電話嗎？他們是智慧型手機採用生命週期中的落後者。

技術採用生命週期中出現的曲線稱為「**S 曲線**」（S curve），因為它們看來很像英文字母 S。S 的底部是最初較慢的採用速度，

然後接納採用進入了高速部位，最後隨著市場飽和，採用速度減慢，形成 S 的頂部。

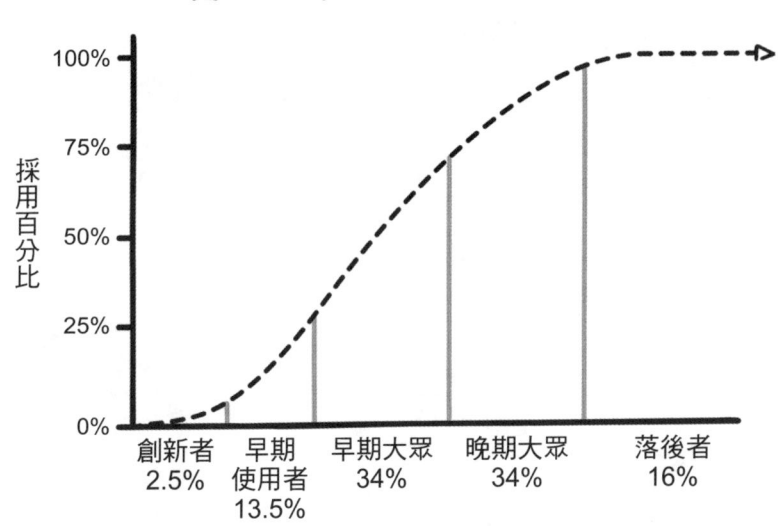

圖 4-10　手機進入市場的 S 曲線

採用百分比

創新者 2.5%　早期使用者 13.5%　早期大眾 34%　晚期大眾 34%　落後者 16%

採用生命週期這個概念雖然主要是當作一種科技創新理論而開發，但它也適用於社會創新，包括容忍和社會平等思想。在過去數十年裡，同性婚姻的接受程度，在美國已經突破了早期大眾階段，甚至在獨立派與民主黨選民中，還達到後期大眾階段（見圖 4-11）。

達到臨界質量是轉捩點的近因（見第 1 章）。但達到轉捩點的**根本原因**往往是「**網路效應**」（network effects），網路的價值隨著**網路**成長而增加（就是**效應**）。拿社交網路為例，每個新加入的人都會讓這個服務更誘人，因為有更多人可以接觸。

然而，網路的概念更為廣泛，包括可以在系統間相互作用的節

圖 4-11　採用生命週期也適用於社會創新

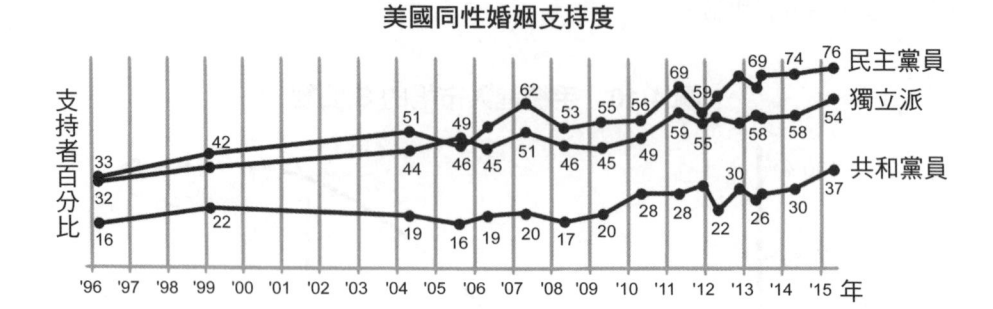

美國同性婚姻支持度

（圖表：支持者百分比 vs 年份 '96–'15）

民主黨員：33, 42, 51, 49, 62, 53, 55, 56, 69, 59, 69, 74, 76
獨立派：32, —, —, —, 51, —, —, 59, 55, 58, 58, 54
共和黨員：16, 22, 22, 19, 44, 46, 45, 51, 46, 45, 49, 28, 28, 30, 22, 26, 30, 37

圖 4-12　網路效應

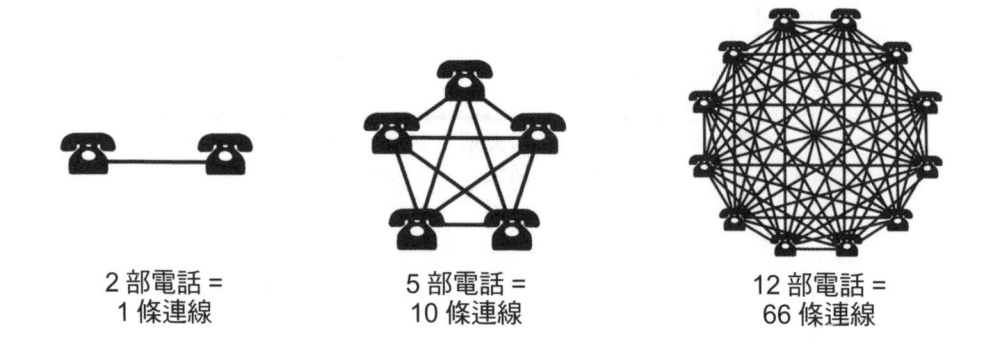

2 部電話 =
1 條連線

5 部電話 =
10 條連線

12 部電話 =
66 條連線

點（node）。舉例來說，你需要在核彈的「網路」中擁有足夠的鈾原子，也就是「節點」，如此一來，當一個原子衰變時，它可以迅速與另一個原子相互作用，而不是無聲息地消散。再舉一個日常生活中的例子，如果沒有其他人可以打電話，電話就不是一個有用的設備。但當每個人都有電話時，可能的連接數量就與電話這個節點數量的平方成正比。2 部電話只能完成一個連線，5 部則可以接通 10 個，12 部就可以接通 66 個連線（見圖 4-12）。

這種關係也被稱為**「梅卡菲定律」**（Metcalfe's law），以網路

科技乙太網（Ethernet）共同發明人羅伯特・梅卡菲（Robert Metcalfe）的名字命名。它描述了當節點相互連接時，網路價值的非線性增加現象。他的定律過度簡化現實，因為它假設每個節點（在本例中則是電話）對網路具有相同價值，而且每個節點都可能希望相互聯繫，不過它仍然是個不錯的模式。在電話網路上擁有100萬部電話，要比擁有50萬部電話的價值高出不止1倍。而且知道每個人之間都已經有聯繫關係，這是非常有價值的，這也解釋了為什麼臉書有如此強大的網路效應。

當存在足夠多的節點，讓網路變得有用時，就會出現臨界質量。令人驚訝的是，傳真機在1840年代就發明了，但直到1970年代，大家才廣泛使用它，因為那時傳真機的數量才達到臨界質量。另一個情況相同的現代物品，則是網路簡訊服務，它們也需要在使用者社群內達到臨界質量才能發揮作用。一旦它們超越這個轉捩點，就能迅速進入主流。

但是，網路效應除了溝通功能，還有其他價值。許多現代系統就憑著能夠處理更多資料，以便取得網路效應。舉例來說，當更多聲音加入時，語音辨識就會改善。其他系統則透過參與者的數量或廣度，提供更多的流動性或選擇，從而獲得優勢。試著想想當更多人參與Etsy和eBay這些網站時，會增加多少可供販售的商品。

網路效應也可應用於同一社群內的人際關係。成為校友網路的一員，可以幫助你找到合適的工作，或者讓你快速找出深奧問題的答案。每當系統中的節點參與某種交換，例如資訊或貨幣交換時，都可能產生網路效應。

一旦一個想法或科技達到臨界質量，無論是透過網路效應或者其他管道，都會產生許多慣性，而且經常也有很大的動量。在傳

真機的例子中，經過百年的努力讓大眾採用後，傳真科技一旦通過了臨界質量點，它就會長期深入社會各階層。我們可以從中學到，當你知道你努力嘗試的事情適用於臨界質量概念時，你就要特別注意它。

正如我們在**轉捩點**所列出的問題，對於臨界質量與網路效應，你也可以問類似的問題，這個想法或科技的臨界質量點是什麼？要讓它達到臨界質量，需要先發生什麼？是否有網路效應或其他催化劑，可以加速達到臨界質量？我是否能重新組織系統，以更快速在子社區中達到臨界質量？

需要注意的是，這些臨界質量模式，同時適用於正面和負面情境。有害的思想和科技也可以達到臨界質量，並迅速在社會中傳播。歷史上的例子非常多，從法西斯主義到種族主義與其他形式的歧視都是。

無論結果是負面或正面，現代通訊系統使思想更容易達到臨界質量。在第 1 章中，我們探討了人們如何處於線上**回聲室**，而使孤立的觀點更容易堅持下去。此外，目標廣告（ad targeting）可以找到最容易受訊息影響的個人，方式就是，針對相信廣告內容的受眾，以及使用廣告變化版本進行實驗，直到找到最能操控的方法為止。以這種方式，陰謀論和騙局都可以蓬勃發展。

在發現原子臨界質量的過程中，弗利胥僅以毫髮之差避免了災難性的連鎖反應，通常稱為「**級聯失效**」（cascading failure），也就是系統中某成分的**失效**，會觸發整個系統**級聯**的連鎖反應。我們生活中區域性大停電，通常就是級聯失效的結果，一個地區的電力超載會觸發相鄰地區也超載，從而觸發更多相鄰地區的電力超載。

發生在2007至2008年的金融危機,則是另一個級聯失效的例子,次級房貸的失敗最後導致各主要金融機構經營失敗。在生物系統中,一個物種的滅絕,可能導致其他物種的滅絕,因為它們的消失,會經由食物鏈產生級聯作用。這種情況經常發生在一個物種幾乎完全依賴另一個物種維生的時候,例如貓熊只吃竹子或無尾熊只吃尤加利樹葉。或者想想有多少物種依靠珊瑚礁生存,當珊瑚礁消失,大多數依賴珊瑚礁的生物也會消失。

不過這並不全然不好,這些都是可以產生好與壞結果的自然法則。核子臨界質量可以用於產生相對安全且本質上無限量的核能,也可以成為災難性核子冬天的輸出機制。無論如何,隨著我們的連結度越來越高,這些心智模式在社會中也扮演著越來越重要的角色。隨著科技和思想的傳播,如果你能發現並分析這些模式,包括S曲線如何展開、轉捩點在哪裡出現,以及網路效應如何利用等,你就能更有效利用它們。如果你想試著針對一個新想法或科技獲得主流族群採用和取得長期慣性,就該了解這些模式如何與你的策略直接相關。

增強適應力,將危機變轉機

包括經濟和天氣在內的許多全球系統,都被稱為混沌系統。這意謂著儘管你可以猜測到它們的走向,卻無法精確預測它們的整體長期狀態。你無法知道一個特定的公司或個人,最後的經濟表現會是如何,也不會知道極端氣候事件會在何時與何地發生。你只能說失業率似乎在下降,或者颶風季節即將來臨。

數學家愛德華・羅倫茲（Edward Lorenz）因研究這種混沌系統而聞名，並創立了一門叫作混沌理論（chaos theory）的數學分支。他導入被稱為**「蝴蝶效應」**（butterfly effect）的比喻，來解釋混沌系統在初始狀態時，對微小的擾動或變化極度敏感的概念。他舉例說明這一概念指出，龍捲風的路徑可能會受到數週前一隻蝴蝶拍動翅膀的影響，將空氣顆粒送上一條與原本發展有小幅差異的路徑，然後隨著時間放大，最後導致龍捲風走向與原先不同的路徑。這個比喻已經在許多地方普遍提到，包括 1993 年的電影《侏羅紀公園》（*Jurassic Park*）中傑夫・高布倫（Jeff Goldblum）的角色就提過這個理論，而 2004 年艾希頓・庫奇（Ashton Kutcher）主演的電影就叫作《蝴蝶效應》（*The Butterfly Effect*）。

圖 4-13　蝴蝶效應

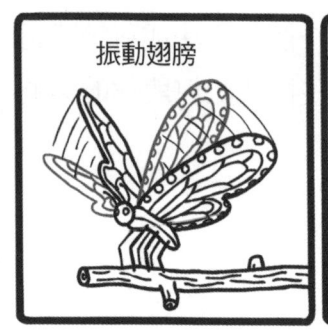

你被混沌系統包圍，這也是適應力對你的成功如此重要的一個關鍵原因。儘管提前計畫是個好主意，但你無法準確預測你將面臨的情況。沒有人計畫在年輕時失去配偶，或者在景氣低迷時從大學畢業。你必須不斷適應生活帶來的變化。

但與空氣粒子不同的是，你有自由意志，可以積極駕馭你的

世界。這表示你有潛力提高自己成功的可能性。你至少可以試圖善用這些混沌系統，將困境變成轉機。舉例來說，一些研究發現，在經濟蕭條時期創業的企業，實際上最後反而經營得更好，考夫曼基金會（Kauffman Foundation）於 2009 年在〈經濟前景剛剛發生〉（The Economic Future Just Happened）報告中總結發現，大多數《財富雜誌》（*Fortune*）前五百大企業，都是在經濟困難時期創立的。

我們相信你一定可以指出在你的經歷中，某個微小卻造成你生活極大影響的變化。這就是「假如」遊戲框架。假如你沒有參加那場讓你遇見未來配偶的活動，會如何呢？假如你搬進了另一間公寓，會如何呢？假如你認識不同的老師或人生導師，會如何呢？這就是蝴蝶效應在個人層面的展現。

一種更有系統地利用蝴蝶效應的方法，是使用企業家傑森·羅伯茲（Jason Roberts）創造的「幸運表面積」（luck surface area）超級模式。你可能還記得，根據幾何學定義物體的表面積，就是物體表面覆蓋的面積。同樣的道理，如果你撒一張大網，想捕魚也會容易得多，當你和更多人在不同的場合中互動，你的個人幸運表面積也會增大。

如果你想得到更大的幸運表面積，就要在如何與世界接觸這件事情上，更放鬆你的規則。舉例來說，你可能要讓自己置身於更陌生的環境中，與其將大部分時間花在家裡或辦公室裡，不如多參加社交活動或去上課。結果就是，你將透過認識更多人及找到更多機會，藉此創造自己的運氣。想想蝴蝶效應，你正在增加自己影響龍捲風的機會，好比形成一種新的夥伴關係，最後將展現出巨大又正面的結果。

你顯然必須對參加哪些活動多加判斷，否則你會不停徒勞奔波，卻沒有完成任何需要集中精力的工作，不過，拒絕所有事情也有負面後果，這將大幅減少你的幸運表面積。偶爾參加活動，接觸那些能幫助你實現目標的人；經常說不，讓自己有機會建立一些新的有意義關係。

　　你的幸運表面積與「熵」（entropy）的自然概念有關，熵測量系統中無秩序的數量。在一間乾淨的房間裡，每樣東西都有規則，襪子放在襪子抽屜裡，襯衫掛在衣架上，諸如此類，由於這些嚴格的規則，房間裡的每樣東西都沒有太多可能的組合配置。這種組合下的最大熵值就會很小。如果你放鬆這些規則，例如允許衣服放在地板上，那麼房間裡的所有東西，都會突然有了更多可能的組

圖 4-14　生活中適度的混亂能增加更多可能性

「清理違反了熵和自然秩序法則。」

合配置方案。可能的無秩序程度，也就是房間可能達到的最大熵值，就會明顯上升。

在這種情況下，增加你的幸運表面積就意謂著增加你個人熵的最大值，方法則是增加你可能面對的情況的數量。你的生活將會有點不井然有序，但適度的混亂可以是件好事。當然，正如我們迄今所見，太多的好事也可能是壞事。太多的熵就只是混沌。

我們稱我們的孩子為熵機器，因為他們能迅速製造混亂。他們不遵循物品在房間中的位置規則，因此他們房間中熵的極大值非常高。幾乎任何東西都可以放在任何地方，最後他們的房間就非常接近這個最大值，造成一片混亂。隨著熵增加，東西就越是隨機放置。如果讓它一直持續下去，最後就會形成一個均勻分布的系統，也就是一個完全隨機安排的系統，衣服和玩具隨處可見！

在像我們孩子房間那樣的封閉系統中，熵不會自動減少。俄國劇作家安東·契訶夫（Anton Chekhov）是這樣說的：「只有熵來得容易。」如果我們的孩子不努力打掃，房間就會變得越來越亂。在封閉系統中，熵隨著時間會自然增加，這被稱為**熱力學第二定律**（second law of thermo-dynamics）。熱力學是對熱能的研究。如果把我們的宇宙視為最大的封閉系統，這個定律將把我們的宇宙歸結為一個同質氣體的合理最後狀態，均勻分布在每個地方，這被稱為**宇宙的熱寂**（heat death of the universe）。

在更實際的層面上，第二定律提醒大家秩序需要保持，以免被無序慢慢地破壞掉。這種自然發展的根據是，大多數有秩序的現象並不是自然發生的。破碎的雞蛋不會自動修復；冰塊在沸水中將會融化，而且永遠不會再度變成冰；如果你將一幅拼圖拆開，並將拼圖碎片弄亂，它就不會奇蹟似地重新組合起來。

你必須不斷將能量放入系統，以保持它們必要的有秩序狀態。如果你從不花費精力整理你的工作空間，它只會變得更加混亂。人際關係也是如此。要維持與他人的信任度，你就要持續架構這個關係。

在第3章中，我們討論了如何主動組織你的時間，好明智地使用這個有限的資源，例如使用**艾森豪決策矩陣**。從熵的觀點來看，你的時間如果不加以管理，就會開始進入隨機且被動的活動。你會被拉進你周圍的混沌系統。相反地，你需要管理你的時間，讓它處於一個低熵值的狀態。當你能騰出時間進行重要活動時，你就更容易適應你周遭不斷變化的環境，因為你有能力在必要時，將時間分配給一項特定的重要活動。

不過，要有效應用艾森豪決策矩陣，你需要適當評估哪個是重要的活動，而哪個不是。考慮到蝴蝶效應，以及你必須與像經濟這樣的混沌系統互動等事實，做出這些決定可能頗有挑戰性。在決定如何與何時實現新的想法時尤其如此，因為任何意外的事件，都可能透露新的重要資訊。

要做出這些決定，你就必須設法理解和簡化像經濟這樣的混沌系統，好讓你成功駕馭它們。本書中提及的所有心智模式，都是為這個總目標而設的。你還可以開發自己的模式，例如自行創造類似艾森豪決策矩陣的「**二行二列矩陣**」（2×2 matrices）。圖4-15是我們特別設置幫助你確認活動的矩陣。

你可以使用這個二行二列矩陣，幫助你將事件分類為影響的高低，以及成本的高低，例如時間和金錢等。你希望參加高影響、低成本的活動，而忽略低影響、高成本的活動。另外兩個象限則有些微差別。如果有一個高影響卻高成本的活動，例如一個離你居住地

圖 4-15　你可以自由制定你的分析矩陣

	低成本活動	高成本活動
高影響活動	參加	可能參加
低影響活動	可能參加	忽略

方很遠的會議，那麼是否該去參加，就取決於活動的具體內容與你的具體情形而定，例如你有時間和金錢去參加嗎？同樣地，如果你樓下的大廳裡有一個低影響的活動，只需要占用你 1 小時的時間，那就可能值得參加，因為成本非常低。

這些二行二列矩陣借用了物理學中一個叫作**「極性」**（polarity）的概念，它描述了一個只有兩個可能值的特色。磁鐵有南北兩極。電荷可以是正電荷或者負電荷。

極性是有用的，因為它幫你將事物分為兩種狀態之一，好或壞、有用或無用、高效益或低效益等。當你把兩種分類組合時，你就得到一個二行二列矩陣。這些視覺圖表的功能非常強大，因為你可以將複雜的想法精鍊成一個簡單的圖表，並在過程中獲得洞察力。

雖然二行二列矩陣可能有啟發性，它們也可能造成誤導，因為大多數事物並不是直接落入二元分類甚至處於分立狀態。相反地，它們會在連續光譜上找到自己的位置。舉例來說，如果你正在考慮如何透過一系列可能的活動，賺取額外的錢財，你就不只是想知道能否在每項活動中賺到錢，而會想知道從每項活動中能夠賺取多少收入，以及賺取這些新的收入有多困難。中樂透與在地上撿錢，或者找份兼職工作之間差別很大。以視覺化方式呈現這種複雜度的一種簡單方法，就是在二行二列矩陣上繪製一個**散布圖**（scatter plot），讓它顯示你所分析事物的相對值。

圖 4-16　散布圖

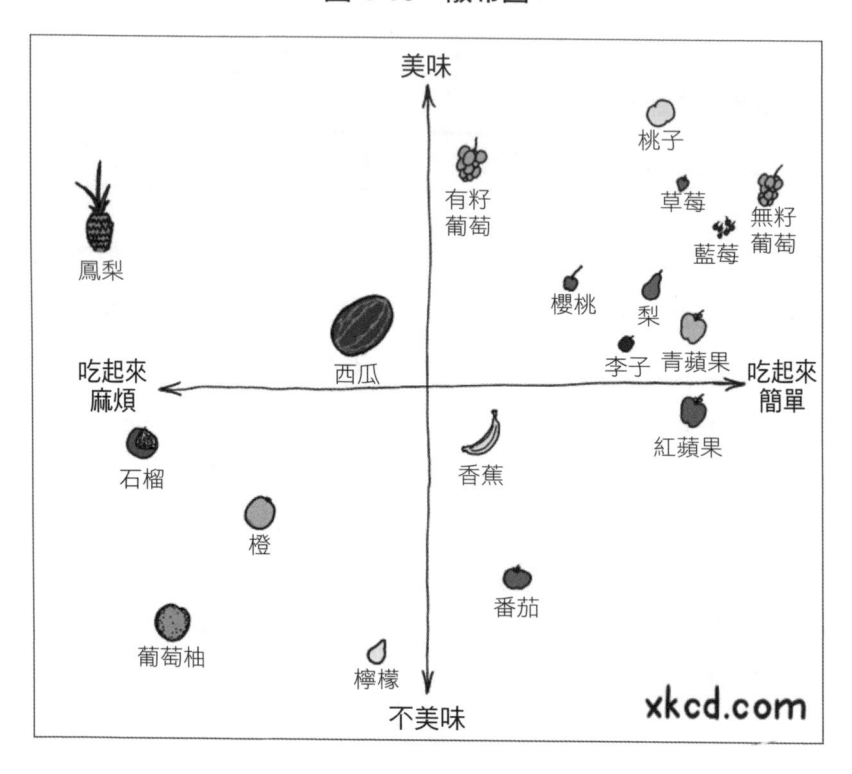

```
                        美味
                         ↑
                                    桃子
                        有籽
                        葡萄       草莓   無籽
                                         葡萄
                                    藍莓
          鳳梨                  櫻桃    梨
吃起來                                        吃起來
麻煩 ←─────────西瓜────────李子 青蘋果─→ 簡單
                                    紅蘋果
          石榴
                                香蕉
               橙
                                    番茄
          葡萄柚
                    檸檬
                                        xkcd.com
                         ↓
                        不美味
```

　　雖然極性可以很有用，但在進行比較時，你必須小心避免「**非黑即白謬論**」（**black-and-white fallacy**），也就是認為事物恰好就只分為兩組，但事實上並非如此。做決定時，你通常會有兩個以上的選項。事情不全是黑或白的。實際上，<u>每當你面對只有兩個選項的決定時，要試著想出更多選項</u>。

　　人們容易受到非黑即白謬論的影響，因為人們有一種自然傾向，會創造出**我們與他們對立**的框架，認為唯一的兩個選項，就是對自己有利，但以「其他人」的利益為代價，或者反之。這種傾向的出現，是因為你經常把認同感和自尊，與群體成員連結在一起，

從而產生**「群體內的偏袒」**（in-group favoritism），以及反之產生**「群體外的偏見」**（out-group bias）。社會心理學家亨利・泰弗爾（Henri Tajfel）和約翰・透納（John Turner）在這一領域進行了研究，並於 2013 年在《政治心理學》（*Political Psychology*）期刊上發表名為〈群體間行為的社會認同理論〉（The Social Identity Theory of Intergroup Behavior）的文章，後來獲得許多專家支持。它顯示即使是最微小的連結，就算是用拋擲硬幣來做決定的隨機連結，人們也會偏袒自己的「群體」。

在實驗室之外，這種偏袒團體成員的傾向，經常會形成錯誤的信念，認為交易是**「零和」**（zero-sum）的，也就是如果你的群體得到了什麼，另一個群體就一定要失去什麼，而收益和損失之總和為零。然而，大多數的情況，包括大部分的談判，都不是零和結果。相反地，大多數都有潛力造成**「雙贏」**（win-win）的局面，雙方最後都能變得更好，甚至**雙贏**。這怎麼辦得到？因為大部分談判不僅包括一個內容，例如價格，也會涉及諸多內容，例如品質、尊重、時機、控制、風險等項目。

換言之，一場談判通常有好幾個層面，每一方都會對這些層面有不同的評估價值。這就開啟了**取捨**（give-and-take）的可能性，你可以**捨棄**你認為價值較低的東西，以**取得**對你而言價值較高的東西。因此，談判雙方最後就可能比談判之前更好，因為都得到他們更想要的，而給了他們自己不要的東西。

事實上，這種取捨就是大多數經濟交易的基礎！否則，如果沒有錯誤資訊、誤解或脅迫，人們就不會進行這些交易。零和是例外，不是常規。

非黑即白和零和思維沒有提供足夠的可能選項，只提供了兩

個。體認到有更多的選項和層次，在許多情況下都是讓人渴望的，例如商業交易場合。你考慮的交易條件越多，這些條件就越有可能達成完善的安排。如果處理得當，這可以為雙方找到雙贏局面而提高成功交易的可能性。

不過，這也可能讓你走得過頭了。舉例來說，在一場複雜的商務談判中，你不能逐字討論合約，否則談判將一直持續下去，而你將無法完成交易。你必須深思熟慮地選擇，哪些用語值得討論，哪些不值得。

普遍來說，當你與你的環境互動時，你必須持續嘗試在秩序和混沌之間找到正確的平衡。如果你讓混沌主導你，就無法取得進展。可是如果你太講求秩序，你將無法適應不斷變化的情境，也就沒有足夠的幸運表面積，來增加你成功的機會。

你該努力置身於秩序和混沌的中間，在那裡刻意提高個人的熵值，讓自己擁有許多機會，你也要夠靈活與彈性，才能對新出現的條件和典範做出反應。

如果你研究成功人士的傳記，就會注意到一個模式，幸運在成功例子中有重要作用。然而，如果你看得更深入就會發現，大多數成功者也有一個廣闊的幸運表面積。他們在正確的時間出現在正確的地點，且他們都努力走到了那個正確的地點。即使不是那個特定的地點和時間，可能還會有另一個。也許那不會造成同樣程度的成功，但他們可能仍然得以成功。

還有另一個模式，許多最有影響力的人物，例如比爾・蓋茲（Bill Gates）與馬丁・路德・金恩（Martin Luther King Jr.）等人，都是透過前文描述的臨界質量模式，而站在採用席捲社會的重要思想或科技的中心位置。在某些情況中，他們創造了新的想法或

圖 4-17　大多數的談判其實都有可能產生雙贏

哪一個「贏」是我們的？
因為左邊的看起來好像比較大？

科技，但在更多情況下，他們就是將這些思想或科技帶入主流的人。他們透過技術採用生命週期在社會中導入思想和科技，而創造了動量與最後生成的慣性。

　　隨著對這些模式的深入理解，你應該能更容易適應將在你生命中發生的重大變化。你也應該能夠早期發現它們並參與其中，就像你掌握到一波浪潮，並讓它帶著你安全滑上岸。擁有這樣的適應能力，在好與壞的時候，都能幫助你。由積極面來看，你可以為自己的生活和事業做出更好的決定，由消極面來看，當遭遇挫折和不幸事件時，你可以更有恢復力，甚至可以限制它們的負面影響。

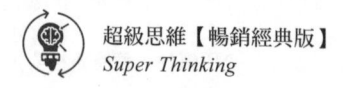

本章重點

- 採取**實驗思維**，尋找機會進行實驗，並盡可能應用**科學方法**。
- 尊重**慣性**，創造或加入健康的**飛輪**，避免**策略障礙**與嘗試在高慣性情形下進行改變，除非你具有戰術優勢，例如發現**催化劑**與大量的潛在能量。
- 進行改變時，請深入思考該如何達到**臨界質量**，以及該如何引導**技術採用生命週期**。
- 使用**強迫功能**為改變的巨輪潤滑。
- 積極開拓你的**幸運表面積**，投入必要的工作，防止自己被熵吞噬。
- 面對著看似**零和**或**非黑即白**的局面時，尋找更多選項，最後達成**雙贏**。

第 5 章
從龐大數據中，正確判讀

統計資料與數據於現今社會扮演著重要的分析角色，我們常會透過數據來做出判斷，但要如何有效利用數據，並且避免落入偏誤之中，我們可以運用以下心智模式：

- 軼事證據
- 相關不表示因果關係
- 干擾因子
- 假設
- 德州神槍手謬誤
- 移動目標
- 隨機對照實驗
- A／B測試
- 觀察者期望偏誤
- 安慰劑效應
- 代理端點
- 選擇偏差
- 無回應偏差
- 反應偏差
- 大數法則

- 賭徒謬誤
- 群集錯覺
- 平均數迴歸
- 平均數
- 中位數
- 眾數
- 變異數
- 標準差
- 常態分配
- 機率分配
- 中央極限定理
- 信賴區間
- 誤差槓
- 條件機率
- 基本率謬誤

- 貝氏定理
- 頻率學派
- 貝氏學派
- 偽陽性
- 偽陰性
- 檢定力
- 虛無假設
- 統計顯著性
- 機率值
- 複製危機
- 資料挖掘
- 出版偏差
- 系統性回顧
- 整合分析

現今大部分的行業中，資料、數字和統計資料占了相當重要的角色，已不僅局限在工程和科學領域。越來越多的各類組織，都在做著根據資料判斷的決策。每個領域都有人在研究如何將這種決策做得更好。以 K-12 教育＊為例，教導兒童閱讀最有效的方法是什麼？學生應該帶多少家庭作業回家？學校每天應該幾點開始上課？

日常生活中也有越來越多這樣的趨勢，什麼是最好的飲食組合？多少運動量才足夠？這輛車和那輛相比有多安全？

可惜的是，這類問題往往沒有直接答案。更精確地說，幾乎每個議題都有相互衝突的資訊，營養、醫學和政府政策，例如環保法規與醫療保健等，這份清單還能持續增加下去。

無論任何議題，你都能找到正反方人士，拿著「數據」來支持他們的立場。這讓許多人覺得，資料可能太容易被操弄，可以拿來支持任何人的立場。即使人們不想故意誤導你，研究結果也經常被意外曲解，或者研究本身都可能遇到設計缺陷的問題。

然而，並不是要把所有的統計資料，或根據資料判斷的證據，都一律斥為胡說八道，讓你只能根據意見和猜測來做基準。甚至，你必須使用心智模式以深入了解一個議題，包括它的基礎研究，讓你能決定哪些資訊是可信的。

你也可以利用生活和工作中的資料，來獲得新的見解。基於真實模式的見解，例如從市場趨勢、客戶行為和自然事件中發現的見解，可以構成大公司和科學突破的基礎。它們還能提供日常生活的洞察力。

舉個例子，我們來看看新手爸媽。幸運的父母會有個容易入

＊ 指美加的義務教育制度，從幼稚園至高中十二年級。

圖 5-1　人們會嘗試任何可能有效的方法

我試著把寶寶放下並
讓他維持沉睡時的感受。

睡，而且一個月大時就能安睡整晚的孩子。但其餘的父母就要聽取所有的建議，用搖動嬰兒床、抱著他們、讓他們哭出來、別讓他們哭出來、跟他們一起睡、改變寶寶的飲食、改變媽媽的飲食，諸如此類的意見。

我們的大兒子完全不想被放下來，但我們的小兒科醫師仍然建議我們，當他昏昏欲睡但仍清醒的時候就把他放下。但他一被放下就會放聲尖叫。如果他沒有熟睡，他就會清醒起來並開始大哭。帶他的最初幾晚，真的很折磨人，我們得輪流保持清醒，在他睡覺的時候抱著他，而他每晚獨自睡覺的時間，可能只有一個小時。

我們得找出別的方法。在最初幾週裡，透過實驗和自行蒐集資料（見第 4 章中的**科學方法**），我們發現我們的兒子喜歡被緊緊地包在襁褓裡，並且會在電動搖床中入睡，而且最好是在搖晃程度最大的設定下。當他長大到不需要襁褓後，我們擔心他又會變得難

以入睡，幸運的是，他很快就適應了，在他一歲後就可以被放在床上，並安睡整晚。

當我們有了第二個兒子時，我們自認是嬰兒護理達人。畢竟我們擁有魔術嬰兒搖床，這讓我們以為已經準備好了。然後，根據**莫非定律**（見第 2 章），第二個寶寶就是討厭嬰兒搖床。我們把所有的建議又走了一遍，幾天後，我們試著在他昏昏欲睡但還醒著的時候，把他放在床裡（完全按照小兒科醫師最初的建議）。他就自己睡著了！

就像嬰兒和他們的睡眠步驟一樣，生活的許多方面都有先天的變異性，無法準確預測。今天會下雨嗎？你該把退休金投資在哪些基金上？你的夢幻足球隊該招募的最佳球員是誰？

儘管存在這種不確定性，你仍然需要做出很多選擇，從決定你的健康狀況，到決定該把票投給誰，以及在工作上承擔新項目的風險。本章旨在幫助你思考如何在決策過程中，克服這些不確定性。你該聽取哪些建議？為什麼？

機率和統計學是數學的分支，它們為我們提供了這些任務最有用的心智模式。正如法國數學家皮葉－賽門・拉普拉斯（Pierre-Simon Laplace）在 1812 年出版的《機率分析理論》（*Théorie Analytique des probabilityés*）書中所寫的：「生活中最重要的問題，大部分確實只是機率問題。」

我們將從機率和統計學的領域，討論有用的心智模式，以及該避免的常見陷阱。雖然機率的許多基本概念相當直觀，但**直覺**經常會讓你感到失望，正如我們在本書中經常提及的。

是的，這意謂著本章的部分內容將涉及數學。不過，我們相信你需要了解這些概念，才能了解你每天都會見到的統計資料，甚至

開始自行製作。我們會試著只談真正需要理解的細節。而且一如往常，我們提供了許多例子，幫助你掌握這些概念。

缺乏科學論證的資訊，會造成判斷偏誤

利用過去的經驗和觀察結果，來導出決策是人類的天性，從進化角度來說，這是有道理的。如果你看到有人在吃了某種食物後生病，或者做出某種行為而受傷，那麼你自然就認為不該模仿這種行為。可惜的是，這條捷徑並不是總能帶出好的思考。例如：

- 今年我們遇到了一場暴風雪，全球暖化不過就是個傳說。
- 我祖父每天抽一包菸，還活到八十多歲，所以我不相信吸菸會致癌。
- 我聽到好幾則關於兒童受到傷害的新聞報導。如今孩子要面對的危險太多了。
- 我接種流感疫苗後流鼻涕又咳嗽，我認為是疫苗造成的。

這些都是使用「**軼事證據**」（anecdotal evidence），而得出錯誤結論的例子，這些**證據**都是從個人**軼事**中，以非正式管道蒐集來的。當你採用軼事證據做出通用結論，或將之視為比科學證據更重要時，你就會遇到麻煩。可惜的是，正如懷疑論者協會（Skeptics Society）創始人邁克·謝爾默（Michael Shermer）在2011年出版的《信任的大腦》（*The Believing Brain*）一書中所指出的：「相信奇聞軼事的思考模式與生俱來，科學則需要後天

訓練。」

圖 5-2　軼事證據

「喔，你有軼事證據嗎？這可徹底打敗我知道的事實、研究跟統計結果了。」

軼事證據的一個問題是，它往往不能代表全面的經驗。人們更傾向於分享不尋常的故事。舉例來說，當人們發生糟糕或精采的經歷時，就更有可能寫一篇評論。結果從一樁軼事中得到的唯一收穫，就是這件事發生過。

如果你聽到一則關於某人吸菸，但並沒有罹患肺癌的軼事，這只能證明你如果吸菸，並不保證一定會罹患肺癌。然而，如果只根據這件軼事，你無法得出一般吸菸者可能罹癌的機率，或者吸菸者相較於不吸菸者，罹癌的相對可能性。如果每個曾經吸菸的人都得了肺癌，而每個沒有吸菸的人都沒有罹患肺癌，這個資料將更有說服力。可惜的是，現實世界很少如此簡單。

你可能聽說過人們在接種流感疫苗時期，恰巧出現了感冒和流感症狀，於是將疾病歸咎於疫苗的軼事。只因為兩件事連續發

生，或者**相關**，並不代表第一個事件實際上**導致**了第二個事件。統計學家表達這種謬誤的說法就是，「**相關不表示因果關係**」（correlation does not imply causation）。

圖 5-3　相關不表示因果關係

xkcd.com

當這種謬誤出現時，大家經常忽略的是第三個可能不明顯的「**干擾因子**」（confounding factor），它影響了假設的原因和觀察到的結果，從而**混淆**了導出正確結論的能力。在流感疫苗這個例子中，感冒和流感季節，就是讓人混淆的因素。人們通常在一年中更容易生病的時候接種流感疫苗，不論他們是否接種過疫苗。人們接種後所經歷的症狀，非常可能來自普通感冒，但流感疫苗並不能預防這種感冒。

在其他情況下，相關性可能只是隨機發生。如今想測試各種資訊的相關性，要比以往來得更容易，因此許多不實的相關性必然會被發現。事實上，有一個叫作**假性相關**（Spurious Correlations）的搞笑網站，後續還出版了同名書籍，裡面就充斥著這些愚蠢的結果。圖 5-4 顯示了一個這樣的相關性，關於吃起司的數量與被床單

纏死之間的關係。

圖 5-4　被床單纏住而死亡的人數與吃起司的數量，
呈現相關不表示因果關係

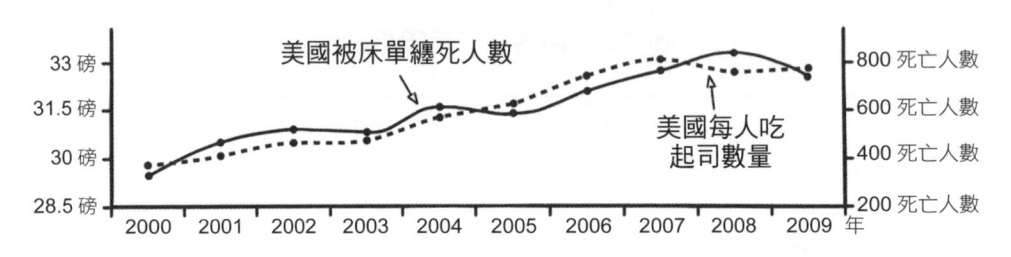

蘿倫還在念高中的時候，有一次她覺得自己好像要感冒了，她父親告訴她要多喝水就會好轉。那天她接連喝了半箱的思樂寶（Snapple）覆盆子果汁，令人驚訝的是，第二天她真的感覺好多了！所以思樂寶果汁就是治療普通感冒的奇蹟飲料嗎？當然不是。她可能只是在身體自然的療癒能力之外，碰巧又喝了許多思樂寶覆盆子口味果汁，於是經歷了一次巧合的康復經驗。

又或者她根本就沒生病，也許她只是偶然度過了糟糕的一天，接著又過了比較正常的一天而已。許多提供順勢療法的廠商，在產品廣告中也會包含巧合恢復的軼事報導。他們沒有提到的是，如果沒有這些「治療」，將會發生什麼事。畢竟，即使你生病了，你的症狀也會每天不同，你應該要求更可信的資料，例如完整的科學實驗，然後才相信產品的醫療聲明。

如果你打算以實驗為基礎，蒐集或評估科學證據，那麼第一步就是定義或理解它的**「假設」**（hypothesis），也就是對所研究的效果提出的解釋，例如喝思樂寶飲料，可以縮短一般感冒的持續時間。預先定義一個假設，能幫助你避免**「德州神槍手謬誤」**

（Texas sharpshooter fallacy）。這個模式是因一個笑話而得名的，笑話內容是有一個人發現一個穀倉側面畫著槍靶，每個槍靶中央都有彈孔。他對射擊者的精準度感到驚訝，結果卻發現這是在射擊之後，才在彈孔周圍畫上槍靶的。一個類似的概念是**「移動目標」**（moving target），也就是在看到實驗結果後，再更動實驗的目標，以支持想要的結果。

有一種可以考慮實施的方法，在實驗設計中經常稱為黃金標準，那就是**「隨機對照實驗」**（randomized controlled experiment），參與實驗者被隨機分為兩組，然後把接受治療的**實驗組**的結果，與不接受治療的對照組結果進行比較。這種設定不僅限於醫學，還可以用在廣告和產品開發等領域。我們將在本章稍後詳細介紹一個例子。

這個實驗設計的一個很受歡迎的版本，就是**「A/B 測試」**（A/B testing），將網站或產品的 A 版本，也就是實驗組，與 B 版本，也就是控制組的使用者行為進行比較，而兩組之間可能在網頁流量、用字、影像與顏色等方面有所不同。這種實驗必須精心設計，以隔離出你正要研究的那一個因素。達成這個目的最簡單的方法，就是在兩組之間只改變一件事。

在理想狀況下，連實驗本身也該是盲測的，這樣參與者就不知道他們屬於哪個組，從而防止他們有意識與無意識的偏見，而影響了實驗結果。經典的例子就是盲測的口味測試，它確保大眾的品牌偏好度，不會影響他們的選擇。

盲測這個觀念再更進一步，就連管理實驗或分析實驗的人，也不會知道參與者屬於哪一組。這種額外的盲測方式有助於減少**「觀察者期望偏誤」**（observer-expectancy bias），或稱為**「實驗者偏**

誤」（experimenter bias），所產生的影響，這個偏誤認為研究者或**觀察者**的認知**偏誤**，可能導致他們按照自己預期的方向，去影響實驗結果。

可惜的是，實驗者進行盲測，並不能完全防止觀察者期望偏誤，因為研究者仍然可以在準備和分析研究時，對結果產生偏誤影響，例如挑選部分背景進行了解、根據先入為主的概念選擇假設，以及篩選後報告實驗結果等。

在醫學上，研究人員不遺餘力想達到恰當的盲測效果。在2014年，《英國醫學期刊》（*British Medical Journal, BMJ*）發表了由卡蘿萊娜·華托羅斯卡（Karolina Wartolowska）等人針對53項研究所進行的一篇評論，該研究將實際進行的手術與「假」手術進行比較：置入一個示波器，其他什麼也沒有做，但患者仍然施打了鎮靜劑或全身麻醉，因此無法辨別他們是否實際接受了手術。

這些假手術就是**安慰劑**（placebo）的一個例子，這是對照組的受測者所接受的東西，看起來和感覺上都和實驗組的受測者所接受的相同，但實際上應該沒有效果。有趣的是，僅僅是接受一個你預期會產生正面效果的行為，實際上真的就能產生正面效果，這就稱為「**安慰劑效應**」（placebo effect）。

雖然安慰劑在某些方面幾乎沒有效果，例如治療骨折，但卻可以為許多疾病帶來觀察得出來的益處。《英國醫學期刊》的評論指出，在74％的實驗中，接受假手術的患者症狀確實有所改善，而在51％的實驗中，他們改善的程度，與接受實際手術的患者差不多。

在某些情況下，甚至有證據顯示，安慰劑效應並非純屬虛構。舉例來說，安慰劑「止痛藥」可以產生與真實止痛藥物一致的大腦

活動。對所有的父母而言，這也是為什麼「親親傷口」就能讓小孩感覺變好了。類似的道理，對副作用的預期也會導致真正的負面影響，哪怕是假的治療也一樣會引發，這個現象也被稱為**反安慰劑效應**（nocebo effect）。

設計一個可靠實驗最困難的一件事情，就是定義它的**端點**（endpoint），也就是用來評估假設論點的量度。在理想情況下，端點是一個客觀的量度，可以很容易測量和前後一致的解釋。客觀量度的例子，包括某人是否購買了特定產品、是否還活著，或者點擊了某個網站上的特定按鈕。

然而，當研究者感興趣的研究概念不能被清晰觀察或測量時，他們必須使用一個**「代理端點」**（proxy endpoint），也稱為**替代端點**（surrogate endpoint）或**指標**（marker），如果他們有可以測量的端點，這個測量值預期會與這個端點密切相關。代理本質上是指某樣東西的替代品。這種心智模式的其他用途包括代理投票，例如不在籍投票；以及代理戰爭，例如之前葉門和敘利亞間的衝突，就是伊朗和沙烏地阿拉伯之間的代理戰爭。

雖然沒有一個客觀衡量大學品質的標準，但《美國新聞與世界報導》（*U.S. News and World Report*）每年都試圖用一個代理量度對各大學進行排名，這個量度是一種客觀測量數據的組合結果，例如畢業率和錄取資料；以及更主觀的測量資料，例如學術聲譽等的組合。其他常見的代理量度，包括用於量測肥胖值的身體質量指數（body mass index, BMI）和用於量測智力的智商。代理量度更容易受到批評，因為它們是間接的測量方式，前述所舉的三個例子，都受到了嚴厲的批評。

我們來舉例說明，為何這些批評可能是正當的。以可能導致

猝死的心律不整為例，抗心律不整藥物已經開發出來，可以預防心律不整，所以看來很明顯，這些藥物被預期可以防止服用的患者猝死。但服用這些藥物實際上卻導致無症狀的心律不整病患，在心臟病發作後的死亡機會明顯增加。對於這些患者來說，治療後心律不整的比率降低，並不意謂著生存率的改善，因此這並不是一個好的代理量度。

圖 5-5　不客觀的測量論點，將會導出錯誤的結論

不過，儘管在執行運作良好的實驗時，仍然會出現複雜的情況，但蒐集真實的科學證據，還是遠勝過蒐集軼事證據，因為你可以得出可信的結論。你必須留意不實的相關性和微妙的偏見，我們在接下來會做更多說明，但最後你會得到能真正促進你思考的結果。

許多偏差，可能從一開始就出現了

　　前文提到了在檢視或主導實驗時需要注意的一些事情，例如觀察者期望偏誤和干擾因子。還有一些微妙的概念需要謹慎處理。

　　首先，有時候將人隨機分配到不同的實驗組中，是不道德或不實際的。舉例來說，如果研究人員想研究吸菸對懷孕的影響，那麼讓不吸菸的孕婦開始吸菸是不對的。因此，參與研究的吸菸者，將是那些選擇繼續吸菸的人，這會引發一種稱為**「選擇偏差」**（selection bias）的偏誤。

　　有選擇偏差時，就無法保證這項研究已經將吸菸區隔成實驗的唯一差別。所以如果研究最後發現差異，就難以判斷吸菸對這個差異的影響有多大。例如，在懷孕期間違背醫生的建議，選擇繼續吸菸的婦女也可能做出其他醫學上有問題的選擇，而這可能會導致不良的後果。

　　當選擇的樣本不足以代表更廣泛的母數群體時，也可能出現選擇偏差，例如線上評論。如果研究的群體不具有代表性，結果可能完全不適用。

　　從根本上而言，在根據非隨機實驗結果推斷結論時，你一定要非常小心。圖 5-6 這則《呆伯特》（Dilbert）漫畫，諷刺了許多新聞報導的研究中，存在的固有選擇偏差。

　　一個類似的選擇偏差，也發生在父母選擇孩子就讀的學校上。我們可以理解家長希望助孩子一臂之力，所以經常會搬家或花錢，送孩子去就讀「更好的學校」。然而，學校之所以更好，是因為有更好的師資，還是因為家長的經濟狀況和對教育的興趣，而讓學生準備得更好？選擇偏差很可能解釋了這些學校考試成績和大學入學

圖 5-6　當選擇的樣本不具代表性時，就會發生選擇偏差

率較高的大部分原因。

調查中常見的另一種選擇偏誤是**「無回應偏差」**（nonresponse bias），當一部分的人在被選為實驗對象後，卻沒有參與實驗，例如沒有對問卷調查做出回應，就會出現這種偏差。如果不回應的原因，與調查的主題有關，那麼結果將有失偏頗。

舉個例子，假設你的公司想了解員工激勵制度是否存在問題。像許多公司一樣，你可以選擇透過員工參與的調查，來研究這個可能存在的問題。由於預排休假而錯過調查的員工是隨機的，不太可能造成偏誤，但由於冷漠而沒有填寫問卷的員工則是非隨機的，可能會對結果造成偏誤。這是因為後者這個群體是由不在意的員工所組成，但由於沒有參與調查，他們與工作的脫離感也不會被掌握到。

像這樣的調查通常也無法取得離職員工的意見，這可能讓結果產生另一種偏差，稱為**「倖存者偏差」**（survivorship bias）。不快樂的員工可能選擇離開公司，但當你只調查現任員工時，就無法得到他們的意見。因此，僅根據倖存者來進行調查時，結果將會產生偏差的。

這些偏差是否會讓這種調查方法失效？不見得。幾乎每一種方法都有缺點，而各種形式的偏差經常是無法避免的。你該注意研究中的所有潛在議題，並在推敲結論時加以考慮。例如，在了解在職員工的倖存者偏差後，你可以檢視離職面談的資料，看看離職員工是否提到激勵問題。你甚至可以試著請他們接受問卷調查。

還有其他幾個例子，可以進一步說明倖存者偏差有多微妙。在二戰時，海軍研究人員對從任務中返回的受損飛機進行了研究，以便了解如何在未來任務中對加強飛機防禦。在觀察這些飛機被擊中的地點後，他們得出結論，認為機身受到最大傷害的區域，應該安裝額外的裝甲。

圖 5-7　只調查倖存的飛機，無法找出真正該加強防禦的地方

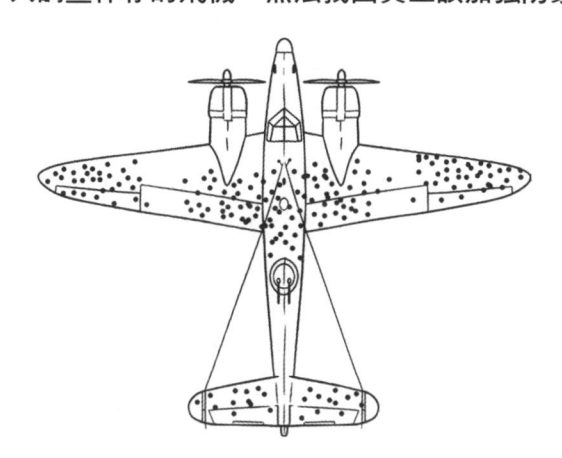

然而，統計學家亞伯拉罕・沃爾德（Abraham Wald）卻指出，這項研究只對在任務中倖存的飛機進行了抽樣調查，並沒有對許多被擊落的飛機進行調查。因此，他推論出相反的結論，而他的看法結果是正確的，那就是機身有洞的區域，代表了飛機即使被擊

中,但仍然可以安全返回的區域,而沒有洞的區域,反而是萬一被擊中,就會導致飛機墜落的區域。

跟前述的例子相似,如果你看見比爾・蓋茲和馬克・祖克柏(Mark Zuckerberg)這樣的高科技公司執行長,你可能會得出一個結論,就是輟學追求夢想是個好主意。然而,你只想到那些「倖存下來」的人。你錯過了所有輟學卻未能登上頂峰的人。建築物也展示了一個更平常的例子,老建築通常看來比現代建築更漂亮。可是這些建築已經熬過歲月的考驗,在它們的年代,有大量醜陋的建築已經被拆毀。

當你帶著批判心態去評估一項研究,或自己進行一項研究時,你需要捫心自問,樣本人群中還遺漏了誰?有沒有什麼因素,可能使得這個樣本數,相對於基礎總體而言是非隨機的?舉例來說,如果你想擴大公司的客群,你就不該只對現有客戶進行抽樣調查,因為這個抽樣結果,並沒有包括更多的潛在客戶群。潛在客戶群的行為,可能與你既有客戶群的行為差異甚大,就像第 4 章中描述的早期使用者與早期大眾的差異情況一樣。

還有一種可能會無意中引入的偏差,就是**「反應偏差」(response bias)**。當某些類型的受訪者沒有回應時,我們談到了無回應偏差,而在有回應的受訪者中,各種認知**偏差**都可能導致他們偏離準確或真實的**反應**。舉例來說,在員工參與度調查中,人們可能會出於疏忽或其他原因而說謊,因為他們擔心事後遭到報復。

一般而言,調查結果可能被反應偏差以許多方式影響,包括下列這幾項:

圖 5-8　反應偏差

「我正在做調查。你是比較喜歡被低吼威脅，還是喜歡被大吼？」

- 問題的措辭，例如引導性或既定觀點問題
- 問題的順序，前導的問題可能影響後面的問題
- 受訪者記憶力差或不準確
- 難以用數字來表達情感，例如從一到十來分級
- 被調查者只報告讓自己看起來良好的事情

　　試著將所有這些微妙的偏差納入考慮，這些偏差包括選擇偏差、無回應偏差、反應偏差與倖存者偏差等，因為在你這麼做了之後，你就更能確信你得出的結論。

要特別小心小數法則,不要片面下定論

當你解讀資訊時,你應該注意一個會引起各種麻煩的基本錯誤,那就是過分誇大一個小樣本造成的結果。即使在一個執行完善的實驗中,例如政治民調,你也無法期待根據一個小樣本,就能得到一個好的推估結果。這種謬誤有時被稱為**小數法則**(law of small numbers),本節將對它進行更詳細的探討。這個名字源於一個有效的統計概念,叫作「**大數法則**」(law of large numbers),它指出樣本**越大**,平均結果就會越接近真實的平均值。

圖 5-9 就顯示了這一點。每一條線代表不同的連續拋硬幣序列,並顯示每個序列出現正面的百分比,從第一次拋硬幣至第五百次的變化。請注意這些曲線在開始時,或許偏離 50% 的標記甚遠,但隨著拋硬幣次數的增加,曲線值就會越來越接近 50%。但即使拋擲到 500 次,有些數值仍然與 50% 有相當大的距離。

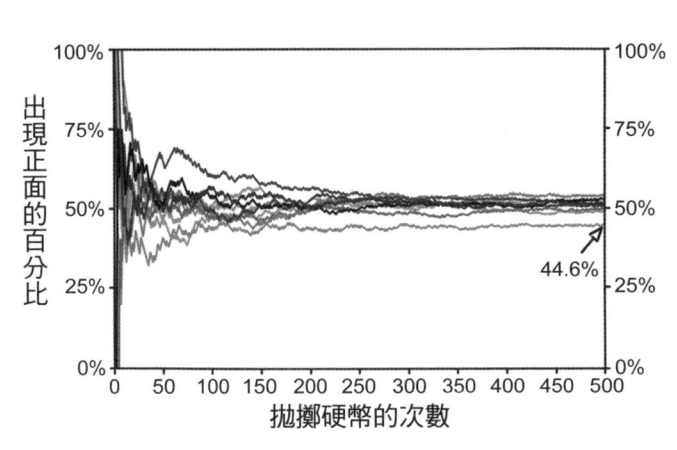

圖 5-9　當樣本數越大,就會越接近真實的平均值

實驗結果趨於一致的速度，要視當時情況而定。我們將在稍後說明，你如何知道你有足夠大的樣本。但現在我們要專注在如果你的樣本太小，會出現什麼問題。

我們首先來看看**「賭徒謬誤」**（gambler's fallacy），這是以輪盤玩家而得名，他們認為，輪盤連續出現紅色或黑色時，下次轉的結果將會停止出現同樣顏色。假設你連續看到輪盤轉出 10 次黑色，那些賭徒謬誤的受害者，就會期待下一次輪盤轉動時會有較高機率出現紅色。但事實上，每次輪盤轉動結果的潛在概率，並沒有改變。如果要讓賭徒謬誤成真，輪盤中就必須有某種糾正力量，讓結果更接近兩色平均出現。但事實並不是如此。

有時候這也稱為**「蒙地卡羅謬誤」**（Monte Carlo fallacy），因為在 1913 年 8 月 18 日，蒙地卡羅一間賭場的輪盤，曾經出現幾乎不可能的事：連續開出 26 次黑色數字紀錄！在任何 26 次輪盤擲球序列中，發生這種情況的機率只有一億三千七百萬分之一。不過，所有連續擲球 26 次的序列結果，都同樣罕見，只是沒有這麼讓人印象深刻而已。

賭徒謬誤適用於任何有一系列決策的地方，包括法官、貸款人員，甚至棒球裁判的決定。芝加哥大學（University of Chicago）針對從 1985 年至 2013 年難民庇護申請案件做了一份評估報告，發表在《經濟學季刊》（*Quarterly Journal of Economics*）上，名為〈賭徒謬誤下的決策：難民庇護案法官、貸款人員和棒球裁判的證據〉（Decision-Making Under the Gambler's Fallacy: Evidence from Asylum Judges, Loan Officers, and Baseball Umpires），這份報告指出，如果法官先前核准了兩個案例，那麼他們核准下一件申請案的可能性將變得較小。這也解釋了當你還是學生，在選擇題連續 4

次選擇了答案 B 時，可能會產生的不安感。

隨機資料通常會包含連續出現（streaks）和群集出現（clusters）現象。當你發現，在 20 次拋擲硬幣的序列結果中，連續出現四次正面的機率會有 50%，是否感到驚訝？像這種相同資料連續出現的狀況，經常被錯誤解釋為非隨機行為的證據，這種直覺的失敗被稱為**「群集錯覺」**（clustering illusion）。

看看圖 5-10 這兩張圖片。哪個是隨機生成的？

這些圖片是來自心理學家史迪芬・平克（Steven Pinker）所著的《人性中的良善天使》（The Better Angels of Our Nature）一書。左邊那張看來明顯有群集狀態的圖片，實際上是真正的隨機圖片。右邊那張直覺看來隨機的圖片反而不是，它描繪了紐西蘭威托莫溶洞，洞穴上方螢火蟲所處的位置。這些螢火蟲在爭奪食物時，故意分散開來。

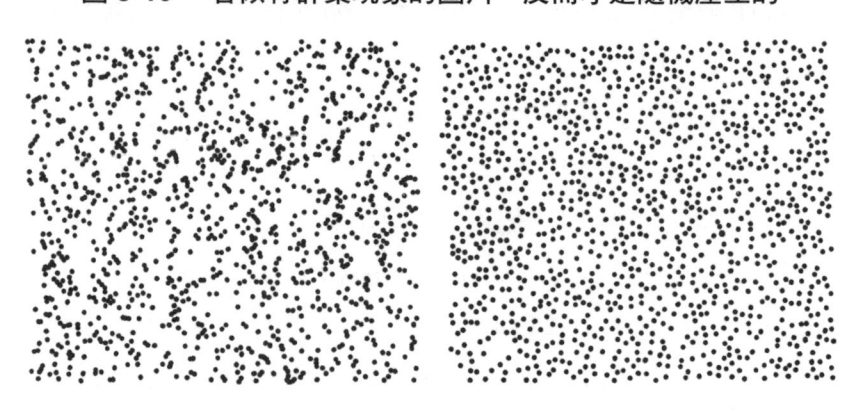

圖 5-10 看似有群集現象的圖片，反而才是隨機產生的

在二戰時，倫敦居民試圖找出德國轟炸他們都市的模式。有些人認為某些地區被鎖定成為目標，而其他地區則倖免於難，最後導

致一個陰謀論，就是在倫敦某些同情德國人的地區，並沒有受到炸彈攻擊。然而，統計分析顯示，沒有證據支持轟炸事件是非隨機的說法。

<u>不必然和不可能，兩者不該混為一談。</u>如果機會足夠，即使罕見的事件也會發生。有些人確實會中樂透，而有些人也確實會被閃電擊中。在一個擁有 80 億人口的星球上，百萬分之一機率的事件仍然會經常發生。

在美國，公共衛生官員每年受理調查一千多件疑似集體罹患癌症的案例。儘管歷史上確實有因暴露於工業毒素而引發的集體罹癌事件，但絕大多數這些通報案例，都是偶發的單獨事件，美國有超過四十萬間企業擁有 50 名以上的員工，對少數人罹患相同的重大疾病來說，機會是相當大的。

了解賭徒謬誤後，你不該總是期待，短期結果能符合長期期望。反之亦然，你也不應該把長期期望建立在小規模的短期結果上。

你可能知道**二年級症候群**（sophomore slump）這個片語，它描述的狀況是例如當一個樂團的首張專輯獲得好評，但第二張專輯卻沒有這麼受歡迎，或者當一個棒球員擁有了表現優異的新秀賽季，但他第二年的平均打點卻沒有這麼讓人印象深刻。在這些情況下，你可能會認為，這一定有某種心理學上的解釋，比如在成功的壓力下崩潰。但在大多數情況下，真正的原因純粹只是數學上的，可以透過一個叫作「**平均數迴歸**」（regression to the mean）的模式來解釋。

平均數（mean）就是平均值（average）的另一個說法，平均數迴歸解釋了為什麼極端事件之後，通常會出現較為典型的現

象,也就是迴歸到更接近預期的平均數。舉例來說,大家不會預期一個打破紀錄的跑者,在下一場比賽時再度打破紀錄,而是預期他會有稍微不那麼讓人印象深刻的表現。這是因為重複發生罕見結果的機率,就像第一次發生罕見結果同樣罕見,所以不應該預期下一次會再度出現。

重點在於你永遠不應該假設,基於一個小群組的觀察結果就是典型的標準結果。它既不能代表另一個小群組的觀察結果,也不能代表更大群組的觀察結果。就像軼事證據一樣,一個小樣本所能告訴你的,除了它是可能的結果之一,幾乎就沒有其他價值了。雖然第一印象可能是準確的,但你應該持懷疑的態度來對待它們。更多的資料將能幫助你辨別,什麼是可能的,與什麼是異常的。

樣本數越多,越接近常態分布

在你處理大量資料時,可以使用圖表和摘要統計等方法,來抵擋**資訊超載**的感覺(見第 2 章)。「統計」是用來彙總資料集中的數據,它的意思也包括生成這些數字的數學演算過程。圖表和摘要統計簡潔傳達了有關資料集的事實。

你其實一直在使用摘要統計,只是沒有意識到而已。如果有人問你:「健康的人的體溫是多少?」你可能會回答是 37°C。這實際上是一個稱為**「平均數」**(mean)的摘要統計,而正如我們剛才說明的,它就是平均值的另一種說法。

你可能甚至不記得你第一次得知這個事實是什麼時候,你可能更不知道這個數字是從哪裡得來的。19 世紀時,德國醫師卡爾·

溫德利希（Carl Wunderlich）勤奮蒐集和分析了 25,000 名患者，測量超過 100 萬次的腋下溫度，而計算出這個統計數據。

然而攝氏 37 度並不是什麼神奇的溫度。首先，更新的資料顯示了一個較低的平均值，約為 36.78°C。第二點，你可能已經從測量自己或家人的體溫，而發現到「正常」體溫與這個平均值有差異。事實上，女性的體溫平均而言略高於男性，高至 37.7°C，仍然被視為是正常的。第三點，人們的體溫也會在一天中自然變化，從早到晚平均會上升 0.5°C。

只說明健康的體溫是 37°C，並沒有說明上述所有的細微差別。這就是為什麼許多摘要統計與圖表，經常是根據個案來匯整摘要資料。平均值（不論是平均數或預期值）可以用來測量**中央趨勢**（central tendency），或者哪個數值偏向中心位置。另外兩種常見的計算中央趨勢的摘要統計，是**「中位數」**（median），也就是將資料分成兩半的中間數值，以及**「眾數」**（mode），也就是最常出現的測量結果。這些統計有助於描述在特定資料群中，一個「典型」的數字看起來會是什麼樣子。

不過，就體溫而言，僅僅報告像平均值這樣的中央趨勢，有時可能過於簡化。這就引出了第二組常用的摘要統計資料，用來計算**離散度**，或者資料範圍分布得多廣。

最簡單的離散統計數字會報告資料範圍。以體溫而言，那就是定義體溫正常值的範圍，像是健康的人體溫的最小值到最大值，如圖 5-11 所示，這種圖表稱為**柱狀圖**（histogram）。

圖 5-11 描述了 130 個不同體溫的測得頻率，這些體溫是來自對健康成年人的研究。像這樣的柱狀圖是一種你可以將資料視覺化的簡單方法：就是將數值分組到不同組別中，計算每個組別有多少

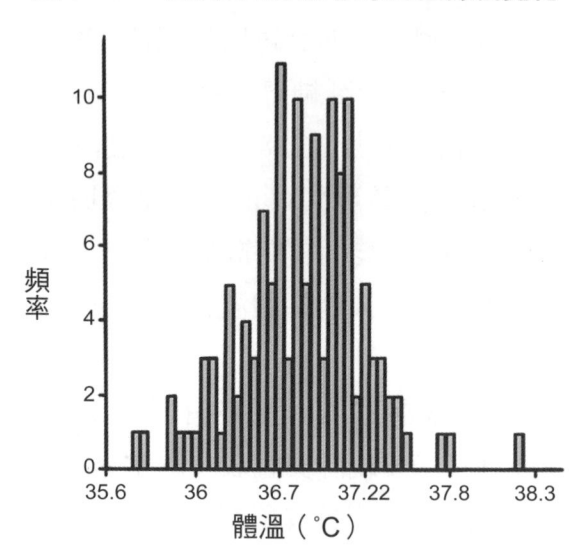

圖 5-11　柱狀圖可以將抽象的數據視覺化

個資料點，接著製作這些組別的垂直柱狀圖。

在報告整個範圍之前，你可能首先要查找異常值（outlier），也就是與其他資料不符的資料點。這裡要找的就是柱狀圖中與群體分隔開來的數據點，例如 38.2°C。也許有病人混入了資料集。最後，你可能會報告正常的體溫範圍為 35.7°C 至 37.8°C。當然，如果有更多資料，你就能生成更精確的體溫範圍。

在這個資料集裡，中央趨勢的統計值非常相似，因為資料的分布是相當對稱的，只有一個位在中間的峰值。結果就是平均值為 36.81°C，中位數為 36.83°C，而眾數則為 36.7°C。不過，在其他情況下，這三個彙整的統計數字，就可能大不相同。

為了說明這一點，我們來看看另一個柱狀圖，圖 5-12 顯示了 2016 年美國家庭收入的分布情況。這個資料集也有一個峰值，在 2

萬至 24,999 美元的群組，但它本身不是對稱的，而是向右**傾斜**。20 萬美元以上收入的家庭都歸至一個柱狀中，如果不這樣處理的話，這張圖就會有一條向右延伸得更遠的長尾。

與體溫圖不同的是，家庭收入的中位數 59,039 美元與平均數 83,143 美元差別很大。每當資料像這樣朝一個方向傾斜時，平均數就會從中位數朝傾斜方向移動，移動程度受極限值的影響。

此外，最小到最大範圍的表達方式，在這裡顯得資訊量較少。本例中對離散度較好的彙整方式是**四分位距**（interquartile range）。指定顯示資料的 25 ％ 到 75 ％ 範圍，從 27,300 美元到 102,350 美元，它可以成功掌握家庭收入的中間 50%。

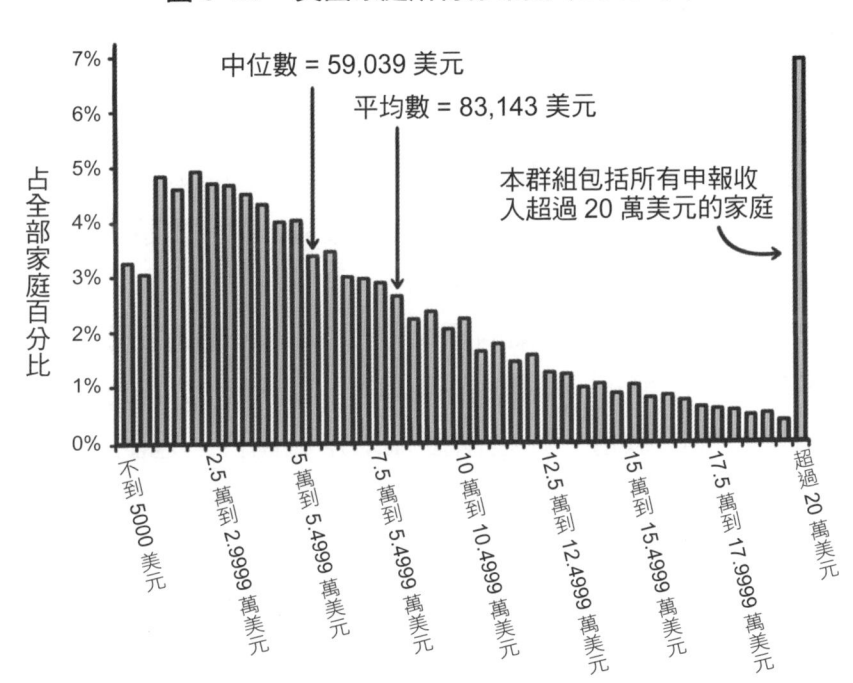

圖 5-12　美國家庭所得分布圖（2016 年）

不過,最常見的離散度統計方式,是「**變異數**」(variance)和「**標準差**」(standard deviation),標準差通常也用希臘字母 σ,sigma 來表示。它們都是衡量資料集中的數據與平均值間差異傾向與程度的測量方式。圖 5-13 顯示你該如何計算一組資料。

圖 5-13　計算變異數與標準差

觀察值:n=5.

觀察結果:5, 10, 15, 20, 25

樣本平均值:(5+10+15+20+25)/5 = 75/5 = 15

資料點與樣本平均值的偏差,平方值:

$(5-15)^2=(-10)^2=100$　　$(15-15)^2=(0)^2=0$　　$(25-15)^2=(10)^2=100$
$(10-15)^2=(-5)^2=25$　　$(20-15)^2=(5)^2=25$

樣本變異數:(100+25+0+25+100)/(n-1)=250/(5-1)=250/4=62.5

樣本標準差:$\sqrt{(variance)}=\sqrt{(62.5)}=7.9$

由於標準差只是變異數的平方根,如果你知道其中一個數值,就可以輕易計算出另一個數值。越大的數值,就代表越容易看見資料點離平均數越遠,如圖 5-14 所示。

先前描述的體溫資料集的標準差為 0.4°C。超過三分之二的數值,落在與平均值同一個標準差範圍內,也就是 36.4°C 至 37.21°C 間,而有 95% 的數值,則在兩個標準差範圍內,也就是 36°C 至 37.6°C 間。如你所見,這種模式在許多由量測組成的資料集中都很普遍,例如身高、血壓、標準化測試等。

這些種類的資料集柱狀圖,都有類似的鐘型曲線形狀,也就是大部分數值集中在中間,接近平均值,而隨著離平均值越來越遠,

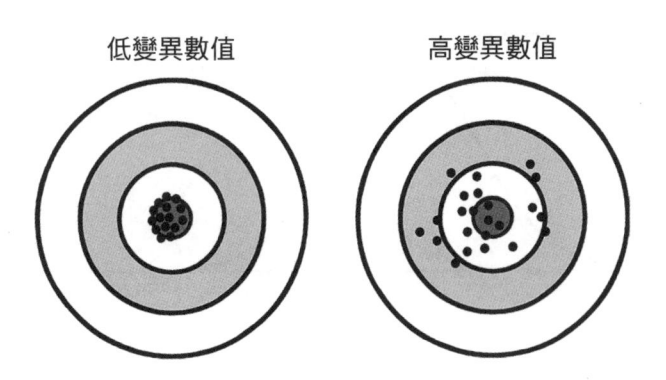

圖 5-14　數值越大，代表離平均數越遠

低變異數值　　　　　高變異數值

測量的數值分布也越來越少。當一組數據有這種形狀時，通常就顯示它來自「**常態分配**」（normal distribution）。

　　常態分配是一種特殊的「**機率分配**」（probability distribution），這是一個數學函數，用來描述一種隨機現象下，所有可能結果的**機率分配**情形。舉例來說，如果你隨機抽取一個人並測量體溫，你有可能測得任何溫度，而平均值 36.78°C 則是最有可能出現的數值，距離這個數字越遠的數值，則越來越不可能出現。由於機率分配描述了所有可能的結果，所有分布的機率總和就是 100％，或者數值 1。

　　為了更清楚地理解這一點，讓我們來思考另一個例子。如前所述，人們的身高也大致遵循常態分配。圖 5-15 是根據美國疾病管制與預防中心（U.S. Centers for Disease Control and Prevention）的資料，而繪製的男女身高分布圖示。儘管男女身高有不同的平均值，但兩種分布都是典型的鐘型曲線。

圖 5-15　男女身高的常態分配

在這些常態分配以及我們在體溫例子中看見的常態分配中，大約 68％的數值，都應該落在距離平均值的標準差範圍內，而大約 95％的數值會落在兩個標準差以內，然後幾乎高達 99.7％的數值，會落在三個標準差之內。以這種方式，常態分配可以僅用其平均值和標準差來描述。由於許多現象都可以用常態分配來描述，因此了解這些事實會特別有用。

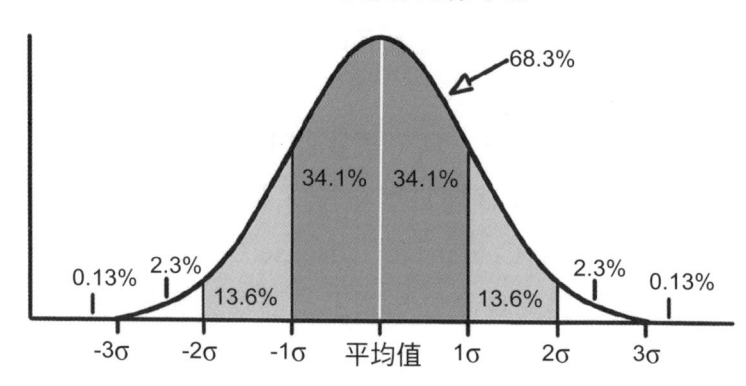

圖 5-16　常態分配標準差

所以如果你在街上隨便攔下一名女子，就可以用這些事實來猜出她的身高。猜測她約有 162 公分高是最適合的，因為這就是平均值。此外，你也可以猜測她的身高在 155 公分至 170 公分間，而正確的機率應該是 2：1。這是因為女性身高的標準差略小於 7.6 公分，所以大約三分之二的女性身高，都會在這個範圍內，也就是在平均值的一個標準差內。相對地，矮於 147 公分或高於 178 公分的女性所占的比例，就不到所有女性的 5%，也就是較平均值超出兩個標準差。

除了常態分配，還有許多其他常見的機率分配模式，它們在各種不同情況下都很有用。圖 5-17 中描述了幾種。

圖 5-17　常見的機率分配模式

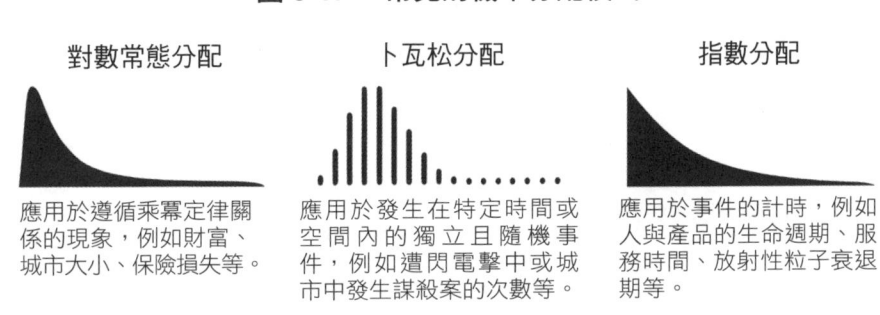

對數常態分配	卜瓦松分配	指數分配
應用於遵循乘冪定律關係的現象，例如財富、城市大小、保險損失等。	應用於發生在特定時間或空間內的獨立且隨機事件，例如遭閃電擊中或城市中發生謀殺案的次數等。	應用於事件的計時，例如人與產品的生命週期、服務時間、放射性粒子衰退期等。

常態分配在所有統計結果中，有一個特別巧妙的結果，而讓它變得特別好用，這個結果就是「**中央極限定理**」（central limit theorem）。這個定理指出，當數據從同一分配中抽取出來，並計算平均值時，得出的平均值也會近似遵循常態分配，即使這些數據最初來自完全不同的分配。

要理解這個定理的含義，以及它為什麼如此有用，我們不妨想

圖 5-18　當有足夠的人數參與調查，樣本平均數將會近似常態分配

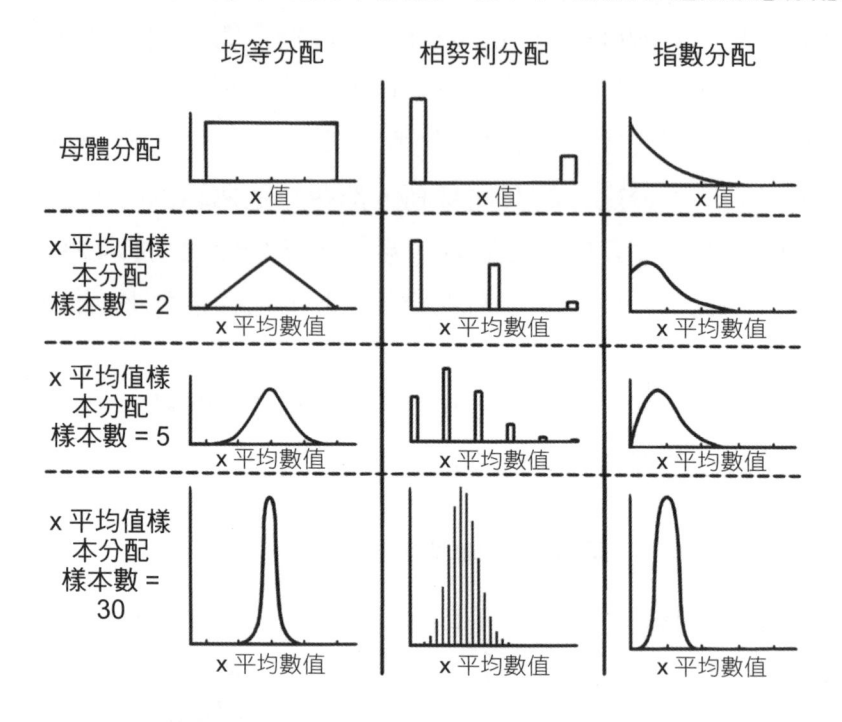

	均等分配	柏努利分配	指數分配
母體分配	x 值	x 值	x 值
x 平均值樣本分配 樣本數 = 2	x 平均數值	x 平均數值	x 平均數值
x 平均值樣本分配 樣本數 = 5	x 平均數值	x 平均數值	x 平均數值
x 平均值樣本分配 樣本數 = 30	x 平均數值	x 平均數值	x 平均數值

想常用來決定支持率的民意測驗，例如美國國會的民意調查。每個人都被問到，他們是否贊成國會的議案。這表示每個資料點，都只是一個是或否的回答。

　　這種類型的資料，看來完全不像常態分配，因為每個資料點的結果，只能從兩個可能值中選取一個。像這樣的二元資料，通常會使用不同的機率分配方式進行分析，稱為柏努利分配（Bernoulli distribution），它代表對單一答案的實驗所產生的結果，例如來自民意調查或測驗的結果。這種分布在許多情況下都很有用，例如分析廣告活動，用來測試受測者是否購買產品；分析臨床試驗，檢視受測者是否對治療有所反應；以及進行 A/B 測試，檢視受測者有

沒有按下按鍵等。

估計支持率就是所有個別不同答案的平均值,「1」表示支持,而「0」則表示不支持。舉例來說,如果有1,000人接受民意調查,其中240人支持,那麼支持率就是24.0%。中央極限定理告訴我們,如果有足夠的人數參與調查,這個統計平均數,也就是樣本平均數,將會近似常態分配。圖5-18展示了柏努利分配和另外兩個同樣在一開始看來完全不像常態分配的模式,如何以視覺化方式達成前述的結果。

圖5-18中間的那一欄,顯示了由一系列1和0數值組成的柏努利分配的樣本平均值分布,最後如何看起來會像一個鐘型曲線。第一列則敘述了一個分布模式,其中有75%的機率出現不支持,所以左邊的峰值為0,而25%的機率則出現支持,因此右邊的峰值為1。這個25%的機率,是根據如果你能調查全國所有人,而得出的全國支持率。民意測驗中的每個人都來自這個母體分配(population distribution)。

當你進行民調時,你只能得到一個整體支持率的估計值,就像前面提到的24%的估計支持率。當你這樣做的時候,你是從整個母體中抽取一個樣本,例如詢問1,000人,並將結果加以平均來計算估計值。這個樣本平均值本身就有一個樣本分配的模式,它描述了從樣本中獲得每個可能支持率的機會。你可以將此分配視為繪製從許多民調中獲得的不同支持率,也就是樣本平均值的結果。

第二列顯示的是,根據對兩個隨機挑選的人進行民調,所獲得的支持率樣本分配圖。這個圖看起來與原始的分配不同,但仍然不像常態分配,因為它只能有三個結果,兩個支持,此時峰值為1;兩個不支持,此時峰值為0;或者一個支持和一個不支持,此時峰

值為 0.5。

如果你把民調建立在詢問 5 個人的基礎上，那麼樣本分配就開始看起來更像一個鐘型，但卻有 6 個可能結果，也就是圖表的第三列。當民調詢問了 30 人，就會有 31 種結果，描述在圖表的第四列，它就開始看起來非常像常態分配的鐘型曲線形狀了。

隨著你詢問的人數增加，樣本分配就會越來越像一個常態分配，平均值為 25％，也就是人口母數分配的真實支持率。就像在體溫或身高的例子中所說的，當這個平均值是最有可能透過民調獲得的值時，接近它的值也可能就是進行民調所得的值，例如 24％。而越遠的值代表越不可能出現，機率會遵循常態分配。

到底有多不可能？這就要看你問了多少人。你問的人越多，分配就越緊密。為了傳達這些資訊，像這樣的民調通常會報告一個**誤差範圍**（margin of error）。一篇描述民調結果的文章可能會包括這樣的內容：「國會的支持度為 24％，誤差範圍為正負 3％。」「正負 3％」就是誤差範圍，但這個誤差範圍是從何而來，或者它的真正意義是什麼，卻很少被解釋。有了這些心智模式的知識後，你現在就知道了！

誤差範圍實際上是一種**「信賴區間」**（confidence interval），是一個估計的數據範圍，其中可能包括你正在研究的參數的真實數值，例如上述提到的支持度。這個範圍有一個相應的**信賴水準**（confidence level），它量化了你認為參數的真正數值，確實就落在你估計範圍內的**信賴程度**（level of confidence）。舉例來說，95％的信賴水準告訴你，如果你進行多次民調，並且每次民調都計算一次信賴區間，計算多次之後，平均來說，95％的信賴區間將會包括真實的支持度，也就是 25％。

大多數的媒體報導，都沒有提到用來計算誤差幅度的信賴水準，但通常可以假設他們應該是使用了95％。相對來說，出版品通常會更明確說明他們採用什麼程度的信賴水準，來表達他們對於估計的不確定性，同樣地，儘管不一定都是這個數字，但通常也是95％。

以民調支持度的例子而言，我們使用中央極限定理告訴我們樣本平均值近似常態分配來計算範圍，因此我們應該預期95％的可能數值，會在真實平均值，也就是真實支持度的兩個標準差內找到。

這種分布的標準差，也稱為**標準誤差（standard error）**，會與先前的樣本標準差計算結果不同，不過，這兩個數值會直接相關。說得詳細一些，標準誤差等於樣本的標準差，除以樣本大小的平方根。這就表示如果要將誤差範圍減少兩倍，就需要將樣本增加4倍。以為是或否的民調支持度而言，如果調查樣本為96人，那麼誤差範圍就是10％，384人時，誤差範圍為5％，1,067人的誤差範圍為3％，而2,401人的誤差範圍則為2％。由於誤差範圍是民調機構對他們的估計有多大信心的一種表達方式，所以它與樣本族群的大小直接相關，也是合理的。

圖5-19顯示了信賴區間在重複的實驗中，是如何運作的。它描述了在95％信賴區間情況下，100個拋出正面的機率。每一個都是透過模擬拋擲一枚普通硬幣100次的實驗而計算出來的。這些信賴區間在圖中是以**「誤差槓」（error bar）**來表示，誤差槓是顯示對估計值不確定度加以衡量的視覺顯示方法。

誤差槓不一定是信賴區間，它們也可能來自其他誤差計算的類型。在誤差槓上，中央的點就是參數估計值，在這個例子中是樣本

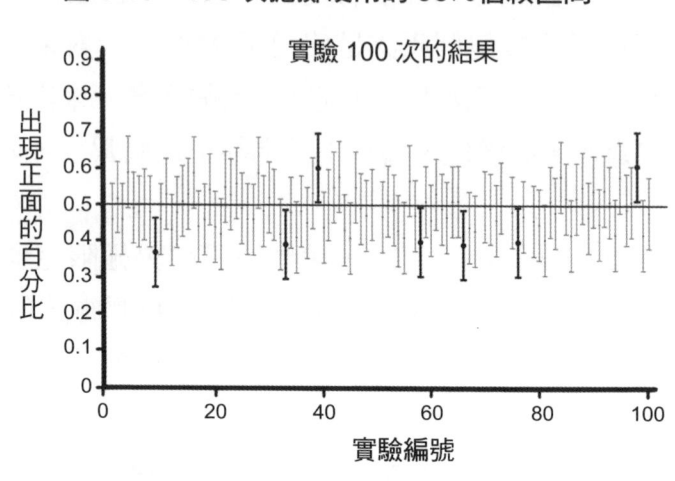

圖 5-19　100 次拋擲硬幣的 95%信賴區間

平均值,而兩端的線則表示範圍的頂部和底部,在這個例子中就是信賴區間。

圖中的誤差槓不同是因為,在不同實驗中所觀察到的情況有所差異,但它們各自橫跨大約 20 個百分點的範圍,這也對應到上述的正負 10%(樣本數為拋擲 100 次硬幣)。在 95%的信賴水準下,你會預期這些信賴區間中有 95 個會包括 50%這個真實平均值。在這個例子裡,有 93 個信賴區間包括 50%。七個沒有包括 50%的信賴區間用加深的黑色凸顯。

像這樣的信賴區間,經常被用來作為參數合理數值的推估,例如拋擲硬幣得到正面的機率。但正如你剛才見到的,參數的真實數值(在本例中為 50%),有時會落在既定的信賴區間之外。此處我們可以得知,信賴區間並不是包含所有可能數值的確定範圍,而且真正的數值也不保證一定會包含在區間中。

真正困擾我們的一件事就是,媒體報導統計資料,卻沒有誤差

槓或信賴區間。在閱讀報告時，一定要注意尋找這些資訊，並將它們包括在自己的工作結果中。如果沒有誤差估計，你就不知道能對這個數字抱有多大的信心，真實數值是真的很接近它，還是離它很遠呢？信賴區間就能告訴你這一點！

機率會隨額外資訊而改變

正如你在前面章節裡看到的，女性的平均身高是 162 公分。如果你需要隨機猜測陌生人的身高，但你不確定他們是否為女性，那麼 162 公分就不是一個很好的答案，因為一般男人的身高接近 175 公分，所以介於兩者中間的答案會比較好一些。但如果你有其他資訊，知道此人是女性，那麼 162 公分就會是最好的答案。額外資訊改變了機率。

這是一個稱為「**條件機率**」（conditional probability）模式的例子，條件機率是一件事在另一件事也發生的**條件**下，發生的**機率**。條件機率讓我們可以利用額外資訊，做出更好的機率估計。

條件機率在日常生活中很常見。舉例來說，家庭保險費率是根據保險索賠的不同條件機率而定的，例如相對於我們在賓夕法尼亞州的居住地點，佛羅里達州沿海地區的保費更高，因為那裡更可能遭到颶風的破壞。同樣地，基因測試可以告訴你，你是否有罹患某些疾病的高風險，帶有異常 BRCA1 或 BRCA2 基因的女性，在 90 歲時罹患乳癌的風險高達 80%。

條件機率用符號「|」表示。例如，如果你是一個帶有 BRCA 突變基因的女性，你在 90 歲前罹患乳癌的概率（P）將被表示為 P

（90歲前罹患乳癌 | 有BRCA突變基因的女性）。

有些人覺得條件機率令人困惑。他們將B條件下的事件A發生率P(A|B)，與A條件下的事件B發生率P(B|A)混為一談。這就是所謂的**反向謬誤**（inverse fallacy），即人們認為P(A|B)和P(B|A)的機率必然相似。你剛剛看到的P（90歲前罹患乳癌 | 有BRCA突變基因的女性）約為80％，但相較之下P（有BRCA突變基因的女性 | 90歲前罹患乳癌）則僅為5％至15％，因為許多其他罹患乳癌的人，並沒有這些突變基因。

我們來檢視一個比較常見的例子，來看看這個謬誤是如何發生的。假設警察在酒後駕駛檢查站隨機攔下駕駛人，並進行酒精吹氣分析儀測試，結果顯示酒測值超標，駕駛人喝醉了。此外，假設這項結果平均有5％的時候是錯誤的，也就是顯示出清醒的人喝醉了。那麼這個人被錯誤地指控酒後駕車的機率有多高？

你可能立即傾向回答5％。不過，你得到的機率是在某人其實是清醒的，卻被指稱為喝醉了的機率，也就是P（受測結果＝喝醉 | 人＝清醒）＝5％。但你被詢問的是測試結果顯示為喝醉，但這個人卻是清醒的機率，也就是P（人＝清醒 | 受測結果＝喝醉）。這兩者可不是相同的機率！

你沒有考慮到的是，這個結果要看酒後駕車者百分比的**基本率**（base rate）。想想這樣的假設，如果每個人都會做正確的決定，而且沒有人酒後駕車。在這種情況下，不管酒精測試結果如何，一個人清醒的機率就是100％。當一個機率計算無法說明**基本率**，就像酒後駕車的基本率時，這種錯誤就稱為「**基本率謬誤**」（base rate fallacy）。

圖 5-20　基本率謬誤

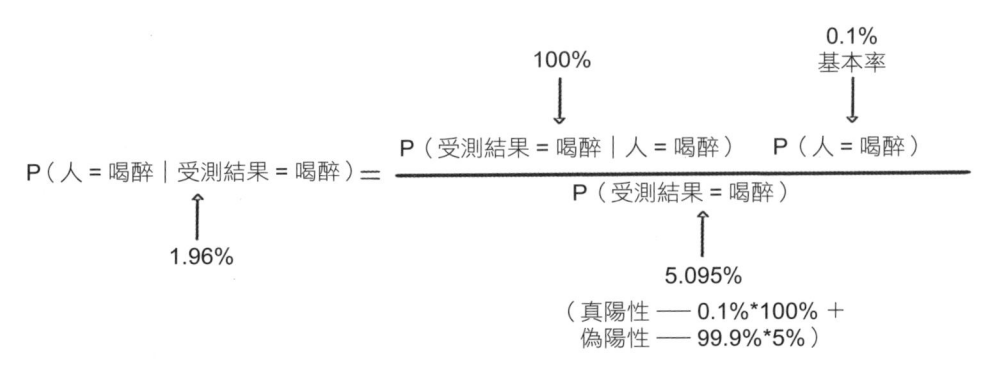

$$P(人=喝醉 \mid 受測結果=喝醉) = \frac{P(受測結果=喝醉 \mid 人=喝醉) \cdot P(人=喝醉)}{P(受測結果=喝醉)}$$

- $P(人=喝醉 \mid 受測結果=喝醉) = 1.96\%$
- $P(受測結果=喝醉 \mid 人=喝醉) = 100\%$
- $P(人=喝醉) = 0.1\%$ 基本率
- $P(受測結果=喝醉) = 5.095\%$
  （真陽性 —— 0.1%*100% + 偽陽性 —— 99.9%*5%）

　　讓我們思考一個更現實的基本率，也就是千分之一的駕駛是喝醉的，這也意謂警察隨機攔下的駕駛，只有極小機率是喝醉酒的，機率為 0.1％。由於我們知道二十分之一的酒醉測試是錯誤的，因為測試有 5％的時候是錯誤的，警察很可能在找到一個真正是酒後駕駛的人之前，已經做過很多次錯誤的測試。

　　事實上，如果警察攔下了 1,000 人，他們平均已經進行過 50 次錯誤的測試，才找到一個真正的酒醉駕駛人。因此在這種情形下，一個已經失準的酒精吹氣分析儀，顯示出真正喝醉酒的駕駛人機率，大概只有 2％。或者也可以說成有 98％的機率，受測者其實是清醒的。答案就是這樣，遠超過 5％！

　　所以，P（A|B）不等於 P（B|A），但它們究竟有什麼關係？概率中有一個非常有用的結果，叫作**「貝氏定理」**（Bayes' theorem），它告訴了我們這兩個條件機率的關係。在圖 5-21 中，你將看到貝氏定理如何將這些機率關聯起來，以及在酒醉駕車的例子中，貝氏定理如何用來計算出 2％的結果。

圖 5-21　貝氏定理

$$P(A|B) = \frac{P(B|A)\,P(A)}{P(B)}$$

↑
在 B 事件發生的前提下，
A 事件的機率

　　既然你知道了貝氏定理，你也應該知道，在統計學中，基於對機率的不同思考方式，分為兩種不同的思想流派：「**頻率學派**」（Frequentist）和「**貝氏學派**」（Bayesian）。在新聞中聽到的大多數研究，都是根據頻率學派的統計結果做出來的，他們依賴並需要對一個事件進行多次觀察，然後才能做出可靠的統計決定。頻率學派認為，機率與事件的頻率有根本的關聯。

　　透過觀察大樣本結果的頻率，例如詢問多數人是否支持國會，頻率學派就會推估一個未知的數量。但如果資料點很少，他們就無法得到結論，因為他們能夠計算的信賴區間將會非常大。在他們看來，沒有實際觀察的機率，是沒有意義的。

　　相較之下，貝氏學派則允許對任何情況做機率判斷，不論是否發生了任何實際觀察的結果。為了做到這一點，貝氏學派從把相關證據帶進統計測定開始。舉例來說，在街上撿起一枚硬幣，你可能會初步估計，如果你將它拋擲出去，會有一半的機率出現正面，即使你以前從未觀察過這個特定硬幣的拋擲情況。在貝氏學派的統計理論中，你可以把這種基本比率的知識帶進問題裡。但在頻率學派的統計理論中，你就不能這麼做。

　　許多人認為，貝氏學派對待機率的方法更符合直覺，因為它

與信念自然演變的方式更類似。在日常生活中，你並不是像頻率學派統計理論那樣，每次都要從零開始。舉例來說，在策略問題上，你的起始點是你當下對該主題的了解，貝氏學派稱之為**前期訊息**（prior），然後當你獲得新資料時，你應該就會根據新的資訊更新前期訊息。同樣的道理也適用於人際關係，你的起始點是你和那個人以往的經歷，一個強烈的前期訊息將會成為一段長久的關係，而一個微弱的前期訊息就只會產生第一印象。

你在上一節中看到了頻率學派統計理論會產生信賴區間。這些統計資料告訴你，如果你多次進行一個實驗，例如我們提出的100次硬幣拋擲例子，計算出來的信賴區間，應該包含你正在研究的參數，例如50％機率擲出正面，以及指定的信賴程度，例如95％的頻率。令許多人失望的是，信賴區間並不意謂著參數的真數值會有95％的可能性落在區間內。相較之下，貝氏統計理論也產生了類似的**信賴區間**，這確實指出了，信賴區間指定了參數機率的目前最佳估計範圍。這樣看來，貝氏學派的工作方式，再次證明了比較符合直覺。

不過在實務上，這兩種方法都得出非常類似的結論，而且隨著更多資料出現，它們應該會收斂出相同的結論。這是因為，他們都試圖估計同樣的基本事實（underlying truth）。從歷史上看，頻率學派的觀點更為流行，很大程度上是因為貝氏學派分析法經常難以計算。不過，現代的運算能力正在迅速降低這個挑戰性。

貝氏學派認為透過選擇一個強烈的前期訊息，他們就能在一開始便更接近事實，讓他們用更少的觀察，更快收斂得到最後結果。由於觀察在時間和金錢上的成本都很高，因此這種減少是有吸引力的。不過這也有反面說法，也有可能貝氏學派前期訊息的信念實際

上在做著反方向的研究，使他們在一開始就離事實更遠。如果他們有基於**驗證性偏差誤**（見第1章）或另一個認知錯誤，例如一個未經驗證的前期訊息所導出的堅定信念，那前面所說的負面情況就可能發生。在這種情況下，貝氏學派的方法可能需要花較長的時間來收斂出事實，因為頻率學派從零開始的觀點，實際上反而從一開始就更接近事實。

重點是處理統計資料存在兩種方法，因此你應該知道，只要做對了，這兩種方法都是有效的。有些人是死忠的某種理論派，他們宣誓效忠於一種哲學，而反對另一種，但像我們這樣的實用主義者，則會選擇使用最適合當下情況的方法。更重要的是，請記住不要把條件機率和它的反向謬誤混淆，$P(A|B)$ 不等於 $P(B|A)$。現在你已經知道這些機率都與貝氏定理有關，而這個定理需要考量相關的基本率。

太小的樣本數，會使結果失真

到目前為止，你已經了解你不應該根據軼聞做決定，而且小樣本也無法可靠告訴你，在更大的母體中會發生什麼結果。那麼，你可能會好奇，到底要多少資料才足以確定結論？決定**樣本量**，也就是蒐集的資料點總數，是一種平衡行為。一方面來說，你蒐集的資訊越多，你的估計結果就越好，你對自己的結論也就越有把握；另一方面，蒐集更多資料需要更多時間和金錢，也可能使更多參與者面臨風險。所以，你該怎麼知道正確的樣本數量是多少呢？這就是我們接下來要討論的內容。

即使有最好的實驗設計，有時候你也會僥倖得到一個歪打正著的結果，導致你得出錯誤的結論。更大的樣本數量會給你更大的信心，因為你更有機會檢測出明確的結果。

我們來思考一個典型的民調情況，比如評量大眾對即將舉行的公投支持度，例如大麻合法化。假設公投最後失敗了，但是民意調查隨機挑選的受訪者，是支持這項公投的，這種情況就可能會導致**「偽陽性」**（false positive），也就是當結果的確不是真的時，卻錯誤得出**陽性**結果，例如前面提到的酒精吹氣分析儀的錯誤測試結果。相反地，假設公投最後成功，但民調機構隨機挑選的人，是不支持這個公投的，這種情況就可能導致**「偽陰性」**（false negative），也就是當結果的確是真的時，卻錯誤給出**陰性**結果。

我們來舉另一個例子，乳房 X 光檢查，這是一種用於診斷乳癌的醫學檢查。你可能認為這樣的測試只有兩種可能的結果，陽性或陰性。但事實上乳房 X 光檢查有四種可能的結果，如圖 5-22 所示。你馬上想到的那兩種可能的結果，是當測試結果正確的時候，

圖 5-22　乳房 X 光檢查所有可能的結果

	有癌症證據	沒有癌症證據
病患罹患乳癌	真陽性	偽陰性
病患沒有罹患乳癌	偽陽性	真陰性

也就是真陽性和真陰性，另外兩種結果發生在測試結果錯誤的時候，也就是偽陽性和偽陰性。

這些誤差模式不限於在統計系統中出現，在任何需要做判斷的系統中，幾乎都會存在。你的垃圾郵件篩檢程式就是一個很好的例子。最近我們的垃圾郵件篩檢程式，將一封附有我們新侄女照片的電子郵件標記為垃圾郵件，這是一起偽陽性例子。而實際的垃圾郵件仍然會偶爾通過我們的垃圾郵件篩檢程式，這就是偽陰性的例子。

由於犯下任何類型的失誤都有其後果，所以在系統設計時，都必須考慮這些後果。也就是說，你必須在不同類型的失誤間，做出權衡的決定，要了解有些錯誤是不可避免的。舉例來說，美國的法律制度會要求，在刑事定罪時，必須提供超出合理懷疑範圍的證據。這是一種有意識的取捨，傾向於偽陰性，也就是寧可讓罪犯逍遙法外，也不犯下偽陽性的錯誤，也就是誤判人們有罪。

在統計學中，偽陽性也稱為**第一型誤差（type I error）**，而偽陰性則稱為**第二型誤差（type II error）**。在設計實驗時，科學家可以先設定他們願意容忍每一型誤差的機率。最常見的偽陽性誤差率為5％。這個比率也會用希臘字母 α 表示，發音為「阿爾法」，它等於一百減去信賴水準。這也說明了為什麼你通常會看到大家說信賴水準為95％。這意謂著平均來說，如果你的假設是錯誤的，那麼每二十次實驗中會有一次，也就是5％，會得到偽陽性的結果。

無論實驗的樣本大小，你總是可以選擇偽陽性錯誤率。它不一定是5％，你可以選擇1％甚至0.1％。重點是對於一個已經決定的樣本數量，當你設定了這麼低的偽陽性錯誤率時，就會增加偽陰性

錯誤率，這樣一來就可能無法檢測到真正的結果。這就是開始要決定樣本大小的地方。

一旦你設定了偽陽性率，你接著就要確定需要多大的樣本量，好讓你測量出機率夠高的真實結果。這個被稱為實驗的**「檢定力」**（**power**）數值，通常被選為80％到90％的檢測概率，而相應的偽陰性錯誤率則為20％到10％。這個比率通常會用希臘字母β表示，發音為「貝塔」，β等於一百減去檢定力。研究人員通常會說他們研究的**檢定力**為80％。

圖 5-23　統計測試

	沒有測試標的	有測試標的
測試到結果	偽陽性比率 也稱為第一型誤差、阿爾法（α）或顯著水準 常見比率值：5％	檢定力比率 100- 偽陰性比率： 80％-90％
沒有測試到結果	信賴水準比率 100- 偽陽性比率： 95％	偽陰性比率 也稱為第二型誤差或貝塔（β） 常見比率值： 10％ -20％

讓我們用一個例子來說明這些模式如何一起運作。假設有間公司想證明它新的助眠冥想應用程式是有效的。他們的背景研究顯示，在過半的次數裡，一般人在10分鐘內就會睡著。應用程式開發人員認為，他們研發的應用程式可以提高這個比率，幫助更多人

在 10 分鐘內入睡。

開發人員計畫在睡眠實驗室進行一項研究，以測試他們的理論。測試組將使用他們的應用程式，而對照組將在不使用應用程式的情況下入睡。一項真正的研究可能會有一個更複雜的設計，但這個簡單的設計能讓我們更清楚解釋統計模式。包括大多數實驗背後的統計設定，都是從一個假設開始的，也就是兩個群組之間沒有差異，這稱為「**虛無假設**」（null hypothesis）。如果開發人員能蒐集到足夠的證據以否定這個假設，那麼他們將推得結論，他們的應用程式的確可以幫助大家更快入睡。

也就是說，應用程式開發人員計畫觀察兩組人，然後計算每組人在 10 分鐘內入睡人數的百分比。如果他們在這 2 個百分比之間看到的差異夠大，就可以得出結論，也就是實驗結果與虛無假設不相容，他們的應用程式很可能真的有用。

開發人員還需要確認一個對立假設（alternative hypothesis），該假設描述了他們認為兩組之間可能發生最小的有意義變化，例如還有 15% 的人，在 10 分鐘內入睡。這是他們希望研究能驗證的真實結果，並且有 80% 的機會能檢測出來（相當於 20% 的偽陰性比率）。

這個對立假設是確定樣本量的需要。對立假設的差異越小，就需要找更多的人來檢測。根據前面描述的實驗設置，我們需要 268 個參與者的樣本。

將所有這些模式，以圖 5-24 視覺化方式呈現。

首先，我們來看看鐘型曲線。由於中央極限定理，我們可以假設我們的差異近似常態分配。左邊的曲線是在虛無假設下的結果，也就是兩組之間沒有實際的差異。這也就是為什麼左邊的鐘型曲線

圖 5-24　統計顯著性

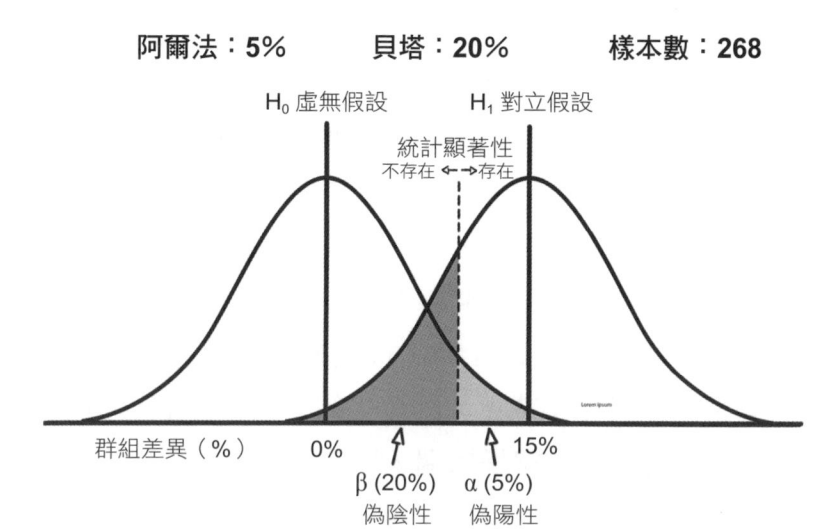

阿爾法：5%　　貝塔：20%　　樣本數：268

H₀ 虛無假設　　H₁ 對立假設

統計顯著性
不存在 ←→ 存在

群組差異（%）　0%　　　15%

β (20%)　α (5%)
偽陰性　偽陽性

以 0% 為中心。即便如此，由於隨機機會，他們有時會量測出高於或低於零的差異，而較大的差異則不太可能出現。也就是說，由於潛在的變異性，就算應用程式沒有真實的效果，由於人們入睡所需的時間不一樣，他們仍然可以量測兩組之間的差異。

另一個在右方的鐘型曲線代表了應用程式開發者希望成立的對立假設，那就是與不使用應用程式的人相比，使用應用程式的人，在 10 分鐘內入睡的比例增加 15%。再強調一次，即使這個假設成真，由於變異性，有時候他們仍然會測量不到 15% 的增加幅度，但有時候則會有超過 15% 的增加幅度。這就是為什麼右方的鐘型曲線會以 15% 為中心。

虛線代表「**統計顯著性**」（statistical significance）的門檻。所有大於這個門檻的值，也就是在右側的數值，都將導致對虛無假設的否決，因為如果虛無假設為真，則如此大的差異就不太可能出

現。事實上，它們發生的機率不到 5%，這也是開發人員最初設定的偽陽性比率。

通常宣布結果是否具有統計顯著性的最後量測值稱為「**機率值**」（p-value），它正式的定義為在假設虛無假設為真的情況下，獲得與觀察到的結果相等或更極端的**機率**。在本質上，如果機率值小於所選的偽陽性比率（5%），那麼你就可以說這個結果在統計上是顯著的。機率值在研究報告中常用來傳達這種顯著性。

舉例來說，機率值為 0.01 時，代表如果應用程式沒有效果，那麼與觀察到的差異相當或更大的發生的機會只有 1%。這個數值相應於圖表中左邊鐘型曲線最末端，以及接近右邊鐘型曲線中間的值。這個落點顯示，結果更符合虛無假設，也就是這個應用程式的有效性為 15%。

現在，請注意這兩條曲線重疊的區域，這顯示了兩個群組之間的部分差異，與這兩個假設是一致的，因為他們同時出現在兩個鐘型曲線下。這些灰色區域顯示了兩種謬誤可能發生的位置。淺灰色區域為偽陽性區，深灰色則為偽陰性區。

如果兩組之間測得很大的差異，例如機率值為 0.01，就會出現偽陽性，但實際上，這個應用程式並沒有做任何事情。如果不使用應用程式的一組，隨機出現入睡困難狀況，而使用應用程式的一組則隨機出現輕鬆入睡的狀況，那前述情況就可能發生。

相反地，當應用程式確實幫助人們更快入睡，但觀察到的差異太小，不具備統計顯著意義時，就會出現偽陰性。如果研究的檢定力為典型的 80%，那這種偽陰性的情況就有 20% 的機率出現。

假設樣本大小保持不變，降低產生偽陽性錯誤的機率，就相當於將虛線向右移動，縮小淺灰色的區域。但是當你這樣做時，產生

偽陰性錯誤的機率也會增加,我們將這個結果繪製在圖 5-25 中,讓你可以與原始圖表比較。

圖 5-25　偽陽性降低,偽陰性錯誤的機率就會增加

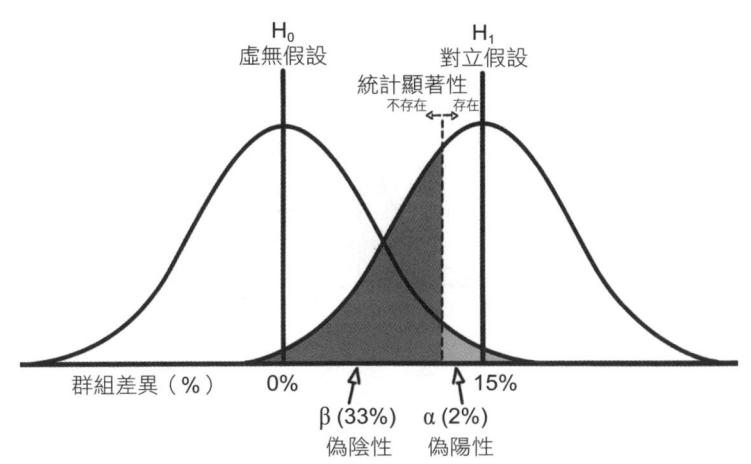

阿爾法:2%　　貝塔:33%　　樣本數:268

H₀ 虛無假設　　H₁ 對立假設

統計顯著性
不存在　存在

群組差異(%)　0%　　　　15%
　　　　　　　β (33%)　α (2%)
　　　　　　　偽陰性　　偽陽性

　　如果你想減少其中一個錯誤率,而不增加另一個錯誤率,那就要增加樣本。當這種情況發生時,每一個鐘型曲線都會變得更窄,請見圖 5-26,並再次與原始曲線圖表相比較。

　　增加樣本量和縮小鐘型曲線,會減少兩條曲線重疊區域的面積,也就縮小整體灰色區域。這當然很有吸引力,因為如此一來出錯的機率就減少了,然而,正如我們在本節開頭所說的,有許多原因讓增加樣本數量變得不切實際,包括時間、金錢、參與者風險等。

　　圖 5-27 中說明了這個睡眠應用程式研究中,想達到不同謬誤率限制下,樣本數量大小的變化。你可以看到如果謬誤率降低,樣

圖 5-26　增加樣本數，會讓鐘型曲線變得更窄

阿爾法：5%　　　貝塔：12%　　　樣本數：344

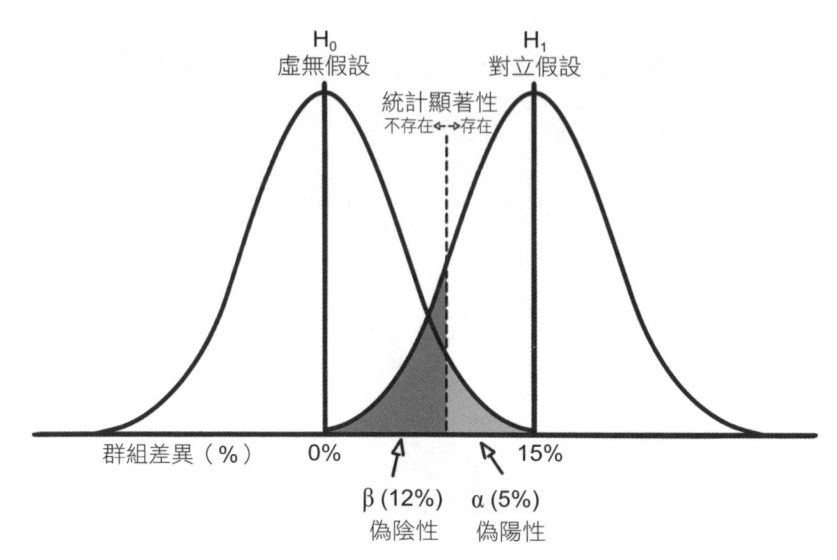

圖 5-27　樣本數隨檢定力與顯著性而不同

阿爾法	信賴水準	貝塔	檢定力	樣本數
10%	90%	20%	80%	196
10%	90%	10%	90%	284
5%	95%	30%	70%	204
5%	95%	20%	80%	268
5%	95%	10%	90%	370
1%	99%	20%	80%	434
1%	99%	10%	90%	562

本數量就必須增加。

　　圖中的樣本量數值，都取決於所選擇的15％差異的對立假設而定。如果開發人員想檢測到比較小的差異，那麼樣本量將進一步增加，但如果他們只想檢測較大的差異，那麼樣本量就能全部減少。

　　為了節省時間和金錢，研究人員經常感受到使用較小樣本的壓力，這會讓選擇較大差異的對立假設更吸引人。但這種選擇的風險很大。例如，如果開發人員將對立假設改為兩組的差異從15％增加至30％，就可以將樣本數從268個，減少到只需要62個。

　　可是，如果這個應用程式真實的差異只有15％，在這個較小的樣本數下，就只能在32％的測試次數中，檢測到這個較小的差異數字！這比最初設定的80％大幅下滑，也意謂著會有三分之二的時候，他們將得到偽陰性，而無法檢測出15％的差異。因此，在理想情況下，任何實驗都應該設計成可以檢測到最小的有意義差異。

　　關於機率值和統計顯著性的最後一個提醒是，大多數統計學者在解釋研究結果時，都很謹慎不要過度依賴機率值。無法找到顯著的結果（一個夠小的機率值），並不等於對沒有效果有信心。**找不到證據不代表沒有證據**。同樣地，即使研究獲得了較低的機率值，但這可能不是一個可複製的結果，我們將在本章最後一節中對此進行探討。

　　統計顯著性不應與科學、人類或經濟的顯著性混淆。如果樣本量夠大，即使是最微小的影響，也可以被檢測為具有統計顯著性。舉例來說，如果有足夠的人參與睡眠研究，你可能會發現兩個群組只有1％的差異，但這對任何顧客有意義嗎？當然沒有。

相對地，我們可以放更多重點在研究中量測到的差異，以及其相應的信賴區間上。對這個應用程式的研究，雖然客戶會想知道他們擁有這個程式，是否會比沒有它更容易入睡，但他們也想知道功效有多好。開發人員可能甚至希望增加樣本數，以便能保證他們的估計有一定的誤差範圍。

此外，美國統計協會（American Statistical Association）在2016年的《美國統計學家》（The American Statistician）雜誌中強調：「科學結論和商業或政策決策，不該只基於機率值是否通過了特定的門檻。」過分關注機率值，會鼓勵非黑即白思維，將我們可以從研究中獲取的資訊財富，壓縮成只有一個數字。這種單一焦點，可能讓你忽略研究設計中可能出現的並非最佳的選擇，例如樣本數量，或者可能出現的偏誤（例如選擇偏差）。

檢視實驗結果能否重複驗證

現在你應該已經知道，有些實驗結果純屬僥倖。為了要確定某個研究結果不是僥倖得來，它需要可以被複製。有趣的是，在某些領域，例如心理學，已經形成共同的努力來複製正面結果，但這些努力卻發現，只有不到50%的正面結果可以被複製。

這個比率很低，而這個問題正是**「複製危機」**（replication crisis）的一個正面結果。本章最後一節提供一些模式，以解釋這是如何發生的，以及你可以如何在某個研究領域中得到更多的信心。

複製工作是區分偽陽性和真陽性結果的一種嘗試。考慮下列兩

組中每一組的複製機會。偽陽性的複製成功預期率只有5%，複製成功預期的意思就是在重複研究時，將會再次出現偽陽性結果。另一方面，根據複製研究的檢定力而定，一個真陽性預期有80%至90%的機會可以複製。為了便於論證，我們假設這是80%，就像我們在上一節中所做的那樣。

使用這些數字，一個50%的可複製率，要求研究結果約60%為真陽性，而40%是偽陽性。為了看清楚這一點，我們來思考一百個研究，如果其中有60個是真陽性，那麼我們會預期其中有48個是可以複製的，也就是60個當中的80%。在剩餘的40個偽陽性中，有2個可以複製，占40個的5%，因此總共有50個。複製率因此將是每一百個研究中有50個，也就是50%。

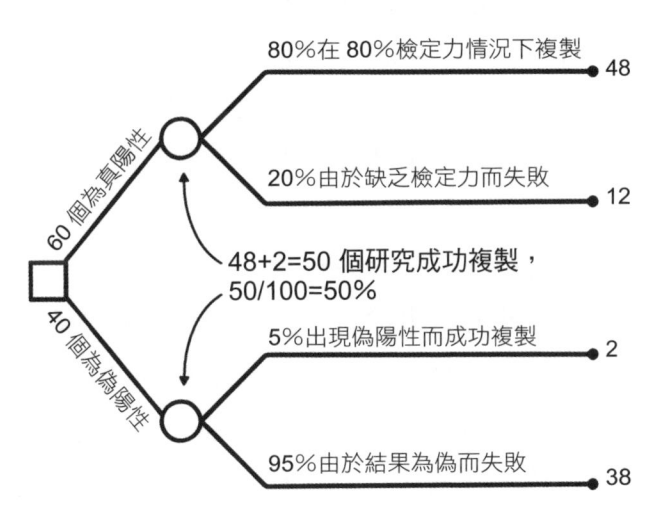

圖 5-28　重新測試一百個研究

- 60個為真陽性
  - 80%在80%檢定力情況下複製 ● 48
  - 20%由於缺乏檢定力而失敗 ● 12
- 40個為偽陽性
  - 5%出現偽陽性而成功複製 ● 2
  - 95%由於結果為偽而失敗 ● 38

48+2=50個研究成功複製，50/100=50%

所以在這種情況下，大約四分之一的失敗複製，也就是50個當中的12個，是由於缺乏檢定力而造成的。這些都是真實的結

果，如果進行額外的複製研究，或者如果原始的複製研究具有更大的樣本量，就可能成功複製。

其他沒有複製成功的結果，本來就不應該是陽性的結果。許多最初的研究可能低估了他們的第一型誤差，因此增加了出現偽陽性的機會。這是因為當一項研究被設計為出現5％的偽陽性機率時，這個機率只適用於一次統計測試，但只進行一次統計測試，是很罕見的。

執行額外測試以尋求統計上有意義的結果的行為，有很多名稱，包括**「資料挖掘」（data dredging）**、釣魚和**機率值搜尋**（p-hacking，試圖搜尋你的資料，來找出夠小的機率值）。通常這都是出於良好的動機，因為從實驗中觀察資料可能具啟發性，從而促使研究人員形成新的假設。測試這些額外假設的誘惑力很強，因為已經蒐集了分析這些假設所需的資料。不過，當研究人員高估了這些額外測試帶來的結果時，問題就出現了。

圖5-29網路漫畫，說明了資料挖掘是如何發揮作用的，當雷根糖和青春痘之間沒有發現統計上顯著的關係時，科學家繼續挖掘21個次群組，直到找到一個機率值夠低的子群組，結果就產生了這個標題「綠色雷根糖與青春痘有關！」

每回再做另一個統計實驗時，形成錯誤結論的機率就會繼續新增5％。為了說明這一點，我們假設你有一個20面的骰子。在第一次統計實驗中犯錯的機會，就和骰子搖出一的機會一樣。每次額外的實驗就是再搖一次骰子，每次都有二十分之一的機率搖出1。在擲了21次骰子，也就是符合漫畫中實驗了21種雷根糖顏色後，約有三分之二的機率骰出至少一次一點，也就是至少有一次錯誤的結果。

第 5 章　239
從龐大數據中，正確判讀

圖 5-29　資料挖掘

xkcd.com

如果這種資料挖掘發生得夠頻繁，你就可以了解，為什麼這一系列許多要複製的研究，可能在一開始就是偽陽性的。換言之，在這一系列一百項研究中，偽陽性的基本率可能遠高於5％，因此複製危機的另一大部分，或許可以解釋為基本率謬誤。

　　可惜的是，如果研究顯示出在統計學上有意義的結果，它們被發表的可能性會大幅增加，這就造成了**「出版偏差」**（**publication bias**）。未能發現具有統計上顯著結果的研究，仍然具有科學意義，但研究人員和**出版**商基於各種原因，都對其存在**偏差**的態度。舉例來說，一份出版品只有這麼多頁數，如果能有所選擇，出版商寧願發表有顯著發現的研究報告，而不是沒有發現的研究報告。這是因為成功的研究更可能吸引媒體和其他研究人員的關注。此外，研究也顯示，顯著成果更可能幫助研究人員的職業生涯，在這個行業中，有作品出版往往是更上一層樓的要求。

　　因此，大家都有強烈的動機要在實驗中發現顯著的結果。在圖5-29中，儘管最初的假設沒有顯示顯著的結果，但實驗還是被「再利用」，最後也被出版了，因為發現了次要假設，而且確實顯示出顯著結果。像這種偽陽性結果的發表，直接造成了複製危機，並可能因為影響了未來對這些謬誤假設的持續研究，而延緩了科學的進展。而且，負面結果往往不被報導這件事情，也可能導致不同的人反覆測試相同的負面假設，因為大家都不知道已經有其他人嘗試過了。

　　還有許多其他原因讓研究無法被複製，包括我們在前面幾節中討論的各種偏誤，例如選擇偏差與倖存者偏差等，這些偏誤可能會潛入結果而造成錯誤。另一個原因則是最初的研究可能在偶然的機會下，展現了一個看來讓人印象深刻的效果，但事實上這個效果卻

溫和許多（回歸到平均值）。如果是這種情況，那麼複製研究可能就沒有足夠大的樣本量，也就是沒有足夠的檢定力，來檢測比較小的影響，從而導致複製研究失敗。

克服這些問題是有方法的，下面舉出一些例子：

- 在所有的測試中，使用較低的機率值，來適當解釋原始研究中的偽陽性錯誤
- 在複製研究中使用較大的樣本量，以便能檢測較小的效應量
- 指出需要提前進行的統計測試，以避免機率值搜尋

然而，由於複製危機的結果及基礎成因，你應該對任何獨立的研究持懷疑態度，尤其是當你不知道這些資料是如何蒐集與分析的時候。除此之外，當你解釋一個聲明時，很重要的是，要嚴苛評估任何支持這個聲明的資料，它是來自一個獨立的研究，還是在這個聲明背後，有一個研究機構在主導局面？如果答案為是，那這個研究是如何設計的？在設計和分析中，是否考慮了所有的誤差？諸如此類的問題。

許多時候，這種調查都需要進一步挖掘。媒體來源可能得出錯誤的結論，而且很少提供必要的細節，讓你可以了解實驗的完整設計並評估其品質，因此你通常需要查閱原始的科學研究出版文件。幾乎所有的期刊都要求一個完整的章節，來描述一項研究的統計設計，但是考慮到期刊文章的字數限制，有時細節會被遺漏。試著在研究網站上，查找較詳細的版本或相關的演說內容。研究人員通常也願意回答有關他們研究的問題。

在理想的情況下，你將能夠找到一個由許多研究組成的研究

主體,這將消除對某個研究結果是否只是碰巧發生的疑慮。如果你夠幸運,就會有人已經對你的研究問題發表了**「系統性回顧」**(systematic review)。系統性回顧是一種有組織的方式,針對特定主題,使用整個研究主體來評估一個研究問題。它們定義了一個詳細而全面(系統性)的計畫,來回顧某一領域的研究結果,包括確認與發現相關研究,以便從過程中消除偏差。

有些系統性回顧包括**「整合分析」**(meta-analyses),它使用統計技術,將來自多個研究的資料合併成一個分析,但不是所有系統性回顧都會這樣做。資料導向的報告網站 FiveThirtyEight 就是一個很好的例子,它對民調資料進行全面整合分析,以便更精確地預測政治結果。

整合分析有其優點,因為結合多個研究的資料可以提高估計的縝密度和準確性,但也有缺點。舉例來說,在整合跨研究報告的資料時,可能會有困難,因為設計或樣本數量差距過大。它們也無法消除原始研究本身的偏差。此外,系統性回顧和整合分析的結果,都可能因為出版偏差而大打折扣,因為它們只能包括公開可得的結果。

每當我們審視一項聲明的有效性時,我們首先要看它是否進行了徹底的系統性回顧,如果有,那我們就從那裡開始。畢竟,系統性回顧和整合分析通常被決策者在制定決策時使用,例如制定醫療指南。

如果本章只說清楚了一件事,那應該就是設計一個良好實驗是很困難的!我們希望你也已經了解,機率和統計是更能理解不確定性問題的有用工具。然而,正如本節也應該說明的一樣,統計並不是解決不確定性的神奇良方。正如統計學家安德魯・格爾曼

（Andrew Gelman）於 2016 年在《美國統計學家》（*The American Statistististian*）期刊中所建議的，我們必須「朝著更接受不確定性與包含差異的方向前進。」

說得更簡單一點，請記住，雖然統計資料可以幫助你在許多情況下獲得有信心的預測，但它無法準確預測單獨事件中會發生什麼事。例如，你可能知道，在你最喜歡的海灘上，夏天平均都是陽光明媚且溫暖的日子，但這並不能保證你打算休假前往度假的那一星期，天氣不會下雨或突然變冷。

類似的道理，醫學研究告訴你，如果吸菸，你罹患肺癌的風險會增加，雖然你可以推估一個吸菸者在一生中罹患肺癌的信賴區間，但機率和統計資料無法告訴你，任何特定的吸菸者具體會發生什麼事。

雖然機率和統計資料並不神奇，但確實能幫助你更好描述你對各種結果可能性的信心水準。當然還有很多陷阱需要提防，但我們希望你也能學會一件事，那就是，在解決不確定性這方面，研究和資料比直覺和意見更有用。

本章重點

- 避免屈服於**賭徒謬誤**或**基本率謬誤**。
- 你在資料中看到的**軼事證據**和相關性,是很好的假設生成器,但**相關不表示因果關係**,你仍然需要依賴精心設計的實驗來得到有力的結論。
- 尋找已試驗並成功顯示出**統計顯著性**的實驗設計,例如**隨機對照實驗**或 **A/B 測試**。
- 由於**中央極限定理**,**常態分配**在實驗分析時特別有用。回想一下,在常態分配中,大約 68% 的數值都會在一個標準差範圍內,而 95% 則在兩個標準差範圍內。
- 任何獨立實驗都可能導致**偽陽性**或**偽陰性**,也可能受到各種偏差的影響,最常見的是**選擇偏差**、**無回應偏差**和**倖存者偏差**。
- 複製可以增加對結果的信心,因此在研究一個領域時,先從尋找**系統性回顧**和**整合分析**開始。
- 永遠記得在處理不確定性時,你看到的報告數值或自己計算的數值本身是不確定的,你應該找出並報告帶有**誤差槓**的數值!

第 6 章
從眾多選項中，選出對自己最好的

　　生活中無時無刻都需要做決策、找出解決方法，如何經由評估找出最好的解決方案。我們可以運用以下心智模式：

- 利弊清單
- 別人家的草地比較綠心態
- 馬斯洛的槌子
- 成本效益分析
- 通貨膨脹
- 敏感度分析
- 垃圾進，垃圾出
- 決策樹
- 期望值
- 效用值
- 效用主義
- 黑天鵝事件
- 厚尾分配
- 系統思考
- 勒沙特列原理
- 遲滯現象
- 蒙地卡羅模擬
- 局部最佳解
- 全域最佳解
- 未知的未知
- 情境分析
- 思想實驗
- 反事實思考
- 水平思考
- 團體迷思
- 潮流效應
- 發散性思考
- 收斂性思考
- 群眾外包
- 預測市場
- 超級預測家
- 商業理由

如果你可以知道你的決定後果是什麼，那麼做決定就太容易了！但做決定很困難，因為你必須用不完整的資訊來做判斷。

　　假設你正在考慮轉換職業。接下來你就有許多步驟需要考慮：

- 你可以尋找與現在相同，但內容更好的工作，包括薪酬、職位、企業使命等。
- 你可以試著從目前的工作更上一層樓。
- 你可以轉任到類似組織，以謀求更高的職位。
- 你可以徹底轉換跑道，從回到學校接受專業教育開始。

　　當然還有更多的選擇。當你把它們都挖掘出來時，大量的選擇似乎無窮無盡。但在你做出決定之前，你無法完全嘗試其中的任何一個。這就是人生。

　　你該怎麼理解這一切？在這種情況下，大多數的人採取的架構是「**利弊清單**」（**pro-con list**），你列出如果做了決定，所有可能發生的正面事情（**利益**），然後將它們與所有可能發生的負面事情（**弊端**）相互權衡。

　　這個基本的利弊分析方式，雖然在一些簡單的情況下是有用的，卻有明顯的缺點。首先，這份清單假設只有兩個選項，而正如你剛才看到的，通常會有更多選項。第二，它提出的所有利弊，都假設它們有同等重要。第三，有效的清單是將每一個好處獨立列示，但這些因素往往是相互關聯的。第四個問題是，由於好處經常較弊端明顯，這種差異可能導致一種「**別人家的草地比較綠心態**」（**grass-is-greener mentality**），導致你在心理上會強調正面因素（例如：更綠的草地），而忽視負面因素。

圖 6-1 做決定前，列出所有可能，形成利弊清單

我不認為該給我的孩子壓力。當正確的時機來臨時，
他們就會做出預設的選擇，去念法學院。

我們來舉個例子，蓋布瑞在 2000 年完成了學業，並選擇創業職涯。在創業初期，他有時會考慮轉行從事創投業，這樣他可以資助和支持其他公司，而不是自行創業。當他最初列出一份利弊清單時，這看來是個好主意。優點很多，包括與公司創辦人合作改變世界的機會、獲得極高報酬的可能性、以高槓桿方式從事創業工作，但沒有身為創辦人的風險和壓力等，而且沒有明顯的缺點。

然而，有幾個他不完全了解或根本不知道的缺點，例如永無休止的社交活動，而這對一個內向的人來說是很不好的，還有必須經常拒絕別人的心理負擔、進入所投資公司領域的困難度，以及你大部分的時間都花在應付掙扎求生的公司等。雖然對於一些獲得這個機會的人來說，創投無疑是一個很好的職業，但對於蓋布瑞來說，創投並不適合他，即使他一開始並不了解這一點。隨著時間和經驗

的累積，情勢變得明朗，別人家的草地並沒有更綠，至少對他來說是如此，最後他打消了轉職的想法。

這則軼事意在說明，在你經驗有限的情況下，就很難做出一份資訊完整的利弊清單。本章介紹的其他心智模式，將幫助你以更客觀和懷疑的態度，處理類似的情況，讓你更能迅速看清大局，並了解該如何行事。

你可能聽過：如果你只有一把槌子，每樣東西看起來都會像是釘子。這個說法被稱為**馬斯洛的槌子（Maslow's hammer）**，出自心理學家亞伯拉罕·馬斯洛（Abraham Maslow）於 1966 年出版的《科學的心理學》（*The Psychology of Science*）一書：

> 我記得曾看到一台精緻複雜的自動洗車機，洗車能力非常強。但它只能做這一件事，其他所有被送進去的東西，都被當成等待清洗的汽車。我想，如果你只有一把槌子，每樣東西看起來都會像是釘子，這種情況是很容易發生的。

決策模式的槌子就是利弊清單，在某些情況下有用，但並不是每個決策的最佳工具。幸運的是，還有其他決策模式，可以幫助你在多種情況下，有效率發現和評估你的選擇及其後果。由於某些決策是複雜且重要的，它們需要更複雜的心智模式。在比較簡單的例子中，使用這些複雜的模式就誇張了點。不過，最好還是了解更多可用的心智模式，方便你為任何情況選擇正確的工具。

加入評分來衡量成本與效率

一個改善利弊清單的簡單方法，就是增加一些數字。仔細檢查你的每一項利益和弊端，並在旁邊加上從-10到10之間的分數，說明相對於其他項目，這一項對你來說價值為何，弊端以負數呈現，而利益則是正值。在考慮換新工作時，也許工作地點對你來說，比調薪重要得多？如果答案為是，那地理位置將會獲得較高的分數。

以這種方式評分，可以幫助你克服一些利弊清單的不足之處。現在每一個項目不會再被齊頭式平等對待。如果有多個項目互相關聯，也可以將它們合在一起打一個分數。現在你可以更容易比較多個選項了，只要把每個選項（例如不同工作機會）的利弊加總起來，看看哪個選項得分最高。

這種方法是一種簡單的**「成本效益分析」**（cost-benefit analysis），是利弊清單的自然擴展，在很多情況下可以當成很好的替代方法。這個強大的心智模式可以幫助你更有系統且量化分析各種選項的**效益**（利益）和**成本**（弊端）。

在簡單的情況下，剛才敘述的評分方法非常好用。在本節的其他部分，我們將說明如何在更複雜的情況下考慮成本效益分析，並介紹一些你需要的其他心智模式。即使你自己不使用複雜的成本效益分析，你也該了解它是如何運作的，因為這種方法經常被政府和組織用來做出關鍵決策。

當你的決策過程變得更複雜的時候，第一個改變就是，你不再把相對分數放在每個項目（例如從-10到10）的旁邊，而是把明確的貨幣價值（例如-100美元或5,000美元等）放在它們旁邊。

當你把成本和效益加總，就會以美元得到這個選項對你而言的價值估算。

舉例來說，當考慮購屋選項時，你要先寫下你現在就要支付的費用（頭期款、屋況檢查費用與交屋費用等），還有隨著時間經過需要支付的費用（貸款、房屋維修費用及相關稅金，這份清單還會繼續增加），最後還有你未來賣屋時期望得到的金額。當你把這些加在一起，就可以估計出你的長期收益或損失。

與利弊清單一樣，在成本效益分析上仍然很難考慮到所有成本和效益。不過，有一點很重要，那就是這個模式只在你做了全面分析後，才能奏效，因為你要使用最後的數字來做決定。一個有效的策略就是，與曾經做過類似決定的人交談，讓他們指出你可能忽略的成本或效益。舉例來說，透過與其他屋主交談，你可能發現你沒有充分考慮的維修成本，例如設備故障頻率，以及清除院中枯樹的成本等。長期擁有房屋的人可以滔滔不絕說出這些隱藏的大量成本，因為這是經驗之談！

在寫下成本和收益時，你會發現有些是無形的。我們繼續用房子為例，在你買房子的時候，你可能對讓自己維持目前生活水準感到一些焦慮，這種焦慮可能是額外的「成本」。相反地，擁有房子可能也有無形的好處，例如不必和房東打交道。在成本效益分析中，當你面對這些無形項目時，你仍然要為它們指定一個貨幣價值，哪怕只是針對它們對你價值的粗略估計。這樣做將幫助你在考慮的各種行動方案間，建立一個公平的量化比較基準。

寫下無形成本和效益的金錢價值或許看來奇怪，你怎麼知道不用和房東打交道，對你來說值多少錢？但如果你仔細想想，這和為利弊清單打分數是相同的。在計分方法中，如果你為需要每月支付

額外金額打了 -10 分，而能避免應付房東則打了 1 分，那你就有了一個快速的計算估值方式，只要把它們的金額除以十就好了。假設每月額外支付的金額是 1,000 美元，那你就可以推算避免跟房東打交道的價值是每個月 100 美元。當然，你可以選擇任何對你而言有意義的數字。

你可能會卡在這個步驟，因為要為一些你不完全了解的東西設定價值，感覺有些隨意。不過，你該知道這樣做確實可以幫助你分析。因為你確實對事物的價值有些了解，把即使不精確的感覺放進你的分析中，可以改善你的分析結果。正如我們很快就能看到，有一種方法可以測試這些價值會如何影響你的結果。

到目前為止，你已經從計分系統進展到貨幣估價。下一步，你就要升級到使用試算表了！與其只有一列的成本和效益，你要把成本與效益放在時間軸上，而且把每個項目單獨列一行，並在時間軸上的每一列列出任一年該項目創造的成本或效益。因此，第一列將包含你預期今年（第 0 年）的所有成本和效益，下一列則是第一年，接著是第二年，依此類推。例如每個月支付 2,000 美元貸款的那一行，在貸款的存續期內，就會一直存續。

將隨著時間變化而產生的成本與效益，以這種方式列出的一個重要理由，除了增加清晰度，就是你今天得到的效益比以後得到的相同效益更值錢。關於這一點，有三個重要原因，所以請容我們暫時更換話題，我們稍後就回到成本效益分析。

首先，如果你今天就收到錢或其他效益，你就可以立即使用，這為你創造了更多機會。例如，你可以現在投資這些基金，然後透過不同的投資獲得回報，或者你可以將這些基金用於額外的教育，投資你自己（見第 3 章的**資本機會成本**）。

第二，大多數的經濟體都有一定程度的**「通貨膨脹」(inflation)**，通貨膨脹是指，隨著時間經過，物價往往將如何上漲或膨脹。因此，你的錢在未來的購買力會比今天少。我們年輕的時候，一片披薩的標準價格是 1 美元，但現在一片披薩漲到 3 美元！這就是通貨膨脹。

由於通貨膨脹，如果十年後你才得到 100 美元，就無法買到今天的 100 美元所能買到的東西。所以，你不該將十年後的一筆錢，與今天的價值視為同等的。

第三，未來是不確定的，所以你的預期效益和成本有變化的風險。例如，根據貨幣、股市和利率的效益，在價值上會有波動，另外，你投入的時間越久，就越難預測效益。

現在回到成本效益分析。你應該還記得，你有一張試算表，列出了目前和未來的成本和效益。為了說明目前和未來效益間的價值差異，你要使用我們在第 3 章介紹的心智模式，那就是折現率。你只要把未來的效益和成本，在與今日相較時折現就可以了。讓我們透過一個例子，來展現它是如何運作的。

圖 6-2 使用試算表來做成本效益分析

	時間線							
	第 0 年	第 1 年	第 2 年	第 3 年	第 4 年	...	第 10 年
成本	(50,000) 美元	-	-	-	-	...	-
效益	-	-	-	-	-	...	100,000 美元
折現率	55,839 美元					...	
淨效益	5,839 美元					...	

成本效益分析可以算是在簡單投資上最直截了當的分析方法，所以讓我們使用一個簡單投資來當例子。債券是一種常見的投資選擇，它的運作很像貸款，你今天投資（借貸）資金，並期望於將來債券（貸款）到期時，能收回更多錢。假設你投資 5 萬美元於一個債券，並預計在十年後收回 10 萬美元。你可以製作一張試算表計算。

　　今天，也就是第 0 年的唯一成本，就是購買債券的 5 萬美元。而未來，在第 10 年的唯一收益，是你在債券到期時得到的 10 萬美元。不過，如前所述，這個收益實際上並不等值於今天的 10 萬美元。你需要把這筆未來的收益折現成今天的價值。

　　使用 6% 的折現率（在這個情況下相對合適，稍後會更詳細討論），你可以使用**淨現值**計算方式，將 10 年獲得 10 萬美元的收益，在 6% 折現率的前提下，**轉換**為今天的美元價值。關於淨現值計算，如果你需要複習，請見第 3 章。公式是 $100,000 ÷ 1.06$^{10}，得到的結果是 55,839 美元。

　　這就是你所需要的，一個相對複雜的成本效益分析，就是這樣！為了完成你的分析，只要把所有的折現後成本和效益相加就好了。你有 55,839 美元的折現收益，減去 5 萬美元的最初成本，你淨賺了 5,839 美元。

　　你會希望淨收益為正數，否則這筆交易就不值得進行，因為你最後的結果更糟（以今天的幣值計算的話）。在這個例子中，淨收益是正的，所以這項投資在你其他的選項中，是值得考慮的。

　　成本效益分析的一個核心挑戰，就是最後結果對所選的折現率很敏感。展示這種敏感度的一種方法，就是透過「**敏感度分析**」（sensitivity analysis），這是一種分析模式對輸入參數有多敏感的

有用方法。以 5 萬美元的債券為例,我們來對折現率進行敏感度分析。要做到這件事,你只要改變折現率,並計算每個變化的淨收益就好。

請注意折現率看似很小的變化,卻代表著淨收益的巨大差異。也就是說,淨收益對折現率非常敏感。當淨收益在折現率為 6% 時為正,但在 4% 時卻高達 3 倍,可是在 8% 時則是負數。這是因為在較高的折現率下,未來收益推回今日金額時的打折情況會更高。到最後,它被打的折扣太大,以至於淨收益降到了負值。

進行敏感度分析可以讓你了解,在各種合理的折現率下,可以預期的淨收益。你應該對任何不確定的參數,進行類似的敏感度分析,以知道它對結果的影響程度。

圖 6-3　折現率的敏感度分析

折現率	淨利益
0%	$50,000
2%	$32,035
4%	$17,556
6%	$5,839
8%	$-3,680
10%	$-11,446
12%	$-17,803
14%	$-23,026
16%	$-27,332

回想我們稍早討論過將無形成本和效益**轉化成具體貨幣價值**的困難，例如不必跟房東打交道的金錢價值。你可以使用敏感度分析，來測試這個參數對結果有多重要，以及一系列合理的數值將如何直接影響結果。

一般來說，敏感度分析可以幫助你快速發現試算表中的關鍵驅動因素，並告訴你在哪些地方可能需要花費更多時間，好增加假設的準確性。敏感度分析在統計學中也很常見，我們在第 5 章中展示設計實驗時樣本大小，對 α 和 β 很敏感時，就已經介紹了另一種敏感度分析。

考量到折現率一直是成本效益分析的關鍵驅動因素，找出折現率的合理範圍也就極為重要了。要做到這一點，讓我們再次考慮構成折現率的基本要素：通貨膨脹（貨幣購買力會隨著時間而變化）、不確定性（收益可能也可能不會實際發生），以及資本的機會成本（因為你可以用你的錢做其他事情）。由於這些要素因情況而定，因此可惜的是，在任何既定情況下，該使用哪個折現率，並沒有標準答案。

政府通常會使用接近利率的比率，而且通常會隨著通貨膨脹率變化。大公司則使用複雜的方法來計算他們的借款利率，和先前計畫的投資報酬率，這兩者加在一起，便得出通常比政府利率高出許多的利率。投機性很強的新創企業仍然應該使用更高的折現率，因為他們借錢的成本很高，而且他們在資本燒光或被競爭對手併吞之前，往往要與時間賽跑。因此，可接受利率的範圍差異很大，從接近通貨膨脹率一直到在極度高風險高報酬的情況下，可能達 50％甚至更高。

一個適宜的方法就是使用你可以借到錢的利率。你會希望你

圖 6-4　借貸前，先思考投資報酬率能否高於利率

「我不確定耶，傑克。這個『魔豆』新創公司聽來有點風險。」

的投資報酬率高於這個水準，否則你就不該借錢進行投資。請注意這個利率通常已經包含了通貨膨脹率，因為信貸利率通常隨利率變化，而利率則隨通貨膨脹而變化。也就是說，借錢給你的人也希望保護自己不受通貨膨脹的影響，所以他們通常會在貸款利率中，加入一個預期的通貨膨脹率。

由於投資會隨著不同的折現率而看起來差異很大，所以關於在不同情況，尤其當涉及政府計畫時，最適合使用哪些折現率，有許多公開辯論。不同的折現率可能會比較偏好某一個計畫，而非另一個計畫，所以可能會有許多來自遊說團體的壓力，要求挑選特定的折現率。

另一個會發生問題的情況是，成本或效益預期會持續存在於很遙遠的未來，例如氣候變遷緩和的情況。因為折現率的效果會隨著時間而加重，因此即使是很小的折現率，對遙遠未來的折現效果也

會趨近於零。這個後果就是不重視對後代的影響，因此一些經濟學家認為這是不公平的，甚至可能是不道德的。

即使折現率面臨這個核心議題，但成本效益分析仍然是一個非常有價值的模式，可以針對如何進行決策，架構量化的討論。所以，許多政府在評估政策選項時，都要求使用這種方法。1981年，美國總統隆納德·雷根（Ronald Reagan）簽署了第12291號行政命令，規定「除非法規對社會的潛在利益，大於對社會的潛在代價，否則就不得採取法規取締行動。」這些文字被後續多位美國總統修改，但其核心思想卻繼續推動政策，因為美國聯邦政府對大多數重要的法規措施，都進行了成本效益分析。

最後一個需要牢記的成本效益分析議題，是比較具有不同時間範圍的兩個選項時，要注意的弔詭之處。為了說明這個陷阱，讓我們比較一下先前假設的債券投資，並引入另一個債券投資選項。我們先前的債券投資成本為5萬美元，十年後收回10萬美元，依6%的折現率計算，今天的淨收益為5,839美元。

我們的新投資也是5萬美元的債券投資，不過它不是在十年後收回10萬美元，而是只要6年就可收回75,000美元。第二個債券投資於今日，也就是第0年的成本仍然是5萬美元。如果採用同樣的6%折現率，六年後獲得的75,000美元折現為今天的價值是52,872美元，淨收益為2,872美元。這個淨收益少於第一個債券投資機會所帶來的5,839美元淨收益，因此第一個債券似乎是更好的投資。

然而，如果你購買了第二個債券，你的75,000美元將在6年後釋出，在剩下的四年裡，你可以另尋投資標的。如果你能以足夠高的利率，將這筆錢投資於新的投資項目，那麼第二個債券最後可

能會更具吸引力。所以你在進行比較時，必須考慮在同一時間範圍內可能發生的情況。

　　換言之，成本效益分析的結果好壞，取決於你輸入的數字。在電腦科學領域中，有一個模式描述了這種現象，那就是**「垃圾進，垃圾出」**（garbage in, garbage out）。如果你對成本和效益的估計非常不準確，你的時間表沒有排好，或者你的折現率是不合理的，這就是垃圾進，那麼你得出的淨結果也同樣會有缺陷，這就是垃圾出。

　　另一方面，如果很仔細做出準確的估計，並進行相關的敏感度分析，那麼成本效益分析就可能成為架構決策過程的一流模式，並且在大多數的情況下，會是取代利弊清單的受歡迎替代選項。下次當你要做一個利弊清單時，至少考慮加入評分方法，把它變成一個簡單的成本效益分析。

圖 6-5　投資前先進行成本效益分析

把事情化繁為簡

當你可以列出你的決策選項，而它們的成本和效益也相對清楚時，那麼成本效益分析就是接近決策的一個好起點。然而，在很多情況下，你的選項及其相關成本和效益都不清楚。有時候，可能的結果有太多不確定性；其他時候，情況可能非常複雜，讓你連開始了解各個選項都很困難。無論是哪種情況，你都需要使用一些其他的心智模式來應付這種複雜性。

我們來看看屋主一經常面臨的情況：昂貴的維修費用。假設你想在夏季游泳季節前，修理你的游泳池設備。你取得兩個承包商的報價。一個報價是來自你認識且可靠的游泳池服務公司，但它的報價 2,500 美元似乎有點高。第二家的報價是 2,000 美元，只是這個承包商是一人團隊，你過去也從沒往來過，他們似乎也沒有足夠的能力。

所以你得到的印象是，這名承包商只有 50％ 的機會，可以及時在一週內，按照報價單的成本完成工作。如果他無法達成，你估計可能發生以下情況：

- 有 25％ 機會延誤一週，而額外工人成本為 250 美元。
- 有 20％ 機會延誤二週，額外成本為 500 美元。
- 有 5％ 機會不僅延誤三週，有些地方還要重做，總額外成本為 1,000 美元。

這種多人投標且有時間或品質問題的情況很常見，但由於結果中含有不確定性，想輕鬆使用成本效益分析就有點太複雜。幸運的

是，還有另一個簡單的心智模式可以理解所有潛在的結果，那就是**「決策樹」**（decision tree）。這是一個看來像一棵樹的圖表，枝幹都畫在一邊，可以幫助你分析不確定結果的決策。通常以方形表示的分支點就是決策點，向外伸展的枝葉則表示各種可能的結果，通常會用開放圓型表示機會點。展示這個游泳池維修例子情況的決策樹，就會如圖 6-6 所顯示。

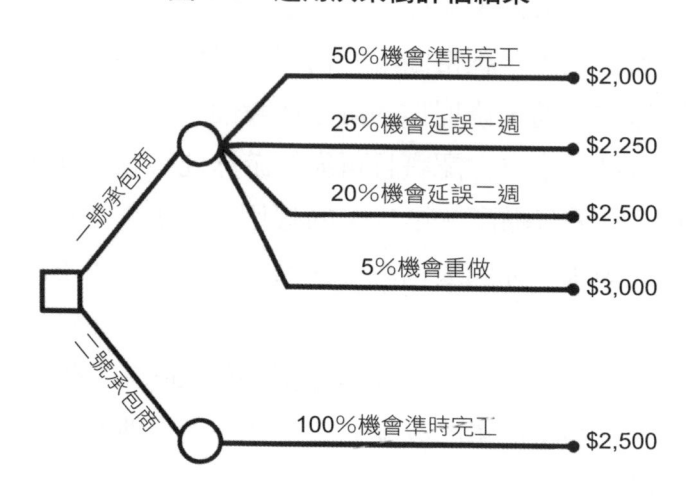

圖 6-6　運用決策樹評估結果

```
                   50%機會準時完工
                ┌─────────────────── $2,000
                │  25%機會延誤一週
     ┌──────────┼─────────────────── $2,250
     │一        │  20%機會延誤二週
     │號        ├─────────────────── $2,500
     │承        │  5%機會重做
     │包        └─────────────────── $3,000
     │商
 ┌───┤
     │二
     │號
     │承        100%機會準時完工
     │包     ┌─────────────────── $2,500
     └──────○
```

第一個正方形代表你在兩個承包商之間做選擇，然後空心的圓圈將每個選擇，分散至不同的可能結果。帶有實心圓的枝葉線，列出每個結果的最後成本，而它們的機率則列在每條線上。這是一個簡單的**機率分配**（見第 5 章），它描述了所有機率如何分配在所有可能的結果中。每組機率的總和為 100％，代表這個選擇的所有可能結果。

現在你可以使用機率估計值，計算每個承包商的**「期望值」**（expected value），方法是把每個可能結果的機率與其成本相

乘，然後將它們相加。這個加總的**數值**，就是在考慮了所有潛在結果後，你**預期**平均會支付給每個承包商的價格。

你慣用的承包商，也就是決策樹中的二號承包商，他的期望值就是 2,500 美元，因為只有一個可能的結果。新的承包商，也就是決策樹中的一號承包商，他的期望值是四個可能結果的乘積之和，$1,000 + $562.50 + $500 + $150 = $2,212.50。雖然新的承包商有一個結果，可能會讓你花費 3,000 美元，你支付給他的期望值，仍然低於你認為會支付給你慣用承包商的價格。

圖 6-7 的意思是，如果這些機率是準確的，而且你可以在現實生活中將這個情況做 100 次，每次都選擇新的承包商，你平均每次給的金額將是 2,212.5 美元。這是因為，有一半的時候，你只需支付 2,000 美元，而另一半的時候則要支付更多。你永遠不會確實支付 2,212.5 美元，因為這不是一個可能的結果，但整體來說，在多次反覆進行之後，你的支付金額將會達到這個平均期望值。

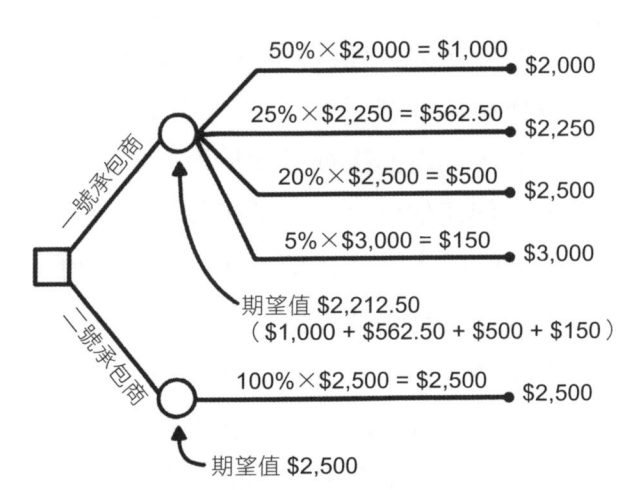

圖 6-7　運用決策樹導出期望值

```
                           50%×$2,000 = $1,000
                                              $2,000
              一號承包商      25%×$2,250 = $562.50
                 ○                            $2,250
                           20%×$2,500 = $500
                                              $2,500
                           5%×$3,000 = $150
                                              $3,000
        □          期望值 $2,212.50
                  （$1,000 + $562.50 + $500 + $150）
              二號承包商     100%×$2,500 = $2,500
                 ○                            $2,500
                   ↑
              期望值 $2,500
```

如果你覺得這很令人困惑，下面的例子可能會有幫助。2015年，美國的媽媽平均有2.4個小孩。有哪個母親真的就有2.4個小孩？我們希望沒有。有些人有一個小孩，有些人有2個，有些人則有3個，諸如此類，而平均值則是2.4。同樣地，各種承包商付款結果及其機率加起來，就是付款金額的期望值，即使你不會支付這個確切金額。

無論如何，從決策樹和期望值的角度來看，你可能會理性選擇新的承包商，即使他們有這些潛在的問題。這是因為你對那個承包商的預期經費較低。

當然，這個結果可能隨著不同的機率和潛在的最後付款而改變。舉例來說，如果你認為最後付款3,000美元的機率不是5%，而是有50%的機率可能會支付這個最高的成本，那麼新承包商的期望值將變得高於你慣用承包商的報價。請記住，正如我們在上一節的討論，<u>你隨時可以對你認為可能對決策產生重大影響的任何項目進行敏感度分析</u>。你可以改變機率和最後付款金額，並查看期望值如何跟著變化。

此外，我們還要考慮另一種決定可能改變的方式。假設你已經安排了幾週後要舉辦游泳池派對。現在，如果報價較低的承包商的工期確實進入第二週，你將面臨很多關於派對的焦慮。你將不得不向承包商施加壓力，促使他們完成這項工作，你甚至可能不得不引進增援人手，以更高的成本完成這項工作。額外的麻煩很多。

對於一個時間就是高機會成本的富裕人士，所有這些額外的焦慮和麻煩，可能可以評估等同於價值1,000美元的成本，哪怕你並沒有直接向承包商支付這1,000美元。計入這一筆可能的額外負擔後，延後兩週完工的最後負擔將從2,500美元（本來是超支500美

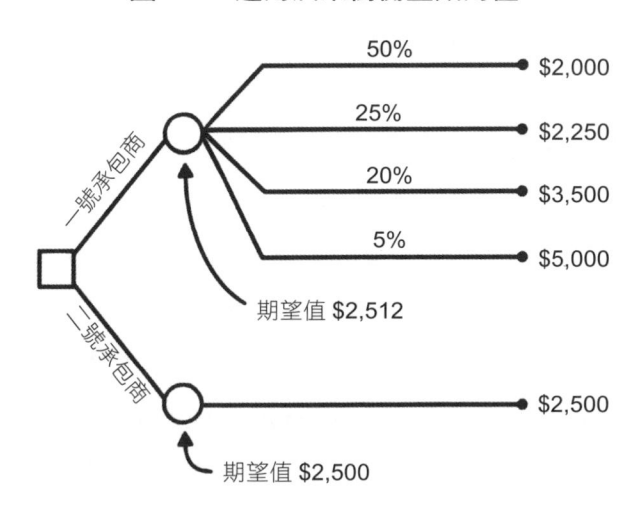

圖 6-8　運用決策樹衡量效用值

```
                         50%
            ┌─────────────● $2,000
            │    25%
         ○──┼─────────────● $2,250
       ╱    │    20%
      ╱一   ├─────────────● $3,500
     ╱ 號   │    5%
    ╱ 承    └─────────────● $5,000
   ╱  包
  ╱   商
 □      期望值 $2,512
  ╲
   ╲二
    ╲號
     ╲承
      ╲包
       ╲商
        ○─────────────────● $2,500

          期望值 $2,500
```

元），增加到 3,500 美元（現在是超支 1,500 美元）。

　　同樣地，如果這個新的承包商真的把工作搞砸了，而且你必須請你的慣用承包商，在短時間內重做大部分工作，這將使你付出額外 1,000 美元的焦慮和麻煩，外加實際上支付更多的款項給另一個承包商。所以，這個選項最後可能會再花費額外的 2,000 美元，而將總支出衝到 5,000 美元。

　　透過在決策樹中使用這些增加的數值，你實際上可以對這些額外成本「定價」。因為這些新數值包含的不限於你必須實際支付的成本，所以也稱為**「效用值」**（utility value），反映了你對各種可能情況的總體相對偏好。我們已經在上一節看到了這個想法，當時我們為了不需要面對房東這個選項制定一個價格。這就是總結那個概念的心智模式。

　　效用值可以從實際價格中分離出來，在這個概念上，你可以對某樣東西賦予比另一樣東西更高的價值，哪怕它們在公開市場上的

價格是一樣的。想想你最喜歡的樂團，看他們的演唱會比你看其他票價一樣的樂團演唱會更有價值，因為你更喜歡他們。由於你的偏好，你會從這場音樂會中得到更多的效用值。在游泳池的例子中，在你開派對之前，忙亂著修好游泳池，就是你要實際支付給承包商的金錢之外，額外的效用值損失成本。

就決策樹而言，每條橫線的最後數值都可以成為效用值，你可以把每個可能結果的所有成本和效益，包含有形與無形的，合併成一個數字。如果你這麼做了，最新的結論將會導致一個反轉的決定，就是使用你的慣用承包商，也就是決策樹的二號承包商。

不過，要注意，這仍然是一個非常接近的決定，因為兩個承包商現在的期望值幾乎相同！這兩個數值的接近度，說明了機率結果的威力。即使新承包商現在可能有昂貴得多的潛在「成本」，但有50%的機會，你還是預期會支付給他們少很多款項。這種較低的成本導致期望值大幅下降，因為這種情況經常發生。

和成本效益分析與利弊清單打分數一樣，我們建議，應盡量使用效用值，因為它們為你的潛在偏好描繪了一個更全面的樣貌，因此應該能得到更令人滿意的決定。事實上，更廣泛來說，有一種哲學思想就稱為**「效用主義」**（utilitarianism），它表達的觀點是，最有道德的決定就是為所有參與者創造最大**效用**的決定。

不過，作為一種哲學思想，效用主義有各種缺點。最主要是，牽涉許多人的決定，又能增加整體效用時，如果這個效用未能平均分配給參與者，看起來就可能不公平，例如儘管生活水準不斷提高，但收入卻不平等。另外，效用值可能很難估計。然而，如果只考慮哪個決定將增加最多整體效用，效用主義是一個值得注意且有用的哲學模式。

在任何情況下，決策樹幫你了解，在面對大量且各不相同的機率結果的情況下，該做什麼。以醫療保險為例，你該選擇一個高自付額但保費較低的方案，還是低自付額但保費較高的方案？這要取決於你預期的保險水準，以及你是否能負擔低出險機率情況下，你將需要支付的高自付額（請注意，這裡沒有明確答案，因為如果自付額較低，每月的保險費會較高。增加的這部分保費可以視為每個月支付的部分自付額）。你可以透過決策樹，來檢視這類情況，同時考慮你的偏好和實際成本。

決策樹在幫助你思考不太可能發生，但影響極為嚴重的事件時特別有用。例如更仔細想想這個情況，你發生了一件醫療事故，並需要支付全部的自付額。對某些人來說，這筆支出可能等於破產，因此他們發生這件事故的真實成本，就遠高於自付額的實際成本。

因此，如果你處於這個情況下，就會想讓這個情境的效用值損失極高，以反應你想避免破產的念頭。這麼做可能會促使你選擇一個較高保費的計畫，但有你可以負擔的低自付額，這樣就更能保證你不至於破產。換言之，如果可能出現財務崩潰危機，你可能會想避免那個計畫，即使平均來說，它會帶來更好的財務結果。

在這類分析中要注意的一件事，就是出現「**黑天鵝事件**」（**black swan event**）的可能性，它是極端又有嚴重後果的事件，最後會以類似金融破產收場，但出現的機率卻比你最初預期的要高許多。這個名字源於一個錯誤的信念，在歐洲和其他地方流傳了好幾個世紀，認為黑天鵝並不存在，但事實上牠們直到現在都是澳洲常見的鳥類。

應用決策樹分析時的一個保守方法是，提高對低機率但高影響情況的機率估計，例如保險例子中的破產情況。這個修改將說明一

個事實，這個情況可能代表一個黑天鵝事件，所以你對它的機率推定可能是錯的。

黑天鵝事件的機率可能被錯誤計算的一個原因，與**常態分配**有關（見第 5 章），常態分配是用來解釋像人的身高這樣許多自然現象出現頻率的鐘型機率分配。在常態分配中，罕見事件發生在分配的尾部，例如很高或很矮的人。不過，黑天鵝事件經常出自於「**厚尾分配**」（fat-tailed distribution），這種分配圖形確實有著比較厚的尾部，意思則是，與常態分配相較，從中間向外延伸的事件發生機率比較高。

還有許多自然發生的厚尾分配，有時人們誤以為他們處理的是常態分配，但實際上他們處理的卻是厚尾分配，這意謂著，在尾部的事件發生機率較高。實務上，這些就是在分配中，一些最大離群值的發生機率，比你從常態分配中的預期更高，例如保險支出或美

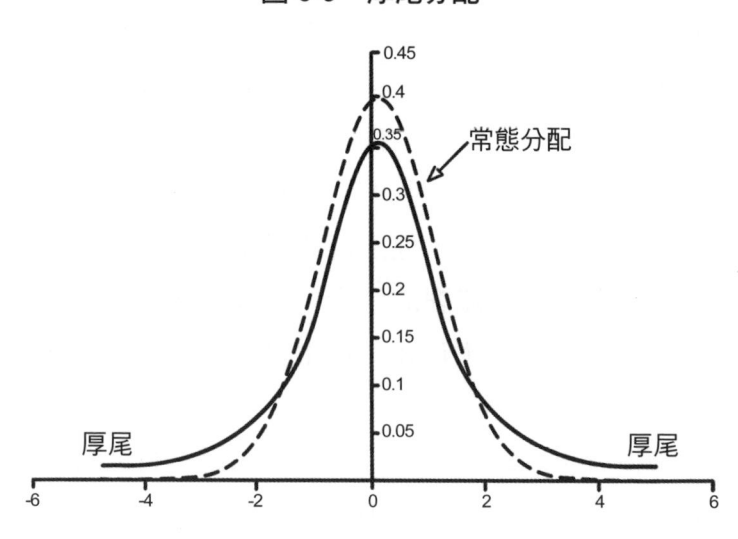

圖 6-9　厚尾分配

國家庭收入分布（見第 5 章的**柱狀圖**）。

另一個你可能錯誤估算黑天鵝事件發生機率的原因，就是誤解了它發生的原因。當你認為一種情況應該來自一種機率分配，但實際上卻涉及到多個機率分配時，就會發生這種情況。舉例來說，遺傳原因（例如侏儒症和馬方氏症候群）就說明了，為什麼會有比你在一般常態分配的預期下，更多較矮或較高的人，因為常態分配並沒有計入這些罕見的遺傳變異。

第三個原因則是你可能低估了**級聯失效**的可能性和影響（見第 4 章）。你應該還記得，在級聯失效的情況下，系統的某些部分是相互關聯的，如果一個部分出錯，下一個部分也會跟著出錯，依此類推。2007 至 2008 年的金融危機就是一個例子，房貸擔保證券的失敗一路波及到銀行和相關的保險公司。

我們的氣候也是一個例子。**百年一遇洪水**（one-hundred-year flood）的意思是指，一年只有 1% 機率會發生的洪水。不幸的是，氣候變遷正在提高這個發生機率，而且在許多地區，它已經不再只有 1% 的發生機率了。以德州的休士頓為例，過去三年內就發生了三次所謂的五百年一遇的大洪水！隨著氣候變遷的級聯失效持續顯現，這些事件發生的機率顯然需要調整。

為了能在非常複雜的系統中做出更好的判斷，例如金融或氣候的結果機率，你可能要先退後一步，試著理解整個系統，才能試著為特定子集合或情況，建立決策樹或成本效益分析。**「系統思考」**（systems thinking）就是指同時思考整個系統的行為。藉著思考整個系統，你更能理解與說明系統各元素之間的微妙互動，否則可能導致你的決策產生非預期後果。舉例來說，當你考慮進行投資時，你可能會開始理解到，經濟中看似不相關的部分其實會影響投

資結果。

有些系統相當簡單，你可以在腦海中就想像出整個系統。有些系統則非常複雜，想把所有互相交錯的元素同時放在腦海中思考，挑戰性實在太大了。一個解決方案就是完全照字面意義繪製視覺圖。繪製圖表可以幫助你更清楚了解複雜的系統，以及系統各部分之間的互動狀況。

如何有效繪製複雜系統圖表的技術，已經超出本書的範圍，但要知道有許多技巧可以學習，包括顯示系統內反饋循環的**系統循環圖（causal loop diagram）**，以及顯示事物在系統內如何累積與流通的**庫存和流程圖（stock and flow diagram）**。蓋布瑞的碩士論文就包含電子郵件的垃圾信件系統圖解。圖 6-10 是他做的一張系統循環圖，你不需要理解這張圖，它只是說明這些東西最後看起

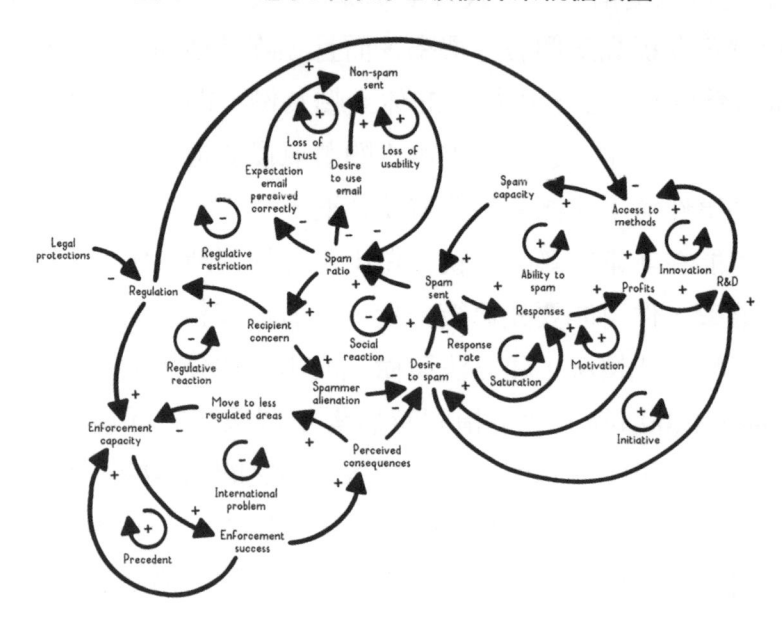

圖 6-10　電子郵件的垃圾信件系統循環圖

來會是什麼樣子。你只需要知道，這對幫助你理解這個複雜的系統非常有幫助。

進一步的步驟是，你可以使用軟體來模仿系統運作，這個動作稱為**模擬**。事實上，有現成的軟體讓你可以在螢幕上繪製一個系統圖，然後立即將其轉換成一個可以運作的模擬分析。有兩個可以達成這種功能的線上程式，它們是 Insight Maker 和 True World。在使用過程中，你可以設定起始條件，然後查看系統如何隨著時間開展。

模擬可以幫助你更深入了解一個複雜系統，並讓你更能預測黑天鵝和其他事件。模擬還可以幫助你確認，在面對不斷變化的條件時，系統會如何調整。以法國化學家亨利－路易・勒沙特列（Henri-Louis Le Chatelier）的名字命名的「**勒沙特列原理**」（**Chatelier's principle**）指出，當任何處於平衡狀態的化學系統受到條件變化的影響，例如溫度、體積或壓力的變化時，就會重新調整到一種新的平衡狀態，而且通常會抵消部分的變化。

舉例來說，如果有人遞給你一個箱子，你不會馬上搖晃，而是會改變你的重心，來因應這個新的重量。或者在經濟學中，如果開徵新稅，長期而言，這個新稅的稅收會低於預估稅入，因為人們會調整自己的行為以逃避這項稅收。

如果這聽起來像是一個熟悉的概念，那是因為勒沙特列原理與心智模式**體內恆定**（見第 4 章）很類似，它來自生物學；回想一下你的身體如何自動顫抖和出汗，以因應外部條件的變化來調節體內溫度。勒沙特列原理不一定表示系統會圍繞著預定數值而調節，但它會因應外部強加的條件，通常以部分抵消這個外部刺激的方式進行。你可以透過模擬方式，即時看見這個原理的運作，因為這些模擬讓你得以計算你的模擬系統將如何適應各種變化。

在動態系統和模擬中，也出現了一個相關的心智模式，那就是**「遲滯現象」**（hysteresis），指的是一個系統的當前狀態如何取決於它的歷史。遲滯也是一種自然發生的現象，大多數的科學領域都有這種現象的例子。在物理學中，當你向一個方向磁化一種物質，例如把磁鐵固定在另一塊金屬上，取出磁鐵後，金屬並不會完全退磁。在生物學中，幫助增強免疫系統的 T 細胞一旦被啟動，後續只需要較低的門檻，就能重新啟動。遲滯現象描述了金屬和 T 細胞不會完全忘記它們之前的狀態，這樣一來，以前發生的事情就可能會影響接著發生的事情。

這看起來又像是一個熟悉的概念，因為它類似**依賴現有路徑**的心智模式（見第 2 章），但它從限制未來可做的事的角度中，更廣泛描述了選擇的後果。而遲滯現象則是路徑依賴的一種類型，適用於系統。

舉例來說，在工程系統中建立一些遲滯效果，以避免快速變化，這是有用的。現代恆溫器就是在設定的溫度上下設定一個溫度範圍，如果你想保持溫度在 22°C，恆溫器可以設定為當溫度下降到 20°C 時會打開加熱器，而當溫度達到 22°C 時則關閉。如此一來，它就不會頻繁啟動和關閉。類似的道理，在網站上，設計者和開發人員通常會在你將滑鼠從選單等頁面元素上移開時，建立一個延遲狀態。他們將程式設計成記得你曾經停留在選單上，如此一來當你離開時，選單不會立即消失，因為這樣可能會讓人覺得不便。

你可以在將複雜系統視覺化時，使用這些心智模式，並加以模擬，以幫助你更有效評估潛在結果及其相關機率。然後你可以把這些結果，輸入像決策樹或成本效益分析等更直接的決策模式。

一種在這方面特別有用的模擬，就是**「蒙地卡羅模擬法」**

(Monte Carlo simulation)。與**臨界質量**（見第 4 章）一樣，這是在競賽研發原子彈時，由曼哈頓計畫人員於洛斯阿拉莫斯（Los Alamos）國家實驗室發現的模式。物理學家史坦尼斯勞·烏拉姆（Stanislaw Ulam）當時正在努力利用傳統數學方法，來確定中子穿過各種物質的距離，並在玩單人紙牌遊戲（沒錯，就是紙牌遊戲）後提出了這一個方法。《洛斯阿拉莫斯科學》（*Los Alamos Science*）期刊引述他的話說：

> 我首次想到及練習蒙地卡羅模擬法，是在 1946 年，是由一個問題引起的。我當時正從病痛中恢復，正在玩單人紙牌遊戲。這個問題就是由 52 張紙牌組成的坎菲德接龍（Canfield）遊戲，能成功完成的機率是多少？在花了很多時間，試圖以純粹的組合計算來估計這個機率後，我好奇是否有一個比「抽象思維」更實際的方法，但不必把紙牌實際玩一百遍，只要簡單觀察和計算成功完成的數字。

蒙地卡羅模擬法實際上是許多獨立運作的模擬，有隨機的初始條件，或者模擬本身就含有亂數的其他用途。透過多次的系統模擬，你會開始了解各種不同結果的可能性。你可以把它視為動態的敏感度分析。

蒙地卡羅模擬法幾乎用在所有的科學類別，在科學範圍之外也很有用。舉例來說，創投業者經常使用蒙地卡羅模擬法，來決定為未來融資準備多少資金。當創投基金投資一間公司時，該公司如果成功，將來可能會籌募更多資金，而創投基金經常會希望參與這些未來募資，以保持其股權比例。它該為一家公司預留多少錢？並不

是所有的公司都能成功,不同的公司籌募的資金額度也不同,所以在最初投資時,這個答案並不明顯。許多基金使用蒙地卡羅模擬法來了解,根據目前基金的歷史、公司成功及潛在融資規模的評估,他們該準備多少資金。

更普遍地說,透過系統思考以便更了解複雜的系統,不論是使用圖表、跑模擬分析,或使用其他心智模式,不僅能讓你對系統及可能的結果範圍得到大致的了解,還可以幫助你發現最好的結果。沒有這些知識,你可能會陷入追逐**「局部最佳解」**(local optimum)的困境,這只是一個公認的良好解決方案,但不是最好的方案。

如果可以,你要朝最佳解決方案努力,那就是**「全域最佳解」**（global optimum）。想想起伏的山丘,附近一座山丘的頂部會是一個很好的成功地點（局部最佳解）,可是在遠處有一座更大的山丘,那會是更好的成功地點（全域最佳解）。你會想站在那座更大的山丘上,但首先,你必須對系統有全面的了解,才能知道還有更大的山丘。

圖 6-11　全域最佳解能帶來更好的解決方案

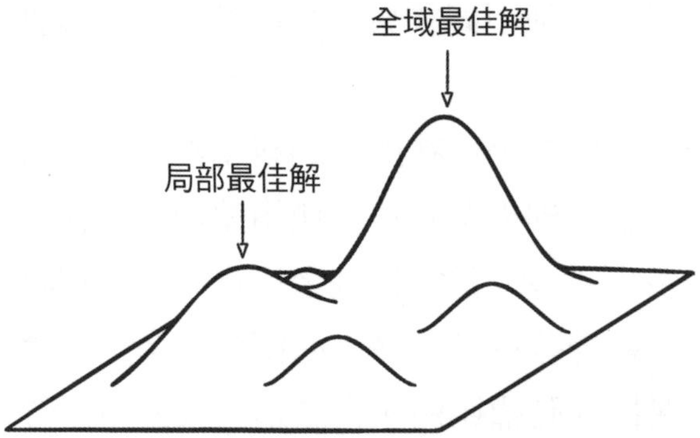

當心事件背後隱藏的風險

1955 年，心理學家約瑟夫・盧夫特（Joseph Luft）和哈靈頓・英罕（Harrington Ingham）創始了「**未知的未知**」（**unknown unknowns**）概念，後來在 2002 年 2 月 12 日，由美國前國防部長唐納德・拉姆斯菲爾德（Donald Rumsfeld）在一次新聞發布會上描述而廣為流行，當時的意見交流如下：

> 吉姆・米克拉澤維斯基（Jim Miklaszewski）：關於伊拉克、大規模毀滅性武器和恐怖分子議題，是否有證據證明，伊拉克企圖或願意向恐怖分子提供大規模毀滅性武器？因為有報導指出，並沒有證據指明巴格達與這些恐怖組織有直接關係。
>
> 拉姆斯菲爾德：指稱事情沒有發生的報導，我覺得很有趣，因為我們知道，世界上有已知的已知，也就是我們知道自己已經知道的東西。我們還知道有已知的未知，也就是說，我們知道有些事情我們並不知道。但還有未知的未知，也就是我們不知道我們並不知道的事。縱觀我國和其他自由國家的歷史，最後這一類往往是最困難的。

我們暫且不管這段對話的背景和規避話題，但這個基礎模式在決策中很有用。在面對一個決定時，你可以利用一個簡單的「**二行二列矩陣**」（見第 4 章）當作起點，來預見你知道與不知道的事情的四個類別。

圖 6-12　將已知與未知製成四象限評估

	已知	未知
已知	你知道的已知	你知道的未知
未知	你未知的已知	你未知的未知

這個模式在更系統化思考關於風險因素時特別有效，例如一個計畫成功的風險。每個類別都有其值得注意之處與程序。

- **已知的已知**：這些可能是其他人的風險，但對你則不是，因為你已經知道該如何根據以前的經驗來處理。舉例來說，一個計畫可能需要一個科技解決方案，但你已經知道這個解決方案，也知道該如何執行，只要執行這個已知的計畫就好。
- **已知的未知**：這些也是計畫的已知風險，但由於一些不確定性，目前還不清楚該如何解決。一個例子就是依賴第三方的風險，直到你直接與他們接觸，否則將不知道他們會如何反應。你可以透過去風險化（見第 1 章），把其中一些轉化為已知的已知，以擺脫不確定性。
- **未知的已知**：這些是你沒有考慮的風險，但明確的緩解計畫是存在的。舉例來說，你的計畫可能是在夏天到歐洲做生意，但你不知道的是，他們通常在八月做不了多少生意。一

個更有經驗的顧問,可以從一開始就幫你看出這些風險,並將其轉化為已知的已知。這樣這些風險就不會在突襲你,甚至讓你的計畫失敗。

- **未知的未知**:這些是最不明顯的風險,需要同心協力才能發現。舉例來說,公司或行業中其他地方的某些事情,可能會徹底改變這個計畫,例如預算削減、收購或新產品發布等。即使你發現了一個未知的未知,並把它變成一個已知的未知,你仍然不確定它的可能性或後果。你接著還要做排除風險的作業,最後把它變成一個已知的已知。

如你所見,你列舉了四個類別個別的項目,然後努力把它們都變成已知的已知。這個模式的重點在於,讓你自己能更全面的了解狀況。這與上一節的系統思考類似,在系統思考中,你是試圖全面了解系統,好讓你做出更好的決策。

舉一個個人的例子,我們來思考生小孩這件事。從閱讀所有的書籍中,你知道頭幾週將會很痛苦,你會想請假休息,你需要買汽車座椅、嬰兒床、尿布等,這些是已知的已知。你也知道你的寶寶如何睡覺和吃飯,或者不吃飯和不睡覺,都可能是個問題,但直到寶寶生下來以前,他們的氣質仍然不確定,這些是已知的未知。你可能還不知道抱嬰兒是一件有技巧的事,但很快就會有護士或家庭成員展示給你看,而將這個未知的已知變成已知的已知。然後還有一些事是還沒有人知道的,甚至沒有人在預做準備,例如你的孩子是否會有學習障礙的問題。

一個可以幫助你發現未知的未知的相關模式,就是**「情境分析」**(scenario analysis),也稱為情境規劃,這是一種更深入思

考可能的未來的方法。它之所以得名，是因為它牽涉到**分析**各種可能演變的不同**情境**。這聽起來很簡單，但實際上卻很複雜。因為思考未來可能出現的情境，是非常具有挑戰的工作，而思考它們出現的可能性和後果，則更加困難。

圖 6-13　從情境分析發現可能風險

可能風險

1422　外星人入侵

1423　城市被憤怒猴王摧毀

1424　建築被一隻大豬吞噬

「他真的是做了很徹底的風險分析。」

政府和大公司都有專門的人員進行情境分析。他們持續思考並撰寫報告，描述未來世界的面貌，以及在這些情境下，全體公民或股東會過得如何。許多學者，尤其是政治學、城市規劃、經濟學和相關領域的學者，也同樣從事對未來的預測。當然，科幻小說從分類本質上，就是一種致力於情境分析的文學體裁。

要做好情境分析，你必須構想出合理但又截然不同的未來，並在最後考慮幾種可能的情境。這個過程是困難的，因為你傾向於抓住你的第一個想法（見第 1 章中的**定錨**），通常是你對目前生活軌道（現狀）的直接推論，而不會去挑戰你自己的假設。

有一個方法可以確保你會挑戰自己的假設，就是列出可能發生的重大事件，例如股市崩盤、政府監管、重大產業合併等，然後將其可能造成的影響，追溯到你的情境中。有些事件可能幾乎沒有什麼影響，但其他事件可能成為你應該深入考慮的情境基礎。

另一種更廣泛思考未來可能出現的情境的方法，就是**「思想實驗」（thought experiment）**，從字面解釋的意思，就是一種只發生在你的**思想**中的**實驗**，也就是不發生在實體世界中。最著名的思想實驗就是「薛丁格的貓」（Schrödinger's cat），以奧地利物理學家埃爾文・薛丁格（Erwin Schrödinger）的名字命名，他在1935年想出了這個實驗，來探索量子力學物理不同解釋的含義。他在1935年的論文〈量子力學的現狀〉（The Present Situation in Quantum Mechanics）中寫道：

> 一隻貓被關在鋼製箱子裡，裡面還有這樣的裝置（這個裝置必須加以保護，以免貓咪被直接影響）：在一個蓋革計數器裡有一小塊放射物質，物質很小，有可能在一小時內其中一個原子就會衰變，但也可能不會，兩者機率相同。如果發生衰變，計數器的管子會放電，並通過繼電器放下一個槌子，然後打碎一小瓶氫氰酸。讓這整個系統靜置一小時，如果在這段時間內沒有發生原子衰變，我們就能說貓仍然活著。但第一次的原子衰變就會使牠中毒。

實驗就是這樣，有一隻貓在箱子裡，如果過去這一個小時裡發生一個放射性原子衰變，就會殺死貓。這個思想實驗呈現了一些看似無法回答的問題：在你打開箱子觀察貓之前，牠究竟是活的還是

死的，還是處於量子力學的所解釋的中間狀態？而當你打開盒子的當下，又會發生什麼？

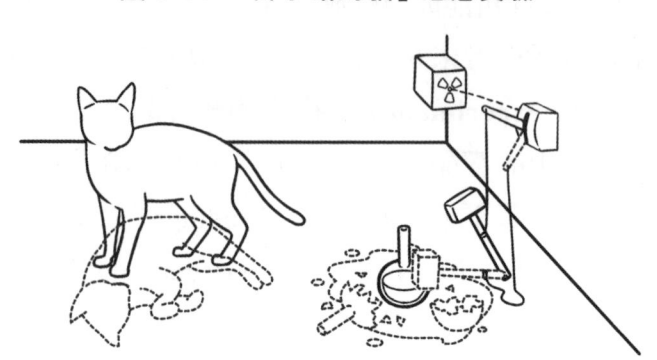

圖 6-14 「薛丁格的貓」思想實驗

這個思想實驗的答案超出了本書的範圍，而且在它被提出後爭論了幾十年。這就是思想實驗的力量所在。

思想實驗在情境分析中特別有用。提出以「如果……會如何」開頭的問題，是一種好的做法，例如，如果預期壽命突然增加四十年會如何？如果一間資金雄厚的競爭對手，複製了我們的產品會如何？如果我換了工作會如何？

這種假設問題也可以應用於過去，也就是所謂的**「反事實思考」**（counterfactual thinking），意思是藉由想像不同的過去，也就是與確實發生的**事實相反**，然後思考過去。你可能在書籍和電影中見到過這種模式，例如假如德國贏得了二戰，將會發生什麼事，菲利普・K・狄克（Philip K. Dick）的《高堡奇人》（The Man in the High Castle），就是描述這樣的內容。當你仔細思考過去的決定帶來的可能後果時，你自己生活中的例子就能幫助你改進你的決策能力。如果我接受了那份工作會怎樣呢？如果我去

念了另外一所學校會怎樣呢？如果我沒有接那個額外的案子會怎樣呢？

然而，在重新考慮過去的決定時，很重要的是，不要只考慮如果你做了不同的人生選擇，可能會產生的正面結果。「**蝴蝶效應**」（見第 4 章）提醒了我們，一個小小的改變也可能會產生連鎖反應，因此在考慮與事實相反的情境時，要記住如果你改變了一件事，其他的事情也不可能維持不變。

提出「如果……會如何」問題可以幫助你更有創意思考，想出與你的直覺不同的情境。更普遍地說，這種技巧是一種與「**水平思考**」（lateral thinking）相關的技巧，這種思考方式有助於你從一個想法向另一個想法水平移動，而不是批判思考，批判思考會更強調評斷你眼前的想法。水平思考是跳出框架的思考方式。

另一個有用的水平思考技巧，就是在你產生想法時加入一些隨機性。例如，你可以從周圍環境中隨機選擇一個對象，或者從字典中選擇一個名詞，然後試著設法將其與你目前的想法清單連結，在這個過程中，水平形成新的分支想法。

但是，不管你使用什麼技巧，要單獨執行情境分析都非常困難。尋求外部投入將會產生更好的結果，因為不同觀點的人會帶來新的想法。

因此，從一開始就讓許多人參與腦力激盪會議，是很誘人的想法。然而研究顯示，這不是正確的方法，原因是「**團體迷思**」（groupthink），這是由於團體中傾向出現和諧思考而產生的偏差。在團體環境中，成員經常會努力達成共識，並避免衝突與有爭議性的議題，甚至在某個解決方案似乎已經受到團隊青睞時，就不願意提出其他的解決方案。

圖 6-15　有時人們會接受暗示，遵循他人的決定

「不管是誰，我支持你調查結果出來的第一名。」

「**潮流效應**」（bandwagon effect）就是指這種現象，也就是當一個想法開始風行，而團體內其他成員「搭上**潮流**」時，共識就會迅速形成。簡單來說，它是指人們傾向於接受社交暗示，並遵循他人的決定。如此一來，當更多人採納了某個想法時，你採納這個想法的機率就會更大。

在某些情況下，這是理性的行為，就像你跟隨潮流，並根據產品擁有者經過充分研究的評論，而決定採用該產品一樣。不過，在其他情況下，時髦和趨勢可能根據的只是一點點實質內容而已。

對情境分析而言，團體迷思是很糟糕的，它還可能造成更廣泛的影響，如果不積極管理，通常會導致不良的團體決策。不過，管理團體迷思有很多方法，包括建立質疑假設的文化、確保以批判態

度評估所有想法、設立魔鬼代言人（見第 1 章）、積極招募有不同意見的人、降低領導人員對團體建議的影響力，以及將團體分成獨立的小組等。

最後這個方法與情境分析特別有關，因為它構成了**「發散性思考」**（divergent thinking）的基礎，在這個觀念中，你要積極嘗試讓思考發散，以發現多個可能的解決方案，與之相對的是**「收斂性思考」**（convergent thinking），你要積極嘗試讓思考收斂於一個解決方案。有一個技巧就是，舉辦一次會面，完全不進行腦力激盪，只要討論情境分析的目標。然後將大家單獨或分組送走。你可以給他們一些反應的提示，例如調查資料，或者請他們從零開始，提出自己的思想實驗和情境想法（發散性思考）。最後，你將所有的人召集起來，並檢視所有建議的情境，再將它們縮小至幾個情境，以便進一步探討（收斂性思考）。

此外，與你較親近的人，例如與你同組織的人，可能擁有相似的文化特性，因此你應該超越一般的接觸範圍，走向組織外部，盡可能獲取平行與發散型的想法。這麼做的一種方法，就是積極找尋不同背景的人參與。另一種很容易通過網路實現的方法，就是交由**「群眾外包」**（crowdsource）想法，顧名思義，就是從任何想參與的人（**群眾**），得到想法（**來源**）。

在很多情況下，從新聞界徵求新聞爆料，到維基百科請大家貢獻內容，甚至解決公司和政府的現實問題，群眾外包都很有效。舉個例子，網飛在 2009 年舉辦了一場競賽，結果群眾外包的研究人員擊敗了網飛內部推薦的運算法。

群眾外包可以幫助你了解許多人對某個話題的看法，從而為你未來的決策提供資訊，並更新你之前的信念（見第 5 章的**「貝氏學**

圖 6-16　群眾外包可以為你提供更多元的想法

「我沒有抄襲別人。我只不過是群眾外包答案而已。」

派」）。它還可以幫助你發現未知的未知和未知的已知，因為你可以從那些擁有你所沒有的經驗的人那裡得到回饋。

在詹姆士・索羅維基（James Surowiecki）所著的《群眾的智慧：如何讓整個世界成為你的智囊團》（*The Wisdom of Crowds*）一書中，他檢視了群眾的意見特別有效的情況。它的開頭講了一個故事，統計學家法蘭西斯・高爾頓（Francis Galton）在 1906 年參加的一個市集上，看到人群是如何正確猜出一頭牛的體重的。將近 800 人參加了這個猜測活動，每個人都提出了猜測，結果估算的平均體重是 543 公斤，正好就是這頭牛的體重，一磅不差！你不能期待，在所有情況下都可以獲得類似的結果，索羅維基說明了從群眾外包中獲得良好結果的關鍵條件：

- **意見多樣性**：在根據個人的知識和經驗而取得不同人的私人資訊時，群眾外包特別好用。
- **獨立性**：人們必須在不受他人影響的情況下，表達自己的觀點，以避免團體迷思。
- **聚合**：進行群眾外包的單位，必須能夠將不同的意見結合起來，以得到一個集體決策。

如果你能用這些特性設計一個系統，你就可以利用群眾的**集體智慧**。這將讓你得以蒐集可能隱藏在不同參與者小組中的有用資訊。在測量牛體重的例子中，屠夫可能會注意到一些與農夫和獸醫不同的東西。所有這些知識，都隱含在集體猜測的體重答案裡。利用集體智慧的一個比較現代的例子，是在電視節目《誰想當百萬富翁？》（*Who Wants to Be a Millionaire*）中進行的觀眾投票。

一般來說，當團體的集體知識庫大於你所能取得的知識時，利用集體智慧是有意義的，因為這有助於做出比你單獨能做出的更明智的決定。「團體」可以系統化思考各種情境、獲得新的資料和想法，或者單純協助改進現有的想法。

群眾外包在情境分析中的一個直接應用，就是使用**「預測市場」**（prediction market），就像是一種預測交易的股票市場。這個概念的一種簡單描述就是，每個預測的股票價格可以在 0 美元到 1 美元之間，並代表市場預估事件發生的當下概率，例如某個候選人是否會當選。舉例來說，0.59 美元的價格，代表候選人當選的機率為 59%。

如果你認為當選機率明顯高於 59%，你就可以以這個價格買進一股「是」的股票。相對地，如果你認為當選機率明顯低於

59％，你就可以以這個價格買進一股「否」的股票。如果候選人真的當選了，那麼市場會以每股1美元的價格，支付給預測為「是」的股票持有者，而如果候選人沒有當選，那麼那些預測為「是」的股票將會變得一文不值。相反地，如果候選人沒有當選，那麼市場會以每股1美元的價格，支付給預測為「否」的股票持有者，而預測為「是」的股票將會變得一文不值。

如果做出「是」的預測的人，比做出「否」的預測的人更多的話，那麼這支股票價格就會上漲，反之亦然。藉由觀察預測市場的當前價格，你可以根據人們如何下注，也就是購買股票的風向，來了解市場認為未來會發生什麼事。許多大公司在內部都運作類似的預測市場，員工可以預測銷售，預測市場行銷的結果。

還有幾個更大型的公共預測市場，例如PredictIt網站，它以前述方式，專注於政治預測。雖然這個市場成功預測了全球許多選舉結果，但在2016年卻未能正確預測唐納・川普（Donald Trump）的總統選舉和英國脫歐公投的結果。回顧分析顯示，意見似乎缺乏多樣性，而預測市場的參與者，也可能與川普或脫歐支持者沒有足夠的直接接觸。此外，預測者並沒有完全獨立運作，而是受到川普和英國脫歐最初巨大賠率的影響。

另一個優良判斷力計畫（Good Judgment Project），則以群眾外包模式預測世界事件。它的共同創辦人菲利普・泰特洛克（Philip E. Tetlock）研究了數千名參與者，然後發現了**「超級預測家」（superforecaster）**，這些人不斷重複做出卓越的預測。他發現，這些超級預測員對世界事件的預測，持續打敗全球領先的情報機構，哪怕他們缺乏只有這些機構才能取得的機密情報！

在《超級預測》（*Superforecasting*）一書中，泰特洛克檢視了

導致超級預測員做出如此準確預測的特質。事實上，這些都是普遍需要培養的良好特質：

- **智力**：腦力至關重要，尤其是進入一個新領域並快速跟上腳步時。
- **領域專業知識**：雖然你可以快速了解某個特定領域，但你知道的越多，就越有幫助。
- **實務練習**：良好的預測能力顯然是一項你可以不斷磨練和精進的技能。
- **團隊合作**：只要能避免團體迷思，一群人可以勝過一個人。
- **開放心態**：願意挑戰自己信念的人，往往會做出更好的預測。
- **過去機率的訓練**：研究過去類似情況機率的人，能夠更準確地評估當前機率，並避免基本率謬誤（見第 5 章）。
- **花時間**：人們花越多時間做出預測，就能做出越好的預測。
- **修訂預測**：持續根據新資訊修訂預測的預測者，可以成功避免「**驗證性偏誤**」（見第 1 章）。

使用預測市場和超級預測員的技術，可以透過讓它更準確，以及專注於實際上更可能發生的事件上，來幫助你增強情境分析能力。正如我們在第 2 章和第 4 章討論過的，許多不可預測的變化將不可避免地發生，然而，透過花時間研究這些心智模式，你可以為這些變化做更好的準備。即使你無法準確預測將會發生什麼事，你也可以預見類似的情境，而你對這些情境所做的準備，將會對你有所幫助。

在這一章中，我們看到了一系列的決策模式，它們都超越了

我們最初列出的簡單利弊清單。當你使用一個或數個這些心智模式做出決定時，最後一個良好的步驟，就是產生一個「**商業理由**」（business case），這是一份概述你的決策背後推理的文件檔案。

這個過程是「**從第一原理開始論證**」的一種形式（見第 1 章）。你鋪陳各個前提（原理），並說明它們如何堆疊起來並構成你的結論（決策）。在這過程中，你形成了自己的**理由**。採取這一個明確的步驟，將幫助你在決策過程中發現漏洞。此外，一個商業理由也提供了與同事討論決策的起點。

商業理由可以是非常簡短和非正式的幾段文字，也可以是極度詳細和正式的大篇幅報告，通常還伴隨著一場正式簡報。它的最後形式是用來說服別人或你自己，以確認決策是正確的。經由使用本章的心智模式，你可以完成有說服力的商業理由，來幫助你和組織做出卓越的決策。

而且，它不只是為了商業用途。我們這一章從討論轉職開始，一旦知道你想要什麼之後，你可以用更好的方法來處理這個問題。例如，你可以執行情境分析，讓自己更深入發現和想像，不同的職業前景可能會如何展開。接著，你可以透過成本效益分析，以數字進行系統化分析，或者如果某些選項在本質上更有機會，則可以使用決策樹。最後，你可以把這一切整合到一個簡潔的商業理由中，成為你下一次職業生涯變動的論點。

第 6 章　287
從眾多選項中，選出對自己最好的

本章重點

- 當你想使用**利弊清單**時，可以視情境，搭配使用**成本效益分析**或**決策樹**。
- 在進行任何量化評估時，對所有輸入值進行**敏感度分析**，以發現關鍵驅動因素，並了解你可能需要在哪些方面追求更高的假設準確性。特別小心使用**折現率**。
- 當心**黑天鵝事件**和**未知的未知**。使用**系統思考**和**情境分析**能更系統化找出它們並評估它們的影響。
- 對於複雜的系統或決策空間，考慮使用**模擬**，以幫助你更準確評估在不同情境下可能發生的情況。
- 注意**團體迷思**產生的盲點。在與團隊合作時，考慮**發散**和**水平思考**技巧，包括尋求更多元化的觀點。
- 致力理解系統中的**全域最佳解**，並尋找能讓你更接近它的決策。

第 7 章
面對衝突環境，尋求最佳結果

當我們在面對競爭對手，或是處於衝突的環境下時，該如何應對並做出最好的判斷？我們可以運用以下心智模式：

- 軍備競賽
- 賽局理論
- 囚徒困境
- 納許均衡
- 亦步亦趨策略
- 互惠
- 等值交換
- 承諾
- 好感
- 社會認同
- 稀缺性
- 害怕錯過的恐懼
- 權威
- 社會規範與市場規範的區別
- 最後通牒賽局
- 分配正義
- 程序正義

- 訴諸情感
- FUD
- 稻草人論證
- 訴諸人身
- 黑暗模式
- 特洛伊木馬
- 誘餌和切換
- 波坦金村
- 相互保證毀滅
- 嚇阻
- 胡蘿蔔與棍子
- 圍堵
- 止血
- 隔離
- 捕蠅紙理論
- 骨牌效應
- 滑坡謬誤
- 破窗理論

- 上鉤毒品理論
- 廚本帶客策略
- 妥協
- 紅線
- 極端選項
- 零容忍政策
- 要你攤牌
- 消耗戰
- 空洞的勝利
- 游擊戰
- 將軍總在打上一場戰爭
- 越級挑戰
- 終局
- 退場策略
- 孤注一擲
- 焚舟破釜

在競爭的情況下，幾乎你的每一個抉擇都會直接或間接影響其他人，而這些影響對衝突的結果則發揮著重要的作用。英國詩人約翰・多恩（John Donne）說過：「沒有人是一座孤島。」

在第 6 章，我們討論了幫助你做決策的心智模式。在這一章，我們將為你提供更多模式幫助你進行決策，但專注在引導你應對有對手的情境。

我們以「**軍備競賽**」（arms race）為例。這個名詞最初用來形容兩個或更多國家之間，為可能的武裝衝突而累積武器的競賽。它還可以更廣泛地用來形容任何局勢越來越緊張的競爭類型。想一想二戰之後，美國和蘇聯在冷戰期間，兩國不斷累積越來越多的尖端核子武器。這甚至不是冷戰時期唯一的軍備競賽，這兩個國家還激烈競爭奧運會（比拚牌數量）和太空探索（太空競賽）的主導權。

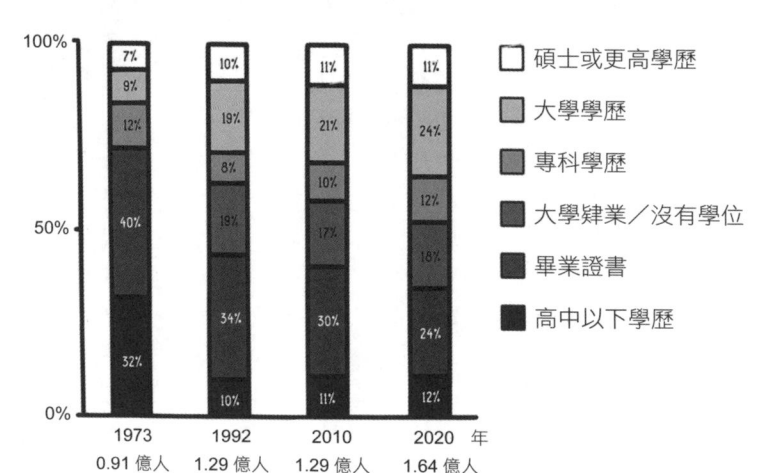

圖 7-1　就業的教育程度需求持續走高，形成軍備競賽

	1973	1992	2010	2020 年
碩士或更高學歷	7%	10%	11%	11%
大學學歷	9%	19%	21%	24%
專科學歷	12%	8%	10%	12%
大學肄業／沒有學位	40%	19%	17%	18%
畢業證書	32%	34%	30%	24%
高中以下學歷		10%	11%	12%
	0.91 億人	1.29 億人	1.29 億人	1.64 億人

軍備競賽在我們的社會中也很普遍。舉例來說，美國許多雇主越來越要求把大學或更高學位當作就業條件，儘管許多工作並不會用到從這些學位獲得的知識。

取得這些學位的費用也越來越高，這是拜另一場軍備競賽的結果所賜，在這場軍備競賽中，各大學花費越來越多的金錢讓校園感覺就像度假勝地。傳統印象中只有迷你冰箱跟公共浴室，並由煤渣磚蓋的宿舍房間，現在正在被配置有不鏽鋼家電設備和私人浴室的公寓式套房取代。根據《紐約時報》報導，一些學校甚至建造了像遊樂園裡的人工河道！這場軍備競賽直接導致美國高等教育的成本飛漲。

捲入軍備競賽，對任何人都沒有好處。這場競賽通常沒有明確的終點，各方都在不斷消耗資源。想一想，如果把用於打造豪華校園的資金，投入到改進教學和其他直接影響大學教育品質，以及讓更多人可以進入大學就讀等領域，那該有多好。

可惜的是，這種情況在日常生活中也很常見，許多人為了跟上他們的社交圈，或者他們渴望加入某個社交圈，而購買豪宅名車和名牌服裝，還把小孩送到昂貴的私立學校就讀，導致債台高築。「跟上瓊斯一家人」*這句話講的就是這個現象。

根據現在你對我們的了解，當你知道我們會把兒子送到工程夏令營，應該不會感到意外。去年，我們挑選離我們最近的夏令營，位於費城幹線上的一所私立學校，這是一個非常富裕的地區。當蘿倫等著接我們的兒子時，她無意中聽到一群參加夏令營的人，爭論著

---

* 它出自一個漫畫故事，這個漫畫以麥吉尼斯一家為原型，他們一家致力於趕上鄰居瓊斯家的生活型態。

誰家擁有最多輛特斯拉汽車。雖然比較社會地位並不少見，但看到學齡兒童投入這種討論，尤其是如此極端的討論，還是讓人很氣餒。

圖 7-2　為跟上社交圈，而增加不必要的開銷

「這下好了，瓊斯家把院子裡的鳥盆換成了熱水浴缸了。」

以個人而言，避免軍備競賽的意思，就是不要被捲入跟上瓊斯一家人的情境。你應該把收入用在能讓你滿足的事情上，好比全家度假，或者讓你感興趣的課程，而不是用在無法讓人滿足的地位象徵上。

以組織而言，避免軍備競賽代表著讓自己從競爭中脫離出來，而不是在功能或交易上追逐高人一等的策略，因為這只會侵蝕你的毛利。如果專注於你獨特的價值主張，你可以投入更多資源加

以改進,而不是跟上你的競爭對手。諷刺雜誌《洋蔥報》(*The Onion*)做了一件很出名的事,滑稽地模仿了刮鬍刀製造商之間的企業軍備競賽。

圖 7-3 《洋蔥報》諷刺了刮鬍刀業者間的軍備競賽

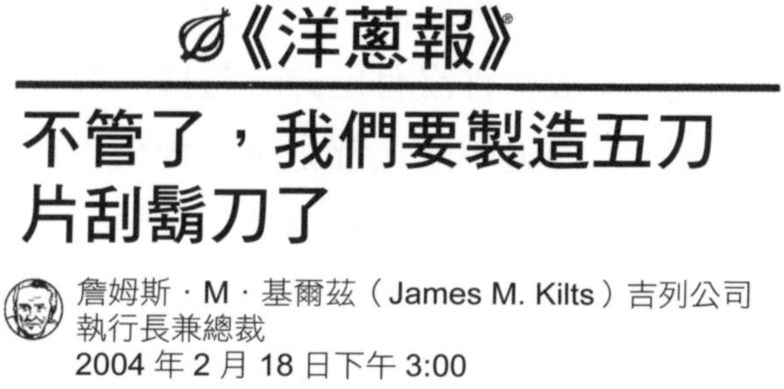

《洋蔥報》
不管了,我們要製造五刀片刮鬍刀了

詹姆斯・M・基爾茲(James M. Kilts)吉列公司
執行長兼總裁
2004 年 2 月 18 日下午 3:00

在本章的其餘部分,將探討各種心智模式,以幫助你分析並更能因應諸如軍備競賽之類的衝突。希望在閱讀之後,你將能走出任何競爭的局面,並擁有最好的結果。

找出能創造雙贏的可能

「賽局理論」(game theory)是研究在敵對情境下的策略和決策,它提供了幾個基本的心智模式,幫助你批判思考衝突。在這個議題下,賽局指的是簡化版的衝突,玩家投入人為的情境裡,規則定義明確,結局可以量化,與棋盤遊戲很類似。

在大多數常見的賽局中,例如西洋棋、撲克、棒球、大富翁等,通常都會有贏家和輸家。不過,賽局理論家發現,現實生活中

的衝突不一定都有一個明顯的贏家或輸家。事實上，有時每個人都能贏，但有時大家都會輸。

賽局理論最著名的「賽局」，稱為**「囚徒困境」（prisoner's dilemma）**，可以用來說明有用的賽局理論概念，也可以適用於許多生活情境，包括軍備競賽。

設定如下，假設兩個罪犯被捕並關進監獄，每個人都有自己的牢房，彼此無法溝通。檢察官沒有足夠的證據，指證任何一人犯有重大罪行，但有足夠證據證明兩人都犯下了輕微違法行為。不過，如果檢察官能讓其中一名囚徒與同謀者作對，另一名就可能因重大罪行而被關押。所以檢察官給每個犯人一個相同的條件，第一個背叛同伴的人就能得到自由，而保持沉默的人則會被送進監獄。

在賽局理論中，圖表可以幫助你找出你的最佳選項。其中一個例子被稱為**報酬矩陣（payoff matrix）**，以**矩陣**形式顯示玩家各種選項的**報酬**（見第 4 章的二行二列矩陣）。從囚徒的角度來看，報酬矩陣如圖 7-4 所示。

圖 7-4　囚徒困境的報酬矩陣：面對判刑

	B 保持緘默	B 背叛 A
A 保持緘默	1 年，1 年	10 年，0 年
A 背叛 B	0 年，10 年	5 年，5 年

有趣的部分來了，這個賽局最基礎的架構是假設玩家的後果是被判入獄，也就是說，並沒有考慮即時談判或未來報復。如果身為玩家，而且你能獨立和理性的行動，那麼在這個架構和報酬矩陣

下，主導策略永遠會是背叛你的夥伴，無論他們怎麼做，背叛都是你最好的策略，而且是唯一讓你自由的方法。如果你的同謀保持緘默，而你背叛他們，刑期會從 1 年變為 0 年；如果他們也背叛你，你的刑期會從 10 年變為 5 年。

問題是，如果你的同謀也遵循同樣的策略，那你們兩人坐牢的時間，會比你們兩人都保持緘默的時間長得多（5 年與 1 年）。因此你陷入了困境，你是要冒著他們背叛你的風險，還是相信他們會跟你團結，最後只承擔少少的刑期？

兩人都選擇背叛，而各自被判刑 5 年，被稱為這場賽局的**「納許均衡」**（Nash equilibrium），因數學家約翰・納許（John Nash）而命名，他是賽局理論的先驅之一，也是電影《美麗境界》（*A Beautiful Mind*）的主人翁。納許均衡是玩家選擇的組合，任何一個玩家改變策略，都會讓所有人的結果惡化。在這個情況下，納許均衡就是雙重背叛的策略，因為如果任何一方選擇保持緘默，就會得到更長的刑期。為了讓雙方都獲得較短的刑期，他們必須合作行動，協調雙方策略。這種協調策略是不穩定的，也就是說，並不是一種均衡，因為任何一方都可能背叛另一方，以改善他們的結果。

在你身處的任何賽局中，你都想知道是否存在納許均衡，因為這是最有可能的結果，除非採取了行動而改變賽局的參數。舉例來說，軍備競賽的納許均衡，就是雙方選擇繼續武裝自己的高軍備戰略。圖 7-5 是這個情境的報酬矩陣。

圖 7-5 軍備競賽的報酬矩陣：經濟結果

	B 放棄軍備	B 維持軍備
A 放棄軍備	勝出，勝出	大輸，大贏
A 維持軍備	大贏，大輸	輸，輸

如你所見，軍備競賽與囚徒困境的結果可以互相參照。A 和 B 雙方維持軍備，也就是雙輸的狀況，就是納許均衡，因為如果任何一方轉為放棄軍備，他們的情況就會更糟，導致更糟糕的最後結果，例如一場他們無法防禦的入侵，在矩陣中表示為「大輸」。最好的結果同樣來自於合作，也就是雙方都同意放棄軍備，達成雙贏結果，便有機會將這些資源運用在別的地方。這相當於雙方保持緘默的軍備競賽，但這也是一個不穩定的局勢，因為任何一方都可以藉著再次補充軍備，來改善他們的局勢，而且有可能侵略另一方，造成己方「大贏」。

在這兩種情境下，如果所有參與的人都不要將情境視為只是賽局的一回合，而是雙方都可以持續輪流，周而復始進行同一個賽局，那就更有可能獲得較好的結局，這種周而復始稱為**反覆**（iterated）或**重複**（repeated）賽局。當我們先前提到未來報復的可能性時，所指的就是這個。如果你必須重複與同一個人進行這場賽局，結果會如何呢？

在囚徒困境的反覆賽局中，以**「亦步亦趨策略」**（tit-for-tat）方式合作，通常會比不斷背叛帶來更好的長期結果。你可以帶頭開始合作，然後跟隨對手最近所做的行動。在這種情境下，你會等對手出現壞的行為模式後，再以相同的方式回報。你不想只因為

對方的一個錯誤選擇,而毀掉先前已有成效的關係。

相同地,在大部分的生活環境中,名聲風評很重要,合作才有好結果。如果你被認為是背叛者,大家不會想和你當朋友或做生意。另一方面,如果人們可以根據你的良好行為而信任你,他們會想讓你成為盟友並與你合作。

在任何情境下,從賽局理論角度分析衝突,都是一個很好的方法,可以幫助你了解你的未來可能會如何發展。你可以從你的角度出發,寫出報酬矩陣,並使用**「決策樹」**(見第 6 章)將不同選擇場景及其潛在結果繪成圖表。然後你就會知道該如何得到你想要的結果。

留意會影響決定的各種暗示

為了在賽局中得到想要的結果,你可能必須影響其他玩家採取你的暗示,哪怕他們可能不想這麼做。在接下來的文章中,我們將介紹一些幫你做到這一點的心智模式。它們在衝突情境下相當有效,但也適用於任何需要影響力的情境。首先,來看心理學家羅伯特・席爾迪尼(Robert Cialdini)在其著作《影響力:讓人乖乖聽話的說服術》(*Influence: The Psychology of Persuasion*)中提出的六個強大卻微妙的影響模式。

席爾迪尼敘述了一個後來不斷被複製的研究,研究顯示餐廳服務員在送小禮物給顧客後,小費會增加。在這個研究中,送 1 顆薄荷糖小費平均增加 3%,2 顆薄荷糖則讓小費增加 14%,如果送上 2 顆薄荷糖時,還附上一句:「因為你是好顧客,我額外送你 1 顆

薄荷糖。」那麼小費就會增加 23%。

這項研究展示的心智模式稱為「**互惠**」（reciprocity），也就是你會想要回饋，或者報答一個恩惠，無論你是否主動要求了這個恩惠。在許多文化中，人們通常被期待在社交關係中，進行這樣的互惠，例如輪流開車或帶一瓶酒去晚餐派對。「**等值交換**」（**Quid pro quo**）拉丁文的原意為「以物易物」，跟如果你幫我，**我也會幫你**，都是與這個模式相關的熟悉說法。

互惠也解釋了為什麼一些非營利組織會提供你免費的地址標籤＊，上面已經印好了你的名字，還附上他們的募捐信。它也解釋了為什麼銷售人員會對潛在的富裕客戶，贈送免費音樂會或運動會門票。贈送別人一些東西，即使他們沒有開口索取，都會大大增加他們回報的機會。

當這種心態被用來獲取政治影響力時，就會出問題，例如政治人物接受遊說團體或其他人的金錢或恩惠，然後將來再圖利這些人。遊說團體當然可以在財務上自由支持那些立場與他們目標一致的候選人。但當它可能涉及隱藏的協定時，就成了一種隱憂。《美國政治科學期刊》（American Journal of Political Science）於 2016 年刊登的一項研究顯示，儘管沒有文字共識，但政治人物更可能聽取捐款者，而不是其他選民的意見（見圖 7-6）。

席爾迪尼描述的第二種模式就是「**承諾**」（commitment），如果你同意或承諾了某件事，不管它是多麼小的事，你往後都更可能繼續同意下去。這是因為不一致會導致心理不舒服，稱為「**認知失調**」（見第 1 章）。

＊ 許多非營利組織會透過贈送「地址標籤」來宣傳他們的宗旨。

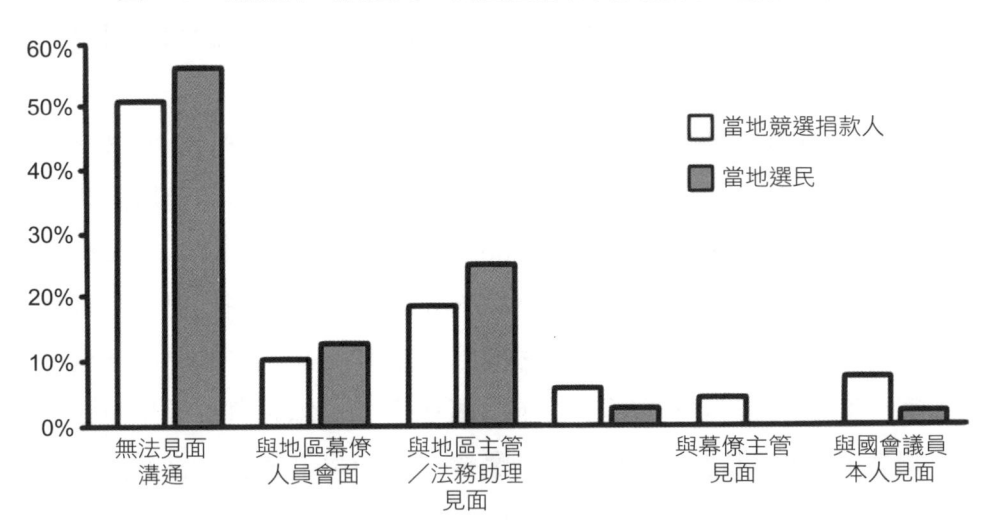

圖 7-6　相較於一般選民，美國國會官員更傾向與捐款人會面

	無法見面溝通	與地區幕僚人員會面	與地區主管／法務助理見面	與幕僚主管見面	與國會議員本人見面
當地競選捐款人	約51%	約10%	約19%	約6%	約8%
當地選民	約56%	約13%	約25%	約3%	約3%

　　承諾解釋了為什麼網站喜歡「我稍後再註冊」，而不是「不了」這樣的按鈕標題，因為前者暗示著稍後會註冊的承諾。銷售員上門推銷的技巧，也遵循同樣的原則，床墊銷售人員試圖從你身上得到一個「小的同意」，例如詢問：「你想在晚上睡得更好嗎？」因為這讓稍後更有可能得到一個「大的同意」，也就是「你想買這個床墊嗎？」時的答案。

　　銷售員也會試圖透過席爾迪尼稱為**「好感」（liking）**的模式，找到共同點。原因很簡單，你往往會接受你喜歡的人的建議，也往往喜歡和你有共同點的人。所以他們才會問：「你是棒球球迷嗎？」或者「你在哪裡長大的？」這樣的問題。而在你回答後，他們可能會告訴你：「我也是洋基隊的球迷！」或者「哦，我表弟就住在那裡……」

　　反射（mirror）技巧也遵循這個模式，讓你反射與你交談的人的身體和語言暗示。人們傾向於自然而然地這樣做，但是試著做更

多時，例如當他人交疊手臂抱胸時，有意識地跟著這樣做，將可以幫助你獲得他人的信任。研究顯示，你的反射越多，就越會被認定為同類。

人們想要仿效他們喜歡和信任的人。尼爾森公司在 2015 年對 60 個不同國家的消費者進行了一項調查，這份名為〈全球廣告信任度〉（Global Trust in Advertising）的報告顯示，83％的人相信來自朋友和家人，也就是他們喜歡的人的推薦，這個比例高於任何形式的廣告。這就是為什麼口碑推薦對企業如此重要的原因。有些人甚至把整個商業模式都建立在這個基礎上。想想有很多生意，都是讓賣家和他們的朋友舉行銷售聚會。這一策略在許多當代企業中大受歡迎，如特百惠（Tupperware，家用容器）、安麗（Amway，健康和居家用品）、雅芳（Avon，護膚產品）和卡特扣（Cutco，刀具，順便一提，蓋布瑞年輕時也銷售過這家的產品）。近來這種商業模式變得更加流行，包括社群媒體興盛而帶來的數百間新公司，例如 LuLaRoe（女裝）和 Pampeded Chef（食品）。

第四個影響模式稱為**「社會認同」（social proof）**，利用社會的提示作為你做了正確決策的證據。你很有可能仿效別人在做的事情，因為你的本能會讓你想要成為團體的一部分（見第 4 章的**「群體內的偏袒」**），想想時尚和美食潮流，或者網路上的「潮流」故事。

在鼓勵做出良好選擇方面，社會認同相當有效。你可能在旅館裡看見過鼓勵你重複使用毛巾的標語，因為這樣對環境更友善。席爾迪尼和其他人在 2008 年 10 月的《消費者研究雜誌》（Journal of Consumer Research）上提出假設：如果這些告示指出，大多數其他旅客都會重複使用毛巾，那麼重複使用率將會增加。最後證明他們的假設是對的。與原先標準的環保資訊相比，這個社會認同資

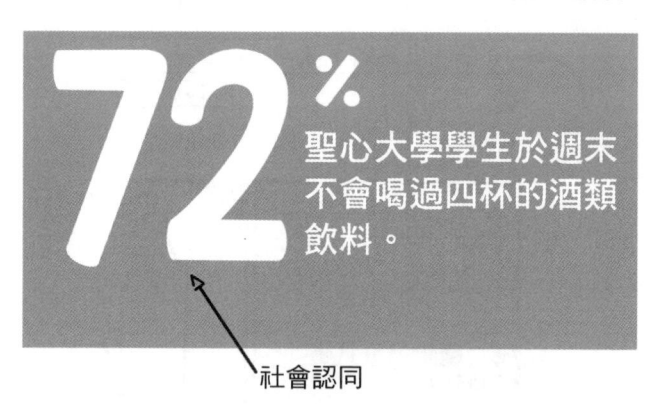

圖 7-7　美國聖心大學利用社會認同來矯正酗酒

72%
聖心大學學生於週末不會喝過四杯的酒類飲料。

↖ 社會認同

訊讓毛巾的重複使用率提高了 25%。同樣地，像聖心大學（Sacred Heart University）這樣的大學，也利用社會認同來矯正酗酒，他們告知學生，大多數的同儕都不會從事這種危險的行為。

可惜的是，社會認同在鼓勵不良行為方面也很有效。亞利桑那州石化森林國家公園（petrified forest national park）的公園保護員對石化木材失竊感到擔憂，因為這是他們公園的重要賣點。研究人員比較了兩條資訊：「為了保護石化森林的自然狀態，請不要把石化木材從公園裡移走。」和「許多遊客把石化木材從公園裡移走，改變了石化森林的自然狀態。」結果後者這個負面的資訊，造成偷竊率增加了 3 倍！可悲的是，這個效應也延伸到自殺率，在媒體報導自殺事件後，自殺率就會上升。

現在社會中最盛行的社會認同形式，可以說就是社群媒體。隨著俄羅斯試圖影響美國和其他國家的選舉，社群媒體在全球政治中扮演著越來越關鍵的角色。在更多的情況下，包括追隨者數量被當成社會認同的代名詞，品牌商品則在推特轉發或以其他管道展示真實使用者使用產品的訊息，臉書廣告更展示有哪些朋友已經「喜

圖 7-8　社群媒體上充滿社會認同

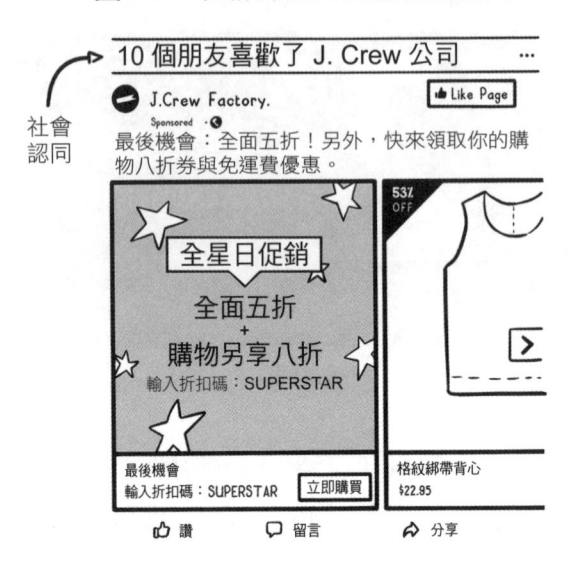

←社會認同

10 個朋友喜歡了 J. Crew 公司

J.Crew Factory.　　👍 Like Page
Sponsored

最後機會：全面五折！另外，快來領取你的購物八折券與免運費優惠。

全星日促銷
全面五折
＋
購物另享八折
輸入折扣碼：SUPERSTAR

最後機會
輸入折扣碼：SUPERSTAR　　立即購買

53% OFF

格紋綁帶背心
$22.75

👍 讚　　💬 留言　　➡ 分享

歡」某個公司或產品。

「**稀缺性**」（Scarcity）是另一個影響模式，指的是當機會越少時，你對它就越感興趣，因為會觸發你「**害怕錯過的恐懼**」（**fear of missing out, FOMO**）。所謂的「限時優惠」和「千載難逢的機會」就是要利用這種恐懼感。這些很容易在網路上找到，例如旅遊網站寫著：「本價格只剩下 3 間房間」或者零售商說：「只剩下 5 件存貨。」稀缺性訊號也經常暗示了社會認同，例如這件 T 恤很快就要因為太受歡迎而售罄。

席爾迪尼的第六個主要影響模式是「**權威**」（authority），指的是你會傾向跟隨你認定的權威人士。在《服從權威：有多少罪惡，假服從之名而行？》（*Obedience to Authority*）一書中描述的一系列駭人聽聞的實驗中，心理學家史丹利・米爾格蘭（Stanley Milgram）測試了人們是否願意服從一個陌生的權威人物指示。參

圖 7-9　行銷手法常使用稀缺性來促購

稀缺性 → 旅遊 T 恤　只有幾件存貨！　$65.00　✓ 選取

VS.

旅遊 T 恤　$65.00　✓ 選取

與者被要求，協助權威人士進行「學習實驗」。他們接著被要求，當「學習者」犯錯時，要給予越來越強的電擊。電擊是假的，但參與者當時並沒有被告知，而且學習者其實是演員，在發出「電擊」時會假裝感到疼痛。這項研究已經重複了許多次，**「整合分析」**（見第 5 章）發現，參與者在 28％ 至 91％ 的時候，願意使用可致命的電壓！

在比較不那麼戲劇化的情境下，權威仍然是強大的。權威說明了為什麼名人代言有效，只是哪一種名人代言最有效，會隨著時間而不同。現在的小孩可能不太認識好萊塢名人，反而比較會受到 YouTube 或 Instagram 上網紅的影響。同樣地，作家麥可・艾斯伯格（Michael Ellsberg）在《富比士》（*Forbes*）雜誌中講了他在作者提姆・費里斯（Tim Ferriss）部落格上的一篇客座文章，結果比他在美國有線電視新聞網（CNN）黃金時段推廣自己的書，以及在《紐約時報》週日版刊登評論文章帶來更多銷量。

權威也解釋了為什麼服裝和配飾的簡單改變，可能增加你做某件事的可能性。舉例來說，在米爾格蘭實驗中，為了傳遞權威感，實驗主導者穿上了實驗工作服。

有時候人們甚至試圖求助於一個理應是權威的人，來支持某一個論點，即使這個權威人士在相關領域並沒有直接的專業知識。舉例來說，極端劑量維他命 C 的提倡者，引用兩屆諾貝爾獎得主萊納斯・鮑林（Linus Pauling）的話來支持他們的說法，但是鮑林所獲得的諾貝爾獎卻是與這個議題完全不相關的領域[*]。

　　權威人士往往對專業領域有更深入的了解，但即便如此，回到第一原理，並評估他們論點的優點，是很重要的。我們引用天體物理學家卡爾・薩根（Carl Sagan）在其著作《魔鬼盤據的世界－薩根談 UFO、占星與靈異》（*The Demon-Haunted World*）中的話：「科學的一項重要戒條就是『誤信權威的論據。』有太多這樣的論據，都被證明是錯誤的。權威人士必須和他人一樣，證明自己的論點。」（見第 1 章的**「典範轉移」**。）

　　但同樣地，缺乏某種認證，也不應該成為反駁一個人論點的唯一依據。我們堅信任何一個聰明人，只要正確的研究和花足夠的時間，都可以了解任何主題。

　　席爾迪尼的影響模式可以在很多情境下使用，包括你試圖在對立情境下說服他人做出特定選擇。如果你想要在現實生活中，找到使用這些心智模式的速成課程，那就只要去賭場走一趟，那裡同時使用了這些心智模式，最後的目的就是贏走你的錢。賭場會贈送很多免費的東西（互惠），讓你先用現金購買籌碼（承諾），試圖根據你的興趣（好感）來個人化你的體驗，也會向你展示贏得鉅額賭金的人（社會認同），他們不斷向你提供優惠，並讓你擔心會錯

---

[*] 萊納斯・鮑林曾獲諾貝爾化學獎與和平獎。他曾提出，人類可以藉由提高使用維他命 C 來改善某些疾病。

過這些優惠（稀缺性），而發牌員甚至會提供給你並非最佳的建議（權威）。小心！**莊家總是贏**，是有原因的！

你看事情的角度會影響選擇的結果

除了席爾迪尼的六個原則，還有其他幾種心智模式，可以讓你在衝突情境與其他場合使用以產生影響力，這些都與**架構**有關（見第1章）。回想一下，一個概念或情境的架構如何改變人們對它的認知，例如報紙的標題，如何以完全不同的方式架構同一個事件，而使讀者得出不同的結論。這種觀點的改變可以當作一種有效的影響模式，往好、壞兩個方向發展皆可，尤其在衝突時刻更好用。

湯瑪斯・潘恩（Thomas Paine）所寫的〈常識〉（Common Sense）一文，在確保美國脫離英國而獨立上發揮了關鍵作用，並成為歷史上說明架構有效性的一個有力例子。1776年美國革命開始時，大多數美國殖民者仍然認為自己不是美國人，而是英國人，但在潘恩的干預下，這種思維架構開始逆轉。

儘管雙方之間的敵意日益加劇，殖民者仍抱著與祖國和平調解的希望。然而，有些像潘恩這樣的人，已經清楚意識到，英王喬治三世永遠不會給予殖民者他們應得的權利，因此宣布爭取獨立是確保這些權利的唯一途徑。潘恩認為，相信這場衝突能自動和平解決，並為殖民者帶來有利結果，是一廂情願的想法。潘恩的天才就在於意識到，如果要獲得他們所追求的權利，就要開始把自己當成美國人。

在這個情境下，潘恩發表了〈常識〉一文，以清晰又充滿激情

的文筆，充分說明了獨立的理由。事實上，它是如此有說服力，以至於在出版的第一年就賣了超過50萬份，以當時殖民地的人口只有250萬人而言，這可真是一本暢銷書！

潘恩讓許多殖民者明白，英國並不是真的認為他們是英國人，他引述了許多英國對待殖民者的方法。他接著從殖民者的角度充分說明，以新融合的美國人身分爭取獨立，是唯一長期的明智選擇。〈常識〉在最後是這樣寫的：

> 在我們現在的英國臣民身分下，我們在國外既得不到承認，也無法發聲，各國法庭的慣例都對我們不利，而且將持續如此。直到我們獨立，才能與其他國家並駕齊驅。
>
> 一開始實行可能覺得奇怪與困難，但就像其他步驟一樣，很快就會變得熟悉和愜意，而且，在宣布獨立之前，美洲大陸將會感到自己像一個每天拖延的人，雖然不願意著手進行，但知道這是必須完成的事，也希望一切快點結束，並且會持續想著它的必要性。

這個方法成功了。潘恩成功架構出這個論點，讓人們認同他的想法，也讓大家開始把自己當成美國人，而不是英國人。這為之後的〈美國獨立宣言〉（United States Declaration of Independence）創造了必要的支持。事實上，美國第二任總統約翰·亞當斯（John Adams）曾寫道：「如果沒有〈常識〉作者的生花妙筆，華盛頓之劍將徒勞無功。」

在衝突情境中，你也可以透過爭取別人認同你的觀點，來獲得你想要的結果。當衝突無法避免時，潘恩透過建立盟友而巧妙地做

到了這一點。有時你可以利用這種架構來徹底阻止直接衝突。

關於架構，還有一些更微妙的層面需要考慮，它們都隱藏在一些心智模式中，我們在本節的其餘部分將加以探討。我們來思考一個比美國獨立革命平凡得多的情境，那就是找保母。雖然一般專業人士，不太可能為了額外收入去幫忙看小孩，但是當朋友遇到困難時，他們就可能會免費幫忙看小孩。第一個情境是從市場角度來架構的（「你願意以每小時 15 美元的價格，幫我看小孩嗎？」）第二個情境則是從社交角度來架構的（「你能幫我個忙嗎？」）這兩種情境架構的不同之處，可以看作是**「社會規範與市場規範的區別」**（social norms versus market norms），並融合了上一節中的互惠概念。

圖 7-10　社會規範與市場規範比較

- 不干涉到金錢
- 沒有立即回報
- 社會情境

- 干涉到金錢
- 純屬交易性
- 商業情境

當你從市場角度來考量某件事（例如為錢看小孩）時，你考慮的是自己的財務狀況，以及非私人因素的影響（我可以賺 60 美元，但可能不值得我花這些時間）。反之，當你從社會角度考量某件事（例如幫朋友一個忙）時，你思考的是這是不是一件對的事（我朋友需要我幫忙 4 個小時，所以我要幫他）。

經濟學家丹・艾瑞利（Dan Ariely）在他所寫的《誰說人是理

性的！》（Predictably Irrational）一書中提供了另一個例子，一間以色列托育中心試圖解決父母接小孩遲到的問題，他們採取對遲到父母罰款的方式。儘管有罰款，但這項政策實際上卻導致了更多遲到例子。艾瑞利是這麼解釋的：

> 在罰款規定出現前，老師和家長有一個社會契約，關於遲到有一個社會規範。所以，如果父母偶爾遲到了，他們會為此感到內疚，這種內疚感會促使他們在將來更及時地來接小孩。但一旦實施了罰款規定，托育中心就在無意間用市場規範取代了社會規範。既然父母為他們的遲到付出了代價，他們就會用市場規範來解釋這種情境。換言之，既然他們被罰款了，他們就可以自己決定是否遲到，而他們也就經常選擇遲到。不用說，這當然不是托育中心的初衷。
>
> 但真正的故事，是從這裡才開始的。最有趣的部分發生在幾週後，托育中心取消了罰款規定。現在這間中心又回到了社會規範。小孩的父母也會跟著回歸社會規範嗎？他們的罪惡感也會回來嗎？根本沒有。罰款取消後，家長的行為並沒有改變。他們繼續遲到。事實上，罰款取消後，遲到次數反而略有增加，畢竟，社會規範和罰款規定都不存在。

你必須小心，不要因為疏忽而讓市場規範取代了社會規範，因為你最後可能會抹煞了很難再回復的好處（見第 2 章的**不可逆決定**）。一旦社會規範遭到破壞，損害就已經造成，而且不再是規

範。因此，當你想在以社會規範為公認準則的情境下，引入金錢激勵時，務必要再三思考。

當情境牽涉到對公平的感受時，你可能會遇到類似的問題。經濟學家用一個叫做**「最後通牒賽局」**（ultimatum game）的遊戲，來研究「對公平的感受」如何影響行為。遊戲內容是這樣的，這個**遊戲**由兩個人進行。其中一個人得到一些錢，例如十美元，而這個人必須提出和第二個人分錢的提議，可能是 5 美元與 5 美元、7 美元與 3 美元、8 美元與 2 美元等任何比例。這個提議就是一個**最後通牒**，第二個人只有兩種選擇，接受或者拒絕。如果提議被接受，他們就能保留提出的分配結果，如果拒絕，那他們兩人什麼也得不到。

玩最後通牒賽局最簡單的邏輯，就是第一個人提供最小分配方式，例如 9.99 美元與 0.01 美元，而第二個人則接受這個最小分配方式，因為否則他們兩人什麼也得不到，而且無法進行其他談判。然而實務上，在大多數的文化裡，第二個人通常會拒絕低於總數 30% 的提議，因為他們覺得這種提議並不公平。在這種情況下，第二個人會寧願拒絕第一個人的提議，即使代價是得不到一毛錢。

重要的是，當你的決定會影響到你重視的人時，一定要記得將「公平」納入考量，例如家事分配與遺囑等，或是薪酬與晉升等。就像社會規範和市場規範一樣，架構也可以在各種情況下，對公平感產生實質影響。另一組經常出現的架構是**「分配正義」**（distributive justice）與**「程序正義」**（procedural justice）。

分配正義是就事物如何分配來架構公平，越平等的分配被認為是越公平的；相較之下，程序正義則是就程序本身來架構公平，越透明和客觀的程序被認為是越公平的。

如果你富有的祖父把財產平均分配給所有的孩子，從分配正義角度來看，這可能被認為是公平的。然而，如果其中一個孩子在過去二十年間一直在照顧你的祖父，那麼從程序正義的角度來看，這種分配似乎就不公平了。當前的許多政治辯論，例如以收入不平等和平權運動為中心的議題，都是圍繞著這些不同的正義而展開。

有時候，這種區別被架構為**公平分享**與**公平競爭**。舉例來說，在美國，K-12 十二年公共教育對所有人都是免費的，因此有些人得出了結論，就是每個人都有獲得成功的平等機會。其他人則認為，公共教育機會的質量會因居住地點而大不相同，而且教育本身並不能提供獲得晉升機會的管道，這種晉升機會往往來自家庭和社會關係。從後者這個角度來看，公平競爭並不真正存在，因此需要一些修正，以實現更公平的分享，例如平權運動或類似的政策。正如馬丁・路德・金恩在 1967 年 5 月 8 日接受美國全國廣播公司（NBC）新聞採訪時所說的：「告訴一個人綁好鞋帶，靠自己的力量站起來是可以的，但對一個沒有鞋子的人這樣說，就是一個殘酷的玩笑。」

無論如何，感受到的不公平會引發強烈的情緒反應。因為知道這一點，人們會試圖透過從公平的角度來架構情境影響他人。事實上，許多論點都試著牽動你的情緒，來影響你的理性決策，這些情緒包括恐懼、希望、內疚、驕傲、憤怒、悲傷和厭惡。藉由操縱情緒而產生的影響，無論是感覺到不公平、違反社會規範，或其他原因，都被稱為**「訴諸情感」**（appeal to emotion）。

恐懼是特別強烈的影響因素，有個以它為命名的心智模式，叫作**「FUD」**，代表**「恐懼、不確定和懷疑」**（fear, uncertainty, and doubt）。FUD 經常用於行銷，例如「我們競爭對手的產品是

危險的」；政治演說，例如「如果這項法案通過，我們可能遭受可怕的後果」；以及宗教，例如地獄懲罰等領域。

一個相關的實務方法，就是使用**「稻草人論證」**（straw man），也就是你的對手並不正面迎戰你的論點，而是把你的論點與其他東西（稻草人）連結，以扭曲你的論點（架構），然後開始攻擊這個扭曲後的架構。舉例來說，假設你要你的孩子停止玩電動遊戲、去做家庭作業，他回答說，你太嚴格了，從不讓他做任何事。他其實是試著把話題從做家庭作業，轉移到你平常的育兒方法上。

在有許多問題和潛在解決方案（例如氣候變遷與公共政策等）的複雜主題中，當雙方都建立稻草人，而不是討論彼此的觀點時，就很容易變成**各說各話**的局面。<u>如果能**相互聚焦**，並釐清辯論的主題，就有助於溝通的進行。</u>然而，有時一方（或雙方）可能更想說服旁觀者，而不是解決問題。在這種情況下，他們可能會故意擺出稻草人，從獲取對旁觀者的影響力這點而言，這可能是一種讓他們架構有利論點的有效管道。

許多負面的政治廣告和言論，都利用稻草人將投票或活動帶離正題。你可能知道美國國家足球聯盟（NFL）一些球員在唱國歌時單膝下跪，以抗議警察對非裔美人的粗暴行為，一些政治人物指責這是不愛國的行為。這就是將焦點轉移到球員**如何抗議**，讓大家不再關注他們為什麼抗議這個根本問題。

另一個相關的心智模式是**「訴諸人身」**（ad-homeem，又稱**人身攻擊**），也就是提出論點的人本身遭受攻擊，但不談論他們提出的中心論點。「你憑什麼發表這種論點？你不是這方面的專家。你只是個門外漢。」這基本上是在**罵人**，而且經常涉及向另一邊貼上引發怒火的標籤。可惜的是，近年來，美國的政治論述中充斥著這

種模式,而且使用的名稱非常不雅,我們不想把它們寫進我們的書裡。

這個模式是我們在上一節提過的權威模式的反面。它不是依靠權威感來獲得影響力,而是打擊其他人的權威感,讓他們失去影響力。跟稻草人與訴諸情感一樣,這些模式都試著架構一個情境,讓它從一個重要的議題中抽離出來,並將它導向另一個更容易批評的議題。

當你處於衝突中時,你應該仔細思考,它的架構如何造成你和其他人對它的認知。以囚徒困境為例,檢察官選擇將情境架構成競爭情境,因為對他們來說,兩個罪犯都獲得 5 年刑期的納許均衡,實際上是檢方最希望得到的結果。然而,如果罪犯能反過來將情境架構成合作情境,不惜一切代價也要團結在一起的話,就能大大改善他們的結局。

追求達標的同時,也要考量方法的正當性

在第 3 章中,我們建議尋找能幫助你更迅速解決問題的**設計模式**,並注意**反面模式**,也就是直覺上吸引人,卻不是最佳的解決方案。像我們在前面兩節裡討論的那些影響模式,如果為了利益而被用來操縱你時(例如在賭場),也可能成為「**黑暗模式**」(**dark pattern**)。

這個名字來自於一些網站,這些網站透過使用偽裝的廣告、掩蓋費用的資訊,或者讓取消訂閱和得到協助變得非常困難,讓你彷彿墜入**黑暗**中。簡言之,他們使用這些模式來操縱和迷惑你。

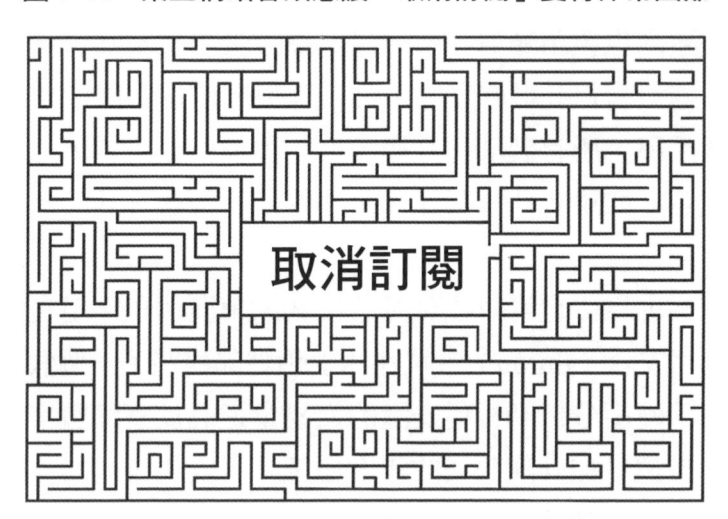

圖 7-11 某些網站會故意讓「取消訂閱」變得非常困難

　　不過，這個概念也適用於網路之外的日常生活。了解一些特定的黑暗模式，在敵對情境下可能會有幫助。你可能知道**「特洛伊木馬」**（Trojan horse）的神話故事，這是希臘人為了戰勝特洛伊人而製造的一匹大木馬。希臘人無法攻進特洛伊城，於是他們假裝乘船離開，留下了這個所謂的離別禮物。特洛伊人不知道的是，希臘人也在馬裡面留下了一小隊士兵。特洛伊人把木馬運進城裡，在夜幕的掩護下，希臘士兵離開木馬，接著摧毀了特洛伊城，並贏得戰爭。

　　特洛伊木馬可以指看來無害，甚至吸引人的東西，例如一樣禮物，這樣東西會說服你降低防禦心。它通常以**「誘餌和切換」**（bait and switch）的形式出現，例如一個惡意的電腦程式，它偽裝成一個無害且誘人的下載軟體（**誘餌**），卻做了一些不法的事情，例如監視你（**切換**）。

　　一個熟悉的例子是廣告宣傳低價的商品，例如飯店房間，但這

個價格其實根本不存在,因為還要添加「度假勝地處理費」或類似的費用。建商也會用類似手法,以低標價吸引買家購買新成屋,但這些房屋裡只有粗胚裝修狀態。然後他們向購房者展示一整套裝潢昂貴的樣品屋,所有裝潢都升級,但整體價格很可能馬上就超出購屋者的預算。如果有什麼事聽起來太好而不像是真的,那通常就不是真的。

在商業世界中也可以找到黑暗模式的華麗例子。現在已經破產的能源公司安隆(Enron)曾經在休士頓總部建造了一個假的交易大廳,誘使華爾街分析師相信安隆的交易量遠高於實際數字。當分析師來到休士頓參加安隆公司的年度會議時,安隆公司的高階主管也假裝所有商業活動都在進行,但事實上這只是他們一直在排練的詭計,包括將一系列精心安排的電視和電腦組裝成一間「作戰室」。

現在已經破產的醫療保健公司賽拉諾斯(Theranos)在向合夥人,包括美國最大連鎖藥局沃爾格林公司(Walgreens)高階管理者展示其「產品」時,也犯下了類似的詐欺行為。賽拉諾斯展示了它的機器,但根據美國證券交易委員會(U.S. Securities and Exchange Commission)的說法,採集的血液樣本,實際上是在賽拉諾斯透過一間空殼公司所購買的外部實驗室中進行的。

安隆和賽拉諾斯的策略,都是另一種黑暗模式的例子,稱為**「波坦金村」(Potemkin village)**,這是一種為說服人們相信情況比事實更好,而特別建立虛偽情境的模式。這個名詞源自一個歷史上有爭議的故事,1787 年,為了讓俄羅斯女皇凱薩琳二世(Catherine II)造訪克里米亞時留下深刻印象,當地竟然打造了一座假的村莊。此外,史上還有真實類似波坦金村的例子,包括北韓於 1950 年代在非軍事區附近建造了一座村莊,用來引誘南韓士兵

叛逃，更可怕的是，二戰時，納粹設計了一個集中營向紅十字會展示，但實際上這卻是一個通往滅絕營奧許維茲集中營的偽裝。

在電影中也有這樣的場景，《楚門的世界》（The Truman Show）描繪了一個大規模的波坦金村，劇中的主人翁楚門・伯班克（由演員金・凱瑞〔Jim Carrey〕飾演）住在一個完全虛假的小鎮，鎮民都是演員，而這一切只是實境秀的一部分。當一個網站為了讓你加入，而讓它看來比實際擁有更多用戶或內容時，這種黑暗模式就會在網路上出現。舉例來說，惡名昭彰的約會網站愛希莉麥狄遜（Ashley Madison），就被發現透過偽造的女性帳戶發送簡訊來引誘男性客戶。

軍方也已經廣泛採用這種模式，從假槍枝到假坦克，甚至假傘兵。在二戰和許多其他武裝衝突中，各方都利用這些手段欺騙外國情報機構，它們也被用於內部訓練演習。隨著科技的進步，這些空殼樣品也在進步，現代的假坦克可以模仿真實坦克的熱度，甚至能騙過紅外線偵測器。

人們同樣也會安裝假的安全監視器、在家裡使用定時照明，甚至在屋外放置他們實際上沒有雇用的居家保全服務標示，讓家庭和公司看起來更安全。有一種相關的商業做法稱為**霧件**（vaporware），就是指公司宣布實際上尚未生產的產品，以測試需求、衡量業界反應，或讓競爭對手停止投入同一市場。

在任何衝突情境下，你都應該留意黑暗模式。本節介紹的許多影響模式，通常都被視為是惡意的模式，因此也易於偵測，例如誘餌和切換就是如此。但前兩節中介紹的其他模式，則更加微妙。許多都被認為是無害的，例如稀缺性，但它們也都可以用來操弄你，例如，提供免費地址標籤這種常見的非營利互惠技巧，或者名人代

言這種社會認同,是否也是黑暗模式呢?從某些角度來說,它們可能會引導你捐贈超出你原本意願的金額。可是,這可能是為了良善的目的,而且它們並沒有像誘餌和切換那樣欺騙你。

這個不斷下滑的尺度展示了任何商業或政治組織經常面對的一個耐人尋味的道德問題,那就是你是否應該在文宣資料中聚焦於真實?還是應該參考影響模式,來尋找更吸引人的文字?是不是可以為達目的,不擇手段?只有你才能決定自己的底線在哪裡。

面對衝突時,不一定要正面迎擊

從賽局理論的角度思考衝突,可以幫助你認清得失。我們剛剛研究了透過影響其他玩家,來增加獲得好結果機會的模式。現在我們要從相反的角度來思考同一個問題(見第1章的「**反向思考**」),並探討可以降低壞結果發生機率的模式。這通常意謂著要找到一個完全避免衝突的方法。

在1983年經典電影《戰爭遊戲》(*WarGames*)的高潮處,第三次世界大戰似乎迫在眉睫。美國核子武器發射控制系統,已經由叫做約書亞的人工智慧裝置控制。由演員馬修・柏德瑞克(Matthew Broderick)飾演的青少年駭客,以為自己侵入了他最喜歡的遊戲製造商電腦主機,無意中要求約書亞與他進行一場名為「全球熱核戰爭」的「遊戲」,結果引發了一連串事件,最後約書亞試圖對俄羅斯發動真實的全面核子攻擊。

透過對話,片中的角色法爾肯教授(Professor Falken)解釋了他為什麼創造了約書亞和這個遊戲:

關鍵是找到一種不毀滅我們自己而演練核子戰爭的方法。讓電腦從我們犯不起的錯誤中吸取教訓。但是,我從沒能讓約書亞學到最重要的一課……那就是「徒勞無功」。你要學會知道,何時是該放棄的時候。

法爾肯教授接著用井字遊戲做比喻。

根本就沒法贏,這遊戲本身就毫無意義!但在戰情室裡,他們卻相信,你是可能贏得一場核子戰爭的。他們認為「可接受的損失」是存在的。

當所有的希望似乎都破滅了,這名少年回憶起這段對話,問是否有辦法讓約書亞在井字遊戲中與自己對抗,希望電腦能學會所有策略都以平局告終。約書亞在了解了玩井字遊戲的徒勞無功之後,開始模擬全球熱核戰爭的所有可能策略,並得出了相同的結論。他以電腦的聲音說:

真奇怪的遊戲。獲勝的唯一對策就是不要玩。來下一盤西洋棋如何?

全球熱核戰爭之所以沒有贏家,是因為雙方都累積了足以摧毀對方的武器,所以任何核子衝突都會迅速升高為**「相互保證毀滅」（mutually assured destruction, MAD）**。因此,任何一方都沒有使用侵略性武器的動機,或徹底解除武裝,導致雖然緊張卻穩定的和平。

相互保證毀滅不僅是一種軍事模式。商業上也有一個類似的情況，就是公司堆疊了大量的專利組合，但通常不會用來彼此攻擊，因為擔心訴訟升級，可能會破壞所有相關公司之間的穩定。偶爾你會看到這些訴訟和反訴訟，例如蘋果和高通（Qualcomm）為了晶片專利的訴訟，甲骨文（Oracle）和谷歌爭奪 Java 專利，優步和谷歌為了無人汽車專利的訴訟和反訴訟，但這些公司往往擁有許多專利，有時候一間公司就有上萬個專利，如果不是為了相互保證毀滅的顧慮，像這樣的訴訟可能會有數百件。

除了最極端的結局，一場衝突還有無數可能的破壞式結局。不過，捲入任何直接衝突都是危險的，因為衝突是不可預測的，往往還會造成**附帶損失**（見第 2 章）。例如，曠日廢時的離婚糾紛可能對孩子造成傷害。這就是為什麼思考預防衝突的措施是合理的，例如調解，或者更常見的**外交手段**（見第 4 章中的**雙贏**）。

不過，如果外交手段本身起不了作用，還有另一組模式可供參考，從「**嚇阻**」（deterrence）開始，或使用威脅方式來阻止（嚇阻）對手的行動。可信的相互保證毀滅是一種極好的嚇阻。但即使是一次核子爆炸，也是大家非常不希望見到的事，因此僅僅擁有核子武器，已經證明是一種強大的嚇阻。舉例來說，儘管北韓是一個獨裁政權，而且有侵犯人權歷史，但它卻開發了核子武器，以確保這個國家的生存。到目前為止，這個戰略與它採用的其他戰略，一起發揮了嚇阻的作用，包括威脅對南韓進行傳統炸彈轟炸以及與中國結盟。

當你想阻止其他人或組織，採取對你或整個社會有害的行動時，嚇阻模式可能很合適。在刑事司法體系中，可以制定懲罰措施

以嚇阻未來的犯罪行為，例如三振出局法＊。政府規章的目的經常是為了嚇阻不良的經濟行為或社會結果，例如銀行存款保險防止銀行擠兌。企業還會利用降低定價，嚇阻市場新進入者，讓新公司的競爭無利可圖，如沃爾瑪就是如此，或遊說制定對他們有利，卻讓競爭者難以進場的法規，例如反網路中立法。

不過，這個模式的主要挑戰是真的找到有效的嚇阻力量。如同我們在第 2 章所討論的，事情並不總是照計畫進行，當你想產生嚇阻作用時，你必須評估它是否真的有效，以及會不會有任何意外的後果。

舉例來說，什麼是有效的犯罪嚇阻？研究顯示，人們對於被逮捕和定罪的確定性，比他們可能受到的具體懲罰，更具有嚇阻效果。如果被逮捕的機會很小，有些人根本就不在乎懲罰是什麼，此外，大多數的人甚至不知道他們可能面對的具體懲罰。金融詐騙犯柏尼・馬多夫（Bernie Madoff）認為，自己永遠不會被逮到，可能也從未想過被判 150 年刑期的可能性。

此外，有證據顯示，刑期不僅不能減少重複犯罪，實際上還可能增加再犯的機率。嚇阻犯罪的真正解決辦法，可能與人們犯下特定類型犯罪的根本原因有關，而不是與任何特定懲罰有關。

嚇阻的一種戰術策略是「**胡蘿蔔與棍子**」（carrot-and-stick）模式，它使用承諾給予獎勵（**胡蘿蔔**），同時也威脅施予懲罰（**棍子**）來嚇阻行為。我們在家裡有時會試圖嚇阻孩子之間的爭鬥，用甜點當成胡蘿蔔，而用損失玩 iPad 的時間當棍子。這是**好警察與壞警察**的一種形式。

＊ 一個人連續犯下重罪，將會加重他的懲罰。

圖 7-12　胡蘿蔔與棍子

「這些東西也很尖銳，所以趕快出去賣些軟體，不然你們就會後悔！」

你不希望發生的情況是，胡蘿蔔與棍子的組合太弱，以至於決定忽略胡蘿蔔的好處，而直接面對棍子的後果。由於這點，經濟制裁和公司罰款在效力方面，引發了激烈的爭論，後者往往更被認為是**做生意的成本**，而不是嚇阻。

胡蘿蔔與棍子的一個有效例子是停火行動（Operation Ceasefire），這項行動從波士頓開始倡議，目的是降低與幫派有關的暴力。這個行動的「棍子」是向暴力犯罪的特定慣犯，傳達關於未來執法的確定訊息，包括承諾任何新犯的暴力犯罪，尤其是槍械暴力，將導致警方做出立即且強烈的回應。而「胡蘿蔔」則是向這些人提供協助，包括金錢、工作培訓、社區支援、一對一的指導，在各方協調的努力下，讓他們過著有貢獻的生活。在美國，實施這個策略的城市，例如波士頓、芝加哥、辛辛那堤和印第安納波利斯，只幫助了為數不多的對象，就將持槍殺人率大幅降低了 25％ 至 60％。

「圍堵」（containment）是與嚇阻有密切關聯的心智模式。在全球衝突中，無論是在地理上（例如入侵鄰國），在軍事上（例如獲得更多核子武器），或者在政治上（例如傳播意識形態），這是試圖**圍堵**敵人，防止其進一步擴張。對進行中的衝突加以圍堵，可以節省你的精力和資源。就像是在傷口感染前進行治療，或者將初期腫瘤切除，以免轉移。

圍堵是承認已經發生了不希望發生的事情，你無法輕易將之撤銷，所以你試圖阻止它蔓延或再次發生。舉例來說，「人類免疫缺乏病毒」目前還不易治癒，但如果你早期感染，那麼通常可以使用現代療法加以控制，讓它不至於發展成愛滋病。

當你想阻止不好的事情傳播出去，例如負面的謠言或者有害的商業行為時，就該使用圍堵策略。舉例來說，臉書和推特可能無法在2016年美國大選期間，在他們的平台上清除假新聞，但他們原本可以在圍堵這些假新聞方面做得更好。

這類情境很容易失控，所以你的第一行動往往是先「**止血**」（stop the bleeding），必要時就採用**快速且骯髒**的方法。一旦局勢穩定了，你就可以退後一步，找出**根本原因**（見第1章），然後試著找到更可靠的長期解決方案。在緊急醫療情況下，你可以用止血帶來止血。相同情況的比喻通常涉及快速且明確的行動，例如發表明確的道歉。

在某些情況下，最好的短期選項可能是關閉存在問題的區域，有點像對感染的肢體進行截肢，以防止敗血症。以個人而言，則可能意謂著斬斷一段有害的關係，至少暫時為之。而在組織環境中，這可能代表著終止專案或解雇員工。

另一種圍堵策略就是「**隔離**」（quarantine），也就是限制人

員或貨物的流動，以防止疾病傳播。電子郵件的垃圾郵件資料夾，就是隔離的一種形式，可以抑制可疑電子郵件的影響。推特也開始處理有攻擊性的機器人和使用者，會用額外的點擊將他們隔離，這樣就會讓更少人看見他們的訊息。

一個相關的策略是**「捕蠅紙理論」**（flypaper theory），它要求你故意把敵人吸引到一個他們更脆弱的地方，就像把蒼蠅吸引到**捕蠅紙**上一樣，通常也會把他們引向遠離你寶貴資產的地方。美國駐伊拉克地面部隊前任指揮官里卡多・桑切斯（Ricardo Sánchez）將軍，在2003年接受CNN採訪時，描述了這個策略在防止美國本土遭受恐怖主義攻擊的好處：「我把它稱為恐怖主義磁鐵，當美國部隊在伊拉克出現，就創造了一個機會目標。但這就是我們希望與他們戰鬥的地方。這可以防止美國人民在美國本土遭受他們的攻擊。」

在電腦運算環境中，這被稱為**蜂蜜罐**（honeypot），用來吸引和誘捕惡意參與者，就像蜂蜜引誘熊一樣。蜂蜜罐可能是一組特殊的伺服器，看起來像是儲存寶貴資料的核心伺服器，但實際上是專門架設來誘捕駭客的獨立伺服器。警方引誘犯罪分子到一個地方，以便逮捕他們的誘捕行動，也可以稱為「離線蜂蜜罐」。

如果不圍堵，惡劣的環境可能會蔓延下去，引發**「骨牌效應」**（domino effect），負面的後果將像推倒的骨牌，不可避免地出現（見第4章的**「級聯失效」**）。在賽局理論的情境下，這種效果可能是一系列的玩家選擇，最後讓你陷入一個糟糕的結果。我們來舉囚徒困境的反覆賽局做例子。因為在每個回合背叛其他玩家能獲得巨大的收益，因此是很有吸引力的，可是這樣做，尤其是反覆這樣做的時候，在大多數情況下，將會導致其他人跟著仿效，最後讓你

和其他人都陷入不是最佳解的納許均衡。

在冷戰時期，西方最擔心的是共產主義的蔓延，怕各國會像骨牌逐一倒下，這是進行圍堵戰爭的理由，就像韓戰和越戰。當時的想法是，如果南韓與越南落入共產黨手中，那麼寮國和柬埔寨可能就是下一個，接著會失去越來越多的國家，直到整個亞洲最後都被共產主義吞併，就連印度也無法倖免。

圖 7-13　冷戰時期，西方擔心共產主義會有骨牌效應

不過，要當心骨牌效應被使用過度，因為人們通常不太會分辨事件發生的可能性和事件之間的因果關係。這些錯誤的評估經常出現在三個相關的模式中，你應該小心。

第一種是**「滑坡謬誤」**（slippery slope argument），主張一件小事會導致不可避免的一連串事件，和可怕的最後結果（就提出論點者的角度而言）。我們來提一個常見的滑坡謬誤的例子：「如果我們允許任何槍支管制，最後將造成政府禁止所有槍枝。」這種推論往往是錯誤的，因為邏輯鏈中的每個環節，通常都沒有百分之百的必然性。

第二個模式是**「破窗理論」**（broken windows theory），它主張小小的違法犯行，例如社區附近有破掉的窗戶，將創造一個鼓勵更嚴重犯罪，例如謀殺案的環境。這種想法認為，破窗代表可以

容忍違法行為的跡象，因此人們會認為必須守住底線，防止落入更混亂的狀態（見第 2 章的**「群體免疫」**）。

雖然與破窗理論相關的干預措施，在直覺上很有吸引力，但相較於其他方法，破窗理論在實際減少犯罪活動蔓延的效果還不清楚。相關的理論通常採取傳染隱喻的形式，將個人不喜歡的東西，例如饒舌音樂、同性戀、社會主義等，比喻成一種可能在社會中傳播的疾病，如果不加處理，就會持續變得更具毒性。

第三個需要注意的模式是**「上鉤毒品理論」**（gateway drug theory），該理論主張例如大麻這樣的毒品，是讓人使用更危險毒品的鉤子。不過，這個理論的證據，充其量也只能算是模糊（見第 5 章的**相關不一定有因果關係**）。你應該對這些模式中任何一個出現的情況加以質疑，並自行分析它的真實性（見第 1 章**從第一原理開始論證**）。

儘管如此，有時候這種模式也可能是真的。我們來看看企業有時是如何透過**「虧本帶客策略」**（loss leader strategy）來抓住客戶的，也就是將一種產品定在低價（這就是上鉤毒品），以增加對毛利較高的附帶產品的需求。典型的例子就是超市為吸引顧客而打折出售牛奶，但顧客幾乎一定會買更多的商品。同樣地，公司也會以低價出售手機或印表機，因為他們知道，從長期觀點來看，可以透過每個月的資費方案或高昂的墨水價格獲利。我們幾乎放棄了讓孩子下載免費手機程式，因為我們預期這些程式未來會有沒完沒了的購買需求。

在分析這些骨牌效應的情境時，寫下邏輯鏈中的每一個步驟（列出每張骨牌），並試著為每樁事件歸結合乎現實的機率（每張骨牌可能倒塌的機率）。即使不是每種狀況都是百分之百，但很可

圖 7-14　利用低價來吸引顧客

我離開百貨賣場時，只買了我來的時候想買的那樣東西。

根本不可能。

能有一些骨牌一定會倒下來。在這樣的情況下，你需要問自己，這樣可以接受嗎？我該採取更積極的圍堵手段，還是採取觀望態度？以槍枝管制當例子，禁止突擊步槍不太可能導致政府禁止所有槍枝，但很可能導致對其他攻擊性槍械或附加裝置進行更多管制。2017 年網路媒體《政治客》（*Politico*）與智庫團體晨間顧問（Morning Consult）聯合做的民調發現，72％的美國人支持「禁止攻擊型武器」及「禁止高容量彈匣」。

　　如果你無法有意義嚇阻或圍堵你想避免的衝突，「**妥協**」（**appeasement**）可能是一種必要之惡。這牽涉到做出讓步來跟對手**妥協**，以避免與他們發生直接或進一步的衝突。最著名的妥協例子發生在 1938 年，當時英國允許德國吞併捷克的重要領土蘇台德地區，以避免與希特勒軍隊發生武裝衝突。當然，英國試圖避免的衝突，最後還是發生了。這就是妥協讓人擔憂之處，你可能只是延遲了不可避免的事情。

身為家長，有時候為了平靜度日，妥協是必要的。舉例來說，我們在旅行時就傾向於法外開恩。大家都很累，而且大部分時間都花在擁擠狹小的飯店房間或車子裡。在這樣的時刻，我們正常的外交、嚇阻和圍堵策略，都無法順利奏效。因此孩子們最後會得到比平日更多的零食和看電視的時間，我們的妥協策略有效防止了情緒崩潰與爭執。

嚇阻、圍堵和妥協都是戰略思維模式，讓你遠離代價高昂的直接衝突。當其他避免衝突的模式都已失敗，而你仍然面對你認為無法「獲勝」的情境時，你就該運用這些模式，因為介入衝突會造成太多不值得的損害，或者你想為更有效的行動保留你的資源（見第3章的**機會成本**）。

最後，正如約書亞在《戰爭遊戲》中所說的，有時「獲勝的唯一對策就是不要玩」。一個越來越普遍的例子就是與網路酸民的衝突，這種人的目的就是激怒大家，誘使大家陷入贏不了的爭論中。所以最好的做法通常就是不陷入與他們的爭執（**不要滿足酸民，不要屈就於他們的水準，別去吵架**），不過，與任何情境一樣，你必須根據不同的情境進行評估，如果有申訴機制，你也該考慮使用它們。任何父母也會這樣告訴你，你需要**選擇你的戰場**。

運用策略扭轉賽局，增加勝率

從賽局理論的角度來看，嚇阻和相關模式有效改變了賽局，調整了參與者對報酬矩陣的看法，從而決定了他們在進行賽局時做出的決策。當你通過可信的威脅來實施嚇阻時，你就畫了一條「**紅**

線」（red line），這條紅線指的是一條象徵性的線，如果越過這條線，就會引發報復（見第3章的承諾）。這個報復威脅會導致其他玩家重新考慮他們的選擇。這條線也被稱為沙中線，用來形容一條你不希望被跨越（畫在沙中）的象徵性的線。

使用這個策略時，你一定要特別注意，讓其他人可以根據你的威脅調整策略。你也必須確實說明，當紅線被超越時，你打算做什麼。最嚴厲的威脅就是所謂的**「極端選項」**（nuclear option），意謂著如果被壓迫，你將採取某種極端行動。例如，北韓曾多次威脅，如果遭到入侵，將對南韓進行實質的核子轟炸。

另一個極端策略是**「零容忍政策」**（zero-tolerance policy），哪怕是輕微的違規行為，也會導致嚴厲的懲罰。舉例來說，一項零容忍的毒品政策，會讓你在第一次犯罪時，就被解雇或退學，與之相對的就是會有一系列的懲處，一路升級到極端懲罰。

這些策略的問題在於，別人可能**「要你攤牌」**（call your bluff），會要你對你的威脅、主張或政策真的採取行動，來證明你說的是真的，而戳破你的虛張聲勢。在這種時候，如果你不實現你承諾的行動，將會失去可信度，而對手的報酬矩陣就可能不會照你希望的結果改變。由於這個原因，你應該準備好對自己的嚇阻執行所有威脅的內容。

另一個需要注意的常見情況就是**「消耗戰」**（war of attrition），以一系列的長期戰鬥，耗盡雙方的資源，最後讓先耗盡資源的一方變得脆弱。消耗戰中的每一場戰鬥，都會傷害到所有的相關人員，因此在這種情境下，你需要在一開始就擁有更多資源，或者確保你消耗資源的速度比對手慢得多，或者兩件事都做得到。

最著名的軍事例子，就是德國在二戰中入侵蘇聯，這是人類史

上死傷最慘重的衝突。在入侵過程中，蘇聯的軍力損失超過 1,000 萬，而德國則超過 400 萬。但蘇聯擁有明顯更多資源，因此德國始終無法攻下莫斯科。這場消耗戰讓德國損失了在二戰中死亡軍力的 80%，耗損的資源導致他們所有戰線敗北。

大公司經常透過各種手段對新創公司採取這種策略，例如曠日廢時的訴訟、價格戰、行銷活動等正面交鋒，讓對手流血致死。在體育賽事中，如果一支隊伍比另一支體力更強健，就可以採用這種策略，這樣在比賽結束時，體格更好的隊伍就能撐到勝利。這基本上就是一個等待的遊戲。

因為消耗戰是一種長期策略，為了贏得最後的戰爭，故意輸掉一場甚至多場戰爭，雖然直覺上覺得有誤，卻是合理的。這種戰鬥的勝利者，獲得的是**「空洞的勝利」（hollow victory）**，有時被稱為**空虛的勝利**或**慘勝（Pyrrhic victory）**。後者以希臘伊匹魯斯國王皮洛士命名，他的軍隊在赫拉克里亞戰役中雖然擊退羅馬人，卻承受了無法替代的慘痛傷亡，最後還是輸掉了這場戰爭。在體育和遊戲賽事中，這種情境被稱為**犧牲打（sacrifice play）**。例子包括棒球中的觸擊球與犧牲打，以及在西洋棋中為了取得更好的棋盤優勢，而故意捨棄一個棋子。

不過，從另一方面來說，如果你發現自己將要輸掉一場消耗戰，就需要找到一個出路或改變賽局的方法。一種方法是打**「游擊戰」（guerrilla warfare）**，就是把你較小的兵力集中在更靈活（游擊）的戰術上，讓敵方較大的笨拙兵力，難以有效地做出反應（見第 3 章的**槓桿原理**）。《看不見的軍隊》（*Invisible Armies*）一書的作者馬克斯・布特（Max Boot），於 2013 年美國全國公共廣播電台（NPR）題為〈美國獨立革命再造了游擊戰〉（American

Revolution Reinvents Guerrilla Warfare）的採訪中，講到了美國獨立革命戰爭中的殖民者，如何從衝突一開始的時候就運用了游擊戰：

> 好吧，首先就是別跑去空曠處，因為在那裡你可能會被敵人的強大火力殲滅。英國人在革命的首日，嘗到了美國人將如何戰鬥的滋味，槍聲傳遍了全世界，在列星頓和康科德戰役中，英國正規軍在麻州的鄉間列隊行進著。
>
> 美國人並沒有在英軍面前聚集，而是選擇在他們的腹翼蜿蜒行動。英軍稱美國人為洋基惡棍，這些美國人從樹後和石牆後朝英軍開槍。他們沒有像英國人期待的公開進行紳士般的戰鬥，這給英國軍團帶來了毀滅性的損失。

這個概念後來發展成**游擊式行銷**，也就是新創企業使用非傳統行銷技術，以相對較少的預算推廣其產品和服務。這類行銷的例子包括公關花招和病毒式影片，通常會直接瞄準較具規模的競爭對手，就像游擊隊的戰士挑戰更大型的軍隊一樣。舉個例子，要客戶訂購才寄送的刮鬍刀服務業者一元刮鬍刀俱樂部（Dollar Shave Club）發布了一個網路短片。雖然它無法與大型業者競爭，例如刊登昂貴的電視和平面廣告，但它前衛的短片《我們的刮鬍刀簡直他媽的太棒了》（*Our Blades Are F***ing Great*）立即讓公司走紅，而走上快速成功之路，最後以 10 億美元的價格被人收購。

當你發現自己處於游擊戰情境時，要記住一句格言，**「將軍總在打上一場戰爭」**（generals always fight the last war），意思是軍隊會預先設定使用過去或上次戰爭中有效的戰略、戰術和科技。問題

是在上一次戰爭最有用的，對下一次戰爭未必是最好的，就像英軍在美國獨立革命期間所經歷的情況。

圖 7-15　新創公司常利用非傳統式行銷進行宣傳

最有效的戰略、戰術，尤其是科技，都會隨著時間而改變。如果你的對手使用的是過時的戰術，而你使用的是更現代與更有用的戰術，那麼你甚至能以更小的兵力戰勝對手。本質上，你會利用你的戰術優勢來改變賽局，而對手卻不知道這一點，他們認為自己仍會打贏。

1905 年 5 月 27 日和 28 日，日本海軍在對馬海峽海戰中果斷擊敗俄國海軍，擊沉 21 艘艦艇，包括 7 艘主力艦，並造成 1 萬多名俄軍傷亡或被俘，而日軍僅被擊沉 3 艘魚雷艇，以及 700 人傷亡。

當時，日本海軍大將東鄉平八郎就是使用了先進的戰術，他的

艦隊輕鬆戰勝了俄國，俄軍顯然就是在打上一場戰爭。日本戰艦的速度是俄國戰艦的 2 倍，並裝備了更好的火炮，射程加長了 50％，主要使用高爆彈，每次擊中都會造成更多傷害。這也是第一次使用無線電報的海戰，雖然雙方都有某種形式的電報，但日方版本的功能更好，對艦隊編隊更有用。

在軍事史上，依賴這樣的先進科技來贏得決定性的戰爭，已經有多次紀錄了。**別帶著刀去打槍戰**。這個概念意義深遠，指的是在狀況發生重大變化的情境中，維持現狀就無法對付新的威脅。

在商業領域，許多知名公司都因為只專注於陳舊的經營方式，而沒有察覺市場的迅速演進而失敗。IBM 一件眾所周知的事就是，對個人電腦相對於其主機系統業務的增加做了錯誤的估計，於是真的將其個人電腦作業系統外包給了微軟。這個行動對微軟來說至關重要，讓它在未來三十年間，占據了整個產業利潤的重要部分。但相對來看，微軟變得如此專注於 Windows 作業系統，所以也沒能迅速適應智慧型手機帶來的下一波作業系統需求，而將智慧型手機市場的利潤大餅拱手讓給了蘋果，造就了蘋果成為是史上最賺錢的公司。

一旦你開始尋找就會發現，到處都有打著上一場戰爭的將軍，政治人物沒有採用新的競選策略，例如 2008 年美國總統大選中，約翰·麥肯（John McCain）有點古板的網路形象，對上了巴拉克·歐巴馬（Barack Obama）對社群媒體的現代化運用，以及金融專業人士錯失了 2007 至 2008 年金融危機的跡象（因為他們認為過去足以預測未來），或者美國教育課程誤判了數位經濟的持久力，並且還繼續沒有納入足夠的改變機制。

採用游擊戰就是一個「**越級挑戰**」（punching above your weight）的例子。在拳擊比賽中，參賽者是按體重分組的，因為體重有巨大的差異，若不加以區分，會讓比賽變得不公平。這讓我們回到在第 4 章討論的物理模式（請見慣性）。比較重的拳擊手出拳比較有力，而且通常較難被擊倒。一個越級挑戰的拳擊手，會故意參加更重的量級比賽，刻意接受更大的挑戰。

　　作為一種心智模式，只要你試圖表現得超出別人預期的水準時，哪怕已經脫離了競爭的環境，就是一種越級挑戰。例如加入一個由更有成就的成員組成的小組，或者針對一個你還不是公認專家的主題，撰寫一篇評論文章。在宏觀層面上，當國家在世界舞台上挑戰顯著的角色時，就是一種越級挑戰，例如愛爾蘭擔任跨國企業的避稅天堂。

　　如果考慮到身為小玩家的固有缺點，你應該只在可以執行游擊戰略，而且相信可以將賽局扭轉到對你有利的情況下，才去參與這種類型的賽局。但即使如此，你還是應該積極尋找這種衝突，因為越級挑戰可能有很多好處。包括增加更快實現目標機會的明顯好處，同時還可能接觸到大量群眾，並有機會向世界級專家吸收知識。然而，遵循這個比喻行動，結果也可能讓你狠狠地被打臉，所以它與生俱來就隱含了風險。就像一個新的電視節目還沒有足夠的觀眾群，就被推上主流時段，結果很快就被下檔，因為它根本就還沒有準備好。

　　使用這種戰術時，你會希望隨著賽局進行重新評估你的勝算，以確定你走在正確的道路上。你勝出的機率提高了嗎？你是否有效地改變了賽局，讓它變得對你有利？

評估結果，思考可行的退場策略

在西洋棋賽局中，一旦大部分棋子從棋盤上取下，你就進入了一個稱為**「終局」**（endgame）的階段。這個概念已經擴展到可以指任何事件過程的最後階段。無論你是主動開始，或者被捲入衝突，在某個時間點，大部分的衝突都會結束，你需要一個有效的計畫去鎖定你的收益，或者最小化你的損失。

讓你退出一個情境的可靠策略稱為**「退場策略」**（exit strategy）。在軍事方面，退場策略被架構為負面的，認為是因為沒有深思熟慮的撤離計畫，例如在聯合國駐索馬利亞維持和平部隊中，美軍承受了損失，以及美國介入伊拉克和阿富汗的軍事行動等；在商業方面，退場策略通常描述公司及其投資者如何透過併購、收購或首次公開發行獲得回報；在公共政策層面上，制定退場策略代表考慮一個實體如何脫離某些情境的實際性和後果，例如歐洲國家脫離歐盟。

至於應用在你的個人生活時，退場策略則是考慮如何擺脫你不想陷入的長期關係，或你不再想承擔的義務。讓你最後優雅退出你參與的事情的策略是什麼？舉例來說，如果你參與了一個組織的董事會，你的退場策略可能牽涉到尋找你的替代者，並讓這個人準備好繼任你的位置。不過，你的退場策略不一定要完全退出。你也可以試著找到一種方法，將繁重的職責交給另一個團隊成員，同時保留你喜歡的部分。

無論如何，制定一個清晰的退場計畫，可以防止你做出之後可能會後悔的事。例如，考慮到**保留可能性**的好處（見第 2 章），你可能應該想出一個退場策略，以免**斷絕關係**，或者以將來不必再

接觸的方式毀掉與某個人或組織的關係（不必再跨越那座橋）。你能從這些行為中獲得的短期滿足感，很少值得你去冒著增加衝突、斷絕關係，以及最後後果的風險。與這些類似而應該避免的行為是「**焦土**」（**scorched-earth**）戰術，這是指燒焦土地，讓它對包括你自己在內的任何人都沒有用處，例如摧毀紀錄。

但有時候，如果你認為堅持下去的長期結果會更糟糕的話，你可能必須拿出你當下所能想到的最佳策略然後退出，即使這意謂著你的退出不夠俐落或優雅。如果你還沒找到一個可靠的退場策略，還有一個戰術就是「**孤注一擲**」（**Hail Mary pass**）也就是做最後的努力，並期待一個機率不高的成功結果。這個概念來自美式足球的終場觸地得分嘗試，四分衛投擲一個很長距離的傳球，將球投到球門區，希望能獲得贏得比賽的最後得分。這個說法在1975年美國國家美式足球聯盟（NFL）賽事中，由達拉斯牛仔隊對抗明尼蘇達維京人隊的季後賽中嘗試成功後而變得流行，牛仔隊的四分衛羅傑·史托巴赫（Roger Staubach）講了投出最後那個傳球的經過：「我閉上眼睛，說了一聲『萬福瑪麗亞！』」

西班牙探險家埃爾南·科爾特斯（Hernén Cortés）就刪除了他的探險隊原先準備的退場策略，而做了一次違反直覺的孤注一擲行動。1519年，科爾特斯與阿茲特克人開戰，並導致阿茲特克帝國滅亡。不過，他只有600人，而阿茲特克人則控制了如今墨西哥的大部分地區。戰況明顯對西班牙人不利，科爾特斯的許多士兵對他的計畫也抱持相當謹慎的看法。

為了確保他們的動力，科爾特斯擊沉了他的船隻，以確保他們別無選擇，必須成功，否則就是死亡。沒有了乘船返回西班牙的退路，士兵們最好的選擇就是配合科爾特斯戰鬥。翻譯的謬誤讓一些

人以為他燒毀了船隻，但現在我們知道，他只是把船隻損壞到沉沒的地步。儘管如此，**「焚舟破釜」**（burn the boats）仍然被當作一個**跨越了不歸路**的心智模式。有時人們也會說**穿越盧比孔河**，指的是西元前 49 年，凱撒大帝和他的軍隊穿越盧比孔河，故意違反羅馬法律，而掀起不可避免的武裝衝突，最後也讓他成為羅馬的統治者。

賽局理論可以再次幫助你想出潛在的退場策略，評估可能的長期結果，並判斷各種戰術可能對它們的影響。雖然並不是所有的情境都能放在賽局理論加以比較，例如囚徒困境或最後通牒賽局就不適合，但大多數情境仍可透過賽局理論視角，加以有效檢驗。

在任何衝突中，無論是在終局或其他階段，我們都鼓勵你列出所有「玩家」當前可用的選擇，以及結果和報酬。這個方法應該可以幫助你決定一場賽局是否值得投入、或持續投入、該如何玩，以及是否有某種方法可以改變遊戲，讓結果對你有利。

如此思考也有助於你進行外交，因為使用賽局理論視角，表示你必須考慮其他玩家將如何移動，以及會對你的移動做出什麼反應，這是一種**「強迫功能」**（見第 4 章），以領會他們的目標和動機。透過同樣的過程，你也更能釐清自己的目標和動機。

本章重點

- 從賽局理論的角度分析衝突情境。檢視你的情境可以比擬這些常見的情況，例如**囚徒困境**、**最後通牒賽局**或**消耗戰**。
- 考慮如何透過使用例如**互惠**、**承諾**、**好感**、**社會認同**、**稀缺性**和**權威**等影響模式，來說服他人加入你的行列。特別注意它們如何被應用在你身上，特別是透過**黑暗模式**時。
- 思考情境是如何被架構的，以及是否有方法能讓它更能精確傳達你的觀點，例如**社會規範**與**市場規範**、**分配正義**與**程序正義**、**訴諸情感**。
- 盡量避免直接衝突，因為它可能產生不確定的後果。記住，通常都有其他選擇，可以帶來更有效的結果。如果外交手段失敗，考慮使用**嚇阻**和**圍堵**策略。
- 如果衝突情境對你不利，試著改變賽局，可能要使用**游擊戰**和**越級挑戰**戰術。
- 要當心**將軍總在打上一場戰爭**的情形，並了解你最好的**退場策略**。

第 8 章
激發潛能，創造高績效團隊

工作需要靠大家的合作與幫忙。身為帶領團隊的人，我們該如何發現成員的優點，成功帶領團隊、激發大家的潛力？我們可以運用以下心智模式：

- 喬伊法則
- 十倍工程師
- 十倍團隊
- 內向
- 外向
- 先天與後天
- 智商
- 情商
- 通才
- 專才
- 突擊隊、步兵和警察
- 狐狸和刺蝟
- 因人而異的管理
- 彼得原理
- 戰略
- 戰術
- 機構知識
- 獨角獸候選人
- 直接負責人
- 權力真空
- 刻意練習
- 間隔效應
- 每週一對一
- 徹底坦率
- 後果信念矩陣
- 定型心態與成長心態
- 畢馬龍效應
- 戈蘭效應
- 冒牌者症候群
- 鄧寧-克魯格效應
- 馬斯洛需求層次
- 後見之明偏誤
- 文化
- 高情境
- 低情境
- 贏得人心
- 忠誠者與傭兵
- 管理者的時間表與自造者的時間表
- 鄧巴數字
- 人月迷思
- 地面部隊

1992年，奧運會首度允許國家籃球協會（National Basketball Association, NBA）的職業籃球運動員參加奧運比賽。美國組成了一支稱為「夢幻隊」的球隊參賽，美國籃球名人堂（Naismith Memorial Basketball Hall of Fame）稱之為「地球上最偉大的籃球天才隊伍」。該隊包括傳奇球員麥可·喬丹（Michael Jordan）、賴瑞·柏德（Larry Bird）和魔術強森（Magic Johnson）。事實上，當時的12名球員中，有11人都進入了名人堂。他們以每場平均44分的優勢擊敗對手，包括在決賽中以32分戰勝克羅埃西亞隊。不用說，那場比賽讓人看得賞心悅目。

　　1996年的奧運會也有類似的結果，美國隊帶著原來夢幻隊的5名隊員重返奧運，還加入了俠客·歐尼爾（Shaquille O'Neal）和雷吉·米勒（Reggie Miller）等新星。美國在2000年奧運再次輕鬆贏得金牌。但在2004年，奇怪的事情發生了。儘管擁有最有才華的球員，包括雷霸龍·詹姆斯（LeBron James）、德韋恩·韋德（Dwyane Wade）和艾倫·艾佛森（Allen Iverson），美國隊還是輸掉了三場比賽，這是美國隊有史以來輸最多場次的一屆，最後也只奪下銅牌。事實上，它在第一場賽事就以92：73的比分輸給了波多黎各隊，這是美國奧運籃球隊有史以來失分最多的一場球賽。

　　隨後，阿根廷隊在半決賽中也擊敗美國隊，這是奧運會史上最令人驚訝的一次失利，阿根廷隊在那年贏得了金牌。儘管阿根廷隊本身也有包括馬努·吉諾比利（Manu Ginóbili）在內的幾名NBA球員，但事先幾乎沒有人預料到它會獲勝。

　　為什麼有這麼多天才選手的美國隊會與金牌失之交臂？歷史分析顯示出一件事實，美國「隊」根本算不上一支隊伍，而更像是一堆明星的鬆散集合。他們在賽前只一起訓練了幾週，沒有足夠的時

間彼此適應，也沒有經驗豐富的全方位球員。相較之下，其他國家選擇互補的球員，並且一起訓練多年，磨練他們集合起來的團隊打法，最後才凝聚成團隊。

我們會說這個故事是因為，我們大多數的人都無法組織一個擁有全世界菁英的夢幻團隊，也無法成為這種團隊中的一員。**「喬伊法則」**（**Joy's law**）是一個以昇陽電腦公司（Sun Microsystems）共同創始人比爾・喬伊（Bill Joy）命名的心智模式，他在1990年的一次活動上說，**無論你是誰，大多數最聰明的人都在為別人打工**。美國前國防部長唐納德・倫斯斐（Donald Rumsfeld）也說過類似的話，也就是倫斯斐法則：**你只能帶著你現有的軍隊去作戰。他們不會是你的夢幻軍隊。**

喬伊和倫斯斐都認為，企業幾乎不可能擁有完美的資源，也無法等到擁有更好的資源後才繼續前進。喬伊法則進一步強調，好手不可能集中在單一組織中。

不過別灰心。有了正確的領導能力，一支精心組合的球隊就能完成令人難以置信的事情，就像阿根廷和波多黎各隊在2004年奧運會上的表現。我們再舉一個例子，能打亂現有大型企業的初創公司，經常都是從相對少量的資源開始，通常要少100到1,000倍。然而他們能夠成功，是因為他們用對的方法來領導對的團隊。2012年，臉書以10億美元收購Instagram時，Instagram只有13名員工，幾年後，臉書以高達190億美元的價格，收購了擁有55名員工的WhatsApp。

在新創公司的世界，你有時會聽到**「十倍工程師」**（**10x engineer**）這個說法，用來形容一個非常出色的工程師，他的產出是一般工程師的很多倍，這是一個世界級的全方位明星。這裡所說的10，不

是一個確切的數字,只是代表一個人比一般人要好很多,是真正的異常值。當然,這個概念不僅適用於工程界,因為每個領域都會有優秀的表現者。

組織總在尋找這種十倍表現的人,因為他們可以成為真正夢幻團隊的一員。然而,請記住喬伊法則,它會提醒你,只想尋找十倍人才是一個陷阱,原因有二。首先,他們極其罕見,不是每個組織都能聘請到世界級的人才,因為其實並沒有這麼多這樣的人才。

第二個原因則比較微妙。有許多表現優秀的人,儘管不是世界級的人才,卻能在某些情境下達到十倍產值,可是當他們轉換角色、項目或組織時,這種產出可能無法複製。換言之,當你看到一個人的超能產出,例如從履歷或透過推薦信看見時,通常是因為剛好很多事都配合的情況下,才會有超能的產出,這些事情包括在組織或團隊中的角色、應用在這個角色上的個性、被分配的任務類型、得到的資源,以及在這個特殊情境下他們獨特的技能和關係的價值等。當這些變數中的一個或多個產生變化時,這個人可能就無法產出相同的水準。

我們其實認為這是正面的。這意謂著,<u>在組織內部要創造出超能產出,不一定要透過招募世界級的全方位明星,而是透過精心打造適合的計畫和角色,這些計畫和角色能夠讓優秀的人才,發揮他們獨特的特性,而展現非凡的表現</u>。作為管理者,如果你能以這種方式幫助你的團隊成員,就可以在你身邊建立一個「**十倍團隊**」(**10x team**)。

在你幫助安排好所有事情,讓**團隊**中的多人成為十倍貢獻者時,一個十倍團隊就此誕生了。這些團隊有能力「**越級挑戰**」(見第 7 章),例如在籃球比賽中擊敗美國奧林匹克夢幻隊,可以成功

與更大的組織競爭,並取得其他令人印象深刻和意想不到的成就。如果團隊成員散落在不同的計畫、不同的角色或進入了不同的組織,他們可能就無法表現得這麼出色,但是在這個特定的團隊中,你已經幫助每個人充分發揮了潛力。這是管理階層在任何情境下的夢想。

本章內容旨在利用心智模式,來組成和領導這種不可思議的十倍團隊。1996 年 2 月 4 日,美國前任參議員比爾・布拉德利(Bill Bradley)在《紐約時報》說了一句很貼切的話:「領導能力就是激發大家的潛力,讓他們變得更好。」當你培養一個十倍團隊時,你要運用大家不同的技能和能力,讓每個人都能發揮自己獨特的作用,共同達成巨大的影響力。

發掘每個人獨特的能力

要打造一個十倍團隊,你必須了解人是不可交換的。在同一個團隊中,一個人在一個計畫中的十倍角色,換成另一個人可能只是同一個計畫中的 0.1 倍角色。在確定每個人的定位過程中,你必須體察人與人之間細微的差異,尤其是察覺每個人獨特的優勢、目標和個性特徵,你才能幫他們打造出最能利用這些特徵並激勵他們的角色。

首先,讓我們考量個性特徵。我們兩人都是「**內向**」(introvert)的人。我們非常喜歡小群體的互動,而不愛大群體,因為我們很容易對較大的社會活動感到過度刺激或耗盡精力。同時,如果我們要獨自工作很長一段時間,我們不但沒問題,甚至還能提高生產力。

所以我們喜歡從事閱讀、寫作、規劃、設計程式和試算表等工作。

對比之下，「**外向**」（extrovert）的人則從大群體的互動中獲得能量。他們傾向於盡可能避免孤立的情境，而更喜歡同步互動。因此，包括頻繁與他人溝通（例如許多業務類角色），以及出現在大型團隊環境（例如正式會議）中的團隊角色，就非常適合外向型員工。相反地，像程式設計這種涉及單獨工作的團隊角色，就很適合內向人。

圖 8-1　內向者與外向者擁有不同特質

個性特徵從何而來，一直是引起爭論的話題，通常爭論是「**先天與後天**」（nature versus nurture）。先天指的是由基因解釋的特徵，而後天指的則是所有不來自基因的環境因素，包括父母教養、實際環境，以及文化等所養成的特徵。研究顯示，許多個性特徵，例如內向和外向，都是來自先天與後天兩者結合的影響。

不論造成人們差異的根本原因是什麼，要記住的關鍵是，人們確實是不同的，你腦袋裡所想的和別人想的並不一樣。你對同一個情境的看法與解釋，將因為個性、文化和生活經歷而有所不同（見

第 1 章的「**參考架構**」）。

即使很大程度上源於後天的培養，大多數的個性特徵一旦建立，就不會輕易改變。這表示一個內向的人，在進入一個新的情境時，也不太可能成為一個外向的人，反之亦然。所以你應該在為自己或他人選擇角色時，考慮這些特質。

你也該知道，除了內向和外向，還有其他個性面向，儘管我們發現，在日常生活中，內向與外向這個面向最容易被操弄。關於個性的各種樣貌，並沒有廣泛的共識，但路易斯・戈德堡（Lewis Goldberg）在《外顯人格特質的結構》（*The Structure of Phenotype Personality Traits*）一書中，提出了一個較為普遍接受的理論，他認為有五個關鍵因素：

1. 外向性（外向與內向）
2. 對新體驗的開放性（好奇與謹慎）
3. 嚴謹自律性（條理與隨意）
4. 和善性（同理心與挑戰性）
5. 神經質（緊張與自信）

除了個性，你可能還熟悉「**智商**」（intelligent quotient, **IQ**），這是對一般智力的衡量結果。而有一種你可能不知道的智力形式則是「**情商**」（emotional quotient, **EQ**）。情商高的人通常更具同理心，也在這些領域有較高的能力：

- 感知他人複雜的情緒狀態
- 管理自己和他人的這些情緒

圖 8-2　除了個性，每個人的智商與情商也都不同

「啊哈，我證明他們是錯的了！我唯一的朋友，也就是電腦已經說了，我是個高情商的人！」

- 利用包括自身的情緒來促進對話

因此，涉及團隊動力、協調或同理心的角色，例如專案管理、領導、業務與行銷等工作，最適合高情商的人。請注意智商和情商是獨立的特徵，這代表同一個人可能同時擁有智商與情商高低的任何組合。

在考慮人員的職務時，你還要考慮他們的個人目標和優勢，它們可能相差甚遠。一些心智模式可以幫你做出一些有用的區分。舉例來說，有些人想對廣泛的事物都了解一些，也就是「通才」（generalist），而另一些人則希望在一個領域深入了解，也就是「專才」（specialist）。

以醫生為例，初級保健醫生就是通才，什麼都做一點，是診斷

任何疾病的起點。但對於特定的狀況，他們就會將患者轉介給在某個領域經過培訓和經驗豐富的專科醫生進行治療，例如傳染病或腫瘤。以零售店為例，有時你想去沃爾瑪或塔吉特（Target）這樣的綜合商場買各種東西。但有時，像家得寶（Home Depot，家居裝飾）、百思買（Best Buy，電器用品）或汽車地帶（AutoZone）這樣的專賣店就比較合適。

圖 8-3　專才與通才

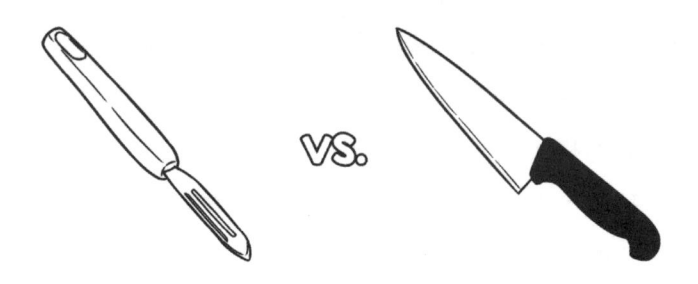

在組織中，你會根據情境而需要偏向某一邊或另一邊的人才。舉例來說，在小型組織中，專家比較算是一種奢侈品。你會想要通才，因為有太多類型的問題需要解決，但你只有幾個人手可以解決各種問題。在這些情境下，需要專家的問題出現次數，往往不足以說明需要全職專家職位的合理性，因此組織通常會仰賴外部資源來解決這些問題。相較之下，大型組織就會雇用許多專才，由於他們長期的專才經驗，通常也能比通才得出更好的結果。

作家羅伯特・柯林格利（Robert X.Cringley）所寫的《意外的電腦王國》（*Accidental Empires*）書中，就舉出了類似的模式，描述了在組織生命週期不同階段所需要的三種不同的人，**突擊隊（commando）**、**步兵（infantry）**和**警察（police）**。

無論是入侵國家還是市場，我們看到的第一批戰鬥部隊都是突擊隊。新創公司最大的優勢就是速度，而速度是突擊隊的生存之本。他們工作努力、迅速且廉價，儘管他們的專業水準不高，但這不重要，因為專業的價格很昂貴。他們的任務是以奇襲與團隊合作方式，造成敵人大量傷害，並在敵人意識到他們的存在之前，建立灘頭堡。

在突擊隊進行作業時，在離岸地區集結的，就是第二批軍隊步兵。這些人集體沖上海灘，奮力爭取前期勝利，在突擊隊為他們建立的起點上再接再厲。因為這些士兵人數太多，而他們的職責也太廣泛，所以他們需要一個做事的規則和流程，這些都是突擊隊討厭的。

接下來，突擊隊和步兵可能要繼續朝柏林或巴格達方向前進，進入新的領域，周而復始地執行同樣的任務，儘管每次的方法可能略有不同。但在他們留下的領土上，仍然需要軍事人員存在。這些第三波部隊討厭改變。他們甚至根本不是軍隊，而是警察。他們不想透過規劃更多入侵行動和登陸更多海灘來推動成長，而是希望透過增加人口和建立經濟和帝國的規模來達到目的。

這種模式可以有效應用在各種計畫上。正如企業家傑夫·阿特伍德（Jeff Atwood）於2004年6月29日，在他題為〈編碼恐怖〉（Coding Horror）的部落格文章中所說的：

在一個計畫的生命週期中，你確實需要所有這三組人。在錯誤的時間，例如維護期使用了錯誤的小組，例如突擊

隊，會對你造成遠大於幫助的傷害。有時擔任一名突擊隊員，儘管聽起來很刺激，但實際上卻可能傷害了這個計畫。

喜歡規則和結構的人比較適合擔任警察的角色，而反對既有模式的人，則更喜歡且擅長突擊隊的角色。如果你讓一個突擊隊員扮演警察的角色，例如專案經理或者法務人員等，他們通常會反叛角色，將一切搞得一團糟，而如果你讓一名警察扮演突擊隊員的角色，例如快速生產原型及發想創意的職位，他們通常就會停滯不前。

另一個可以幫助你考量人才優點的心智模式，是「**狐狸和刺蝟**」（foxes versus hedgehogs），源自希臘詩人亞基羅古斯（Archilochus）的一首詩，意思就是，**狐狸知道很多事情，但刺蝟只知道一件大事**。哲學家以賽亞・柏林（Isaiah Berlin）運用這個比喻，根據人們看待世界的方式，將他們進行了分類，**刺蝟**喜歡單純地圍繞宏觀願景或哲學來架構事物，**狐狸**則喜歡在複雜和細微差距中茁壯成長。刺蝟注重的是大局，狐狸則喜歡細節。

和其他二分法的兩端一樣，狐狸和刺蝟也會各自在不同的情境下表現出色。舉例來說，吉姆・柯林斯在他的《從A到A⁺》一書中指出，他分析的大部分「偉大」公司，都是由刺蝟經營的，他們為了堅持追求一個簡單的願景而建立了這些公司：

> 那些建立了從A到A⁺的公司的人，從某種程度而言都是刺蝟。他們利用他們的刺蝟天性，在公司裡推動我們稱為刺蝟概念的作風。而帶領這些人的則往往是狐狸，他們從來沒有刺蝟概念的明確優勢，而是凌亂、分散和不一致。

然而，這些「偉大」的公司，有許多已經不復存在。它們只偉大了很短的一段時間，通常是因為時代已經改變，而這些公司還堅持著相同的刺蝟概念。普立茲獎獲獎記者紀思道（Nicholas Kristof）於 2009 年 3 月 26 日在《紐約時報》上撰文，描述了一項研究，詳細說明了為什麼狐狸常常能做出更好的預測，文中做了這樣的比較：

　　　　刺蝟傾向於有一個聚焦的世界觀、一個意識形態傾向，以及有強烈的信念，而狐狸則更謹慎、更中庸、更容易調整自己的觀點、更務實、更容易自我懷疑，也更傾向於察覺複雜性和細微差別。結果發現，雖然狐狸不太會說出金句，但他們更可能把事情做好。

　　再次強調，每種類型的人都應該被安排在適合他們的位置中。舉例來說，刺蝟在行銷角色上表現會比較好，可以清晰簡潔傳達願景。狐狸則會將戰略角色發揮得較好，他們會費力分辨不確定性和複雜性的細微差別。你的團隊需要這兩種類型的人。

　　因為十倍團隊的表現水準如此之高，領導者應該積極思考如何建立和維護這種團隊。十倍團隊的成員通常有不同的技能和背景，因為這給團隊帶來多樣化的視角（見第 6 章的**發散性思考**），以及將團隊角色和責任分配給適合人才的能力。這也意謂著，在組織層面上，你可以從這種多樣性中受益，因為你可以透過正確的方式安排員工，利用他們廣泛的技能及多樣性所帶來的其他人格特質，而打造多個十倍團隊。

　　對領導者而言，在組成這些團隊時，首先要了解和欣賞團隊成

員的獨特特徵。然後你可以根據對特定可用人員最有效的方式，來制定團隊角色和職責。你也可以視需要招募更多具有互補技能的人員，讓他們進一步強化團隊。

在管理這些團隊中的人員時，你還要記住每個人的人格特質，並據以調整你的管理方式。我們把這個稱為**「因人而異的管理」（managing to the person）**，而不是對角色的管理，或對每個人一視同仁的管理。換言之，優秀的人員管理絕非齊頭平等的管理。

與許多挑戰一樣，馬斯洛的鎚子（見第6章）可能說服你，你應該採用對某個人有效的技巧，並將其應用於團隊的所有其他成員。但這不見得有效，管理兩個不同的人，涉及兩套不同的行為，每一套都要根據各自的特質和情境調整。

這種模式也可以擴展到其他環境，例如對學生的教育，以及對孩子的教養等。我們的兩個孩子相當不同，養育一個孩子的技巧，很少能套用到另一個孩子身上。把每個關係都視為獨特的關係，將幫助你更能欣賞各自的屬性，並能利用這些知識最後打造出更有效能的關係和團隊。

把對的人放在對的位置

最強大的團隊會讓合適的人擔任合適的角色，並讓他們強化自己的個人實力和技能。相反地，當人被放在錯誤的角色時，你可能就會得到功能失調的團隊。至少，沒有人會希望讓人扮演明顯錯誤的角色。這聽起來很容易，但實際上並非如此。

教育家勞倫斯·彼得（Laurence Peter）在2009年出版的同名

作品中，提出了**「彼得原理」**（Peter principle）概念，這個原理最廣為人知的就是這句話，**管理者會一直升到讓他們變成無能的階級**（managers rise to the level of their incompetence）。他的意思是，人們會根據在前一角色中的表現，被晉升到新的角色，但這個新角色所需要的能力，可能與先前的角色完全不同，而且可能不適合他們。最後他們將被提升到一個並不適合他們的角色，也就是「讓他們變成無能的階級」，而在那裡他們將面臨掙扎。

圖 8-4　彼得原理

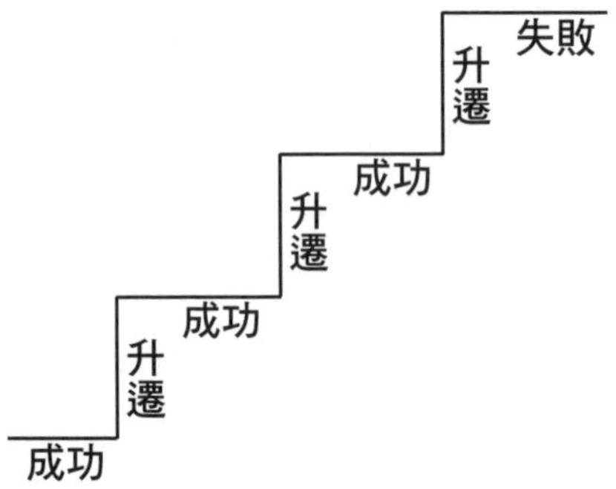

成功 → 升遷 → 成功 → 升遷 → 成功 → 升遷 → 失敗

當員工表現出色時，很自然地會因為他們出色的表現，而提供他們升職獎勵。然而，在進行這些晉升時，你需要記住彼得原理，你才不會把人放在不太可能成功的位置上工作。一個人在你的組織中成功的時間越長，就越可能出現這種問題。更高的職位通常涉及不同的技能，例如更多的人員管理和更少的個人貢獻，這可能會削弱某人的優勢或職業目標。為了抵消彼得原理，組織可以設計多種職業發展方向，例如不需要管理者的技術能力晉升。

此外，更高的角色往往涉及更多的**「戰略」**（strategy）而不是**「戰術」**（tactics）。整體而言，戰略是大局，而戰術是細節。

戰略是長期的，決定了最後的成功該有的樣貌。戰術則是短期的，決定著我們下一步該做什麼，以便邁向成功。要考量彼得原理的原因就是，如果把一個強於戰術，但並不精於戰略的人，晉升到需要戰略的位置上，那就可能會有問題。

當一個人想要一個他們並不適合的位置時，同樣的問題也會出現。在這種情況下，你就要判斷他們是否可以隨著時間，勝任這個新的角色。如果你認為他們可以，就可以提拔他們，並提供成長所需的支持。另一方面，如果你認為，可能因為個性或其他難以改變的因素，他們永遠無法適合這個新的角色，你就該幫助他們在當前的角色中獲得滿足感，或者打造一個完全不同的角色，既能滿足他們，又能讓組織得到好處。

然而，一個人在開始時不適合某個角色，並不代表他們永遠都不適合這個角色。假以時日和實務訓練之後，他們甚至可能會在這方面表現出色。還有幾個有力的理由，說明為什麼你可能希望幫助員工學習成長以擔任新的角色，而不是一直向外部招聘。

首先，新員工通常需要很長時間，才能在組織內加速成長，並成為真正有效能的貢獻者。這個時間長短顯然取決於工作和組織本身，但隨著角色變得複雜，而且涉及學習許多新資訊和內部流程時，這個時間很容易就高達 6 到 18 個月。你大可以利用這段時間幫助現有的團隊成員，讓他們晉升去承擔相同的職責。

其次，如果一個組織不能為現有的團隊成員提供職業發展道路，許多人就會離開到其他組織，因為他們認為，在那裡可以獲得更好的機會。當他們離開時，他們帶走了這個組織的一些「**機構知識**」（**institutional knowledge**），也就是由整個機構共同享有的集體知識。

你最好的下屬會知道，如何在你的組織內讓自己發揮最大作用。他們知道組織的歷史，知道應該向誰詢問不同的知識，以及最後如何完成任務。當這些人離開了，**他們擁有的機構知識也跟著走出了大門，整個組織的效能也就降低了**。舉例來說，蘿倫在離職很久後，還一直被人問及她在葛蘭素史克藥廠的案子，甚至在她先前工作的一種藥物，早已被另一家公司買走後，還有人來詢問她。她仍然回答了這些問題，但沒有人可以保證，你的離職員工也會這麼隨和。

第三個應該嘗試將員工培養成新的且有擴充性質的角色，而不是對外招聘的原因是，企業經常會打造不切實際的職位進行招聘。這種職位只能由「**獨角獸候選人**」（unicorn candidate）來應聘，這個術語被用來表達想找到這樣的候選人，可能和想找到**獨角獸**一樣罕見，基本上等於不可能。如同人們對自己的伴侶或政治候選人，抱著不切實際的要求一樣。

如果你試圖填補一個角色，結果花了很長時間還沒有看到適合的人，如果不是因為薪酬與角色不匹配，或者你的公司聲譽欠佳等其他問題，你就可能是在尋找獨角獸候選人。不切實際的招聘期望是一種別人的草地比較綠的心態，見第 6 章：「如果我們的組織能在這個角色招聘到一個完美的人，就太好了。」在這種情境下，組織可能需要分拆角色，招聘不只一個人，或者聚焦於從內部培養人才，或者綜合前述兩種方法。

另一個需要努力的方向，就是要讓所有角色和相關職責的界限徹底清楚。蘋果公司以推廣一種被稱為「**直接負責人**」（**directly responsible individual, DRI**）的心智模式而聞名。每次會議後，每個行動項目都會指派一個直接負責人，為這個項目的成敗負責。

DuckDuckGo 搜尋網站，也同樣為公司的每個行動，從最小的任務到最大的公司目標，分配一個 DRI。

DRI 概念有助於避免責任的擴散，也被稱為**旁觀者效應**（bystander effect），當人們在一個團體中時，由於他們認為其他人會承擔責任，就不會為某件事承擔責任。事實上，他們的行為就像**旁觀者**一樣，讓責任擴散到所有成員，而不是集中在該負責的人身上。

你可以在很多情境下看到旁觀者效應，包括當人們在緊急情況下需要幫助的時候。在 1968 年一項著名的研究報告〈緊急情況下的旁觀者干預：責任的擴散〉（Bystander Intervention in Emergencies: Diffusion of Responsibility）中，約翰・達利（John

圖 8-5　旁觀者效應會將責任擴散至其他人

別管我們，我們只是被動的旁觀者。

Darley）和比伯·拉丹（Bibb Latané）讓一組受試者參加一個關於他們生活的小組討論，並從不同的房間以電子方式相互交流。他們不知道的是，其他「參與者」都只是事先的錄音，而小組的規模從2人，也就是有一個預錄的聲音，到6人，也就是有5個預錄的聲音不等。每個「參與者」輪流發言，其中一個預先錄製的聲音，在第一次發言時透露，他們患有可能危及生命的癲癇。在第二回合發言時，同一個「參與者」就假裝癲癇發作，他們預先錄製的聲音說：「我……我有點不舒服……我……我覺得……救我……我無法……天啊……有人能幫我嗎……我無法正常呼吸了……我覺得……我快死了……」

達利和拉丹發現，如果人們感覺至少還有另一個人，也在聽著他們掙扎，他們就不會去幫助別人。在一對一的情境下，85%的受試者會在錄音訊息結束前對外尋求幫助，但當受試者認為還有另外四名或更多參與者時，就只有31%的人會去尋求幫助。

這種研究已經在許多其他安排的情境下複製。剛才提到的一個日常例子就是工作會議，每個出席會議的人可能都認為，有其他人會去做這些事情，結果導致這些行動無法及時完成。DRI概念是一種簡單而有力的方法，能夠釐清誰該對什麼事負責，以打破這種自然傾向。

在其他情況下，有時人們會立刻站出來，尤其是當他們特別被手上的任務激勵，或者想展示自己的能力時。一個組織可以透過人為控制的「**權力真空**」（power vacuum），來利用這種自我選擇角色和責任狀況。這個心智模式是**真空**的自然概念的類比，也就是一個沒有任何物質的空間，包括空氣在內。如果你製造一個真空，例如從一個空的容器中抽出空氣，然後你打開那個容器，空氣就會

很快湧入，**填滿真空**，讓氣壓正常化。

在權力真空中，「真空」會在擁有權力的人突然離開時產生，而給其他人留下了迅速補位的機會。在歷史上，權力真空是很常見的，當專制的領導人被罷黜時，其他人則會爭先恐後奪取權力（見第 2 章的**「九頭蛇效應」**）。

在一個控制的環境下，一個組織可以故意製造一個權力真空，並積極試著找人來填補。舉例來說，領導階層可以劃分出一系列職責，並為人們提供接手的機會。在其他情況下，領導人可能會等著看是否有人自然站出來。建立這樣一個控制的權力真空，可以協助確認誰在本質上會被新的角色所吸引。透過觀察人們在步入權力真空時的所作所為，你可以在正式將職位授與他們前，看出他們究竟多麼適合這些職位。

無論你決定怎麼做，為團隊成員找到正確的角色和責任，都是一個值得採取的步驟。對任何團隊來說，理想的情況就是，你清楚描繪了角色和責任，而非常適任的人在本質上也受到激勵，並能在這些職務上表現卓越。這些就是十倍團隊的構成要素。

透過練習，達到專業級表現

不論是為你自己或為同事，為某個人打造合適的角色，並不保證那個人就能充分發揮潛力。一般人，特別是在進入角色的人，都需要指引和教導，才能達到最高的表現水準。如果你曾經在一段成功的教練或導師關係的任何一方，可能就知道我們的意思。在任何情況下，你都該了解一些心智模式，以幫助你思考如何接受或提供

指引和教導。

心理學家安德斯・艾瑞克森（K. Anders Ericsson）的職業，就是研究如何快速上手各種事務，他把這稱為**「刻意練習」**（deliberate practice），原理就是刻意將人們置於能力極限的情境下，讓他們不斷練習日益困難的技能，並獲得合適的及時回饋。正如艾瑞克森在〈刻意練習在取得專家級表現中的作用〉（The Role of Deliberate Practice in the Acquisition of Expert Performance）一文中所說的：「專家級表現的人與正常成年人之間的差異，反映在終生的刻意努力，以提高在特定領域的表現。」

圖 8-6　經由刻意練習，一般人也能達到專家級的表現

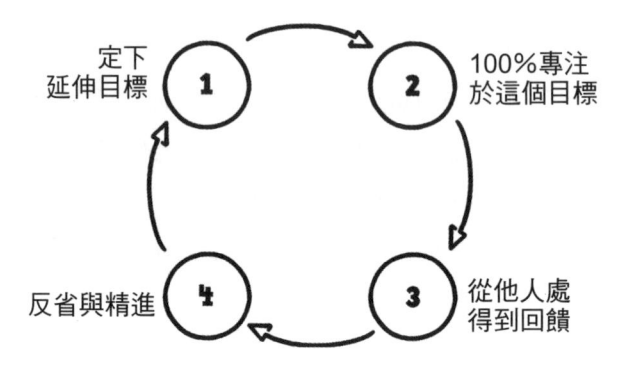

1. 定下延伸目標
2. 100%專注於這個目標
3. 從他人處得到回饋
4. 反省與精進

刻意練習比你認為的常規練習更加密集。兒童在訓練開始時來回傳球，這種足球練習就只是傳球練習。然而，這並不是刻意的傳球練習，因為這些兒童並沒有在自己的能力極限上練習，也沒有得到如何改進的及時回饋。

刻意傳球練習可以有多種形式。一個例子是反覆嘗試擊中目標，並在每幾次嘗試後，針對錯誤接受指導。目標可能是不斷增加連續擊中的次數，先是一次，然後三次，然後五次，以此類推。一

旦達成最後一個目標，就可以將傳球目標移得更遠，然後重複前述的過程。這種更集中的傳球練習，是提高傳球技能的一個更有效的方法。

你可能聽說過所謂的「一萬小時規則」（10,000-Hour Rule），麥爾坎‧葛拉威爾（Malcolm Gladwel）在他的《異數》（*Outliers*）一書中推廣了這一個規則。葛拉威爾引用了艾瑞克森的著作，並指出世界級的專家通常需要一萬小時的刻意練習，才能達到世界級的地位。請注意，艾瑞克森和其他人都特別指出，這不是一個硬性的「規則」，因為實際需要的時數，取決於你練習的主題、練習的刻意程度、你的指導教練有多好，以及你想追求的精練程度。

無論如何，很明顯的一件事就是，在任何領域，刻意練習都是從新手晉升為專家的最快管道。然而，獨自完成這件事很困難，因為你需要持續且具體的回饋來指導改進。除非有一個可以有效獲得這種回饋的模擬環境，例如線上西洋棋程式，否則你至少需要另一個人參與。

在理想情況下，這個人是一位真正的專家，能夠提供直接的回饋，並確定最佳目標、練習環境和指導方法。把這個人想像成私人教練、體育教練或音樂老師這樣的人。在專業環境中，這個人可以是管理者或導師，將幫你承擔越來越多責任，並始終如一指導你。

刻意練習會讓你脫離舒適圈。這在精神上和體力上都很費力。所以試圖把刻意練習強加在某一個人身上，會是一場失敗的戰鬥。最好先得到導師和導生的認可，再投入這種模式。

一個相關的模式是**「間隔效應」**（spacing effect），指的是你將同樣的學習量，以時間**隔開**的方式進行，會比在壓縮時間狀態下的學習**效果**更好。也就是說，「填鴨式」往往不是最好的策略，正

如我們在第 3 章中已經說明的一樣。想要真正學到東西，你就必須反覆強化它。

間隔效應還主張，強化訓練之間的間隔，還可以隨著時間而拉長。以你學習新單字為例。在你第一天學那個字的時候，你真的需要研究它。然後你可能想在第二天或幾天後提醒自己這個單字的意義，以確認你已經學會了，但你以後就不需要每天都這麼做。不過，如果你從不使用這個單字，你最後可能也會忘記，所以偶爾還是需要提醒自己。許多現代線上學習平台就是這麼做的，例如學習語言的多鄰國（Duolingo）和學習單字的 Quizlet。

間隔效應應該要充滿在你的刻意練習中。你不必完全掌握一項技能之後，才繼續學習下一個。相反地，你必須在不同技能之間輪替，不斷強化你學到的東西。這就像是去健身房輪流鍛鍊你身體的所有肌肉，並逐漸進行更激烈的鍛鍊，包括更多的重量訓練和更複雜的動作。

間隔效應也有更廣泛的含義，例如間隔廣告比連續展示廣告更有效。另外，在教科書中將各主題以間隔出現方式編排，要比將每個主題安排一個單一章節來討論這種標準機制更有效。舉例來說，在小學數學教科書中，如果你在不同的章節中教分數，孩子就會學到如何在不同場合中應用分數，這種概念比在單一章節裡教導分數運算要好得多。

要讓刻意練習在組織環境中發揮作用，你需要找到一種方法，對員工提供他們需要的持續回饋和強化學習。達到這個目的的一種方法，就是讓他們與管理者、導師或教練進行**每週一對一（weekly one-on-one）**的站立會議。這個會議可以作為一個**強迫功能**，定期提供前面所說的回饋，就如我們在第 4 章中所說的那樣。這些可以

是相對較沒有結構的會議，用來討論目前的計畫，以及討論技能培養與職涯成長。

金・史考特（Kim Scott）在她所寫的《徹底坦率》（*Radical Candor*）一書中描述了一個同名模式，利用可靠的二行二列矩陣（見第4章），以每週或其他頻率，如何在一對一會議形式中提供回饋。

圖8-7的兩個軸線分別是「直接挑戰」和「個人關懷」。當你向某人提出意見回饋時，你可以用模糊抽象的方式，例如「我認為你可以在溝通這方面做得更好」，或者用具體可行的方式直接挑戰對方，例如「你說的這句話讓人困惑，原因是這樣的，我認為你應該這麼說才對」。用模糊和抽象的方式容易得多，因為它避免了指出具體錯誤例子的困難，以及圍繞具體例子所爭論細節差異的心理壓力。許多人因此而選擇了簡單的方法。但是為了讓你的回饋有

圖8-7　從「徹底坦率」的角度提出建議

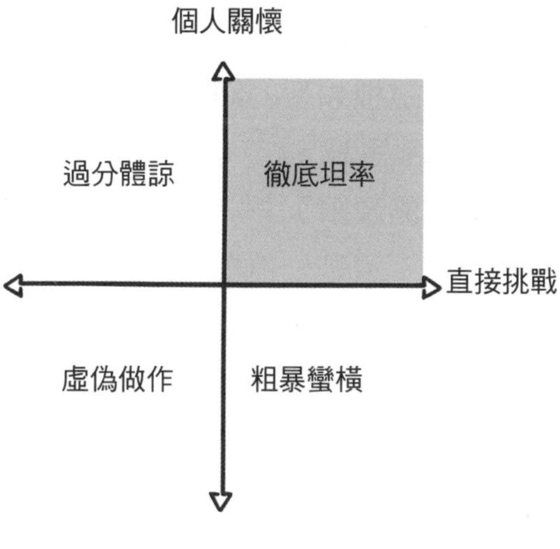

效，你需要指出具體的細節。

個人關懷包括在提出回饋前，培養你之前所建立的關係。如果你始終不變表現出你是為了這個人的最大利益著想，這個人就比較能夠接受你的建設性批評。另一方面，如果你與他根本沒有關係，或者更糟的是，和他有負面的關係，那你的回饋就不太可能被接受。

徹底坦率是以一種既直接挑戰，又個人關懷的方式來提出回饋，也就是圖 8-7 矩陣的右上方象限。你的回饋完全**坦率**，而且直指問題的根源，這就是它的**根本**形式。它與刻意練習非常合拍，因為這種回饋，就是在刻意練習課程中應該提出的回饋類型，也就是這個對象在某項想要精進的特定技能上，如何才能做得更好的具體描述。

圖 8-7 的其他象限，則會造成下列不佳的回饋模式：

- **過分體諒**（左上角的象限）—— 當你有個人關懷，但卻不直接挑戰時就會如此。當你提出的回饋不夠明確時，就會出現這種情況。
- **粗暴蠻橫**（右下方的象限）—— 當你直接挑戰，但不含個人關懷時就會如此。這種類型的回饋常常被忽視，因為缺乏關懷會讓回饋看起來不真誠。
- **虛偽做作**（左下方的象限）—— 當你既不直接挑戰也不含個人關懷時就會如此。這是一種模糊的責備形式，由於不足以讓接受批評的人採取行動，因此沒有用處，而且又由於與對方缺乏牢固的基礎關係，可能會令人厭惡。

當你在組織以外進行刻意練習時，你和教練可以針對你的目標和技能水準，量身定做練習課程。回想前面提到的足球傳球練習，你可以把訓練角錐照你需要的距離去擺放。但相較之下，在組織內部構建理想的練習課程，將更具挑戰性，因為你無法控制環境。例如你可能想提升你的演講技巧，但考量到你的職位，你可能只有很少的練習機會。此外，這些現實世界的情境也各自有其限制，不過你仍然可以盡可能尋找學習機會。

一個很好的起點就是，宣布你打算為一個特定技能進行刻意練習，並邀請一名願意定期指導你的導師。接著，你和你的導師就可以在不影響組織的情況下，精進你的技能。例如，你可以接下一個角色，讓你可以在某個計畫中練習你的技巧，但又不至於對公司造成很大的影響。當然，你也可以在組織外的時間，找尋更多的練習機會。

組織可以如何幫你選擇適合練習的計畫？如果你身為導師，又該如何幫助你的團隊選定計畫？創投業者凱斯‧拉博伊斯（Keith Rabois）開發了一個相關的心智模式，稱之為**「後果信念矩陣」**（**consequence-conviction matrix**），來幫你完成這項工作。他在題為〈如何操作〉（How to Operate）的演說中，對這個矩陣做了說明：

> 你基本上是針對決定的信念程度，從非常高到非常低進行排序。有時，你知道某件事是錯的，你不會真的那麼做，但你不確定這是對的還是錯的。另外，還有一個面向，就是後果。有些事情，如果你做了錯誤的決定，對你

的公司將會造成災難性的後果，而你就會失敗；但有些事情影響很小，到頭來，它們不會真的造成太大的差別，至少一開始時是如此。

如果後果的影響很低，而且你對自己的觀點也沒有信心，那你就應該授權，而且要完全授權，讓其他人犯錯並學習；另一方面，如果後果很嚴重，而且你確信自己是正確的，那你其實就不能讓你的資淺同事犯錯。

後果信念矩陣，可以幫助你區分何時可以放手讓團隊成員學習，甚至可以將這個矩陣應用在家庭情境裡。舉例來說，我們就試圖讓我們的孩子嘗試做一些即使失敗了，也不會造成太大傷害的事情，好比自己去商店買東西，或者自己做午餐。

圖 8-8 利用後果信念矩陣，可以作為是否授權的評估

	高信念	低信念
高後果	不授權	有時授權
低後果	有時授權	完全授權

總結來說，高信念、低後果象限中的活動，最適合幫助別人或你自己進行刻意練習。在這種時候，已經知道該怎麼做，所以能夠有效進行指導，同時萬一相關任務一開始就失敗，也不會對組織產生重大的影響。這些情境是完美的刻意練習機會，找一個將接受訓練者的能力推到極致，甚至超出極致的任務，然後把這個任務指派給他，讓他可以得到關於如何改進徹底坦率的回饋。這是幫助

人快速成長，包括在擔任新的角色時，都適用的一個很有說服力的方法。

幫助團隊發揮最大潛能

當你幫助人們釋放潛能時，某些心智模式會不斷出現。首先，即使有人同意進行刻意練習，並接受徹底坦率的回饋，但如果他沒有正確的心態，這個過程就無法良好運作。心理學家卡蘿·杜維克（Carol Dweck）在她所著的《心態致勝》（*Mindset*）一書中，發展出**「定型心態與成長心態」**（fixed mindset versus growth mindset）模式，這個模式解釋了錯誤與正確的心態。

「定型心態」的意思是你相信你的個人特性和能力都是固定的，沒有成長和改變的能力。例如你可能相信自己「數學就是不好」，而這種能力的缺乏只是「你本質的一部分」。當然，如果你認為自己的能力已經定型，那麼你自然就會抗拒接受改進的回饋。

與定型心態相反的是**「成長心態」**，也就是你相信你可以隨著時間成長和改變。當你有一個成長心態時，你會對批評式的回饋抱持更開放的態度，因為你相信自己的能力可以成長，並體認到接受和執行建設性的批評，是這個過程中必要的部分。

你必須小心自己的心態，尤其是對待你擅長的事。原因是當你擅長某件事，例如數學的時候，擅長那件事可能成為你身分價值的一部分，例如「我是一個擅長數學的人」。然而，要有效提高這種技能，例如透過刻意練習時，需要一直走出舒適圈，並面對週期的失敗。如果你有定型心態，這個過程會被視為對你身分價值的否

定，你會認為「我是一個擅長數學的人，怎麼卻不斷在這些數學問題上失敗呢？」

當你開始觀察人們是否有定型或成長心態時，你會發現這些概念可以針對某些情境來應用，例如公開演講或體育活動等，不過對某些人來說，定型或成長心態可以滲透到大部分的行為中。你的哪些地方有定型或成長心態？

杜維克認為，學校裡提供的教育指導可能會鼓勵其中一種心態。例如告訴孩子他們很聰明，就會鼓勵定型心態，因為這樣一來，學生可能會在學習上減少冒險，以保護他們的「聰明」；另一方面，表揚學生的努力則會鼓勵他們的成長心態，因為這樣一來，他們就想付出更多努力，包括迎接新的挑戰。

自 1970 年代杜維克的原創研究以來，已經進行了許多其他研究。《心理科學》（*Psychological Science*）雜誌於 2018 年 3 月進行的一項整合分析發現，儘管效果不是很明顯，但這類「成長心態干預」確實有正面效果。然而，我們有機會用一種更直接的方式來取代表揚，而不是歸結於「聰明」這類微妙的干預措施，這種直接方式就是透過模式明確地與被輔導者交談。如果你能讓被輔導者對某項特定技能抱持成長心態的話，就能獲得明顯的學習成效。

同樣重要的是，你要相信團隊成員的成長潛能，因為你的期望可能會影響他們的表現。「**畢馬龍效應**」（**Pygmalion effect**）模式主張，較高的期望能造成更好的表現，因為人們會試圖達到那些為他們設定的期望。這是以希臘神話中的畢馬龍而命名，他是一名雕刻家，他塑造了自己理想中的配偶，愛神阿芙蘿黛蒂（Aphrodite）後來賜予這個雕像生命，並命名為葛拉蒂（Galatea）。與之相反的「**戈蘭效應**」（**golem effect**）則是指較低的期望，會

造成較差表現的現象。這是以猶太神話中的一個黏土生物而得名，這個生物得到了生命，卻變得越來越腐敗和暴力，最後不得不被摧毀。這兩個都是**自我應驗的預言**。

與定型心態和成長心態一樣，關於這些效應在不同環境下的影響力強度，一直都有爭論。就連最初在課堂中的研究也遭到批評，但在像組織領導能力這樣的環境中，卻顯示了更強的效果。舉例來說，2009年10月《領導力季刊》（*Leadership Quarterly*）的整合分析發現，畢馬龍式領導風格是最有效的。這項關於領導方法的整合分析，是由美國國防部贊助的，並將畢馬龍效應與1970年代以前的傳統流行方法，還有一些被描述為具有魅力、靈感、變革或遠見的新技術，共200個研究一起進行了比較。最後排名第一的就是，設定高期望值的畢馬龍效應。

如果你為孩子或同事設定高期望值，單憑這一點可能不足以促使他們充分發揮潛力。但設定較低，甚至完全沒有期望值，可能會對他們造成重大障礙，阻止他們充分發揮潛力。我們再強調一次，直爽坦言是有幫助的，如果人們明白自己的目標，他們就知道如何因應。

不過，對人們設定高期望值，並不斷將他們置於具挑戰的情境中，可能會讓他們感到疲憊或不安。你自己可能也經歷過這些感受。有效的領導者需要對這個現實保持敏感度，並建立支援系統，幫助人們克服可能出現的心理障礙。

在這些環境中，有幾個心智模式需要注意。首先是「**冒牌者症候群**」（impostor syndrome），意指覺得自己只是冒牌者的人，害怕被人拆穿是騙子，即使事實上他們根本不是。調查顯示，有70％的人在他們職業生涯中的某個時點，都曾經犯了冒牌者症候群。你

有沒有呢？

當人們陷於冒牌者症候群時，他們會貶抑自己的成功，將之歸為運氣或詭計，並專注於失敗或對失敗的恐懼。這種經常專注於失敗的狀態，可能導致高度緊張與焦慮，或像是過勞、完美主義、攻擊行為，以及失敗主義等負面行為。

你可以採取下列步驟，幫助別人克服冒牌者症候群：

- 強調它的普遍性，例如「每個人都曾有過這種感覺，我以前也有過這種感覺」。
- 解釋當你在舒適圈外做事時，出現小問題是可以預期的。這種解釋可以幫助人們將錯誤重新定義為學習機會。
- 讓他們聯繫其他面對過冒牌者症候群的同事或導師。

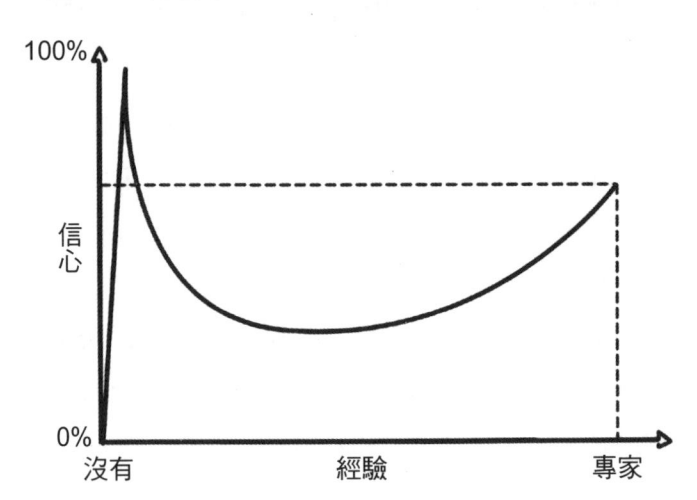

圖 8-9　隨著學習歷程的演變，信心也會跟著變化

第二個需要考慮的模式是「**鄧寧－克魯格效應**」（Dunning-Kruger effect），以社會心理學家大衛・鄧寧（David Dunning）和賈斯汀・克魯格（Justin Kruger）命名。這個模式描述了人們從新手到專家體驗到的自信。

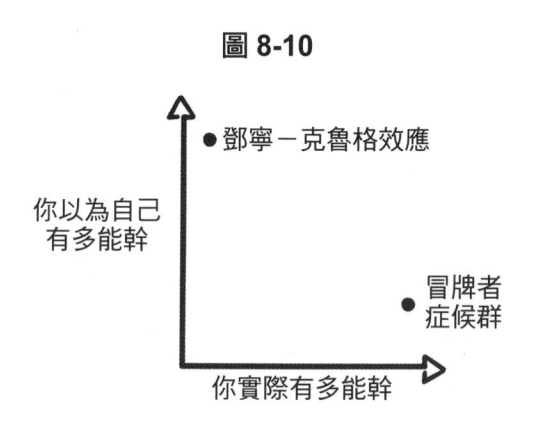

圖 8-10

- 縱軸：你以為自己有多能幹
- 橫軸：你實際有多能幹
- 鄧寧－克魯格效應
- 冒牌者症候群

當你開始學習事物的時候，通常會取得很大的進步，因為有很多新的東西要學，例如，你可以很快學會同時拋擲三個網球。學習曲線上的這種快速進步，讓你對自己的能力有很大的信心。然而，你可能會讓自己誤以為這一定是一項非常簡單的技能，而事實上你還沒有完全掌握這項技能，以及還不知道如何精進。

你的信心會直線下降，因為當你開始學得更多時，你開始了解你所不知道的一切，並預見將需要多少努力才能真正成為這項技能的專家。以拋球這項雜技而言，試著同時拋擲三顆以上的球，或切換成不同的物體，就能顯示出這個論點。然後當你付出努力，並獲得有意義的經驗時，你的信心又會逐漸建立起來。

身為教練，你應該記住鄧寧－克魯格效應，並留意你的團隊成員在這條曲線上的哪個位置。當你和專業程度較低的人一起工作

時，幫助他們正確認知自己的能力程度，讓他們不會過於自信，但同時也要讚揚他們的學習進步，免得他們太過灰心。隨著他們越來越接近曲線的中間，他們會需要更多鼓勵，因為他們的信心會下滑。當你自己學習一項新的技能時，也別忘了這個模式。

雖然鄧寧－克魯格效應解釋了整個學習曲線過程中的心理變化，但它通常只說明第一個尖峰，也就是低能力的人認為自己擁有高能力，而無法認清自己在特定領域的技能水準，或缺乏這項技能水準。這與冒牌者症候群正好相反，他們不認為自己比實際狀態差很多，反而覺得自己比實際狀態好很多。

關於心理障礙的第三個心智模式，是由提出馬斯洛的鎚子而知名的心理學家馬斯洛，他在 1943 年發表的論文〈人性激勵理論〉（A Theory of Human Motivation）中提出的，現在被稱為**「馬斯洛需求層次」（Maslow's hierarchy of needs）**。馬斯洛認為，要充分發揮你的潛能，達到他稱為「自我實現」的狀態，首先需要滿足基本的心理和物質需求，包括生理（食物、水等）、安全（庇護、免於恐懼等）、愛與歸屬（關係、支持等）和自尊。他將這些需求分類為一個層級結構，並將自我實現放在最上端。

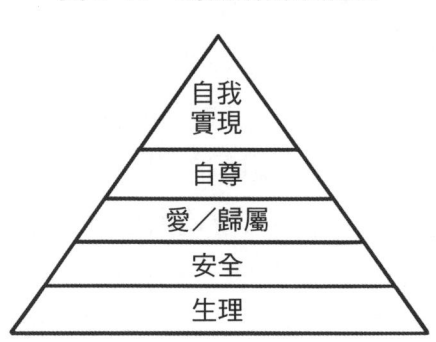

圖 8-11　馬斯洛需求層次

馬斯洛主張只有滿足了所有需求層次底層更基本的需求後，你才能專注於最頂端的自我實現。從這個模式的角度來看，冒牌者症候群反映了需求層次中尊重這一層沒有得到滿足的需求，因為你總是覺得你不配獲得成功。因此，它會阻止你繼續發展，成長到頂端的終極成功。

　　還有幾個其他例子，如果你正處於分手這種混亂的人際關係中，那麼中間層次例如愛與歸屬的需求，就可能無法滿足。或者生活在有食安危機或暴力環境中的兒童，可能會因為他們的安全需求得不到滿足，而產生學習困難。

　　批評家針對馬斯洛需求層次是否在不同的文化或情況下有所不同，甚至這些層次是否真的存在，都提出了質疑。儘管如此，思考這個模式可以幫助你找出為什麼你或其他人沒能充分發揮潛力。

　　最後，我們假設你在指導別人，並且你們能夠一起克服所有心理障礙。你在幫助他們進行刻意練習，並定期主動提供可使用的回饋。當你幫助他們分析過去的情境，以提供這樣的回饋時，你仍然需要考慮另一種心理現象，那就是有時你對過去的記憶，甚至是剛過去不久的記憶，都可能是偏差或扭曲的。

　　我們在第 1 章討論了其中一些偏差，包括**「可得性偏差」**等。另一個需要考慮的心智模式，叫作**「後見之明偏誤」**（hindsight bias），就是在事件發生後，在事後之見中存在一種偏誤，認為它是可以預測的，即使沒有真正的客觀基礎，證明這是可以預測的。**「馬後砲」**（Monday morning quarterbacking）[*]和**「事後諸葛亮」**

---

[*] 美式足球主要球賽多在週日舉行，因此在週一賽事結束後才大肆發表評論的人，就被稱為「週一晨間的四分衛」，諷刺這種人只會放馬後砲。

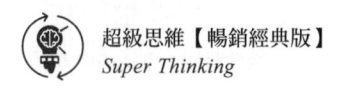

（hindsight is twenty-twenty）*是同一概念的不同說法。

在任何重大事件後打開電視，就能看到可得性偏差正在發生。播報員會解釋事情發生的原因，但如果你在事件發生前看過相關報導，就可以發現，很少人可以提前預測到事件會發生。想想2007年至2008年的金融危機，或美國2016年的總統大選。

後見之明偏誤在許多其他情境都會出現，法官在審案時權衡證據、歷史學家分析過去的事件，以及醫生評估先前的臨床判斷等都是。舉例來說，在過失案件中，定罪前，必須證明犯下過失行為的人，知道他們的行為會危害他人。研究實驗對象的過失行為，通常他們就是認為結果可預見，最後的結果就越糟糕。換句話說，結果越糟糕，後見之明偏誤也越嚴重。

在領導能力和學習新角色的情境下，後見之明偏誤可能讓你無法從過去的事件中學習。如果你認為某個事件是可預測的，但實際上並非如此，你可能會認為你做了錯誤的選擇，才導致事件的發生，但事實上，基於當下可獲得的資訊，你做的可能是正確的選擇。

舉例來說，如果你投資一項新科技，甚至是個人投資一支股票或創立公司，而沒有成功，這並不表示在最初不是一個好的選擇。當時的成功機會可能對你有利，但後續的運氣卻沒有眷顧你。你該問的問題是，你當時的風險評估有多準確，在當時可用的時間和資源下，這個評估是否可以更準確。回答這些問題會讓你從非黑即白思維，也就是事件是否完全可以預測，轉移到更微妙的思維，也就

---

* 美國眼科檢查視力時，20/20表示視力極好。這裡用來諷刺事件發生後，事後之見的眼力才是一流。

是考慮它的預測度究竟有多高。

反事實思考（見第 6 章）可以減少後見之明偏誤，因為它迫使你思考事件可能發展的不同方向。問問自己，如果你當時做了 X、Y 或 Z，事情會有什麼變化。另一個相關的模式是**「倖存者偏差」**（見第 5 章），正如應用在此處一樣，它告訴你當檢視過去的失敗有什麼共同點時，你也該考量過去的成功是否也有共同點。例如在分析過去的投資決策時，你需要檢視你的決策標準，整體而言，是如何適用於各種情況，而不僅適用於其中一個小群組，否則你可能會產生錯誤的訊息。

另一種抵消後見之明偏誤的方法，就是在事件發生的當下做筆記。這樣一來，你對所發生的事情就有了一個客觀的紀錄，而不只是依賴可能失真的記憶。當然，文字是最客觀的紀錄，而且越來越受歡迎。因此一些組織單位會記錄一些會議，或製作有條理的筆記，像是記者會記錄與消息來源的採訪，警察也越來越常使用配戴在身上的相機記錄所有過程。

不過，很重要的一點是要知道，只有在無法預見結果的情況下，後見之明偏誤才會影響你。當你檢視許多可預測的錯誤案例時，後見之明偏誤就不是一個因素。重點是要區分這兩種情境。自利偏差（見第 1 章）指出，你會更傾向於說你自己或你的團隊的錯誤，是無法預測的（「誰能猜得到呢？」）而且你更可能會使用後見之明偏誤來苛責別人。

本節所提出的心智模式有助於糾正心理偏差（例如冒牌者症候群），人為障礙（例如定型心態），以及錯誤資訊（例如後見之明偏誤），所有這些都是希望幫助包括你在內的大眾，客觀思考當前的表現與改進的方法。

建立團隊文化，朝目標邁進

　　本章到目前為止，已經介紹了可以幫助人們充分發揮潛力，以及作為十倍團隊成員茁壯成長的心智模式。然而，還有另一組心智模式，可以明顯增加或減少創立這些特殊團隊的可能性，這些模式與組織「**文化**」（culture）的構成有關。

　　每個團體都有自己的文化。文化通常被用來描述民族、國家或地區層面上，但它也適用於較小的團體，例如組織、直系親族、大家族、朋友團體，以及圍繞共同利益的線下和線上社團。文化描述了團體成員的共同信仰、行為模式和社會規範。例如，不同的家庭在解決爭議上有不同的規範，有些會公開討論情緒，有些則幾乎不談；有些會熱烈討論，有些則冷漠以對。你家的規範是什麼？

　　類似的道理，兩個運作良好的組織，在資訊控制（完全公開與只讓必要者知情）、資訊交流（口頭與書面）、新想法如何提出（臨時即席與正式）、準時要求（總是準時與靈活）等方面，都可能有截然不同的規範和流程。

　　在任何團體環境中，了解文化都是很重要的，包括這個團體偏好「**高情境**」（high-context）還是「**低情境**」（low-context）溝通。低情境文化希望資訊明確且直接、希望你**真實且實話實說**。你只需要少量的**背景脈絡**來理解低情境溝通內容，因為幾乎所有你需要知道的東西，都已經清楚表達了。

　　另一個極端，在一個高情境文化中，資訊傳達較間接，也較少直接溝通。舉例來說，在一個計畫或角色中，想要了解事情如何進行，你需要**大量的**額外**背景脈絡**，才能完全理解高情境的交流，要了解非語言的線索和語調的細微差別，以及遵守平常的做事程序，

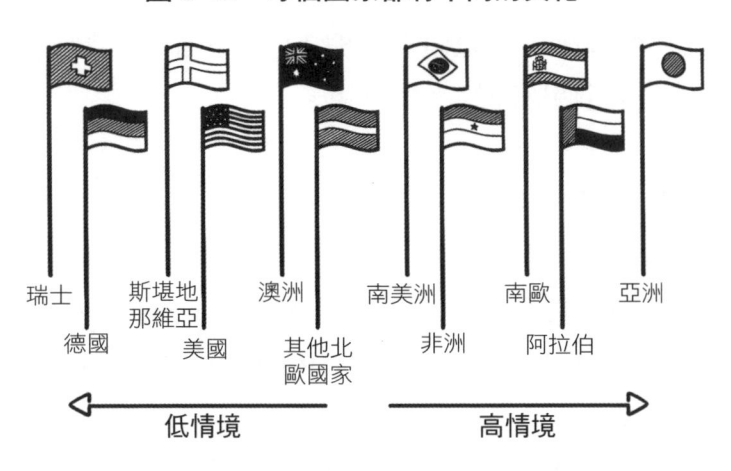

圖 8-12　每個國家都有不同的文化

瑞士　斯堪地那維亞　澳洲　南美洲　南歐　亞洲
德國　美國　其他北歐國家　非洲　阿拉伯

← 低情境　　　　　　　　　高情境 →

或根本缺乏這種程序，並把這當作線索。換句話說，<u>沒有說的話和說出來的話一樣重要，甚至更重要</u>。這種高情境與低情境連續區適用於所有文化，從小群體文化一直到整個國家。

與人格特質一樣，社會學家也使用很多不同層面來描述文化。除了低情境和高情境，其他一些常用的層面包括：

- 嚴格（有許多規範，以及對偏離這些規範的容忍度很低）與鬆散：在鬆散的組織文化中，你可能會看到人們以許多不同的方式做同樣的事情，而嚴格的文化則會制定較嚴格的規則和程序。
- 階級制（權力界限很明確）與平等主義（權力普遍分享）：在一個比較講求平等主義文化的組織中，你將看到更多的共識和團體決策。
- 集體主義（認為集體成功比個人成功更重要）與個人主義：像強制排名這樣的績效排名系統，也就是管理者被迫要對直

接下屬進行排名,會出現在個人主義的組織文化中。
- 客觀(偏好來自實際證據)與主觀:更由資料驅動的組織文化,屬於這個層面的客觀分類。

無論如何,當你招募新成員加入組織時,他們可能要花很多時間來適應組織文化。舉例來說,一名習慣於非常低情境環境的人,會期望你的溝通非常直接,而一名習慣高情境環境的人,則可能會對你的直率感到被冒犯,而這種低情境的溝通方式可能會打擊他們的士氣。

雖然新雇用的員工能夠逐漸習慣新的文化,但他們在開始時有可能抗拒。所以關於組織文化,你越坦率越好,事實上,關於你組織的文化規範採取坦率態度,是身為組織領導者所能做的**最高槓桿活動**(見第3章)。這可以幫助可能的新團隊成員弄清楚,你的組織是否適合他們。加強文化規範,也能幫助現有團隊成員更有效率一起工作。

有句話是這麼說的:「文化是當主管不在時發生的。」這是人們被允許**自行其事**時所做的事情。正因如此,發展及加強文化是這麼高槓桿的活動,因為你不能一直監視大家。這樣會浪費太多通常可以花在其他地方的時間與精力。如果你的團隊只在你嚴格督促下,才朝著你想要的方向發展,那麼他們也無法朝這個方向走得很遠。

此外,如果你不塑造自己組織的文化,它也會逐漸成形,而且可能朝你不想要的方向發展。有些組織,例如優步,就曾以擁有毒性的文化而聲名狼藉。毒性文化的特徵包括只專注在地位、領域性、侵害他人、無效溝通、害怕直言、不道德的行為、騷擾、不

快樂。

幸運的是,有許多明確的方法可以積極塑造文化:

- 建立一個強大的願景:「我們的北極星,我們對未來的願景,就是標示了 × 的地方」(見第 3 章)。
- 定義一套明確的價值觀,讓它與你組織的各種文化層面融合,例如「我們的組織重視承擔計算過的風險,哪怕失敗了也無妨。」
- 透過頻繁溝通,包括全體員工會議和對團隊全體的廣播,來加強組織願景和這些價值觀。
- 建立與願景和價值觀一致的流程,例如,如何決定聘用新的團隊成員。
- 以身作則,確認領導者也會遵守其他人必須遵守的規範和價值觀。
- 建立傳統,舉行既定價值觀的聚會,例如節日慶祝、團隊志願者活動,或經常性的頒獎儀式。
- 培養責任感,例如檢視過往的經驗,從**「事後檢討」**(見第 1 章)中學習,或在績效評估時提供誠實的回饋。
- 獎勵表現出模範文化行為的人,給他們升職與獎勵等。

綜上所述,這些技巧清楚向組織中的每個人傳達了文化規範,也說明這些規範是認真的。它們還表達了如果能與組織的願景、價值觀、文化規範和程序保持一致,就更可能在組織中脫穎而出。

「贏得人心」(winning hearts and minds)是一種相關的心智模式。1895 年,法國將軍于貝爾・利奧泰(Hubert Lyautey)在

軍事情境下首次提出這個模式，當作打擊中國與中南半島邊境黑旗（Black Flags）叛亂軍戰略的一部分。這是一個認知，那就是透過交流直接訴諸人員的情感與理智，能夠有效贏得人心。

在較近的歷史上，美國也領導過贏得人心運動，即直接向越南和伊拉克等外國群眾解釋其觀點。在商業環境中，像愛彼迎（Airbnb）這樣的後起之秀，就直接呼籲公民與他們的立法代表聯繫，並遊說反對會對消費者與業者利益產生負面影響的法規時，這個概念就進行得很成功。

建立和交流共同的願景、價值觀和文化規範，能幫助組織贏得其成員的心，從而由本質上激勵他們充分發揮潛力。否則，動機便傾向於由外在因素提供，例如報酬和頭銜。

創投業者弗瑞德・威爾遜（Fred Wilson）使用「**忠誠者與傭兵**」（loyalists versus mercenaries）的概念，來解釋成員對組織的看法。根據 2015 年 6 月 23 日發表的一篇部落格文章，他認為忠誠者即使在逆境中也會忠於組織。相較之下，傭兵主要是為了錢，而且更可能為了更高報酬而離開。威爾遜解釋了一些吸引更多忠誠者的因素：

1. 領導力。歸根究柢，人們對他們信任的領袖是忠誠的。
2. 使命。人們忠於使命。我見過一些非常有才華的人，拒絕了 2 至 3 倍的薪酬，只因為他們相信自己正在做的事情，並認為這能改變他們以及其他人的生活。
3. 價值觀和文化。人們想在自己覺得對的地方工作。他們需要在工作中感到舒適。就像一個有舒適家具的家會讓人愉快住在裡面一樣，一個有著良好價值觀和文化的公

司也能讓人愉快工作。

4. 地點。在舊金山灣區和紐約市，你的員工會不斷受到誘惑，要他們為了更多的現金、股權、好處和責任而離職，最後會讓他們變成傭兵。如果你在盧比亞納、滑鐵盧、德斯莫恩、匹茲堡、底特律或印第安納波利斯建立自己的公司，就會比在舊金山灣區或紐約市有更好的機會，建立一個充滿忠誠者的公司。

正如威爾遜所指出的，文化是吸引和留住忠誠者的一個關鍵方式，如果你在尋找十倍團隊，吸引和留住忠誠者就該是你的目標。在努力打造積極的組織文化時，也要記住一些戰術模式。

首先，你可以透過了解不同職位的人需要不同的支持，才能在挑戰性的努力中取得進展，並以這一點對員工表明，你很重視他們的貢獻。我們來看看 2009 年 7 月，創業投資人保羅・葛拉罕（Paul Graham）在一篇題為〈管理者的時間表與自造者的時間表〉（manager's schedule versus maker's schedule）部落格文章中所寫的內容：

> 管理者的時間表是給老闆用的。它表現在傳統的預約日程表中，每天都以一小時為間隔。如果需要，你可以將幾個小時框起來，處理一項任務，但在預設情況下，你每個小時都會更換工作。
>
> 但還有另一種支配時間的方法，這對程式設計員和作家等自造者很常見。他們通常喜歡用至少半天為單位時間。你不能以一小時為單位來撰寫文字或設計程式。這連

開頭都做不到。

如果你以自造者的時間表操作時，會議就是一場災難。一場會議就可以把整個下午搞砸。如果把會議切成兩部分，結果每部分時間都太少，也做不了什麼事。而且你還得記得去開會。但對使用管理者時間表的人而言，這就沒有問題。下一個小時總會有事情發生，唯一的問題是什麼事情。但當自造者時間表的使用人要開會時，他們就要考慮一下。

當你和那些能從自造者時間表受益的人一起工作時，你必須努力創造一種文化，讓他們可以有不被打斷的較長工作時間。要做到這一點，你就要保證那些使用管理者時間表的人員，不會一直打斷使用自造者時間表的人員。蓋布瑞的公司DuckDuckGo就有一項政策，週三和週四不舉行站立會議，這樣可以幫助大家將深度工作力納入自己的時間表（見第3章）。另一種方法是讓人們在更有助於深度工作力的環境中工作，比如遠離中央辦公室，這樣他們被同事干擾的次數就會減少。

圖 8-13　安插過多短時間的工作事項，反而會干擾工作效率

接下來，隨著組織的發展，你必須當心文化遭到侵蝕。以「**鄧巴數字**」（Dunbar's number）150 為例，這是一個穩定且有凝聚力的社會團體，能夠維持的最大人數規模。這個數字是以人類學家羅賓·鄧巴（Robin Dunbar）的名字命名的。鄧巴數字背後的想法是，在大約 150 個團隊成員及以下時，你可以相對容易了解團隊中的每個人，以及他們在團隊裡的角色。然而，超過這個數字後，你就無法輕易記住每個人和他們的職責。

原本運作良好的組織，一旦人數超過鄧巴數字後，流程似乎會突然崩潰，需要架構新的流程，讓組織再次同樣有效運作。超過 150 人的團隊，就需要更明確的結構。

團隊動力的穩定性依賴於團隊大小的這個概念，也可以適用到較小的團隊。另外兩個眾所周知的分界點，是當一個小組織或團隊的規模達到大約 10 到 15 人時，以及當它進一步擴展到 30 到 50 人時。

當你的團隊只有幾名成員時，例如家人或小公司，每個人都參與大多數的重大決策，並了解與團隊相關的一切。不過，在 10 到 15 個人的情況下，這個簡單的系統將會崩潰，你需要更多的組織結構，例如小組與獨立專案等，否則就會出現混亂。當團隊成長至 30 到 50 人之間時，同樣的事情會再次發生，你需要建立更多的結構，例如團隊與正式管理層等，以避免另一輪的混亂。當你達到鄧巴數字的 150 人後，你會開始需要更傳統的公司結構，例如嚴格的政策和規章，與其他部門互動的流程等。

如果你是一個成長中的組織或團隊的領導者，當團隊人數跨過這些門檻時，你都需要再重新規劃調整。你也應該避免組織發展太過迅速，如果有太多還沒有受組織文化影響的新人同時加入，那麼

你費心打造的文化很快就會被沖淡，而且會大大失效。據說，如果一個組織在一年內團隊成員增加超過50％，這種超級成長狀況可能會帶來很大的麻煩。

另一個值得當心、可能迅速侵蝕文化和士氣的模式，就是「**人月迷思**」（the mythical man-month）。電腦科學家弗瑞德・布魯克斯（Fred Brooks），最初在同名的書中提出這個名稱。人月是衡量計畫需要耗時多少的單位，例如這個計畫將耗時10個人月。布魯克斯宣稱，這整個測量方法是有缺陷的，這是基於一個迷思，認為你可以只靠著增添更多人，也就是注入更多「人月」到一個計畫，就可以使它更快完成。

一個愚蠢但令人馬上記得的例子就是孕育一個嬰兒，不論你嘗試增加多少人，都需要大約九個月的時間！對於普通的計畫也是如此，尤其計畫越到後期越是如此。

如果你在後期將人引進一個計畫，你需要讓他們快速跟上進度，但通常這種進入狀況的過程，實際上會拖慢計畫的進度。通常讓現有人員完成計畫，速度會更快，但你會冒著耗盡團隊精力的風險，尤其是當計畫的最後期限非常嚴苛的時候。可是如果你延長了最後期限，並且確實加入人手，你也可能讓團隊的士氣低落，因為你必須**增援**才能完成計畫。事先妥善的規劃可以防止你最後變成這種大家皆輸的局面。

在建立正向文化時，最後一個要記住的戰術模式也是源自於軍事領域，那就是「**地面部隊**」（boots on the ground）。它指的是你需要讓軍靴踏在地面上才能在軍事行動中取得成功。從遠處指揮戰爭，例如僅使用空軍，將無法達成最後目標時，經常會提到這一點。

還有一個經常被提出來的軍事例子就是，<u>要真正贏得人心，你需要腳踏實地與群眾互動，讓外部干預人性化</u>。也就是說，你不能只從遠處廣播和執行你的訊息。美國的社區警政就對這個概念掌握得宜，警察會在社區中花時間建立關係，並贏得他們區域的群眾的信任。

當你希望人們認同你的組織願景和文化時，前述的原則也同樣適用。你不能只從遠處定義文化，並希望它能站穩腳跟。相反地，領導者必須以身作則、腳踏實地。這遠比那些被認為坐在遠端**象牙塔**裡的領導人更有效。有幾個常見的詞語指出了你該做的行為：**捲起袖子**、**走進戰壕**，展現你是**我們的一分子**。

身為領導者，<u>你的工作是永遠做不完的，你必須持續強化願景和價值觀，盡你最大的努力使文化朝著更理想的方向演進，並為你周圍的人創造成長的環境</u>。如果你能做到這些，那麼你所創造的文化，將幫助你建立一個支持和培養十倍團隊的組織。

本章重點

- 人是不可互相交換的。他們來自不同的背景，有不同的性格、優點和目標。要成為最好的管理者，你必須**因人而異進行管理**，仔細考慮到每個人獨特的特質和當前的挑戰。
- 打造獨特的角色，去增強每個人的優點和動機。避免**彼得原理**，只把人們提升到他們能夠成功的角色。
- 使用**直接負責人**模式，正確描述角色和職責。
- 人們需要指導，才能充分發揮他們的潛力，尤其是在新的職務上。**刻意練習**是幫助人們調整新的學習曲線最有效的方法。使用**後果信念矩陣**來尋找學習機會，並在**每週一對一會談**中使用徹底坦率態度提供建設性回饋。
- 嘗試新事物時，當心常見的心理失敗模式，例如**冒牌者症候群**和**鄧寧－克魯格效應**。
- 積極定義團隊**文化**，並且持續投入**贏得人心**的行為，以邁向你想要的文化願景。
- 如果你能讓人在正確的角色和定義良好的文化中追求成功，那麼你就打造了讓**十倍團隊**出現的環境。

第 9 章
展現你的市場競爭力

想要更具市場競爭力,必須思考經營的策略。我們可以運用以下心智模式:

- 套利
- 永續競爭優勢
- 市場力量
- 獨占
- 共識－反向矩陣
- 祕密
- 為什麼是現在
- 同時發明
- 先行者優勢
- 先行者劣勢
- 產品與市場適配
- 共振頻率

- 客戶開發
- OODA 循環
- 轉型
- 待完成的工作
- 你在尋找什麼樣的客戶
- 信封背面計算
- 人物設定
- 亮點
- 灘頭陣地
- 想法迷宮
- 追熱飛彈

- 護城河
- 轉換成本
- 鎖定效果
- 進入障礙
- 退出障礙
- 管制俘虜
- 贏家占據大多數市場
- 唯偏執狂得以倖存
- 破壞式創新
- 跨越鴻溝

2016 年，魔法寵物蛋（hatchimals）是聖誕節最熱門的玩具。它們是可愛的電子鳥玩具，你可以照顧它們，有點像現代版的菲比精靈（furby）。供應短缺，人們大費周章想得到它們。根據 RetailMeNot 優惠券網站於 2016 年 12 月 6 日的報導：

> 上週日，玩具反斗城（Toys "R" Us）開始上架魔法寵物蛋，購物人潮徹夜排隊想搶到手。玩具反斗城後來向排隊的人潮發放號碼牌，根據報導，一些人立刻以超過一百美元的價格，將號碼牌賣給其他排隊的人。長話短說，你很可能需要為了買這些玩具而在商場門口紮營，尤其是如果塔吉特百貨賣場也決定實施發放號碼牌制度。你可不

圖 9-1　供少於求，易發生套利

在用完了尿布，又遇到班機延誤 7 小時後，瑪莎碰巧遇了一名尿布黃牛。

想落居人後。

雖然當時魔法寵物蛋的零售價約為 60 美元，但在 eBay 上的售價卻高達 1,200 美元。正如你將看到的，當一種產品的供給低於需求，人們就會願意支付非常高的價格。

有了這樣的獲利機會，有商業頭腦的人就會不停從零售商店購買聖誕玩具，然後在次級市場上以更高的價格轉售，就像黃牛票販購買搶手的音樂會門票一樣。當你在兩種不同的情況下，利用同一個產品的價格差異賺取利益，這就叫作**「套利」**（arbitrage）。

在 1990 年代，當 eBay 剛推出時，它將新手銷售人員與世界各地的客戶連結起來，從而創造了無數的套利機會。當時還在上大學的蘿倫發現，eBay 是賺零用錢的一個很好的通路，她把自家鎮上沒有動漫店的動漫愛好者，與她在麻省理工學院附近一間動漫店購買的產品加以配對。

有時，她甚至在 eBay 上找到套利機會。她發現她可以把單品重新列在更好的類別裡，或使用更好的關鍵字，讓更多人找到這些物品從而獲利。舉例來說，她曾在「禮服和服裝」項目下找到一件售價 50 美元的設計款婚紗，但她認為如果她把它列在「二手婚紗」分類裡，也許可以轉售數百美元。她說對了，它最後賣了兩百多美元。

像這樣的價格差異往往不會持續很久，因為其他人也會注意到並追求相同的差價利潤，直到它們不再存在。利用這些短期機會當然是有利可圖的，但是你需要不斷尋找新的機會來繼續獲利。

在本章中，我們將探討套利的反面，那就是**「永續競爭優勢」**（sustainable competitive advantage）。這個心智模式指的是讓你可以維持**競爭優勢**、長期**持續**下去的一組因素。一個有效的**「飛**

輪」（見第 4 章）可以驅動這樣的優勢，以亞馬遜在貨物運輸方面的競爭優勢為例，它在倉儲和運送方面的投資，就給了它這個優勢。

持續性競爭優勢的特性，就是經濟學家所說的**「市場力量」（market power）**，也就是在**市場**上有利潤提高價格的**力量**。舉例來說，當亞馬遜提高了它的優惠價格時，並沒有失去很多客戶。市場力量的極端表現，就是**「獨占」（monopoly）**。獨占企業擁有強大的市場力量，因為它們幾乎沒有競爭者。

舉個例子，我們來看看艾筆腎（EpiPen），這是嚴重過敏患者在治療致命性的過敏反應時所需要的一種醫療裝置。2016 年，這個知名品牌背後的公司邁蘭（Mylan），控制了 90％以上的市場。它於 2007 年從默克（Merck）手中收購這個品牌，直到 2016 年為止，儘管這個裝置的價格漲了 500％以上，但市占率卻沒有下降。這種漲價就是讓人驚嘆的市場力量展示，在這段時間內，競爭對手的裝置召回，以及美國食品與藥物管理局（U.S. Food and Drug Administration）拒絕另一台裝置上市等事件，也起了推波助瀾的作用。

如果獨占企業提高了價格，你只能選擇支付這個更高的價格，或者放棄它的產品，這在很多情況，例如對於必要的救生設備而言，都不是一個有吸引力的選擇。另一個極端則是**完全競爭**，是有許多競爭對手提供完全相同的產品，或者完美的替代品，這也稱為**大宗商品**。一瓶 32 盎司的異丙醇*，不管你從哪裡購入，就是 32 盎司的異丙醇。如果一項大宗商品供應商提高價格，你就從另一個供

---

* 異丙醇是一種無色、易揮發的可燃液體，常用來作為消毒劑。

應商那裡以較低的價格購買即可。結果就是，這些大宗商品供應商並沒有市場力量。

市場力量也適用於勞動市場。如果你剛進入一個行業，只有基本且與他人沒有差別的技能，那麼你就只是一個大宗商品。這表示你在同一份工作上，與其他潛在員工相比沒有優勢，從雇主的角度來看，你和其他求職者是可以互換的。在這種情境下，你沒有談薪資報酬的能力，必須接受市場為你定的價格。

然而，這不一定代表你會拿到最低工資。和魔法寵物蛋一樣，市場價格（在本例中是薪資報酬）是**供給與需求**的函數。許多剛從學校畢業的人也能賺很多錢，因為市場對他們提供的服務需求很高，例如每年都有許多應屆的護理師，現今對護理師的需求量很大，至少在美國是如此，所以應屆畢業生可以找到有誘人起薪的工作。另一方面，儘管歷史博士的應屆畢業生人數相對較少，但為他們提供的終身教職更少，所以想爭取其中一個職位也非常困難。

當你的服務與別人毫無差別，也就是缺乏持續性競爭優勢，因

圖 9-2　擁有獨特技能，能讓自己有競爭優勢

「我有一組非常獨特的技能」

此沒有市場力量時，你就完全受制於市場的供需力量，以及他們提供的價格。這代表從長期來看，要選擇一個需求量大的行業，例如護理業。這也說明了，**你需要培養市場重視的獨特技能，使自己與眾不同，你就有機會展現你的獨特價值，要求更高的報酬**。例如，在護理方面，則可以將經驗與重症護理、麻醉學或疼痛管理等專業結合。

當然，如果對你的這套特殊技能沒有需求，那麼你就沒有機會展現市場力量。例如，許多奧運會運動員仍需要一份工作，因為他們從事的運動市場需求不足，不能僅靠自己非凡的技能來養活自己。

無論是個人還是組織，擁有市場力量都是一個有吸引力的選擇，因為你可以利用自己的優勢長期保持獲利，這就是為什麼它被稱為**持續性競爭優勢**。

不過，沒有什麼是永恆的，新科技會興起並破壞舊科技；獨占者終將失敗；專利會到期；法規會演進；新的工作技能會出現，並替換以前的工作方式。在第 4 章中，我們研究了如何留意、期待甚至造成這種改變。在本章中，我們將探討超級模式，以幫助你發現並抓住市場力量。

找出看似平常，卻有發展性的契機

對於生活、職業和組織的選擇，可以看成是對未來的賭注。在這些賭注中，你可能是對或錯的。如果錯了，你就無法獲得你想要的成功，如果對了，你就會成功。然而，要取得真正的成功，你需要一些額外的東西，與你原本的賭注反向對賭。在〈揭開創

投經濟學的神祕面紗，第一篇〉（Demystifying Venture Capital Economics, Part 1）一文中，創投業者安迪・拉赫勒夫（Andy Rachleff）使用「**共識－反向矩陣**」（consensus-contrarian matrix），總結了這個最初由投資者霍華・馬克斯（Howard Marks）提出的概念：

> 投資業可以用一個二行二列矩陣來解釋。一個面向是用對與錯來顯示，另一個面向則可以用共識與反向顯示。顯然，如果你投資錯誤，就不會賺錢，要產生豐厚回報的唯一方法，就是投資正確且與市場反向操作。

圖 9-3　用共識－反向矩陣來解釋投資回報

	錯誤	正確
共識	沒有回報	正常回報
反向操作	沒有回報	超額回報

拉赫勒夫繼續做了詳細說明：

> 願意明智憑信念接受這種觀念，是那些持續創造高回報的創投公司與其他公司的一個主要區別。可惜的是，人的本性不願意冒險，所以大多數創投公司想要得到高回報而不冒風險，但這是不存在的。於是，他們常常袖手旁觀，而其他人則從最初認為瘋狂的事情上賺了大錢。我在創投業的大部分同儕都認為，我們 Benchmark 公司投資

支持 eBay 是瘋狂的舉動。「Beanie 娃娃填充玩具，是認真的嗎？這怎麼可能會是值得投資的生意？」

拿賽馬來做比喻。如果每個人都賭同一匹馬獲勝，就不會有人贏到大筆獎金。如果你和其他人做同樣的選擇，也就是有共識的賭注，你就無法單獨脫穎而出，你最多也只能獲得一個普通的成功。創投業者比爾・格里（Bill Gurley）說：「如果共識的預測也是正確的話，那麼『正確』就不會帶來更優秀的表現。」

但如果你喜歡一匹賠率 50：1 的馬，而牠最後跑贏了，那麼你就取得了卓越的成功。這就是想出下一個熱門想法，和成為你的鎮上第五家自助霜淇淋優格連鎖店之間的區別。正如查理・蒙格在《窮查理的普通常識》（Poor Charlie's Almanack）中所說的：「模仿大家的結果，只會得到平均值。」（見第 5 章）他的投資夥伴華倫・巴菲特則在《巴菲特如是說》（Warren Buffet Speaks）書中這麼說：「大多數人都在其他人對股票感興趣時，才開始投資股市，但該感興趣的時點，是在還沒人感興趣的時候。你無法買進已經很受歡迎的股票，還能大賺一筆。」

在賽馬賭博中，**群眾外包賠率**（見第 6 章）反映了有多少人認同你的賭注。因此，當你在一匹幾乎沒有其他人下注的馬身上下注時，你就可能得到最高的回報。不過，沒人賭那匹馬能贏，也可能有很好的理由。正如傑夫・貝佐斯（Jeff Bezos）於 2016 年 10 月 20 日在《浮華世界》（Vanity Fair）雜誌的新成立公司高峰會（New Establishment Summit）上所說的：「你只要記住，反向操作者通常是錯的。」

所以，當你知道幾乎所有人都不知道的事情時，反向操作是最

有可能成功的。換句話說，你知道正確的機會比大家還要多，例如當你知道某個特定的賭注有 10％的成功機會，但大眾卻認為只有 1％。

貝佐斯於 1997 年致股東的信中再次這麼說：

> 如果有 10％的機會得到 100 倍的報酬，那你每次都該下注賭一把。但你每十次還是會有九次賭輸。我們都知道，如果你以外野牆為目標而揮棒，會被三振很多次，但也會擊出一些本壘打。

圖 9-4　知道別人不知道的事，就可能成功

「這真是個創新的方法，
但我認為我們無法採用。
因為從前沒人這麼做過。」

知道一些重要但大多數的人不知道，或還沒有被廣泛相信的事情，就是投資家彼得・提爾（Peter Thiel）所說的「**祕密**」

（secret）。這個字和它的口語用法含義相同，只是用於創新領域。正如提爾在 2014 年出版的書《從 0 到 1》（Zero to One）中所說的：

> 偉大的公司可以建立在關於世界如何運作的祕密之上。想想矽谷的新創公司，他們運用了我們周遭閒置且經常被忽略的產能。在愛彼迎訂房網站出現前，旅行者別無選擇，只能以高價訂購酒店的客房，屋主也無法輕鬆可靠地出租他們的閒置空間。愛彼迎看到了其他人沒看到的供應和需求。私人叫車服務來福車和優步也是如此。沒什麼人想得到，只要把想去某個地方的人，和願意開車載他們去那裡的人連結起來，就可以建立一個 10 億美元的生意。我們已經有了政府許可的計程車和私人轎車；只有相信並尋找祕密，你才能看到超越常規，藏在平庸眼光之外的機會。

祕密可以是一個別人沒想到的想法，但也可以是一個關於如何實現所有人目前認為是風險的事情。有可能一個想法其實沒有看起來那麼危險，透過採取「**第一原理**」的方法，你可以得到更正確的風險評估（見第 1 章）。

許多投資人實際上錯過了愛彼迎，因為愛彼迎交易的雙方看起來都有風險，所以投資人認為沒有市場。畢竟，愛彼迎交易的一方要求讓陌生人睡在你家裡，而另一方則要睡在陌生人家裡。當然，那些錯過機會的投資人是錯的，一旦愛彼迎建立了這樣的一個市場，許多人都樂於承擔這些風險。

但反之亦然，因為人們也可能大幅低估了風險，就像 2007 年到 2008 年的美國房市危機，最後導致了全球金融危機。少數正確評估風險，並押注在自己祕密知識上的人賺了很多錢，正如 2015 年的電影《大賣空》（*The Big Short*）中所描述的那樣。這部電影是根據作家麥可・路易士（Michael Lewis）2010 年出版的同名小說改編的。

祕密也可以是如何把別人的好主意變成更棒的主意。湯瑪斯・愛迪生（Thomas Edison）並沒有發明燈泡，但他的努力最後讓燈泡可以持久使用和商業化。如果其他人都沒發現，但你卻找到了某個想法的可行性，那你同樣有機會取得巨大的成功。

當今學術界的大多數核心思想，都是從祕密開始的。你可以在這本書裡到處找到例子，從第一章大陸漂移和細菌理論的**「典範轉移」**，到第 5 章中我們現在認為理所當然的統計學，再到第 7 章提的所有影響模式，例如**「互惠」**。

心智模式本身就有點算是祕密。本書的中心主題就是來自不同領域的模式，可以應用於幫助你解決其他領域的問題。一個領域裡的常識可能是另一個領域裡的祕密。在路易士的另一本書《魔球》（*Moneyball*）中，他說明了奧克蘭運動家職業棒球隊是第一批使用統計資料來指出被低估球員的球隊之一，他們的方法是專注在以前被忽略的統計資料，如上壘率和長打率。結果他們組了一支世界級的球隊，而且比競爭對手花的錢要少得多。如今大多數的職業運動隊伍，都會聘請一組統計學家來尋找這些異常例子。

正如提爾所說，許多祕密都同樣隱藏在明處，你只需要知道去哪裡找。科幻作家威廉・吉布森（William Gibson）是這麼說的：「未來已經出現了，只是分布得不均勻而已。」透過研究經常鑽研

未來的那群人和跨不同領域的知識,你就能更接近那些祕密。人們現在每天使用的科技,其實在大家廣泛使用以前,是在一小群創新者之間先開始成長的。

例如,早在電腦普及之前,愛好者就聚集在矽谷的自製電腦俱樂部(Homebrew Computer Club)這樣的組織中,這個組織的成員包括蘋果的聯合創始人史蒂夫‧沃茲尼克(Steve Wozniak)和電視遊樂器卡匣的發明者傑瑞‧勞森(Jerry Lawson)等人。每個領域的學術進步和突破性的想法,都遵循類似的模式,從創新者與早期使用者開始,然後進入主流(見第 4 章中的**技術採用生命週期**)。找到你感興趣領域中等同於自製電腦俱樂部的團體,你就會找到關於祕密的積極討論區。

尋找這樣的團體,能讓你進入知情者的團體。這樣你就能在早期就跳上創新潮流,成為一名新領域或新行業的開拓者。然而,如果志不在改變世界,祕密也可以在較小的範圍內使用。了解新科技可以幫助你透過目前的創新服務,例如虛擬助理、新的送貨服務、遠端醫療服務等,改善你的日常生活;了解新的醫療進展可以幫助你做出更好的醫療決策;了解最新的汽車科技可以幫助你挑選更安全的車輛。

單純發現祕密是不夠的,你的時機也必須正確。過早推動一個想法可能會浪費很多時間和金錢,還可能導致你完全錯過機會。可惜的是,新的想法和做事方法可能面臨很多挑戰,而讓時機很難正確掌握。一個反向的想法,幾乎不可避免地將面臨一場來自共識想法**慣性**的對抗(見第 4 章)。這種慣性可能會成為想法傳播與募集資金的障礙。新思想也常常面臨科技障礙,以致很難被大眾使用。

優步能這麼廣泛被採用,只有在人人都有智慧型手機的前提

下才可能發生；而同樣只有在寬頻普及後，YouTube 才成為主流平台。在這兩個例子中，先前都曾有人試圖達成類似的事情，但由於時機不對，都失敗了。因為當時世界各地還沒有足夠的科技。

蘋果公司在 1993 年推出了著名的蘋果牛頓（Apple Newton）平板電腦，在 1998 年因為銷售低迷而停產。十多年後，蘋果推出了新的平板電腦 iPad，它的初始使用率是迄今為止任何主流電子設備中最快的，甚至超過了 iPhone 和 DVD 播放機。到底是什麼造成了改變？首先就是網際網路，拜過去二十年來網際網路的發展，相較於蘋果牛頓，iPad 可以做更多事。

類似的道理，《新聞週刊》（Newsweek）在 1995 年發表了一篇現在已經聲名狼藉的評論文章，是克里夫·斯多（Cliff Stoll）所寫的〈互聯網？呸！〉（The Internet? Bah!），內容陳述網際網路的潛在影響力被過分誇大了。斯多在科技界既不是一個反科技的盧德分子（Luddite）[*]，也不是一個菜鳥。正如他在文章中所說，他是一個早期使用者，已經使用網際網路長達二十年，甚至很多人都知道他逮過一名駭客。他只是沒看見，1995 年正是網際網路被主流開始使用的正確時機。雖然當時還不是蘋果牛頓這樣的主流平板電腦的正確時機，但已有夠多的人開始上網，因此使 1994 年成立的亞馬遜和 1995 年成立的 eBay 等網站得以出現。

質疑誇大的宣傳當然是公平而合理的，尤其是因為有許多過度誇大的想法，在實際出現以前就失敗了。此外，一些很適合開發的想法，根本就沒有大肆宣傳。心理學家羅伯特·斯登伯格（Robert Sternberg）在《今日心理學》（Psychology Today）雜誌解釋：

---

[*] 指反對新技術的人。

「有創意的想法通常只會得到很有限的接受度，至少在一開始是如此。但反向操作的人卻試圖將事情原有的狀態，改變成他們認為該有的樣子，而使這些想法變得有意義。」

約翰霍普金斯大學（Johns Hopkins University）前校長威廉‧布羅迪（William Brody）在2004年的一份教師通訊期刊中講述了一個故事，在1970年代末，當時他還是一名年輕的教師，在一次國際會議上，他對著只有站位的觀眾，做了一次關於數位放射線攝影術的演講。這項新技術所期待的結果是完全「無膠片」的醫院放射科，而他有一些關於這個主題的有趣結果可以分享。

就在隔壁，有一種新的成像科技卻只向少數人展示，大多數觀眾都是演說者的合作夥伴或家人。幾十年後，醫學界仍在等待無膠片放射科的到來，但另一名演講人彼得‧曼斯菲爾德爵士（Sir Peter Mansfield）已經因為他對核磁共振成像（magnetic resonance imaging, MRI）科技發明所作出的貢獻，而在2003年獲得了諾貝爾獎。

為了更系統化解決時機這個問題，問問自己「**為什麼是現在**」（**why now**）？這個簡單卻強大的思考模式來自創投公司紅杉資本（Sequoia Capital），它是蘋果公司、甲骨文（Oracle）、PayPal、YouTube、Instagram、雅虎！、WhatsApp，以及許多後來成為家喻戶曉商業品牌的早期投資人。對於每一個像火箭般成長快速的新創公司，都有一個很好的答案來支持前面提到的這個問題。而這個答案通常根據的是，因基礎技術的進步和採用，兩相融合後迅速出現的一些祕密。

同樣的概念也幾乎適用於你想做的任何改變，從嘗試一個新的組織流程，到追求一個新的職業。為什麼是現在？如果你再等久一

點，會有什麼不同嗎？你會特別期待什麼？如果考慮到所有可以做的事情，你現在有沒有其他該做的改變？

你也可以用反向思考來思考這個問題（見第1章）。不要問為什麼是現在？而是問現在要做什麼（now what）？當你看到周遭的某一件事發生變化時，問問自己結果可能帶來哪些新的機會。從政治領域到個人與組織，許多翻天覆地的變化，都是在真正或急迫的危機後出現。

政治家拉姆‧艾曼紐（Rahm Emanuel）提出了這樣的觀點：「你永遠不想浪費一場嚴重的危機。我這麼說的意思是，這是一個機會，讓你做一些你認為你以前無法做的事情。」

「為什麼是現在」模式也解釋了為什麼世界各地經常有同時進行的學術發現，以及類似的新創公司同時出現。《維基百科》上有很多這樣的例子，這個概念有一個名字，**「同時發明」**（simultaneous invention），或者**多重發現**（multiple discovery）。

現代微積分就是在17世紀，由艾薩克‧牛頓和戈弗里德‧萊布尼茨（Gottfried Leibniz）在同一時間各自提出的。而正如我們在第4章提到的，達爾文和華萊士在各自獨立發現後，同時發表了天擇說。這些想法的基礎條件當時已經成熟，而一旦確定了這個機會的時機已經成熟，往往就會有不止一個人根據同一個祕密而採取行動。

沒有執行的遠見只是幻覺

可惜的是，即使在正確的時間知道了一個祕密，仍然不足以保證成功。洞察力敏銳又及時的人，經常由於執行不力而無法獲得鉅

額報酬。在這一節中，我們將探討能夠提高你成功執行機會的心智模式。如同日本一句古諺：「沒有行動的遠見是白日夢。沒有遠見的行動則是噩夢。」

成功改變世界的想法，幾乎總是涉及改變一大群人的行為，他們該如何生活、工作、娛樂，甚至他們該如何思考。舉例來說，如同我們先前說的，愛彼迎改變了許多人旅遊的方式。無論你的想法是否以商業為中心，你都可以將想要改變行為的人，視為你的「客戶」。

在這種情況下，你的祕密就是客戶的行為該如何改變的洞察力，例如人們應該能夠直接相互出租房間。如此一來，你的「產品」就是你如何明確利用你的祕密來促成顧客的行為改變，例如通過網際網路建立一個可出租房間的市場。

即使你是第一個行銷這個想法的人，如果你的產品不能創造出必要的行為改變，你仍然會輸給競爭對手。第一個試圖利用祕密獲利的人或組織，確實擁有**「先行者優勢」**（first-mover advantage），也就是**第一個**利用產品進入市場的人，打造出的競爭優勢。然而，如果他們犯了很多錯誤，他們也可能面對**「先行者劣勢」**（first-mover disadvantage）。快速的追隨者可以模仿先行者，從他們的錯誤中學習，然後迅速超越他們，讓先行者最後處於**劣勢**，儘管他們是先進入市場的人。

對於先行者來說，成功與失敗之間的區別，取決於他們是否也可以成為第一個達成**「產品與市場適配」**（product/market fit）的人。這是指某一個**產品**非常**適合市場**，讓顧客主動要求更多產品的狀態。這個模式也是拉赫勒夫開發的，他在〈揭開創投經濟學的神祕面紗，第 3 篇〉（Demystifying Venture Capital Economics, Part 3）中解釋：「首先進入市場並不重要。更精確地說，首先達

成產品與市場適配的，幾乎永遠是長期的贏家⋯⋯一旦一間公司達成了產品與市場適配，就很難將其逐出市場，哪怕是用更好或更便宜的產品都做不到。」

<u>沒有做到產品與市場適配的公司極難獲得客戶，相對地，取得產品與市場適配的公司，就相對容易獲得客戶</u>。這個概念可以擴展到各種情況下的「適配」，例如個人與組織適配、成員與團體適配、文化與策略適配、訊息與觀眾適配等。

正如我們在第 8 章探討的，一個人如果扮演了正確的角色就可以產生驚人的結果，而一個與其文化完美契合的組織策略就可以帶來迅速而響亮的成功。同樣地，一則訊息可以為特定觀眾發出恰好的音調，並引發深刻的共鳴。在政治領域中，可以不斷看到這種現象，某些候選人會觸動部分群眾的神經，就像伯尼．桑德斯（Bernie Sanders）和唐納．川普（Donald Trump）在美國 2016 年總統大選中所做的那樣。

掌握到這些現象的模式是**「共振頻率」**（resonant frequency）。這個模式出自物理學，它解釋了為什麼只要你演奏正確的音符，玻璃就會碎，因為每個物體都有不同的**頻率**，在這個頻率下它自然就會振盪。當你演奏這個頻率，例如對酒杯有效的正確音調時，音波的能量會使酒杯震動得越來越激烈，直到它破裂。

當你達成產品與市場適配時，效果是相似的。當這種情況發生時，結果不僅是稍微好一點，而是好很多。產品被客人拿下貨架的速度像飛的一樣。這就是你在產品與市場適配或任何其他適配時所尋找的東西，也就是真正共鳴的跡象。在第 8 章中，我們也討論了**十倍團隊**。真正的共鳴就是像這樣，不只是好一、兩倍，而是會好很多倍。

圖 9-5　共振

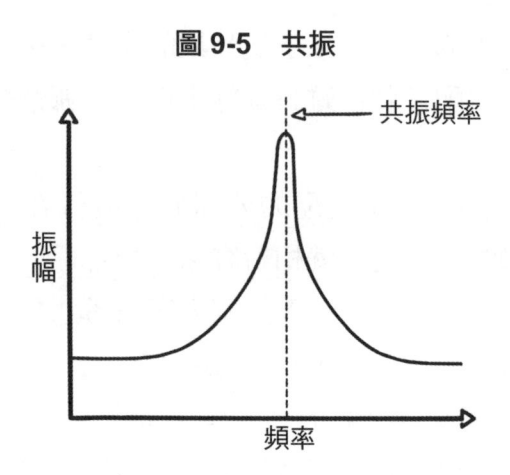

提高達成產品與市場適配的一種方法是**「客戶開發」**（customer development），這是一種由企業家史蒂夫・布蘭克（Steve Blank）建立的產品開發模式，它讓你專注於以**客戶**為中心的觀點。客戶開發的目標是透過對客戶的快速實驗，應用**科學方法**（見第 4 章），幫助你找到一個永續的商業模式。你會與客戶建立一個快速回饋循環，以盡可能了解他們的需求，從而形成一個可重複的過程，來獲得與留住他們。

早在第 1 章，我們就解釋了你該如何盡可能節省成本測試各種假設，來為一個想法**去風險化**。客戶開發就是做到這點的一種方法，讓你直接與客戶或潛在客戶交談。正如布蘭克所說：「公司內部沒有任何事實，所以趕快出去找吧！」只要能提出正確的問題，你就能發現你是否擁有人們真正想要的東西，也就表示擁有了產品與市場適配。

當然，你可能不會在第一次就做出人們真正想要的東西。這就是為什麼你要建立一個**「最小可行性產品」**（見第 1 章），並與客

戶進行實驗，看看它是否被客戶採用，以及如何被使用，透過這種快速實驗的過程採納真實世界的回饋，以持續精鍊你的產品。

客戶開發可以在多種情境下進行，例如在你要搬去某地之前，先和那裡的住戶談談。在你接下一份工作之前，先和現任員工面談一下。在制定新政策之前，先對相關社群進行民意調查。對於你的任何想法，想想「客戶」是誰，然後直接和他們討論你的「產品」。可以利用焦點團體、調查與訪談等方式。

當你試圖透過提供產品或服務，來對一個祕密採取行動時，你就是在與對手競爭產品與市場的適配度。為了給自己贏得這場比賽的最好機會，你必須以最快的速度投入客戶開發。一個來自軍方的模式可以幫上忙，那就是**「OODA 循環」**（OODA loop），它是一個由四個步驟組成的決策**循環：「觀察、定向、決定和行動」**（observe, orient, decide, act）。

圖 9-6　OODA 循環

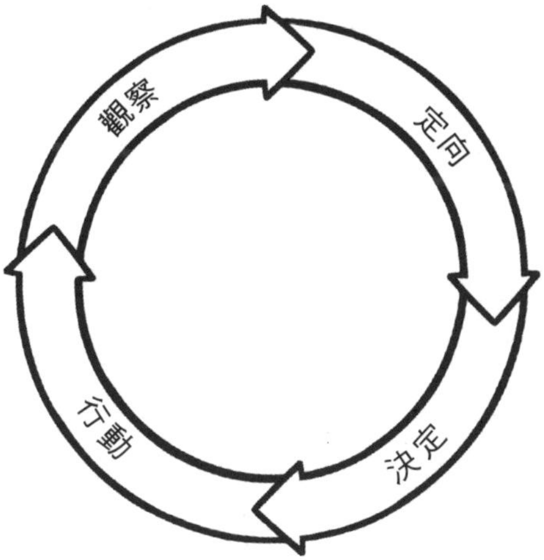

美國空軍上校約翰‧博德（John Boyd）開發了 OODA 循環，以幫助戰鬥機飛行員進行格鬥，因為在格鬥中，沒有時間在兩次行動之間進行分析。每個飛行員都試圖快速超越對方，並對對方的動作和周圍環境做出反應。博德反覆證明，能夠更快調整的飛行員，也就是在 OODA 循環中行動更快的飛行員，往往會獲勝。他們會**觀察**不斷變化的情況，並立即**重新調整**對局勢的評估，**決定**下一個最佳行動方案，而且毫不猶豫地採取**行動**，然後重複這一個循環。

你越快形成自己的 OODA 循環，就能越快整合外部資訊，也就能越快達到目的，無論這個目的是產品與市場適配或其他目的。OODA 循環最適合用於快速學習能帶來優勢的情況，不是每一種情況都是這麼充滿不確定性和不斷變化的，儘管很多情況都是如此。

一個不斷變化和演進的領域就是科技，這也使得它成為 OODA 循環特別有效的一個很好的示範領域。越來越多的大型企業，而不僅是傳統的「科技」公司，都在試圖利用科技在競爭中取得優勢。因此，隨著時間演進，建立快速的 OODA 循環也變得越來越重要。擁有最迅速的 OODA 循環的組織，比競爭對手學習得更快，可以不斷做出更好的決策，而且能更快適應不斷發展的科技環境。

OODA 循環可能會讓人想起**「物競天擇」**（見第 4 章）。具有更快速生命週期的物種進化得更快，所以你也可以說牠們有更快速的 OODA 循環。例如一些細菌可以在 15 分鐘內產生新的一代。這就是為什麼細菌不需要很長時間，就能對設計來對抗牠們的藥物產生抗藥性的主要原因。類似的道理，擁有更快的 OODA 循環，可以幫助你更迅速適應變化的環境，包括趕在競爭對手之前達到產

品與市場適配的狀態。

如果經過廣泛的客戶開發後,你仍然達不到產品與市場適配,那你就必須「**轉型**」(pivot)到不同的東西。**轉型是策略方向的轉變**,也有很多著名的例子。你可能會驚訝地發現,推特最初是一個播客網路平台,而任天堂的歷史實際上可以追溯到1889年,成立時它只是一間紙牌遊戲製造商。

在任天堂公司的歷史中,它嘗試過多種業務,但都不成功,包括計程車服務、連鎖汽車旅館、電視台、速食米銷售等。公司股價於1964年隨著遊戲卡牌銷售下滑而降至谷底,後來維修工程師橫井軍平發明了伸縮怪手(Ultra Hand)這款玩具,讓公司**轉型至玩具業**,也拯救了整間公司。橫井後續在任天堂轉型為電子遊戲巨頭的過程中,擔任了主導角色。

有些**轉型**並不是這麼極端。舉例來說,PayPal最初是擔任手持裝置間實體支付的傳輸通路,後來才找到了線上支付的產品與市場適配。類似的道理,星巴克剛開始時是銷售烘焙好的整顆咖啡豆和設備。事實上,星巴克直到公司成立13年後,才販售了第一杯拿鐵。在一次義大利之行之後,當時的員工,也是未來的執行長霍華・舒茲(Howard Schultz)在米蘭看到濃縮咖啡館大為風行後,說服了創始人們測試開咖啡店的概念。舒茲最後從他們手中買下了這間公司,並將星巴克擴展到今天的規模。

轉型通常是困難的,因為它違反了組織的慣性,也牽涉到公開承認失敗,而且需要找到一個更好的方向,這三者必須同時進行。但這也是必要的。在你當下的策略不能帶來你想要的結果時,**轉型是合適的**。可以客觀看見你的狀況的諮詢顧問,可以幫助你確認轉型是不是一個好的行動。更廣泛地說,轉型可以應用於生活的所有

領域,包括你的職業生涯、一段艱難的關係,以及你該如何滿足孩子的教育需求等。

在考慮轉型時,可以使用一些心智模式來幫助你決定該做什麼。哈佛商學院教授克雷頓‧克里斯汀生(Clayton Christensen)命名並倡導了**「待完成的工作」(jobs to be done)**模式,這個模式要求你找出你的產品要做的真正工作,而這可能與你最初的想法不同。克里斯汀生經常引用電鑽當作例子:「客戶想『雇用』一個產品來做一件事,或者如哈佛商學院著名市場行銷教授希奧多‧李維特(Theodore Levitt)所說的:『人們並不想買一個四分之一英寸的電鑽。他們要的是一個四分之一英寸的洞!』」

了解你的產品真正做的是什麼事情,可以幫助你將產品開發和行銷圍繞著這個事情結合起來。蘋果公司在這一點做得特別好。例如,它於2001年在眾多MP3播放器競爭對手中推出了iPod,但選擇不複製這些人的行銷語言,這些語言主要集中在科技術語上,例如10億位元組和轉碼器等。相反地,史帝夫‧賈伯斯將iPod架構為「你口袋裡的1,000首歌」,因為他體會到iPod解決的真正問題,是讓你將音樂收藏隨身帶著走。

在2016年12月8日的《哈佛商業評論》(*Harvard Business Review*)播客中,克里斯汀生描述了另一個清楚的例子,這個例子是關於在某間速食店提供的奶昔。你可能認為,奶昔的作用就是吃完一頓飯後的特別招待。雖然許多父母點奶昔,確實是當成家庭晚餐後的招待,但這家餐廳發現,幾乎有半數買奶昔的顧客,是用奶昔做不同的事,那就是讓他們早上的長途通勤變得更有意思。當人們在車流中緩慢移動時,喝著奶昔可以讓人感覺旅途比較愉快。

同時做兩件事聽起來不錯,但這通常表示,至少有一件事做得

不是特別好。在這個例子中，父母不喜歡他們的孩子花這麼多時間喝奶昔。但這卻是通勤者很重視的一個關鍵要素。

這家連鎖餐廳意識到，他們需要兩種不同產品，來做好這兩件不同的工作。他們決定進一步改善對通勤者販售的奶昔，讓它更厚重，增加更多的冰淇淋碎塊，並將奶昔機器移動到商店的前面，以提供通勤者想要的快速服務。然後他們需要向孩子和他們的父母推銷完全不同的甜點產品。

當你真正了解人們真正想利用你的產品完成什麼工作時，你就可以把精力集中在滿足這些需求上。詢問客戶他們真正想要完成的工作，可以讓你知道他們問題的根源，消除任何一方的錯誤假設，最後得到一個成功機率更高的解決方案。在你的分析中，你要弄清楚你的產品現在真正做的是什麼，以及它可能會被誤判之處，就像奶昔的例子一樣（關於戰術技巧，見第1章的**「五個為什麼」**）。

當你和客戶交談時，要當心他們有時關注的是一個特定的解決方案，而不是他們試圖解決的問題。例如，作為一名統計學家，蘿倫經常被要求使用特定的計算技巧來進行統計分析。然而，他們所建議的特定科技技巧是不對的。這是因為非統計學者通常無法獨自確定最佳的統計方案，因此他們就建議使用他們知道的技巧，而不管它是否合適（見第6章馬斯洛的鎚子）。

告訴客戶或同事，他們建議解決問題的方法完全是錯的，有時會很困難。但蘿倫察覺到，使用特定的技巧並不是客戶真正想要做到的工作。客戶真正需要的是一個正確的分析，並且會欣然接受蘿倫的分析，不管她是如何做到的。為了解決這些情境，蘿倫會試圖讓客戶**退後一步**，用外行人的說法來定義他們的最後目標。

在商業之外，你也可以問自己同樣的問題，無論是在個人關係

的情境下（「這個人究竟想在這段關係中得到什麼？」）或者是作出貢獻的任何地方（「他們雇用我是要我做什麼？」）從這個角度來看，你可以確認，你用目前的策略是否真的在完成任務。有沒有不同的方法，可以把事情做得更好？理解這些問題的答案，將幫助你決定是否需要轉型。

另一個讓你釐清的模式就是**「你在尋找什麼樣的客戶」**（**what type of customer are you hunting**）？這個模式是創投投資人克里斯多夫·詹茲（Christoph Janz）於 2016 年 11 月 4 日在其天使創投部落格（Angel VC blog）上發表的一篇文章中提出的，目的在說明你可以透過獵取不同規模的客戶來建立大型企業，客戶規模可以從很小（如圖 9-7 中的蒼蠅）到真的很大（大象）。

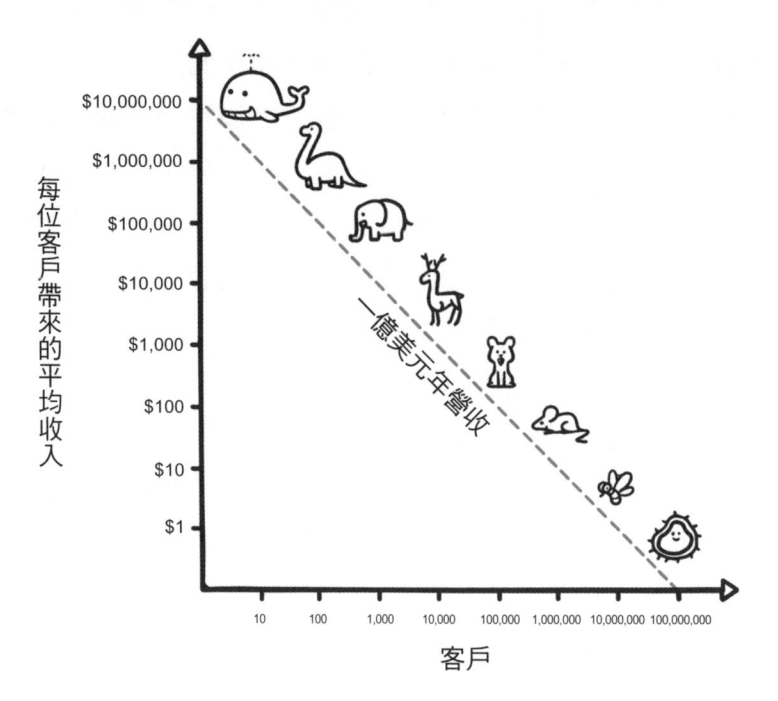

圖 9-7　你可以透過不同客戶來建立企業

詹茲指出，要獲得 1 億美元的營收，一家企業需要 1,000 萬隻每年支付 10 美元的「蒼蠅」，或者 1,000 頭每年支付 10 萬美元的「大象」。信不信由你，在年營收 1 億美元的成功企業中，有以各種不同客戶為主的企業，從尋找「變形蟲」（每年 1 美元收入）到尋找「鯨魚」（每年 1,000 萬美元收入）的都有。

更常見的是，對於任何計畫，當然對於一個企業更是如此，你都要定義成功看起來的樣子，以及在合理的假設和時間架構下是否可以實現。

詹茲的架構引導你進行一個特定的量化評估，多少「客戶」才能獲得成功？你究竟需要他們「支付」（或做）什麼？一旦你回答了這些問題，你就可以問這類型的客戶是否夠多。如果不夠，你或許就要考慮轉型尋找更大或更小類型的客戶。

這個模式之所以重要的一個關鍵原因，是因為你要如何與客戶互動，取決於你尋找的客戶類型。如果你需要接觸 1,000 萬人，你就無法透過與每個客戶對話來達成這件事。此外，要讓 1,000 萬人願意為某個產品付出高昂的「價格」，也是一個挑戰。相較之下，你可以和 1,000 個客戶個別接觸，並且讓他們每個人都「支付」較多的錢給你。

在商業環境中，尋找不同的客戶意謂著要決定該向數百萬人提供免費或低價的服務（例如 Spotify 或 Snap），還是要向大型企業（例如甲骨文或 Salesforce）銷售高單價產品。或者，在同一個行業內，它就是要決定在支付價差很大的客群之間做出選擇，比如汽車業中的勞斯萊斯和藍寶堅尼，與 Kia 和現代汽車的比較。

在政治環境下，地方選舉中的候選人可以嘗試與所有選民見面，但在較大型的選舉中，這種關係拓展就變得不可能。在那些較

大型的選舉中，募款也變得越來越重要，因為需要借助電視和網路來接觸每個人，而這都是相對昂貴的方式。這個政治現實的後果就是，州級和全國性的政治人物需要將相當大的精力集中在追求（狩獵）口袋夠深的個人（也就是鯨魚、恐龍、大象）身上，以支付這種廣告的費用。

像這樣的量化評估，就是用「**信封背面計算**」（back-of-the-envelope calculation）的一個例子，意思是一個快速的數字評估，簡單到你可以直接在信封背面計算。它就等同於現在一個簡單的試算表。這種練習迫使你量化你的假設，並能迅速達成清晰的見解。

在**要做的工作**模式中，你問的是利益相關者「雇用」你要做什麼。而在你**在尋找什麼樣的客戶？**模式中，你則是在問，你需要多少「客戶」雇用你，以及你希望他們給你什麼，以交換你為他們完成的工作。跟客戶開發一樣，這兩種模式都要求你從客戶的角度思考。用這種方式思考也有助你發展「**人物設定**」（persona），這是一種虛構的人物，讓你的理想客戶**人格化**，這能幫助你透過現實的評估而更理解你的想法。

你的客戶究竟是什麼樣的人，他們的族群基本資料、喜歡與不喜歡，以及愛好是什麼？如果你做對了客戶開發，你的人物角色就該會以你已經見過的真人的特徵為模式。一旦構建好後，我們假設鮑伯（Bob）和莎莉（Sally）是你的人物角色，你就可以問自己，鮑伯和莎莉會不會做 × 呢？

從實際的人，無論虛構與否的角度思考，可以真正讓你站在客戶的角度，並幫助你更有效應用這些評估模式。但請注意不要讓**可得性偏差**（見第 1 章）限制你在建立這些人物角色時該考慮的因素。最容易蒐集或可用的資訊，可能不會產生最有用的人物角色。

從這些模式的整體來看，你現在應該知道成功是什麼樣子的（例如你需要多少客戶，和你需要他們做些什麼），以及你是否看到了實現這一個目標的現實道路。那麼，你應該轉型嗎？

如果答案還不清楚，這可以當作一個試金石，在一片消極的汪洋中，你有沒有**「亮點」（bright spot）**，或者正面跡象？在商業環境中，這將會是一小群客戶，他們真正喜歡你所做的，並且對你的產品非常投入。在工作之外，當考慮職業生涯的轉變時，你可能想尋找目前工作中的亮點，在你的工作中，你真正喜歡哪些地方？這些是否足以讓你留下來？如果你選擇轉型，你希望保留這些喜歡之處的哪些？

如果你在一段時間後還是沒有亮點，那你可能確實需要轉型。就像一句老話說的：「你不必回家，但你不能待在這裡。」如果你確實有一些亮點，那你就可以試著弄清楚，為什麼那裡的事情是這樣做，並專注於從那個基礎上成長。這實際上是一個推進任何想法的有用策略，無論是在掙扎或其他狀態，這個策略源自軍事概念**「灘頭陣地」（beachhead）**。這是指軍事進攻並保衛某個灘頭，好讓更多兵力能夠通過灘頭陣地，抵達更大的後方陣地。

換言之，灘頭陣地就是建立一個立足點，並以此作為推進點。亞馬遜的灘頭陣地是書籍。特斯拉則是它的 Roadster 電動跑車。這些都是他們得以在市場上立足的根據，然後用以擴展到相近的市場。對你的職業生涯而言，你的灘頭陣地可能是你現在的技能與職位，可以用來開創一個更好的職位或更充實的職業生涯。

灘頭陣地策略只是一種過程，引領你將你的祕密轉化成產品，並達到產品與市場適配的狀態。更廣泛地說，這個過程可以比喻成在迷宮中導航，投資家白拉吉・史瑞尼瓦桑（Balaji Srinivasan）將

其稱為「**想法迷宮**」（idea maze）。想像一個實體迷宮，例如在秋天慶典的玉米田迷宮，或者在正式花園裡的樹叢迷宮。入口就是你帶著你的想法開始，出口則是你想法的最後勝利。迷宮裡有很多死角，你的工作就是在迷宮中導航，並成功到達出口。正如他在演講中所說的：

> 一名好的創業者能夠預期哪個轉角能通往財富，而哪個又會導致死亡。一名糟糕的創業者則只會跑向例如「電影、音樂、文件共享、P2P」的迷宮，或者「照片共享」迷宮的入口，然而對這個行業的歷史、迷宮中的玩家、過去的死傷者，以及可能的移動牆壁和改變假設的科技都一無所知。

另一名投資家喬許‧柯普曼（Josh Kopelman）將那些能夠成功引導公司避開危險，找到產品與市場適配的創業者，比喻成「**追熱飛彈**」（heat-seeking missile）。如同他在 2010 年 8 月 2 日於他的紅眼創投部落格上所寫的：

> 飛彈發射前瞄準的目標並不重要。成功的企業家會不斷蒐集資料，並不斷尋找更大、更好的目標，在必要時調整路線。當他們找到目標時，他們就能鎖定它，不管空間變得多麼擁擠。

這些比喻也可以用來指引生活中的任何道路。在想法迷宮中順利導航，代表著知道該如何與你生命中出現的人進行最佳的互動，

方法則是了解你想要和需要從他們那裡得到什麼，以及他們想要和需要從你這裡得到什麼。它也會看清你何時在迷宮中踏上了錯誤的路徑、決定何時及如何轉型，並有找出方法避開放在路上的障礙物的彈性。

打造自己的競爭優勢

一旦你達到了產品與市場適配，或任何你想達到的適配狀態，接著就該保護你的位置了。巴菲特推廣了「**護城河**」（moat）這個字眼，利用圍繞著城堡周圍的水溝這樣的類比，來描述該如何保護自己不被競爭者攻擊，從而創造一個永續的競爭優勢。

護城河取決於情境而有不同。以下是會使用它們的一些情境，但彼此之間並不互相排斥：

- 受保護的知識財產權，例如版權、專利、商業機密等
- 需要很長時間才能開發完成的專業技能或業務流程，例如蘋果公司的垂直整合產品與供應鏈，這融合了設計、硬體和軟體
- 獨家占有的關係、資料或廉價材料
- 多年來建立的強大而受信賴的品牌，客戶會自然而然地選擇
- 對行銷通路的實質控制
- 具有解決特定問題獨特能力的團隊
- 「**網路效應**」或其他種類的「**飛輪**」（如第 4 章所述）
- 更高的創新速度（例如更快的 OODA 循環）

圖 9-8　建立護城河，讓自己不受競爭者攻擊

「這下我們需要一條更大的護城河了！」

　　伊隆・馬斯克（Elon Musk）在護城河的概念上與巴菲特始終爭論不休。馬斯克於 2018 年 5 月 2 日在特斯拉法人說明會上說：「護城河概念很差勁，」還指出：「如果你對入侵大軍的唯一防禦就是護城河，你就活不了多久。」他想表達的是，在他看來，最重要的永續競爭優勢，就是創造支持快速創新的文化，因為這種高速創新可以克服傳統的護城河。

　　不過在我們看來，高速創新其實就是護城河的另一種型態，護城河的比喻不應該太根據字面上的解釋。與其說是靜態護城河，不如想像成科幻小說中的力場或防護罩，它可以讓你在以超光速曲速移動時提供保護。你可以繼續以曲速創新，同時使用其他類型的護城河，以取得更強的防禦。

伊士曼柯達公司（Eastman Kodak Company）是一個關於如何建立護城河很好的研究個案。柯達公司成立於1888年，主宰了相機市場一百年。你可以說它在前述所有類別中，都取得顯著的護城河保護作用，成功抵禦了競爭對手，並得到巨額利潤長達一世紀之久：

- **受保護的知識財產權**：它擁有許多攝影專利和商業機密。
- **需要很長時間才能開發完成的專業技能或業務流程**：該公司擁有一個垂直整合供應鏈，服務市場的各個層面，從照相機到膠片到沖洗。
- **獨家占有的關係、資料或廉價材料**：它有許多獨家業務，而且身為業內最大公司，它可以通過談判，以比競爭對手更便宜的價格取得供應商。
- **多年來建立的強大而受信賴的品牌**：每個人都知道柯達的名字和它的專長。
- **對行銷通路的實質控制**：它控制了零售商店的主要貨架空間。
- **具有解決特定問題獨特能力的團隊**：柯達研究實驗室在它的技術領域擁有最廣泛的專業知識，並取得多項進展。
- **網路效應或其他種類的飛輪／更高的創新速度**：雖然柯達沒有真正的網路效應，但其研發部門卻擁有主要的飛輪。由於它獲利豐厚，它可以比任何競爭對手投資更多資金在研發方面，讓它透過更快的創新，保持巨大的利潤。

在評估你可能的永續競爭優勢時，記得要明確。像前述這樣的清單可以很有幫助。你在做的什麼事，是競爭對手無法模仿的？什

麼事能阻止競爭對手，讓你長期施展你的市場力量？

任何單一優勢都能當作護城河的基礎，但正如你在柯達的例子中看到的，數個優勢也可以共同生效，彼此放大，產生一個更大的護城河（力場）。不過，我們稍後會見到，即使是最大的護城河也無法永遠存在。

這些同樣的護城河類型，也適用於你在組織或領域中的個人位置。舉例來說，你可以擁有最大的個人人脈（獨家占有的關係）。你可以建立一個個人的追隨者群組（強大而受信賴的品牌）。你可以成為有需求領域的專家（獨特的資質）。你可以創造一個受歡迎的部落格（對行銷通路的實質控制）。以上每一項都能創造出護城河，保護你在競爭環境中的地位。

當客戶因為認知的**「轉換成本」**（switching cost）太高，而被鎖定在某種服務中時，控制有效護城河的組織和個人就產生了**「鎖定效果」**（lock-in）。有許多方法可以製造轉換成本，例如取消費、信任關係、新設備成本、學習曲線、網路效應（見第 4 章）與品牌親和力等。

很多人覺得自己被臉書鎖定了，因為這是他們的朋友和家人選擇分享照片，以及更新生活近況的平台。雇主也可能會覺得被某些關鍵員工鎖定，而這就提供了這些員工要求加薪或其他福利的籌碼。有些員工對企業的營運至關重要，甚至於有一整套的保險產品，就稱為關鍵人保險，如果這些關鍵人喪失工作能力，這些保險就會進行理賠。

這些概念的應用範圍，也遠遠超出了商業情境。許多人覺得自己被鎖定在個人關係中，因為這些關係改變的認知成本（包括情感和心理成本）都太高了。或者在考慮了實際搬家的成本，和花時間

挑選新地方、收拾東西,以及認識新朋友等各方面的**機會成本**(見第 3 章)後,你可能會覺得自己被鎖定在你的居住環境中。甚至連國家都會由於高轉換成本,而被鎖定在外交事務中,例如英國脫歐行動就是。

由護城河概念衍生的兩個相關概念,分別是「**進入障礙**」(barriers to entry)和「**退出障礙**」(barriers to exit),它們阻止人們或公司**進入**或**退出**某一個情境或市場。一個新的行動作業系統,如果想與蘋果公司的 iOS,或谷歌的安卓競爭,就需要重新建立一個應用程式商店,裡面要有成千上萬個有用的應用程式,這是一個很大的進入障礙。有些職業有很高的進入障礙,例如需要求學多年的昂貴學費。類似的道理,一些個人契約,例如競業禁止協定、合夥協定,甚至婚姻,都造成了重大的退出障礙。

與轉換成本一樣,進入和退出障礙有多種形式,例如可口可樂配方這種商業機密、大型工廠建造成本這種高資本投資,以及保護在位者的政府法規等。有一種以法規造成進入障礙為中心的特定模式,稱為「**管制俘虜**」(regulatory capture),在這個情境下,應當監管特殊利益團體的監管機構或立法者,卻反而被利益團體俘虜,最後保護這些團體不必面對競爭。

2012 年,傑夫・唐恩(Jeff Donn)報導了《美聯社》(*Associated Press*)對美國核能管制委員會(U.S. Nuclear Regulatory Commission)長達一年的調查,結果發表了由四部分組成的長篇系列報導,報導中指出:

> 聯邦監管機構一直與核電業密切合作,透過不斷削弱標準,或者根本不去執行這些標準,讓美國老化的核子反

應爐維持在所謂的安全標準範圍內運作⋯⋯

這種例子比比皆是。當閥門洩漏時，他們就允許更多的洩漏量，高達原來限制的20倍。當失控的裂解導致蒸汽鍋爐管線發生放射性滲漏時，他們就設計一種更容易的管線測試方法，讓核能電廠可以符合標準。

電纜發生故障。封印損壞。在美聯社長達一年的調查中，發現了破損的噴嘴、堵塞的扇葉、裂縫的混凝土、有凹痕的容器、腐蝕的金屬、生鏽的地下管道，以及與老化有關的數千個其他問題。一旦發生事故，所有的危險都可能升級。

然而，儘管有這麼多與老化相關的問題，但近年來，儘管核能管制委員會延長了數十座反應爐的使用許可執照，卻沒有一個政府或業界的正式機構，研究過此類故障的整體頻率，以及對安全的潛在影響。

業界和政府官員為他們的行為辯護，並堅稱不會發生風險。但美聯社的調查卻發現，由於已經投入數十億美元，加上美國有19%的電力供應就靠核電，核電業和核能管制委員會的關係非常融洽。

這個例子讓人沮喪的地方是，如果正確使用，核能可以成為一種安全且基本上毫無限制的低碳能源來源。但沒有有效監管會引發人們對核能的擔憂，並使整個業界發展倒退。

諾貝爾經濟學獎得主約瑟夫・史迪格里茲（Joseph Stiglitz）開創了管制俘虜模式。這種情況屢見不鮮的一個原因是，特殊利益團體經常透過遊說團體，對監管機構進行集體遊說，但受到影響的

圖 9-9　管制俘虜模式

「在非爾莫控股公司，我們不會違法，
我們會捐款給政治人物來改變法律。」

一般人由於缺乏組織，所以不會集中力量進行遊說。另一個原因則是監管者本身，經常以旋轉門模式運作，在他們從監管者角色離任後，就會在自己監管的業界從事獲得高報酬的工作。

管制俘虜也可能發生在政府體制之外，例如在職業許可證發放方面，某些職業會透過控制許可證發放委員會和發放流程，來限制專業人員的供應數量。舉例來說，根據美國智庫布魯金斯研究院（Brookings Institution）的一份報告，美國現在約有四分之一的工作需要證照，而在1950年代則只有5％的工作需要證照。這些證照涵蓋了像醫學這種你認為應該需要證照的行業，也包括那些你以為不需要證照的行業，例如美容業。批評者認為，雖然有些證照是有道理的，但**趨勢**卻是需要花費太多的資金和時間來獲得這些證照，這就保護了那些已經擁有證照的人，讓新的競爭者難以加入。

舉例來說，他們就發現「取得美容證照所需的天數，從紐約州的232日，到愛荷華州的490日不等。」

另一個常見的例子就是非營利組織或社區管理委員會，被朋友或家人的個人利益和動機所占據。在最糟糕的情況下，管制俘虜就是純粹的腐敗，但它通常也會出於監管機構的善意而自然發生，原因是這些監管機構沒有向選民尋求足夠廣泛的意見投入，或者沒有進行全面的影響評估（見第1章的可得性偏誤和驗證性偏誤）。

有些方式可以減少管制俘虜發生。如同美國最高法院大法官路易斯‧布蘭迪斯（Louis Brandeis）在《別人的錢》（*Other People's Money*）一書中所寫的：「聽說陽光是最好的消毒劑，」意思是讓大家看到及理解法規及其提高透明度的效果，可以減少特殊利益團體造成管制俘虜。當人們被賦予責任並要求解釋他們的行為時，改變就更容易發生。

強大的護城河，包括那些建立在管制俘虜之上的護城河，尤其是那些建立在網絡效應之上的護城河，也可能造成**贏家占據大多數市場**（winner-take-most market）的狀況。這指的是一間公司透過其網路，或根據另一個永續競爭優勢的支配地位，達到**臨界質量**（見第4章）時，藉由占有市場中的**大多數**客戶而有效地**贏得**市場。舉例來說，臉書擁有超過20億的用戶，競爭對手就很難重新創造這樣的人脈網路，並與臉書的核心產品競爭。

可是就算你贏得了市場，也不代表你能一直獲勝。英特爾（Intel）前任執行長安迪‧葛洛夫（Andy Grove）在1999年出版的書中，就說了與書本同名的這句話：**「唯偏執狂得以倖存。」**（**Only the paranoid survive.**）英特爾早期是在記憶體晶片領域居主導地位，然而，到了1980年代中期，日本製造商已經抹去了它

在這個市場上的大部分競爭優勢。但在其占有優勢的巔峰時期，英特爾就預見了這個存在的競爭威脅。

結果它便將公司的重心轉型到微處理器上，並重建了一條持久的護城河，就是如今隨處可見的「本機使用英特爾」（Intel Inside）標示。葛洛夫的話是一個提醒，即使你建立了一個有效的護城河，也必須不斷評估它的力量；即使你有一個強大的產品與市場適配，你的護城河也可能會失效，因此最後可能還是要轉型。隨著智慧型手機和其他小型設備所用晶片的崛起，英特爾的新護城河最後也還是失效了。

還記得柯達嗎？它的護城河也被打敗了，只是它沒有像英特爾從記憶體晶片上那樣及時轉型成功。在1990年代，柯達的市場迅速被數位攝影技術破壞，在歷經一個世紀的市場支配地位後，最後在2012年宣布破產。你可能認為它被打了個措手不及，但事實不是如此，就像在其他類似的情況下，通常也都不是如此。

我們在前文說過，柯達對研發的投資也是其護城河的一部分。柯達事實上在1975年就開發了第一台數位相機！但當時並不是數位攝影發展的時機，因為缺乏一個足以支持它的生態系統，問題包括顯示卡還沒有完全開發，實體硬碟需求容量過大等。另外，柯達的大部分利潤都來自於出售膠捲的收入。數位攝影沒有膠捲，一旦興盛起來，就會從根本上打亂了柯達獲利豐厚的類比攝影模式。

當像這樣的顛覆式科技首次出現時，通常在大多數購買者關切的特點上比不上當前的科技。幾十年來，數位攝影相對昂貴，照片品質也低於膠片，然而，它不必沖洗照片的便利性仍然吸引了一些買家，並讓市場得以發展。數位和膠捲之間的價格和品質差距，緩慢但確實地縮小了。一旦它跨過了能夠吸引大多數消費者的**轉捩點**

（見第 4 章），數位相機市場就爆發成長了。

柯達並不是對這些發展視而不見。一開始時它甚至是數位相機的市場領導者，在 1999 年的市占率為 27%。然而，相對於競爭對手，柯達在這項科技上的投入還不夠大，不像英特爾轉型投資微處理器那樣。柯達就是不夠偏執。

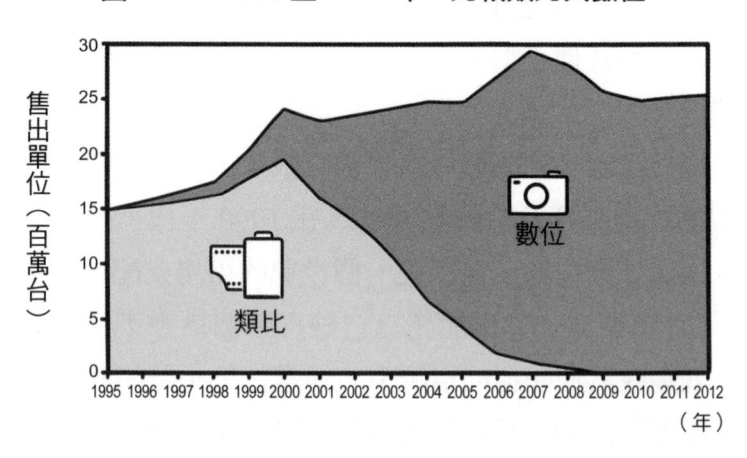

圖 9-10　1995 至 2012 年，比較類比與數位

整個攝影市場從高利潤的膠捲業務，快速而徹底轉變為高度商品化的數位相機業務，但柯達的適應速度就是不夠快。它沒有利用膠捲的飛輪，來幫助推動它在數位領域取得主導權，於是它在爆炸式成長的數位攝影市場的市占率就下滑了。2007 年，柯達在數位攝影領域排名還是第 4 名，到了 2010 年，柯達的市占率只剩下 7%，跌至第 7 名，還在佳能（Canon）、索尼（Sony）與尼康（Nikon）等公司之後。

在這種情況發生時，這些數位相機製造商也同樣受到蘋果公司、三星（Samsung）和其他生產智慧型手機廠商的干擾。故事是

一樣的，首先，這些新的「相機」相對昂貴，拍出來的照片品質也較低，但卻更方便。然而，隨著時間經過，品質不斷提高，有越來越多的理由讓大眾擁有智慧型手機，卻沒有足夠的理由單獨擁有一台數位相機。

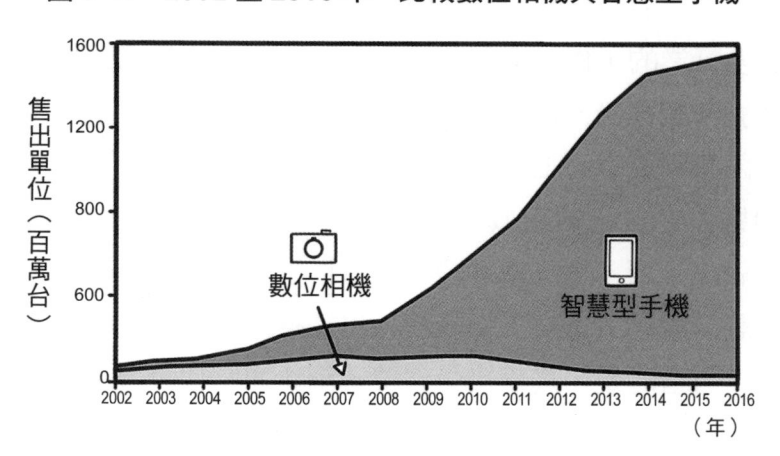

圖 9-11　2002 至 2016 年，比較數位相機與智慧型手機

從反事實思考（見第 6 章）的角度來看，有一個有趣的問題就是，如果柯達提早開發數位攝影市場，結果會如何。它能主宰這個市場嗎？我們會提前幾年擁有數位相機嗎？它最後能否轉型，成為提供大多數智慧型手機攝影鏡頭的動力，或者會更劇烈的轉型，創造出像 Instagram 這樣的產品？這些答案我們永遠也不會知道了。

在克里斯汀生影響重大的著作《創新的兩難》（*The Innovator's Dilemma*）中，闡述了這種「**破壞式創新**」（**disruptive innovation**）如何在各行業中出現，並引導新的進入者掌握市場，而現任的市場霸主則屍橫遍野。

現任者的兩難就是要不要接受這個顛覆性科技，因為通常會

以現有業務的巨大成本當作代價。英特爾就這麼做了，而柯達卻沒有。如果柯達更放手接受擁抱數位相機科技，就會直接吞食該公司在類比膠片技術上的巨大利潤。相同的道理，許多公司現在也面臨是否接受新的破壞式創新這個艱難的抉擇，例如人工智慧、太陽能、串流影音、無人駕駛汽車和電動汽車等。

個人工作者也面臨類似的問題。過去幾十年間，全球化大幅改變了許多行業的工作職責和前景。曾位居要職的員工眼睜睜看著他們的護城河被摧毀。自動化和人工智慧也已經準備好了，將在未來數十年內顛覆更多的工作。

如果你在自己的領域中看到了未來會發生顛覆，你就該準備好盡早做出因應。也許這意謂著投資自己，讓自己具備一套新的技術；也許這意謂著轉換工作職務；也許這意謂著徹底轉型前往另一個領域。可惜的是，真正接受破壞式創新通常代表公司或個人自己的劇變，包括短期內收入重大損失，從頭開始的再次訓練，也就是一個重大轉型。

許多例子都顯示，在公司取得市場支配地位，或者獲利潛力最高的時候，就是應該進行轉型的時候。可惜的是，市場支配地位相對會帶來自滿。這就是為什麼只有偏執者才能存活，當你處於如此良好的狀態時，你必須很偏執，才能察覺到未來如此渺小或遙遠的事物所產生的威脅。當你接受這種模式，你就必須注意許多渺小的威脅，而其中大部分最後都會是無害的。你該如何分辨訊號和雜訊？

圖 9-12　自滿品牌的下場

　　一種方法是按照第 4 章描述的科技採用生命週期，密切監測新威脅，觀察它們從只是被早期使用者採納，一直到被主流大眾接受的過程。許多科技或想法，經常會引起創新者或早期使用者的一些興趣，但其中很少能真正持續到早期多數人使用的階段。

　　商業策略家傑佛瑞・墨爾（Geoffrey Moore）在同名的書中，為這種**「跨越鴻溝」**（crossing the chasm）的跳躍定下了名字。這裡的鴻溝指的是許多想法、公司和科技，都未能從一邊跨越到另一邊。這是因為早期使用者和早期多數人之間，存在著巨大的預期差距，而大多數的事物都無法克服這個差距。早期使用者喜歡自己動手修補東西，或者是一群真正需要某件東西的少數人，但是要跨越鴻溝進入早期多數人領域，產品就必須解決更多人真正的持續需求。但大多數產品就是沒有足夠的說服力足以跨越這一道鴻溝，而真正擴散進入主流市場。

圖 9-13　跨越鴻溝

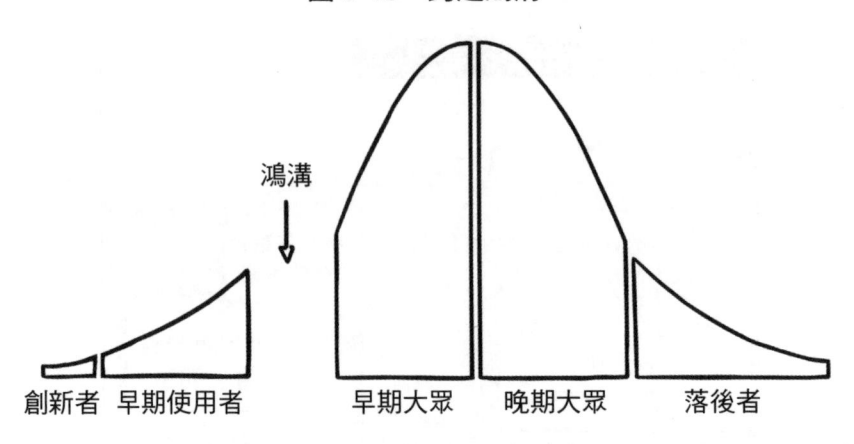

鴻溝 ↓

創新者　早期使用者　　早期大眾　晚期大眾　　落後者

　　但如果你認為某些競爭威脅，確實有機會跨越鴻溝，你就該密切注意它們。因為如果它們真的跨越了鴻溝，就標誌著一個重大且更快速的科技採用轉捩點已經出現。當這種情況發生時，你必須做好準備，不要像柯達那樣被打得措手不及。

　　保持市場力量的過程是永無止境的。你要不斷評估新的威脅、加強護城河的力量，並隨著時間的需要而轉型。如果你放鬆警戒，一定會被挑戰。另一方面來說，如果你專注於保持你的市場力量，這可能涉及一些重要的轉型，那麼你或許就可以無限期地獲得好處。

本章重點

- 找到一個**祕密**，並圍繞著它建立你的職業或組織，透過**客戶開發**尋找**產品與市場適配**，或與你情境相關的另一種適配。
- 在尋找產品與市場適配時，努力成為一個**追熱飛彈**，靈巧在**想法迷宮**中導航。尋找可以達到**共振頻率**的跡象，並進行驗證。
- 如果一段時間後，你在所做的事情中找不到任何**亮點**，就要以批判的角度評估你的位置，並考慮**轉型**。
- 在你和你的組織周圍築起**護城河**，創造**永續競爭優勢**。
- 不要自滿，牢記**唯偏執狂得以倖存**，並時刻注意**破壞式創新**，特別是那些有很大可能**跨越鴻溝**的創新。

結語
內化心智模式，擴大你的能力圈

　　正如我們在序言中所說，這本書是我們希望有人在我們展開職業生涯時就提供給我們的書。因為心智模式釋放了在更高層次思考的能力。我們希望你喜歡閱讀這些相關的內容，並希望我們的書在你的超級思維旅程中幫上了忙。

　　由於提到的許多概念，對你來說可能都是新鮮的，因此你需要練習，才能充分利用。正如理查‧費曼（Richard Feynman）在他於 2005 年出版的《你管別人怎麼想》（*What Do You Care What Other People Think?*）書中所寫的：「我很早就明白『知道某件事物的名稱』，和『知道某件事物』之間的區別。」

　　一個相關的心智模式叫作「**船貨崇拜**」（cargo cult），費曼於 1974 年加州理工學院畢業典禮演講中，做了以下解釋：

> 在南海有一群船貨崇拜的人。在戰爭期間，他們看到飛機帶著許多好東西降落，他們希望同樣的事情現在也能發生。於是他們安排模仿跑道之類的東西，也在跑道兩邊生了火，還造了一個木屋讓一個人坐進去，那人頭上戴著兩塊木頭就像耳機，還有竹竿伸出來看起來就像天線，這個人就是塔台控制員，而這群人就這樣等待飛機降落。他們每件事都做得很到位。形式很完美。看起來都跟以前看到的一模一樣。但是卻沒有起任何作用。沒有飛機降落。

所以我稱這些東西為船貨崇拜科學，因為它們遵循科學調查所有明顯的規則和形式，但缺少必要的東西，因為飛機就是不會著陸。

費曼所描述的是在美拉尼西亞真實的一群人，以及他們接觸到更先進科技後的行為。他們以一種狂熱**崇拜**的方式相信，只要模仿他們從技術先進的人身上看到的東西，就會給他們帶來巨大的財富或**貨物**。然而，他們並不確實理解，究竟該進行哪些行為才能得到他們想要的結果。他們以為，如果把跑道蓋好，就代表飛機會自動帶著免費的貨物抵達。這當然沒有發生，因為他們並沒有真正了解，究竟是什麼帶來了那些飛機，更不用說讓飛機安全著陸所需要的實際科技了。

當人們不是真的了解自己在做什麼時，他們就是船貨崇拜者，不太可能得到他們想要的結果。舉例來說，船貨崇拜的企業家可能經常參加創業社交活動，卻從來沒有真正創立一間存活下來的公司。船貨崇拜科學看來是一種科學努力，但它並沒有嚴格遵循科學方法（見第4章）。船貨崇拜的投資者可能會試著複製他們所看到的其他人投資的東西，但他們不明白這些投資背後的原因，因此他們的投資以長期來看表現欠佳。

你不會想要成為一名船貨崇拜的超級思維者，也就是在沒有真正理解的情況下使用心智模式，而無法獲得它們的好處。舉例來說，你不想在設定的情境下使用錯誤的模式，也不希望得到錯誤的消息。為了避免這些陷阱，你需要深入思考一個特定的心智模式，是否以及該如何應用於一個情境。為了方便你做到這點，我們提供幾個步驟供你參考，這也可以確保你成為一個真正的超級思維者。

首先，找一個超級思維的搭檔。獨自思考複雜的主題，不會產生最好的結果。最好和別人分享你的想法，並取得他們的回饋。不見得要跟同一個人討論所有的主題。你可以和某個人談政治，和另一個人談經濟，諸如此類。但和對某個主題的核心事實感興趣的人交談，是必要的。

其次，試著寫作。哪怕你從來沒有發表過任何東西，寫作也能釐清你的想法，讓你意識到自己論點中的漏洞。你可以參加線上論壇或部落格，將寫作和尋找搭檔這兩件事結合起來，你可以在那裡討論和分析感興趣的複雜主題。

一段時間後，你的努力將會擴大，如同巴菲特所說的**「能力圈」**（circle of competence）。這個圓圈的內部包含了你擁有知識或經驗的領域，也就是你有**能力**的範圍，在這些領域裡，你可以有效思考。而在能力圈之外的區域，你則做不到。最危險的區域就在你的能力圈範圍之外，也就是你可能認為你有能力，但實際上卻沒有的地方。巴菲特在 1999 年的一封致股東信中寫道：

能力圈

你所知道的

你認為你知道的

> 如果我們有一種力量，那就是體認到我們何時在能力圈內運作良好，而何時又接近了它的邊界……

在生活中，無論在何處，如果你超出自己的能力圈運作，成功率都會下降。你可能會受到**鄧寧－克魯格效應**的影響（見第 8 章），你犯錯是因為你不知道你不知道什麼。舉例來說，你可能無法辨識或誤用了**設計模式**（見第 3 章）。你也可以運用你少數熟悉的技巧來解決所有的問題，但不可避免地會淪為次優的方法（見第 6 章**馬斯洛的鎚子**）。

好消息是，本書中的心智模式將擴大你的能力圈。與那些已經知道如何成功應用它們的人交流，可以幫助你改正錯誤，更迅速擴大你的能力圈。考慮到上面所說的，我們覺得很適合引用蒙格的兩段話來做結論。我們的超級思維之旅，就是在聽到他的演說後開始的，我們希望他能提供你相同的靈感。下面的第一段是引用自《窮查理的普通常識》，第二段則是出自他於 2007 年 5 月，在南加州大學顧爾德法學院（University of Southern California Gould School of Law）的畢業演講：

> 在我的一生中，我認識的廣泛領域中的每一個聰明人，都是一直在閱讀，沒有例外。你會訝異巴菲特的閱讀量，還有我的閱讀量。我的孩子都嘲笑我。他們認為我就是一本長了兩條腿的書。
>
> 由於真正的重大想法承擔了 95％ 的重量，所以對我來說，把所有學科中的重大想法蒐集起來，並使之成為我日常思維的一部分，一點都不難。當然，一旦你有了這

些想法，如果你不去練習，它們就沒有用了。如果你不練習，你就會失去它。所以我一生都在不斷練習這種多學科的思考方法。

這麼說吧，我無法告訴你這幫我做了什麼，但這讓生活更有趣，讓我更有建設性，使我對別人更有幫助，這也讓我非常富有。你隨便想件事，它都能幫得上忙。這種態度真的很有幫助。

謝辭

感謝我們的孩子 Eli 和 Ryan，謝謝你們在我們撰寫本書時的包容。感謝 Michael Zakhar 和 Stephen Hanselman，以及其他在 Portfolio 與 Penguin 的人給予編輯上的協助，特別是 Vivian Roberson、Leah Trouwborst 和 Kaushik Viswanath。也感謝 Madé Dimas Wirawan 提供了他的插圖。

圖片來源

圖 0-1：Adapted from The Avengers, dir. Joss Whedon (Marvel Studios, 2012).

圖 1-1：Adapted from Apollo 13, dir. Ron Howard (Imagine Entertainment, 1995).

圖 1-2：Based on a meme from "What is the next step with our MVP?" Gerry Claps, Quora, September 10, 2015, www.quora.com/what- is- the- next- step- with- our- mvp.

圖 1-4：Adapted from Creative Commons image: Ghiles, "Somewhat noisy linear data fit to both a linear function and to a polynomial of 10 degrees," Wikimedia Commons, March 11, 2016, https://commons.wikimedia.org/wiki/File: Overfitted_Data.png.

圖 1-5：Cartoon by Wiley Miller.

圖 1-6：Headlines from August 31, 2015, on foxnews.com and cnn.com. Both early headlines have since been altered, though the final stories from the following day are still available: "Atlanta- Area Police Officer Shot after Responding to Wrong Home," Fox News, September 1, 2015, www.foxnews.com/us/atlanta -area-police-officer-shot-after-responding-to-wrong-home; El-iott C. cLaughlin and Holly Yan, "Police: Friendly Fire Likely Wounded Officer in Wrong- House Encounter," CNN, September 1, 2015, www.cnn.com/2015/09/01/us/georgia -wrong-house- shooting/index.html.

圖 1-7：Adaped from Texas Roadhouse menu, http://restaurantfood.menu/menu/image/ allbrandlogo/Texas%20Roadhouse.jpg.

圖 1-8：U.S. Customs and Border Protection, as cited by Christopher Ingraham, "There's No Immigration Crisis, and These Charts Prove It," Washington Post, June 21, 2018, www.washingtonpost.com/news/wonk/wp/2018/06/21/theres-no- immigration-crisis-and-these-charts-prove-it.

圖 1-9：Justin McCarthy, "Most Americans Still See Crime Up Over Last Year," Gallup, November 21, 2014.

圖 1-10：Sarah Lichtenstein et al., "Judged Frequency of Lethal Events," Journal of Experimental Psychology 4, no. 6 (November 1978).

圖 1-11：DuckDuckGo, "There are no 'regular results' on Google anymore," October

10, 2012, Vimeo video, 1:21, https://vimeo.com/51181384.

圖 1-12：Adapted from "Addition using number bonds," OnlineMathLearning.com, www.online mathlearning.com/addition-number-bonds.html.

圖 1-13：Adapted from a map by the U.S. Geological Survey, May 5, 1999, https://pubs.usgs.gov/gip/dynamic/continents.html.

圖 1-14：Claude Allègre, The Behavior of the Earth: Continental and Seafloor Mobility, trans. Debo-rah Kurmes Van Dam (Cambridge, Mass.: Harvard University Press, 1988), 7.

圖 1-15：Cartoon by Clive Goddard.

圖 1-16：Meme adapted from https://78.media.tumblr.com/7f4ed380aadc01351b024959008f6e02/tumblr_mg3mhsUlOz1rhf11xo1_500.png.

圖 2-1、圖 7-12：Cartoons by Betsy Streeter.

圖 2-2：Sandra W. Roush et al., "Historical Comparisons of Morbidity and Mortality for Vaccine-Preventable Diseases in the United States," Journal of the American Medical Association 298, no. 18 (November 14, 2007).

圖 2-3：Environmental Defense Fund, "How Cap and Trade Works," January 7, 2009, YouTube video, 1:13, www.youtube.com/watch?v=EKT_ac4LPkU.

圖 2-4、圖 2-12、圖 6-16、圖 9-9：Cartoons by Harley Schwadron.

圖 2-6：©2002 Kenneth and Gabrielle Adelman, California Coastal Records Project, www.californiacoastline.org.

圖 2-7：Jonathon W. Penney, "Chilling Effects: Online Surveillance and Wikipedia Use," Berkeley Technology Law Journal 31, no. 1 (September 8, 2016): 148.

圖 2-8：Cartoon by Greg Perry.

圖 2-9：Based on a meme tweeted by Kristian Hellang, "Just tried to explain technical debt to a customer, had to pull this out again . . . ," Twitter, July 30, 2015, 4:29 a.m., https://twitter.com/khellang/status/626716128379830273.

圖 2-10、圖 7-15、圖 9-12：Cartoons by Tom Fishburne.

圖 2-12：Cartoon by Mark Godfrey.

圖 2-13：Adapted from Craig Brown, "The Little Dipper and the Earth's Tilt and Rotation," Craig's Sense of Wonder: Into a Curious Mind, November 17, 2012, https://craigssenseofwonder.word press.com/tag/insolation.

圖 3-2：Adapted from Creative Commons image: Ashley Dace, "Star Trail above Beccles, near to Gillingham, Norfolk, Great Britain," Wikimedia Commons,

May 13, 2010, https://commons.wikimedia.org/wiki/File: Star Trail above_Beccles-geograph.org.uk-1855505.jpg.

圖 3-4：Cartoon by Roy Delgado.

圖 3-5：Adapted from U.S. Congressional Budget Office, "The Federal Budget in 2015," info-graphic, January 6, 2016, www.cbo.gov/sites/default/files/cbofiles/images/pubs-images/50xxx/51110-Land_Overall.png.

圖 3-8：Adapted from National Institute for Health Care Management Foundation, "Concentra-tion of Health Spending Among Highest Spenders," infographic, 2013.

圖 3-10：Angela Liao, "A Field Guide to Procrastinators," Twenty Pixels, September 6, 2013, www.20px.com/blog/2013/09/06/a-field-guide-to-procrastinators.

圖 3-12：Eric Johnson and Daniel Goldstein, "Do Defaults Save Lives?" Science 302, no. 5649 (No-vember 21, 2003).

圖 3-13：Cartoon by Mike Shapiro.

圖 3-14：The Argyle Sweater © 2010 Scott Hilburn. Dist. by Andrews McMeel Syndication. Reprinted with permission. All rights reserved.

圖 4-1：Adapted from Creative Commons image: Martinowsky and Chiswick Chap, "Natural selec-tion in action: light and dark morphs of the peppered moth, Biston betularia," Wikimedia Commons, February 18, 2007, https://commons.wikimedia.org/wiki/File: Lichte_en_zwarte_versie_berkenspanner_crop.jpg.

圖 4-2：Cartoon by Larry Lambert.

圖 4-3："Inertia-Demotivational Poster," Fake Posters, July 22, 2009, www.fakeposters.com/posters/inertia.

圖 4-4：Communic@tions Management Inc., "Sixty Years of Daily Newspaper Circulation: Can-ada, United States, United Kingdom," (May 6, 2011), http://media-cmi.com/downloads/Sixty_Years_Daily_Newspaper_Circulation_Trends_050611.pdf.

圖 4-5：Adapted from a Creative Commons image. Birmingham Museums Trust, "Richard Trevithick's 1802 steam locomotive," Wikimedia Commons, August 11, 2005, https://en.wiki pedia.org/wiki/Flywheel #/media/File: Thinktank_Birmingham_-_Trevithick_Locomotive (1).jpg.

圖 4-6：Adapted from public domain image. Damian Yerrick, "Illustration of a roly-poly toy viewed from the side. The red and white bullseye represents the figurine's center of mass (COM)." Wikimedia Commons, August 15, 2009, https://commons.wikimedia.org/wiki/File :Poli_Gus_N_rocked.svg.

圖 4-7："How does a Nuclear Bomb work?" Figure 1: The Nuclear Fission Chain Reaction, guernseyDonkey.com, February 24, 2012.

圖 4-8：Peter Leyden, "Historical Adoption Rates of Communication Technologies," infographic.

圖 4-11：Justin McCarthy, "Record- High 60% of Americans Support Same- Sex Marriage," Gallup (May 19, 2015).

圖 4-12：Adapted from a Creative Commons image. Woody993, "Diagram showing the net-work effect in a few simple phone networks," Wikimedia Commons, May 31, 2011, https://en.wikipedia.org/wiki/Metcalfe's_law #/media/File: Metcalfe-Network-Effect.svg.

圖 4-13：J. L. Westover, "The Butterfly Effect," Mr. Lovenstein, https://www.mrlovenstein.com/comic/50P

圖 4-14、圖 7-2：Cartoons by Theresa McCracken.

圖 4-16：Randall Munroe, "Fuck Grapefruit," XKCD, https://xkcd.com/388.

圖 4-17：Cartoon by Bradford Veley.

圖 5-1：Adapted from Raiders of the Lost Ark, dir. Steven Spielberg (Lucasfilm Ltd., 1981).

圖 5-2：Adapted from Willy Wonka & the Chocolate Factory, dir. Mel Stuart (Wolper Pic-tures Ltd., 1971).

圖 5-3：Randall Munroe, "Correlation," XKCD, https://xkcd.com/552.

圖 5-4：Creative Com mons license. Tyler Vigen, "Spurious Correlations," www.tylervigen.com/spurious-correlations.

圖 5-5：Cartoon by Fran.

圖 5-6：Dilbert © 2001 Scott Adams. Used by permission of Andrews McMeel Syndication. All rights reserved.

圖 5-7：Adapted from a Creative Commons image. McGeddon, "Illustration of hypothetical dam-age pattern on a WW2 bomber," Wikimedia Commons, November 12, 2016, https://commons .wikimedia.org/wiki/File: Survivorship-bias.png.

圖 5-8：Cartoon by Nate Fakes.

圖 5-9：Stephen Pinker, The Better Angels of Our Nature (New York: Viking Books, 2011).

圖 5-11：Philip A. Mackowiak, Steven S. Wasserman, and Myron M. Levine, "A Critical Appraisal of 98.6°F, the Upper Limit of the Normal Body Temperature, and Other Legacies of Carl Rein-hold August Wunderlich," Journal of the American Medical Association 268, no. 12 (Septem-ber 1992), 1578–80.

圖 5-12：U.S. Census Bureau, "HINC- 06. Income Distribution to $250,000 or More for House-holds," www.census.gov/data/tables/time-series/demo/income-poverty/cps-hinc/hinc-06.2016.html.

圖 5-15：Center for Disease Control, "Anthropometric Reference Data for Children and Adults: United States, 2011–2014," Vital and Health Statistics series 3, no. 39 (August 2016).

圖 5-19：Common Probability Distributions, Cloudera Engineering Blog, Sean Owen, December 3, 2015.

圖 5-21：Mark L. Berenson, David M. Levine, and Timothy C. Krehbiel, Basic Business Statistics: Concepts and Applications (Upper Saddle River, N.J.: Prentice Hall, 2006).

圖 5-29：Randall Munroe, "Significant," XKCD, https://xkcd.com/882.

圖 6-1、圖 9-4：Cartoons by Aaron Bacall.

圖 6-4、圖 6-13：Cartoons by Shaun McCallig.

圖 6-5：Cartoon by Mike Baldwin.

圖 6-11：Adapted from Shivshanker Singh Patel, "local optimal success{ordinals of life 2.0}," Destiny exiles me, May 16, 2013, http://destinyexilesme.blogspot.com/2013/05/local-optimal-sucessordinals-of-life-20.html.

圖 6-14：Adapted from a Creative Commons image: Dhatfield, "Diagram of Schrödinger's cat thought experiment," Wikimedia Commons, June 26, 2008, https://commons.wikimedia.org/wiki/File: Schrodingers_cat.svg.

圖 6-15：Cartoon by Joseph Farris.

圖 7-1：Georgetown University Center on Education and the Workforce, as cited in Debra Hum-phreys and Anthony Carnevale, "The Economic Value of Liberal Education," slideshow, 2013, www.slideshare.net/aacu_/the-economic-value-of-liberal-education.

圖 7-3：Adapted from James M. Kilts, "Fuck Everything, We're Doing Five Blades," The Onion, February 18, 2004, www.theonion.com/fuck-everything-were-doing-five-blades-1819584036.

圖 7-6：Adapted from Joshua L. Kalla and David E. Broockman, "Campaign Contributions Fa-cilitate Access to Congressional Officials: A Randomized Field Experiment," American Journal of Political Science 60, no. 3 (July 2016).

圖 7-7：Sacred Heart University, "SHU Just the Facts," Facebook page, www.facebook.com/shujustthefacts.

圖 7-8：Adapted from a Creative Commons image. Nyenyec, "Illustration of domino theory (20th century foreign policy theory, promoted by the government of the United States)," Wiki-media Commons, November 10, 2010, https://commons.wikimedia.org/wiki/File: Domino_theory.svg.

圖 7-9：Adapted from Jeff Wysaki, Pleated Jeans, http://sanctuarycounseling.com/wp-content/uploads/2014/06/977fcc90fb0909b04e1a594d8142045f.jpg.

圖 8-2：Cartoon by Andrew Toos.

圖 8-5：Cartoon by Will Dawbarn.

圖 8-6：Based on the theory of deliberate practice, as presented by Anders Ericsson and Robert Pool, Peak (New York: Eamon Dolan Books, 2017).

圖 8-7：Kim Scott, "What is Radical Candor?" www.radicalcandor.com/about-radical-candor.

圖 8-10：Jessica Hagy, "Two annoying problems," Indexed (blog), May 9, 2012, thisisindexed.com/2012/05/two-annoying-problems.

圖 8-12：Adapted from Katie Stouffs Grimes, "High and Low Context Cultures-Developing Cul-tural Fluency," National Association of Realtors, January 26, 2015, http://theglobalview.blogs.realtor.org/2015/01/26/high-and-low-context-cultures-developing-cultural-fluency.

圖 8-13：Dilbert © 2012 Scott Adams. Used by permission of Andrews McMeel Syndication. All rights reserved.

圖 9-1：Cartoon by John McPherson.

圖 9-2：Adapted from Taken, dir. Pierre Morel (EuropaCorp, 2008).

圖 9-5：Adapted from a Creative Commons image. Sjlegg, "Graph of the amplitude of an oscilla-tor against its frequency, showing the significance of the resonant frequency," Wikimedia Commons, April 15, 2009, https://en.wikibooks.org/wiki/A-level_Physics_ (Advancing_Physics)/Resonance #/media/File: Resonant_frequency_amplitude.svg.

圖 9-7：Adapted from an illustration by Christoph Janz, "Three more ways to build a $100 mil-lion business," The Angel VC (blog), November 4, 2014, https://christophjanz.blogspot.com/2014/11/three-more-ways-to-build-100-million.html.

圖 9-8：Cartoon by Dave Whamond.

圖 9-10：Based on data from the Camera & Imaging Products Association, as cited by Stephan Dolezalek and Josh Freed, "An American Kodak Moment," Third Way, April 17, 2014, www.thirdway.org/report/an-american-kodak-moment.

圖 9-11：Based on data from the Camera & Imaging Products Association and Gartner, as cited by Michael Zhang, "This Latest Camera Sales Chart Shows the Compact Camera Near Death," PetaPixel, March 3, 2017, https://petapixel.com/2017/03/03/latest-camera-sales-chart-reveals-death-compact-camera.

圖 9-13：Geoffrey A. Moore, Crossing the Chasm, 3rd ed. (New York: HarperBusiness, 2014).

翻轉學 翻轉學系列141

超級思維【暢銷經典版】
跨界、跨域、跨能，突破思考盲點，提升解決能力的心智模式大全
Super Thinking: The Big Book of Mental Models

作　　　　者	蓋布瑞・溫伯格（Gabriel Weinberg）、蘿倫・麥肯（Lauren McCann）
譯　　　　者	林麗雪
封　面　設　計	Dinner Illustration
內　文　排　版	黃雅芬
出版二部總編輯	林俊安

出　　版　　者	采實文化事業股份有限公司
業　務　發　行	張世明・林踏欣・林坤蓉・王貞玉
國　際　版　權	劉靜茹
印　務　採　購	曾玉霞・莊玉鳳
會　計　行　政	李韶婉・許俽瑀・張婕莛
法　律　顧　問	第一國際法律事務所　余淑杏律師
電　子　信　箱	acme@acmebook.com.tw
采　實　官　網	www.acmebook.com.tw
采　實　臉　書	www.facebook.com/acmebook01

Ｉ　Ｓ　Ｂ　Ｎ	978-626-349-904-1
定　　　　價	520元
初　版　一　刷	2021年3月
二　版　一　刷	2025年2月
劃　撥　帳　號	50148859
劃　撥　戶　名	采實文化事業股份有限公司
	104台北市中山區南京東路二段95號9樓
	電話：(02)2511-9798　傳真：(02)2571-329

國家圖書館出版品預行編目資料

超級思維【暢銷經典版】：跨界、跨域、跨能，突破思考盲點，提升解決能力的心智模式大全 / 蓋布瑞・溫伯格（Gabriel Weinberg）、蘿倫・麥肯（Lauren McCann）著；林麗雪譯. – 台北市：采實文化，2025.2
448 面；17×21.5 公分. -- (翻轉學系列；141)
譯自：Super Thinking: The Big Book of Mental Models
ISBN 978-626-349-904-1（平裝）
1.CST: 思考 2.CST: 認知心理學
176.4　　　　　　　　　　　　　　　　　113020606

Super Thinking: The Big Book of Mental Models
Copyright © by Gabriel Weinberg & Lauren McCann
All rights reserved including the right of reproduction in whole or in part in any form.
Traditional Chinese edition copyright © 2021, 2025 by ACME Publishing Co., Ltd.
This edition published by arrangement with the Portfolio, an imprint of Penguin Publishing Group, a division of Penguin Random House LLC.
through Andrew Nurnberg Associates International Ltd.
All rights reserved.

采實出版集團
ACME PUBLISHING GROUP
版權所有，未經同意不得
重製、轉載、翻印

翻轉學

翻轉學

目錄

※ 可搭配《超級思維》一書閱讀，有更詳細的說明與實例。

I. 減少出錯，做出好決策

1. 反向思考 Inverse Thinking ············11
2. 非受迫性失誤 Unforced Error ············11
3. 反脆弱 Antifragile ············11
4. 從第一原理開始論證 Arguing From First Principles ············11
5. 去風險化 De-risking ············11
6. 過早最佳化 Premature Optimization ············12
7. 最小可行性產品 Minimum Viable Product (MVP) ············12
8. 奧坎剃刀 Ockham's Razor ············12
9. 聯集謬誤 Conjunction Fallacy ············12
10. 過度配適 Overfitting ············12
11. 參考架構 Frame of Reference ············12
12. 框架 Framing ············13
13. 推力 Nudging ············13
14. 定錨 Anchoring ············13
15. 可得性偏差 Availability Bias ············13
16. 過濾氣泡 Filter Bubble ············13
17. 回聲室 Echo Chambers ············14
18. 第三個故事 The Third Story ············14
19. 最尊重的解釋 Most Respectful Interpretation (MRI) ············14
20. 漢隆的剃刀 Hanlon's Razor ············14
21. 基本歸因謬誤 Fundamental Attribution Error ············14
22. 自利偏誤 Self-serving Bias ············14
23. 無知之幕 Veil of Ignorance ············15
24. 出生樂透 Birth Lottery ············15
25. 公正世界假說 Just World Hypothesis ············15
26. 譴責受害者 Victim-blame ············15
27. 習得無助 Learned Helplessness ············15
28. 典範轉移 Paradigm Shift ············16
29. 塞麥爾維斯反射 Semmelweis Reflex ············16
30. 驗證性偏誤 Confirmation Bias ············16
31. 逆火效應 Backfire Effect ············16
32. 不驗證性偏誤 Disconfirmation Bias ············16
33. 認知失調 Cognitive Dissonance ············16
34. 灰色思維 Thinking Gray ············17
35. 魔鬼代言人 Devil's Advocate Position ············17

36. 直覺 Intuition ··17
37. 近因與根本原因 Proximate Cause Vs. Root Cause ·····················17
38. 事後檢討 Postmortem ···17
39. 5 個為什麼 5 Whys ··18
40. 樂觀的可能性偏誤 Optimistic Probability Bias ··························18

II. 預先預防，控管「不如預期」

41. 公有地悲劇 Tragedy of The Commons ······································18
42. 小決定暴政 Tyranny of Small Decisions ···································18
43. 搭便車問題 Free Rider Problem ··18
44. 公共財 Public Goods ··19
45. 群體免疫 Hero Immunity ··19
46. 外部性 Externalities ···19
47. 外溢效應 Spillover Effects ···19
48. 寇斯定理 Coase Theorem ···19
49. 總量管制與排放交易 Cap-and-trade ···20
50. 道德風險 Moral Hazard ··20
51. 委託人－代理人問題 Principal-agent Problems ·························20
52. 資訊不對稱 Asymmetric Information ··20
53. 反向選擇 Adverse Selection ··20
54. 市場失靈 Market Failure ··20
55. 政府失靈 Government Failure 或政治失靈 Political Failure ·······21
56. 葛哈德法則 Goodhart's Law ···21
57. 不當誘因 Perverse Incentives ··21
58. 眼鏡蛇效應 Cobra Effect ··21
59. 史翠珊效應 Streisand Effect ···21
60. 九頭蛇效應 Hydra Effect ··21
61. 觀察者效應 Observer Effect ··22
62. 寒蟬效應 Chilling Effect ···22
63. 附帶損害 Collateral Damage ···22
64. 回爆 Blowback ··22
65. 煮蛙效應 Boiling Frog ··22
66. 短期主義 Short-termism ··22
67. 技術負債 Technical Debt ···22
68. 依賴現有路徑 Path Dependence ··23

69. 保留可能性 Preserving Optionality 23
70. 預防原則 Precautionary Principle 23
71. 資訊超載 Information Overload 23
72. 分析癱瘓 Analysis Paralysis 23
73. 完美是美好的敵人 Perfect is The Enemy of Good 23
74. 可逆的決定與不可逆的決定 Reversible Decisions Vs. Irreversible Decisions 24
75. 希克定律 Hick's Law 24
76. 選擇的弔詭 Paradox of Choice 24
77. 決策疲勞 Decision Fatigue 24
78. 莫非定律 Murphy's Law 24

III. 有效運用時間，提升效率

79. 北方之星 Noth Star 25
80. 複利 Compound Interest 25
81. 雙線作戰 Two-Front Wars 25
82. 多工作業 Multitasking 25
83. 腦海裡的第一個想法 The Top Idea in Your Mind 25
84. 深度工作力 Deep Work 26
85. 艾森豪決策矩陣 Eisenhower Decision Matrix 26
86. 塞爾定律 Sayre's Law 26
87. 腳踏車棚效應 Bike-shedding 26
88. 機會成本 Opportunity Cost 27
89. 資本機會成本 Opportunity Cost of Capital 27
90. 談判協議的最佳替代方案 Best Alternative To A Negotiated Agreement (BATNA) 27
91. 槓桿作用 Leverage 27
92. 高槓桿活動 High-Leverage Activities 28
93. 帕雷托法則 Pareto Principle 28
94. 乘冪定律分布 Power Law Distribution 28
95. 報酬遞減法則 Law of Diminishing Returns 28
96. 效用遞減法則 Law of Diminishing Utility 29
97. 負報酬 Negative Returns 29
98. 倦怠 Burnout 29
99. 當前偏差 Present Bias 29
100. 折現率 Discount Rate 29
101. 現金流量折現 Discounted Cash Flow 29
102. 淨現值 Net Present Value (NPV) 29

103. 雙曲線折現 Hyperbolic Discounting ··· 30
104. 承諾 Commitment ··· 30
105. 預設值效應 Default Effect ·· 30
106. 帕金森定律 Parkinson's Law ··· 30
107. 侯世達定律 Hofstadter's Law ·· 30
108. 損失規避 Loss Aversion ·· 30
109. 沉沒成本謬誤 Sunk-Cost Fallacy ··· 31
110. 設計模式 Design Pattern ··· 31
111. 反面模式 Anti-pattern ··· 31
112. 蠻力 Brute Force ·· 31
113. 嘗試錯誤 Heuristic ··· 31
114. 演算法 Algorithms ··· 32
115. 黑箱 Black Boxes ··· 32
116. 自動化 Automation ·· 32
117. 規模經濟 Economies of Scale ·· 32
118. 平行處理 Parallel Processing ··· 32
119. 分治 Divide and Conquer ·· 32
120. 重新架構問題 Reframe The Problem ··································· 32
121. 社交工程 Social Engineering ·· 33

IV. 克服慣性，適應各種變化

122. 物競天擇 Natural Selection ··· 33
123. 科學方法 Scientific Method ·· 33
124. 慣性 Inertia ·· 33
125. 策略障礙 Strategy Tax ·· 33
126. 薛基原則 Shirky Principle ··· 33
127. 林迪效應 Lindy Effect ··· 34
128. 峰值 Peak ··· 34
129. 動量 Momentum ·· 34
130. 飛輪 Flywheel ·· 34
131. 恆定 Homeostasis ·· 34
132. 位能 Potential Energy ··· 35
133. 重心 Center of Gravity ·· 35
134. 活化能 Activation Energy ··· 35
135. 催化劑 Catalyst ·· 35
136. 強迫功能 Forcing Function ··· 35

137. 臨界質量 Critical Mass ·······35
138. 連鎖反應 Chain Reaction ·······36
139. 轉捩點 Tipping Point ·······36
140. 技術採用生命週期 Technology Adoption Life Cycle ·······36
141. S 曲線 S Curves ·······36
142. 網路效應 Network Effects ·······36
143. 梅卡菲定律 Metcalfe's Law ·······37
144. 級聯失效 Cascading Failure ·······37
145. 蝴蝶效應 Butterfly Effect ·······37
146. 好運表面積 Luck Surface Area ·······37
147. 熵 Entropy ·······37
148. 二行二列矩陣 2 x 2 Matrices ·······37
149. 極性 Polarity ·······38
150. 非黑即白謬論 Black-and-white Fallacy ·······38
151. 群體內的偏袒 In-Group Favoritism ·······38
152. 群體外的偏見 Out-Group Bias ·······38
153. 零和與雙贏 Zero-sum Vs. Win-win ·······38

V. 從龐大數據中，正確判讀

154. 軼事證據 Anecdotal Evidence ·······39
155. 相關不表示因果關係 Correlation Does Not Imply Causation ·······39
156. 干擾因子 Confounding Factor ·······39
157. 假設 Hypothesis ·······39
158. 德州神槍手謬誤 Texas Sharpshooter Fallacy ·······39
159. 隨機對照實驗 Randomized Controlled Experiment ·······40
160. A/B 測試 A/B Testing ·······40
161. 觀察者期望偏誤 Observer-Expectancy Bias ·······40
162. 安慰劑效應 Placebo Effect ·······40
163. 代理端點 Proxy Endpoint ·······40
164. 選擇偏差 Selection Bias ·······40
165. 無回應偏差 Nonresponse Bias ·······40
166. 反應偏差 Response Bias ·······41
167. 大數法則 Law of Large Numbers ·······41
168. 賭徒謬誤 Gambler's Fallacy ·······41
169. 群集錯覺 Clustering Illusion ·······41
170. 平均數迴歸 Regression to The Mean ·······41

171. 平均數、中位數和眾數 Mean, Median, and Mode ············ 41
172. 變異數和標準差 Variance and Standard Deviation ············ 41
173. 常態分配 Normal Distribution ············ 42
174. 機率分配 Probability Distribution ············ 42
175. 中央極限定理 Central Limit Theorem ············ 42
176. 信賴區間 Confidence Interval ············ 42
177. 誤差槓 Error Bars ············ 43
178. 條件機率 Conditional Probability ············ 43
179. 基本率謬誤 Base Rate Fallacy ············ 43
180. 貝氏定理 Bayes' Theorem ············ 43
181. 頻率學派與貝氏學派 Frequentists Vs. Bayesians ············ 43
182. 偽陽性 False Positive ············ 43
183. 偽陰性 False Negative ············ 43
184. 檢定力 Power ············ 44
185. 虛無假設 Null Hypothesis ············ 44
186. 統計顯著性 Statistical Significance ············ 44
187. 機率值 P-value ············ 44
188. 複製危機 Replication Crisis ············ 44
189. 資料挖掘 Data Dredging ············ 45
190. 出版偏差 Publication Bias ············ 45
191. 系統性回顧 Systematic Review ············ 45
192. 整合分析 Meta-analysis ············ 45

VI. 從眾多選項中，選出最自己最好的

193. 利弊清單 Pro-con List ············ 45
194. 別人家的草地比較綠心態 Grass-is-greener Mentality ············ 45
195. 馬斯洛之槌 Maslow's Hammer ············ 46
196. 成本效益分析 Cost-benefit Analysis ············ 46
197. 通貨膨脹 Inflation ············ 46
198. 敏感度分析 Sensitivity Analysis ············ 46
199. 垃圾進，垃圾出 Garbage In, Garbage Out ············ 46
200. 決策樹 Decision Tree ············ 46
201. 期望值 Expected Value ············ 47
202. 效用值 Utility Values ············ 47
203. 效用主義 Utilitarianism ············ 47
204. 黑天鵝事件 Black Swan Events ············ 47

205. 厚尾分布 Fat-tailed Distributions ·······47
206. 系統思考 Systems Thinking ·······48
207. 勒沙特列原理 Chatelier's Principle ·······48
208. 遲滯現象 Hysteresis ·······48
209. 蒙地卡羅模擬 Monte Carlo Simulation ·······48
210. 局部最佳與全域最佳 Local Optimum Vs. Global Optimum ·······48
211. 未知的未知 Unknown Unknowns ·······48
212. 情境分析 Scenario Analysis ·······49
213. 思想實驗 Thought Experiment ·······49
214. 反事實思考 Counterfactual Thinking ·······49
215. 水平思考 Lateral Thinking ·······49
216. 團體迷思 Groupthink ·······49
217. 潮流效應 Bandwagon Effect ·······49
218. 發散性思考與收斂性思考 Divergent Thinking Vs. Convergent Thinking ·······49
219. 群眾外包 Crowdsourcing ·······49
220. 預測市場 Prediction Market ·······50
221. 超級預測家 Superforecasters ·······50
222. 商業理由 Business Case ·······50

VII. 面對衝突環境，尋求最佳結果

223. 軍備競賽 Arms Race ·······50
224. 賽局理論 Game Theory ·······50
225. 囚徒困境 Prisoner's Dilemma ·······51
226. 納許均衡 Nash Equilibrium ·······51
227. 亦步亦趨策略 Tit-for-tat ·······51
228. 互惠 Reciprocity ·······51
229. 好感 Liking ·······51
230. 社會認同 Social Proof ·······51
231. 稀缺性 Scarcity ·······52
232. 權威 Authority ·······52
233. 社會規範與市場規範的區別 Social Norms Vs. Market Norms ·······52
234. 最後通牒賽局 Ultimatum Game ·······52
235. 分配正義與程序正義 Distributive Justice Vs. Procedural Justice ·······52
236. 訴諸情感 Appeal to Emotion ·······52
237. 恐懼、不確定性和懷疑 Fear, Uncertainty, and Doubt (FUD) ·······53
238. 稻草人論證 Straw Man ·······53

239. 訴諸人身 AD-Hominem ········53
240. 黑暗模式 Dark Patterns ········53
241. 特洛伊木馬 Trojan Horse ········53
242. 誘餌和切換 Bait and Switch ········53
243. 波坦金村 Potemkin Village ········53
244. 相互保證毀滅 Mutually Assured Destruction (MAD) ········54
245. 嚇阻 Deterrence ········54
246. 胡蘿蔔與棍子 Carrot-and-stick ········54
247. 圍堵 Containment ········54
248. 止血 Stop The Bleeding ········54
249. 隔離 Quarantine ········54
250. 捕蠅紙理論 Flypaper Theory ········54
251. 骨牌效應 Domino Effect ········55
252. 滑坡謬誤 Slippery Slope Argument ········55
253. 破窗理論 Broken Windows Theory ········55
254. 上鉤毒品理論 Gateway Drug Theory ········55
255. 虧本帶客策略 Loss Leader Strategy ········55
256. 妥協 Appeasement ········55
257. 紅線 Red Line ········56
258. 極端選項 Nuclear Option ········56
259. 零容忍政策 Zero-Tolerance Policy ········56
260. 要你攤牌 Call Your Bluff ········56
261. 消耗戰 War Of Attrition ········56
262. 空洞的勝利 Hollow Victory ········56
263. 游擊戰 Guerrilla Warfare ········56
264. 將軍總在打上一場戰爭 Generals Always Fight The Last War ········57
265. 越級挑戰 Punching Above Your Weight ········57
266. 終局 Endgame ········57
267. 退場策略 Exit Strategy ········57
268. 孤注一擲 Hail Mary Pass ········57
269. 焚舟破釜 Burn the Boats ········57

VIII. 激發潛能，創造高績效團隊

270. 喬伊法則 Joy's Law ········58
271. 十倍工程師 10X Engineer ········58

272. 十倍團隊 10X Team ··· 58
273. 內向者與外向者 Introverts Vs. Extroverts ················· 58
274. 先天與後天 Nature Vs. Nature ································· 58
275. 智商與情商 IQ Vs. EQ ··· 59
276. 通才與專才 Generalists Vs. Specialists ···················· 59
277. 突擊隊、步兵和政策 Commandos, Infantry, and Policy ········ 59
278. 狐狸與刺蝟 Foxes Vs. Hedgehogs ··························· 59
279. 因人而異的管理 Managing to The Person ················ 59
280. 彼得原理 Peter Principle ·· 59
281. 戰略與戰術 Strategy Vs. Tactics ······························· 60
282. 機構知識 Institutional Knowledge ···························· 60
283. 獨角獸候選人 Unicorn Candidate ···························· 60
284. 直接負責人 Directly Responsible Individual (DRI) ···· 60
285. 旁觀者效應 Bystander Effect ···································· 60
286. 權力真空 Power Vacuum ··· 61
287. 刻意練習 Deliberate Practice ··································· 61
288. 間隔效應 Spacing Effect ·· 61
289. 每週一對一 Weekly One-on-one ······························ 61
290. 徹底坦率 Radical Cador ·· 61
291. 後果信念矩陣 Consequence-conviction Matrix ········· 62
292. 定型心態與成長心態 Fixed Mindset Vs. Growth Mindset ········ 62
293. 畢馬龍效應 Pygmalion Effect ··································· 62
294. 戈蘭效應 Golem Effect ·· 63
295. 冒牌者症候群 Impostor Syndrome ··························· 63
296. 鄧寧－克魯格效應 Dunning-Kruger Effect ················· 63
297. 馬斯洛需求層次理論 Maslow's Hierarchy of Needs ········ 64
298. 後見之明偏誤 Hindsight Bias ··································· 64
299. 文化 Culture ·· 64
300. 高語境與低語境 High-context Vs. Low-Conext ········ 64
301. 贏得人心 Winning Hearts and Minds ························ 65
302. 忠誠者與傭兵 Loyalists Vs. Mercenaries ·················· 65
303. 管理者的時間表與自造者的時間表
　　 Manager's Schedule Vs. Maker's Schedule ············ 65
304. 鄧巴數字 Dunbar's Number ····································· 65
305. 人月迷思 Mythical Man-month ································· 65
306. 地面部隊 Boots on the Ground ································ 65

IX. 展現你的市場競爭力

307. 套利 Arbitrage······66
308. 永續競爭優勢 Sustainable Competitive Advantage······66
309. 市場力量 Market Power······66
310. 共識－反向矩陣 Consensus-contrarian Matrix······66
311. 祕密 Secrets······67
312. 為什麼是現在？ Why Now?······67
313. 同時發明 Simultaneous invention······67
314. 先行者優勢與先行者劣勢
　　 First-mover Advantage Vs. First-mover Disadvantage······67
315. 產品與市場適配 Product/Market Fit······67
316. 共振頻率 Resonant Frequency······67
317. 客戶開發 Customer Development······68
318. OODA 循環 OODA Loop······68
319. 轉型 Pivo······69
320. 待完成的工作 Jobs to Be Done······69
321. 你在尋找什麼樣的客戶？ What Type of Customer Are You Hunting?······69
322. 信封背面計算 Back-of-the-Envelope Calculation······69
323. 人物設定 Persona······69
324. 亮點 Bright Spots······69
325. 灘頭陣地 Beachhead······70
326. 想法迷宮 Idea Maze······70
327. 追熱飛彈 Heat-Seeking Missile······70
328. 護城河 Moat······70
329. 鎖定效果 Lock-In······70
330. 轉換成本 Switching Costs······70
331. 進入障礙和退出障礙 Barriers to Entry and Barriers to Exit······71
332. 管制俘虜 Regulatory Capture······71
333. 贏家占據大多數市場 Winner-take-most markets······71
334. 唯偏執狂得以倖存 Only the Paranoid Survive······71
335. 破壞式創新 Disruptive Innovations······71
336. 跨越鴻溝 Crossing the Chasm······71
337. 船貨崇拜 Cargo Cult······72
338. 能力圈 Circle of Competence······72

I. 減少出錯，做出好決策

1. 反向思考 Inverse Thinking
又稱逆向思考，可以幫你在面對挑戰時，做出更好的決策。從反向的角度思考問題，可以開啟新的解答和策略。例如，大多數人從賺更多錢的角度投資金錢，而逆向思考則是從不賠錢的角度來投資。假設想要吃得更健康，直接的思考模式會是建立一套健康飲食的方法；而逆向思考則是避免不健康的選項。

2. 非受迫性失誤 Unforced Error
在網球運動中，非受迫性失誤指的是，選手自己判斷錯誤或失誤，而不是因為對手的關係。生活中，非受迫性失誤無所不在，例如：烘焙時，把湯匙當成茶匙；約會時，不小心留下不好的第一印象；決策時，沒考慮到所有選項⋯⋯想在做決定時錯誤少一點，就需要少犯非受迫性失誤。

3. 反脆弱 Antifragile
有些事會因衝擊而得到好處，當處在不穩定、隨機性、失序、壓力源、風險和不確定性時，反而會茁壯成長。反脆弱超越彈性或堅強，彈性會抵抗衝擊，並維持相同的狀態，而反脆弱則會變得更好。面對經濟衝擊，反而讓你的投資組合反脆弱；在面對新的決定時，也會讓你的思考反脆弱。如果思考具備反脆弱，那麼從錯誤中學習，並與周遭人、事、物互動時，就會跟著得到改善。

4. 從第一原理開始論證 Arguing From First Principles
這個模式強調從底層往上思考，利用你認為正確的構成要素來建立完善的（有時候是新的）結論。第一個原理是你構成結論時仰賴的基礎，例如：食譜裡的食材，或是形成一道公式的數學原理。如果從第一原理開始論證，就能更輕鬆應付不熟悉的狀況，或是用創新的方法應付陌生的狀況。了解公式是如何導出來的，可以幫你理解如何導出新公式；了解分子如何結合在一起，可以讓你建造新的分子。

5. 去風險化 De-risking
為了要錯誤少一點，需要在真實世界測試假設，過程稱為「去風險化」。如果你有一個或多個假設是錯的，就會有風險，而且得到的結論也會不正確。一旦假設夠具體，就可以制定計畫來測試（去風險化）。去風險化的最重要假設，首先就是那些成功的必要條件，以及你覺得最不確定的事情。可以將任何事情去風險化，例如政策構想、度假計畫、例行的健身。在去風險化的時候，要快速和簡單測試假設。

6. 過早最佳化 Premature Optimization

人們經常犯了一個錯誤，即在實際測試假設以前，就先投注過多心力。在電腦科學裡，這個陷阱稱為「過早最佳化」，指太快（過早）調整或完成程式碼或演算法（最佳化）。例如，在度假計畫中，預訂了完整的行程卻沒先確認家人能否同行，最終得重頭安排，造成時間浪費。

7. 最小可行性產品 Minimum Viable Product (MVP)

一種以最精簡的方式驗證產品構想的策略，核心精神是「去風險化」，避免在未經市場驗證的情況下，投入大量資源開發完整功能的產品。MVP 不僅是一種產品開發模式，也是一種思維方式，鼓勵以實驗和數據為導向，不斷學習和改進，最終打造出符合市場需求的成功產品。除了產品開發，也可以延伸應用到其他情境，例如：最小可行性組織、最小可行性溝通、最小可行性策略、最小可行性實驗。

8. 奧坎剃刀 Ockham's Razor

又稱簡約法則，是一種追求簡潔的思維模式，主張在多個解釋中，最簡單的通常是最接近真相的。例如，在診斷病情時，若一個症狀可由常見病解釋，則不必立即假設罕見疾病。此模式鼓勵我們削減多餘假設，專注於核心問題，從而提升決策效率。奧坎剃刀不僅適用於科學研究，也可應用於日常決策和問題分析。透過不斷檢視假設的必要性，我們可以避免陷入複雜的迷霧，追求更直接有效的解決方案。

9. 聯集謬誤 Conjunction Fallacy

當人們認為兩個特定條件同時發生的可能性比其中一個單獨發生的可能性更高時，所犯的邏輯錯誤。例如，如果有人描述一位女性關心環境議題且參與社會活動，許多人會傾向認為她是一位環保活動家，而忽視她僅可能是「關心環境的普通人」。這種謬誤源於對細節的過度敏感和忽略基本機率法則。克服聯集謬誤需訓練自己注意統計事實，排除感性因素對判斷的干擾，以更精準的方式評估事件的可能性。

10. 過度配適 Overfitting

一種在嘗試建立模型時過分關注細節而忽略大局的錯誤。該現象多見於數據分析領域，當模型過於貼合訓練數據時，會導致無法準確預測新數據的表現。例如，在商業決策中，如果根據少量的消費者意見過度調整策略，可能會導致錯誤的結論。解決過度擬合的方法包括簡化模型、增加樣本數據，並注重模型的普及能力，確保其對未來場景的適應程度。

11. 參考架構 Frame of Reference

個人在觀察或解釋事物時，受自身背景、經驗和信念影響形成的主觀

框架。這種模式決定了我們如何看待問題，並影響決策的方向。例如，當兩人觀看同一幅畫時，一位藝術家可能專注於色彩運用，而一位心理學家則關注情感表達。要善用參考架構，我們需要學會切換視角，將問題放在不同的框架下審視，從而獲得更多元的見解和創新解決方案。

12. 框架 Framing

框架效應描述了人們的決策容易受資訊呈現方式影響的現象。例如，當一項醫療手術的成功率被描述為「90%成功」時，患者可能更傾向接受，而如果被描述為「10%失敗」，則可能選擇放棄。這種現象顯示，語言和背景能明顯影響我們的選擇。為避免框架效應的干擾，我們應注重資訊的實質內容，而非其表達方式，並嘗試用不同的角度來理解事物，提升決策的理性。

13. 推力 Nudging

一種設計環境以引導人們做出更好決策的方法，而不限制其自由。例如，將健康食物放在自助餐台的顯眼位置，可以促使人們選擇更健康的膳食。推力效應依賴於對人類行為偏好的深刻理解，透過微小的變化來提升選擇的正面結果。應用推力效應時需特別謹慎，以確保其用於促進福祉，而非操縱他人行為。

14. 定錨 Anchoring

人們在進行決策時，容易受初始資訊影響，並將其作為判斷的參考點。例如，在購物時，消費者往往根據標價來判斷折扣價是否划算，而非商品的實際價值。這一心理傾向會導致我們的評估過度依賴於第一印象，而忽略其他更重要的訊息。為降低定錨效應影響，可以透過多方比較、尋求獨立意見和訓練理性分析能力來校正自己的判斷。

15. 可得性偏差 Availability Bias

人們在判斷事件可能性時，傾向於依賴記憶中容易提取的訊息，而非基於全面的數據。例如，因為新聞頻繁報導空難，人們可能會高估飛行的風險，而忽視開車的潛在危險。這一偏差源於我們對訊息的可得性與實際發生頻率之間的錯配。要克服這種偏差，需要刻意尋找可靠的數據，避免過於依賴直覺和個人經驗來評估事件的真實概率。

16. 過濾氣泡 Filter Bubble

描述了個人在互聯網使用中，因演算法推薦而被限制於相似觀點和偏好的訊息環境中。例如，社群媒體根據用戶的點擊習慣推薦內容，可能導致用戶接觸到的觀點越來越單一，進而強化自身的偏見。為突破過濾氣泡，建議主動探索不同觀點的內容來源，與持不同意見的人進行交流，拓寬思維和視野。

17. 回聲室 Echo Chambers

一種與過濾氣泡相似的現象，指人們傾向於與意見相同的群體互動，從而鞏固既有觀念，又稱「同溫層」。例如，在政治討論中，人們可能只與支持同一候選人的朋友討論，而忽略其他聲音。這種模式會限制我們對事物的全面理解，並加劇社會分裂。要突破同溫層，需要刻意尋求不同意見的資料來源，並培養對異見的包容態度。

18. 第三個故事 The Third Story

一在衝突中尋求中立視角的方式，主要在幫助各方理解彼此的觀點。例如，在職場糾紛中，管理者可以扮演中立角色，將矛盾的核心梳理清楚，並幫助雙方找到共同利益點。這一模式的關鍵在於擺脫個人立場，試圖站在旁觀者角度來看待問題。透過運用第三個故事，可以促進溝通和解，並找到雙贏的解決方案。

19. 最尊重的解釋 Most Respectful Interpretation (MRI)

在溝通中避免衝突的思維模式，建議我們以最善意的方式解讀他人的行為或語言。例如，當同事回覆延遲時，與其假設對方不負責任，不如認為對方可能因忙碌而無暇及時回應。此模式能幫助我們減少因誤解而產生的不必要衝突，並維持良好的關係。實踐這一模式需要培養同理能力，主動去理解他人的處境和意圖。

20. 漢隆的剃刀 Hanlon's Razor

建議我們不要輕易將他人行為解釋為惡意的思維模式，鼓勵先考慮更可能的因素，如疏忽或無知。例如，若同事未能完成任務，與其認為對方故意拖延，不如考慮對方可能因工作過量或缺乏資源而無法按時完成。這一模式有助於減少不必要的對立和誤解，促進理性分析。實踐漢隆的剃刀需要我們放下假設，更多基於事實和溝通來理解他人的行為。

21. 基本歸因謬誤 Fundamental Attribution Error

指人們在解釋他人行為時，往往高估個人特質的影響，而低估環境因素。例如，在目睹他人開車失誤時，我們可能認為對方不熟悉駕駛技術，而忽視可能是因天氣惡劣或路況不佳導致的錯誤。這種謬誤常引發不公平的判斷和偏見。為減少基本歸因謬誤的影響，我們需要養成將情境因素納入考量的習慣，以更加客觀地評估行為。

22. 自利偏誤 Self-serving Bias

人類傾向於將成功歸因於自身能力，將失敗歸因於外部環境的心理現象。例如，學生考試成績優異時，可能認為是因為自己努力學習；而當成績不佳時，則歸咎於試題太難或老師未充分講解。這一偏誤可能影響我們

對自身行為的真實評估。克服自利偏誤需要培養反思能力，面對失敗時承認自己的責任，並從中學習成長。

23. 無知之幕 Veil of Ignorance

一種在道德判斷中推崇公平性的思維模式，核心理念是，設想自己對個人身分和地位完全無知的情況下，應該如何設計社會制度。例如，在分配資源時，若我們不知道自己會處於哪一階層，便會更傾向於選擇公平的分配方式。這一模式常用於政策制定和倫理討論中，有助於消除偏見，促進更公正的決策。

24. 出生樂透 Birth Lottery

用來提醒人們個人成功或失敗在很大程度上可能取決於出生條件的思維模式。例如，一個人在富裕國家出生，可能擁有更多教育和職業機會，而非因自身能力強於他人。認識到出生樂透的存在，可以幫助我們對他人的處境更加同理，並以更全面的視角看待成就和差異。同時，這一模式也激勵我們積極利用現有的優勢資源，為自己和他人創造更好的未來。

25. 公正世界假說 Just World Hypothesis

認為世界是公平的信念，導致人們傾向於相信好人得好報，壞人受懲罰。然而，這一信念常導致「譴責受害者」的行為。例如，認為受害者遭遇不幸是因為他們自身的過錯，而非外部環境的影響。公正世界假說反映了人類對控制感的需求，但同時也可能阻礙我們對不公平現象的正確理解。認識到這一假說的局限性，有助於我們以更同理的態度看待他人的經歷。

26. 譴責受害者 Victim-blame

在解釋事件時，將不幸歸咎於受害者的思維偏差。例如，若某人被詐騙，我們可能認為是因為他不夠謹慎，而忽視詐騙者的技巧或系統漏洞的問題。這一模式可能源於對公正世界假說的認同，讓人錯誤認為受害者必須對自身的遭遇負責。為避免這種偏差，我們應更多考慮外部環境與結構性問題對事件的影響，培養對他人經歷的同理心。

27. 習得無助 Learned Helplessness

當個體經歷了多次無法控制的負面事件後，可能會認為無論如何努力都無法改變現狀，從而喪失行動的動力。例如，學生在多次考試失敗後，可能會認為自己不具備學習能力，並放棄努力。這種心智模式會影響個體的心理健康和行為選擇。克服習得無助需要改變對過去失敗的解讀方式，將其視為暫時性和可改變的，並建立正向反饋的環境。

28. 典範轉移 Paradigm Shift

一種重大觀念或模式的變革，通常在現有框架無法解釋新現象時發生。例如，從地心說到日心說的轉變是科學史上的一次重要典範轉移。這一模式提醒我們，當面臨新的挑戰時，可能需要徹底改變思維方式，而非僅僅對舊有模式進行修正。接受典範轉移需要具備開放的態度和對變化的適應能力，並主動尋求突破現有框架的創新解決方案。

29. 塞麥爾維斯反射 Semmelweis Reflex

人們對於與既有信念不符的新資訊的自動拒絕。例如，當新科學證據與傳統觀念衝突時，可能會遭到主流的抵制。這一現象得名於匈牙利醫生伊格納茨·塞麥爾維斯，他提出手術前洗手可以降低感染率，但當時醫學界對此建議不以為然。克服這種反射需要開放的心態和對證據的重視，並願意挑戰自身的偏見，以便接受更可靠的知識和實踐。

30. 驗證性偏誤 Confirmation Bias

傾向於只關注支持自身信念的證據，而忽略與之相矛盾資訊的心理偏差。例如，投資者在選擇投資時，可能只注意與其選擇一致的正面報告，而忽略潛在風險。這種偏誤可能導致決策失誤，甚至加強原本的錯誤觀點。克服驗證性偏誤的方法包括主動尋找反例，與不同觀點的人交流，並保持對所有訊息的客觀態度。

31. 逆火效應 Backfire Effect

當人們接收到與其信念相矛盾的訊息時，可能會變得更加堅定原有觀點的現象。例如，在政治辯論中，試圖用證據說服持不同意見的人，有時會使其信念更為強化。這一效應源於人們的自我防禦機制和對認知不協調的回避心理。應對逆火效應需要耐心的溝通和逐步建立信任，而非強迫對方接受完全相反的觀點。

32. 不驗證性偏誤 Disconfirmation Bias

人們傾向於過分挑剔與其信念相悖的證據，而對支持自己觀點的證據視而不見。例如，當科學研究顯示某習慣有害健康時，人們可能會質疑研究方法的可靠性，而忽略其警示作用。這一偏誤反映了人們對挑戰自身信念的資訊天然存在的抵觸心理。為克服不驗證性偏誤，我們應培養批判性思維，對所有訊息保持一視同仁的態度，並積極尋找能檢驗自身觀點的反例。

33. 認知失調 Cognitive Dissonance

當人們的行為與信念或兩個信念之間產生矛盾時，所感受到的心理不適。為減輕這種不適，人們通常會改變信念或合理化行為。例如，吸菸者

明知吸菸有害健康，卻可能安慰自己「壓力大時吸菸有助放鬆」，以減輕內心矛盾。認知失調雖然是普遍的心理現象，但若未加以控制，可能阻礙我們客觀看待自身行為。克服認知失調需要面對矛盾，努力調整行為以符合真實信念。

34. 灰色思維 Thinking Gray

在面對不確定性時，保持中立和開放態度的心智模式。它強調在情報不足或觀點分歧時，不輕易做出判斷。例如，在職場中接收到一份關於市場趨勢的報告時，灰色思維鼓勵我們先保持觀望，蒐集更多數據後再行決策。此模式能幫助我們避免過早定論或陷入二元對立，提升對複雜問題的應對能力。

35. 魔鬼代言人 Devil's Advocate Position

一種刻意挑戰現有觀點或計畫的角色，目的是檢驗其穩健性和潛在問題。例如，在產品開發會議中，一位成員主動指出可能的失敗風險，從而促使團隊對計畫進行更嚴密的分析。魔鬼代言人不僅能幫助團隊避免盲目樂觀，還能激發更多元的思考和創新。實踐此模式需要創造支持批判性討論的環境，並將挑戰視為促進進步的契機。

36. 直覺 Intuition

基於過往經驗和潛意識模式所形成的快速判斷力，常在訊息不足或時間緊迫的情況下發揮作用。例如，熟練的醫生在診斷時，可能憑藉直覺快速做出初步判斷。然而，直覺並非總是準確，尤其是在偏見或情感因素干擾時。因此，直覺應與邏輯分析結合使用，以平衡快速反應與深入推理的優勢。

37. 近因與根本原因 Proximate Cause Vs. Root Cause

常用於問題分析的概念，分別指向問題的表面原因和深層根源。例如，若一間公司銷售額下降，近因可能是廣告不足，而根本原因可能是產品本身未能滿足市場需求。有效的問題解決需深入探究根本原因，而非僅僅解決近因。實現這一目標的方法包括反覆問「為什麼」，直到找到核心問題。

38. 事後檢討 Postmortem

計畫完成後的回顧能幫助我們從過去的經驗中學習，避免重蹈覆轍。例如，在一場活動後，檢討哪些策略有效，哪些資源使用不足，能為未來的改進提供依據。這一過程重點在於找出行動中的亮點與問題，而非責備錯誤。透過誠實的事後檢討，團隊能不斷優化其工作流程。

39. 5 個為什麼 5 Whys

這是一種逐步深入挖掘問題根源的方法。透過不斷追問「為什麼」，可以幫助我們從表面問題推導出深層原因。例如，一家公司產品質量下降的初步原因可能是機器故障；追問下去，可能會發現是因為未按時保養；進一步分析，可能源於缺乏清晰的維修計畫。這種方法能避免將精力浪費在解決表面症狀上，而是直指核心問題，找到最根本的改進方案。實踐中，這一工具常用於品質管理和流程優化。

40. 樂觀的可能性偏誤 Optimistic Probability Bias

人們往往高估自己成功的可能性，低估失敗的風險。例如，一位創業者可能認為自己的計畫很快會獲得市場認可，而忽略潛在競爭者或資金短缺的挑戰。這種偏誤可能導致過於樂觀的決策，進而增加失敗的風險。為避免這一陷阱，應該冷靜分析所有可能的情境，對最佳、最壞和中等結果都進行充分的評估，並制定應對措施，以提高決策的穩健性。

II. 預先預防，控管「不如預期」

41. 公有地悲劇 Tragedy of The Commons

當共享資源缺乏有效管理時，人們可能過度使用，最終導致資源耗盡。例如，過度捕撈漁業資源可能使某些魚類物種瀕臨滅絕。這種現象反映了個體行為與集體利益之間的衝突。解決公地悲劇的關鍵在於建立管理制度，例如實施捕撈配額或其他資源分配機制，從而確保資源的可持續利用。同時，提升集體意識也是促進長期合作的重要手段。

42. 小決定暴政 Tyranny of Small Decisions

無數看似微小的決策累積在一起，可能對整體結果產生重大負面影響。例如，城市規劃中若缺乏統一規劃，分散的小規模建設可能導致交通擁堵和資源浪費。這一模式提醒我們，在做出個別決策時，也要考慮其對整體系統的影響。避免小決定暴政的方法包括設立全局視角，制定長期計畫，並確保局部行動與整體目標一致。

43. 搭便車問題 Free Rider Problem

在集體行動中，某些成員可能選擇不貢獻卻享受成果。例如，在團隊合作中，某些成員可能依賴他人完成工作，自己卻無所作為。這一問題會導致集體效率下降，並引發內部不滿。解決搭便車問題需要設立清晰的貢獻和回報機制，確保每個成員的責任明確，並透過監督和激勵機制促進公平分配。

44. 公共財 Public Goods

公共財是一類所有人都可以共享的資源，例如道路、橋梁或公園，但可能因為缺乏約束而被過度使用或保護不力。有效管理公共財需要透過政策手段或社區自我約束來促進資源的合理分配。例如，徵收使用費或引入會員制度，可以減少過度使用的風險，從而保障資源的長期可用性。同時，提升社會責任感也有助於公共財的有效管理。

45. 群體免疫 Hero Immunity

當大多數人接種疫苗或具備免疫力時，傳染病的傳播會受到抑制，從而保護那些無法接種疫苗的人。這一現象被稱為群體免疫，體現了個人行為對群體的正面外溢效應。在更廣義的社會中，類似的現象也適用於行為影響，例如環保行動和公共安全。推動群體免疫需要結合政策倡導與教育，鼓勵個人採取有益於公共健康的行動，並透過集體力量實現更大的安全保障。

46. 外部性 Externalities

經濟活動中，一方的行為對另一方產生影響，卻未透過市場價格反映出來，這種影響稱為外部性。外部性可分為正向和負向兩種。例如，工廠排放廢氣可能對附近居民健康造成損害，這屬於負向外部性；而植樹造林則可能改善空氣品質，惠及周邊地區，屬於正向外部性。為解決外部性問題，通常需要政策干預，如對造成負向外部性的行為徵稅、對正向外部性的行為提供補貼，或建立交易機制，確保行為的成本與效益能更準確反映在市場中。

47. 外溢效果 Spillover Effects

當某一行動的影響超出其預期範圍時，就會產生外溢效果。例如，一個城市建設高效的公共交通系統，不僅改善了居民的通勤體驗，還可能帶動鄰近地區的房地產升值。外溢效應可以是正向或負向的，關鍵在於如何將其納入決策過程。透過全面的影響評估，政策制定者可以最大化正向外溢效應，同時減少負面影響，促進更平衡的社會發展。

48. 寇斯定理 Coase Theorem

若交易成本為零，且資源擁有權明確，當事人可透過協商解決外部性問題。例如，若工廠污染河流，受影響的居民可與工廠達成補償協議，使污染水平降至雙方都接受的範圍。然而，實際情況中，交易成本往往難以忽略，因此需要政策干預來降低協商障礙。寇斯定理啟示我們，清晰的權利分配和有效的溝通機制是解決外部性問題的核心。

49. 總量管制與排放交易 Cap-and-trade

一種環境管理機制，透過設置排放上限，並允許企業之間交易排放權，來實現汙染控制目標。例如，政府可限制某地區的二氧化碳排放總量，並將排放配額分配給企業，未使用的配額可出售給其他企業。這種機制激勵企業透過技術升級降低排放，同時保持經濟靈活性。總量管制與交易的成功依賴於透明的監管和科學的配額分配。

50. 道德風險 Moral Hazard

在行為後果被他人承擔的情況下，個體可能做出更高風險的決策。例如，保險機構承擔了事故損失後，投保人可能更傾向於忽略安全措施。這種現象反映了責任與行為後果脫鉤後可能產生的問題。降低道德風險的方法包括將風險分擔設計得更公平，或引入激勵機制，讓行為者對其行為後果負有更直接的責任。

51. 委託人－代理人問題 Principal-agent Problems

當代理人（執行者）的目標與委託人（資源提供者）的目標不一致時，可能出現利益衝突。例如，企業經理可能更關注短期業績來提升自身收入，而股東更希望追求企業的長期成長。解決這一問題需要設計合理的激勵機制，如績效考核與獎金計畫，將代理人利益與委託人目標對齊，從而促進更協調的合作。

52. 資訊不對稱 Asymmetric Information

當交易雙方掌握的資訊不平衡時，可能導致決策偏差。例如，在購買二手車時，賣家對車況的了解遠超買家，這種不對稱可能使買家支付過高的價格。減少資訊不對稱的方法包括提高資訊透明度，或者引入第三方認證，幫助雙方獲得更均衡的資訊，從而做出更公平的交易。

53. 反向選擇 Adverse Selection

或稱「逆向選擇」，是一種由資訊不對稱引發的現象，指在交易中，產品或服務的質量與消費者需求可能產生反向匹配。例如，在保險市場中，高風險群體更可能購買保險，而低風險群體可能退出市場。解決逆向選擇的方式包括設計差異化定價機制，或透過篩選條件進行風險分類，從而提高交易的效率與公平性。

54. 市場失靈 Market Failure

當市場機制無法有效配置資源，導致資源浪費或分配不公時，就會出現市場失靈。例如，公共物品的提供往往因為免費使用而缺乏市場動力，最終供給不足。解決市場失靈需要政府介入，如透過補貼、稅收或直接提供公共服務，來彌補市場機制的缺陷，從而實現資源的更有效利用。

55. 政府失靈 Government Failure 或政治失靈 Political Failure

政府干預市場雖能矯正部分市場失靈，但如果干預方式不當，也可能帶來效率低下或資源浪費。例如，過度補貼某行業可能導致資源錯置，甚至削弱企業的競爭力。減少政府失靈需要政策制定者全面考慮干預的長短期影響，並採用透明且基於數據的決策機制，避免過度依賴行政手段。

56. 葛哈德法則 Goodhart's Law

當某指標成為目標時，它就不再是一個好的指標。例如，若企業將員工的績效評價與銷售額直接掛鉤，員工可能為了達成數字而忽略服務質量。這一法則提醒我們，指標應作為決策的輔助工具，而非唯一目標。有效的策略是設計多元指標，並定期檢視指標與目標之間的關聯性，避免過度依賴單一衡量標準。

57. 不當誘因 Perverse Incentives

當獎勵機制的設計出現偏差，可能導致行為結果偏離初衷。例如，在工廠中以生產數量為績效標準，可能會導致工人為了追求數量而忽略產品質量。不當誘因常在目標與執行過程之間的矛盾中產生。解決這一問題需要在設計獎勵機制時考慮長期影響，並確保目標與行動一致，避免短期利益損害整體效益。

58. 眼鏡蛇效應 Cobra Effect

這是一種由政策或激勵措施引發的意外反效果的典型例子。例如，英國殖民時期為了控制眼鏡蛇數量，提供獎勵以鼓勵捕蛇，卻導致人們開始專門飼養眼鏡蛇以賺取獎金，最終蛇的數量反而增加。該效應強調在設計政策時，必須全面評估可能的行為反應，避免因缺乏預見性而導致目標適得其反。

59. 史翠珊效應 Streisand Effect

當試圖隱藏或壓制某些資訊時，反而吸引了更多的注意。例如，名人試圖隱藏負面新聞，可能會因法律行動或媒體曝光使事件更加廣為人知。這一效應提醒我們，面對負面資訊時，應以透明和負責任的方式處理，而非採取過度防禦的策略，從而降低潛在的公關風險。

60. 九頭蛇效應 Hydra Effect

試圖解決問題的行動可能引發更多問題，就像砍掉九頭蛇的一個頭會長出更多一樣。例如，過度打壓非法經濟活動，可能促使犯罪分子採取更加隱秘且難以追蹤的手段。該效應說明了解決問題時需要深思熟慮，從根本上解決問題，而非僅僅針對表面現象採取措施。

61. 觀察者效應 Observer Effect

當行為受到被觀察的影響而改變時,就會出現觀察者效應。例如,在實驗中,參與者可能因知道自己被觀察而調整行為,從而影響實驗結果的準確性。為了減少觀察者效應,可以採用隱藏觀察或雙盲實驗設計,確保研究對象的行為能夠反映自然狀態。

62. 寒蟬效應 Chilling Effect

當人們因害怕法律或權力的懲罰而自我審查時,會出現寒蟬效應。例如,記者可能因為擔心觸及敏感議題而避免報導某些事件,從而削弱了言論自由的價值。寒蟬效應提醒我們,制定法律和規範時需要謹慎,避免過度限制而影響社會中的創造力和多樣性。

63. 附帶損害 Collateral Damage

解決問題的過程中,有時可能對無關的事物造成意料之外的負面影響。例如,在一場軍事行動中,平民的傷亡可能是計畫外的結果。附帶損害凸顯了在採取行動時,必須全面評估其對相關方的潛在影響,並採取措施減少次要損失,以提升行動的總體效益。

64. 回爆 Blowback

當行動引發預期之外的負面反應時,便會出現反彈效應。例如,一項旨在增加安全性的政策可能因實施過程中的不當操作而引發大眾的普遍不滿。這種效應提醒我們,在計畫和執行時,應充分考慮相關方的反應及潛在風險,並設計適當的應對措施。透過預測可能的反應並調整策略,可以有效降低反彈效應帶來的負面影響。

65. 煮蛙效應 Boiling Frog

又稱溫水煮青蛙,指當變化過於緩慢且不易察覺時,人們可能對危險缺乏警覺。例如,企業經營中,市場環境的逐漸惡化可能未被及時注意,直到危機來臨時才發現已錯過最佳應對時機。這一模式強調對環境中微小變化的敏感性,並鼓勵定期審視計畫與策略,以便及早應對潛在的威脅。

66. 短期主義 Short-termism

過度關注短期利益,可能犧牲長期目標的實現。例如,企業為了提升季度財報數據,削減研發投入,可能導致未來競爭力下降。短期主義的根源在於未能平衡當前需求與長遠利益,解決方法是建立長期目標導向的文化,並將績效評估與長期成果掛鉤,促使決策更加均衡。

67. 技術負債 Technical Debt

過度關注短期利益,可能犧牲長期目標的實現。例如,企業為了提升季度財報數據,削減研發投入,可能導致未來競爭力下降。短期主義的根

源在於未能平衡當前需求與長遠利益，解決方法是建立長期目標導向的文化，並將績效評估與長期成果掛鉤，促使決策更加均衡。

68. 依賴現有路徑 Path Dependence

一旦選擇某條路徑，隨著時間推移，可能會因既有的投入和依賴性而難以改變。例如，一家企業可能因早期選擇的技術架構而受到限制，即使有更好的選項，也難以轉向。這一模式表明，早期決策可能對未來產生深遠影響，因此在做出重要選擇時應慎重考慮，並在條件允許時適當引入靈活性以減少束縛。

69. 保留可能性 Preserving Optionality

在面對不確定性時，保留多種選項可以提高適應能力。例如，投資組合中的多樣化配置能減少單一資產波動帶來的風險。這一模式強調在決策時應避免將資源過於集中於單一選項，並設法創造更多靈活的可能性，為應對未來的不確定性做好準備。

70. 預防原則 Precautionary Principle

在面對不確定性和潛在風險時，預防原則鼓勵我們採取謹慎態度，即便缺乏充分的證據證明風險的存在。例如，在新技術推廣前，可能需先評估其對環境的長期影響。這一原則的核心是防患於未然，避免因忽視潛在威脅而付出高昂代價。實踐中，預防原則可用於政策制定、環境保護和公共健康等領域，幫助我們更負責任面對不確定性。

71. 資訊超載 Information Overload

當資訊量超過個體處理能力時，可能導致判斷力下降或無法做出決策。例如，在選擇保險方案時，面對過多的選項和條件，可能讓人感到困惑，最終做出次優選擇。資訊超載反映了在現代社會中過量資訊對認知的壓力。應對的方法包括主動過濾和篩選資訊，專注於與目標相關的內容，並運用工具簡化資訊呈現方式，提升決策效率。

72. 分析癱瘓 Analysis Paralysis

過度分析可能導致行動遲滯，甚至無法做出決策。例如，面對多種投資選擇時，不斷尋求完美答案反而可能錯失最佳時機。分析癱瘓通常源於對失敗的恐懼或對過多細節的執著。為避免陷入此困境，應設置明確的決策時限，並接受「足夠好」的結果，而非追求完美。行動優於完美，適時做出決策是應對複雜情境的關鍵。

73. 完美是美好的敵人 Perfect is The Enemy of Good

追求完美可能阻礙事情的完成，甚至導致失敗。例如，在產品開發過

程中，若過度追求功能完善，可能導致上市時間延誤，錯過市場機會。這一模式提醒我們，適當的妥協和「足夠好」的標準有助於提高效率和實現目標。重點應放在完成任務和持續改進，而非一次性實現完美，特別是在資源有限或時間緊迫的情況下。

74. 可逆的決定與不可逆的決定
Reversible Decisions Vs. Irreversible Decisions

決策可分為可逆和不可逆兩類。可逆決定通常風險較小，例如試用新軟體或調整廣告內容，而不可逆決定則可能帶來長期影響，例如購買房產或選擇業務方向。清楚區分這兩類決策有助於合理分配資源和降低風險。對於可逆決定，可以快速行動並隨時調整；而對於不可逆決定，則需投入更多時間和精力進行評估，以確保最佳結果。

75. 希克定律 Hick's Law

決策所需時間與選項數量成正比，這就是希克定律。例如，在網頁設計中，選項過多可能讓用戶感到迷茫，延長決策時間甚至導致流失。希克定律啟示我們，減少選項數量並提高選項的清晰度，可以顯著提升決策效率。這一原則廣泛應用於設計、銷售和管理中，幫助簡化流程並改善用戶體驗。

76. 選擇的弔詭 Paradox of Choice

當選項過多時，人們反而更難做出選擇，並且可能對所做的決策感到不滿。例如，在一家擁有數十種咖啡飲品的咖啡館，顧客可能花費更多時間挑選，但對選擇的結果卻感到猶豫或後悔。這一現象反映了選擇過載帶來的心理壓力。解決方法包括限制選項數量、提供分類清晰的選擇，或引導顧客專注於少數關鍵特點，從而提升決策體驗和滿意度。

77. 決策疲勞 Decision Fatigue

長時間進行大量決策會削弱個體的判斷力和自控力，導致草率或次優的選擇。例如，一天中晚些時候的決策可能因為疲勞而不如早上那麼周全。這一現象在高壓環境中特別常見，如醫生的手術決策或法官的判決。為減少決策疲勞，可以優化決策流程，例如優先處理重要問題、減少不必要的選擇，以及利用標準化流程減輕心理負擔。

78. 莫非定律 Murphy's Law

任何可能出錯的事情都可能會出錯，這是莫非定律的核心觀點。例如，在準備大型活動時，設備可能在最關鍵時刻出現故障。這一法則強調對風險的重視以及提前採取預防措施的重要性。面對不確定性，我們可以透過制定備選計畫、測試關鍵環節，以及對可能的風險進行充分準備，來降低潛在失誤的影響，從而提升整體的成功率。

III. 有效運用時間，提升效率

79. 北方之星 Noth Star
明確的核心目標能夠指引團隊或個體的行動方向，就像北極星引領航海者。例如，科技公司可能以提升用戶滿意度為其北極星目標，從而統一內部資源和策略。這一心智模式的關鍵在於確定簡單、清晰且能激勵行動的目標，並圍繞其建立配套的策略和執行計畫，以確保所有資源和行動都朝著統一方向努力。

80. 複利 Compound Interest
持續的小幅進步會在長期內產生巨大的影響，就像金融中的複利效應。例如，每天學習一小時的技能，經過一年後，累積的專業能力可能遠超預期。這一模式不僅適用於財務投資，也適用於個人成長、關係維護和業務拓展。要善用複利效應，關鍵在於保持穩定的投入和耐心，並避免短期的誘惑或分心，讓時間成為助力而非障礙。

81. 雙線作戰 Two-Front Wars
同時處理多個重大挑戰可能分散資源和注意力，削弱解決問題的效果。例如，一家公司在應對內部效率低下的同時，還試圖進入全新的市場，可能會導致資源不足。這一模式提醒我們，在資源有限的情況下，應聚焦於最重要的目標，避免同時啟動多條戰線。透過設定優先級並集中資源，可以更高效地應對挑戰並實現目標。

82. 多工作業 Multitasking
試圖同時處理多項任務可能看似效率更高，但實際上可能降低專注力並增加錯誤率。例如，一邊回覆郵件一邊參與會議，可能導致對兩項任務都無法深入理解。多工作業的心理負擔來自於頻繁切換注意力，影響認知表現。要提高效率，應嘗試專注於單一任務，並根據重要性和緊急性進行優先排序。透過明確的時間分配和規劃，可以更高效完成多項任務。

83. 腦海裡的第一個想法 The Top Idea In Your Mind
我們的注意力通常會優先集中在最重要或最令人擔憂的事情上，這可能影響我們對其他問題的處理。例如，在工作時，若腦中反覆出現尚未解決的個人問題，可能分散專注力並降低生產力。這一模式強調清除「心理占用」的重要性，透過記錄待辦事項或及時解決小問題，讓大腦專注於真正需要處理的核心任務，從而提升效率與專注力。

84. 深度工作力 Deep Work

專注於無干擾的深度工作能明顯提高生產力和創造力。現代社會中，頻繁的資訊干擾和多任務模式讓人難以保持專注，但深度工作的價值在於提供長時間的專注力，進而解決複雜問題或進行創造性思考。透過刻意設置無干擾的環境，例如限制通知、安排固定的深度工作時間，可以培養更高的專注力並提升成果質量。

85. 艾森豪決策矩陣 Eisenhower Decision Matrix

將任務分為四類：重要且緊急、重要但不緊急、緊急但不重要、不重要且不緊急，有助於有效管理時間和資源。例如，緊急且重要的事項需立即處理，重要但不緊急的則需提前規劃，而緊急但不重要的可委派他人處理。不重要且不緊急的任務則可選擇忽略。這一矩陣能幫助我們聚焦於長期價值的任務，避免在瑣事上浪費過多精力。

艾森豪決策矩陣

	緊急	不緊急
重要	I - 管理 • 危機 / 緊急情況 • 家庭義務 • 真正的期限	II - 焦點 • 策略性規畫 • 關係建立 • 深度工作力
不重要	III - 分類 • 阻礙 • 很多「急迫」的事 • 大部分的事件	IV - 避免 • 虛工 • 挑選服裝 • 大多數的電子郵件和訊息

86. 塞爾定律 Sayre's Law

「在爭論不重要的問題時，情感往往更為激烈。」這句話總結了人們在瑣碎議題上浪費過多能量的現象。例如，會議中可能為一個小額預算的使用討論數小時，卻未對長期戰略規劃投入足夠關注。這一現象提醒我們，要明確分辨問題的重要性，避免在次要問題上耗費過多時間和情緒，從而專注於對整體目標更為關鍵的議題。

87. 腳踏車棚效應 Bike-shedding

人們在處理簡單問題時往往傾注過多精力，而忽略複雜但更重要的事項。例如，會議中花大量時間討論辦公室咖啡機選型，而對公司的重大決策草草帶過。這種效應源於人們對簡單問題的熟悉感和對複雜問題的逃

避心理。克服腳踏車棚效應需要有意識地將時間和資源分配給高價值的任務，並設置清晰的議程以避免會議失焦。

88. 機會成本 Opportunity Cost

每個選擇都會伴隨著放棄其他選項的成本，這就是機會成本。例如，選擇參加培訓課程意味著無法用相同的時間做其他事，可能錯失某些價值更高的機會。這一模式提醒我們，在做決策時不僅要關注直接成本，還應考慮潛在的替代選擇及其收益。善用機會成本概念，可以幫助我們更有效地分配時間、資源，並最大化整體效益。

89. 資本機會成本 Opportunity Cost of Capital

在投資決策中，資金的最佳用途與實際用途之間的收益差異即為資本機會成本。例如，將資金投入低回報的項目意味著放棄高回報投資的可能性。這一模式對企業和個人財務管理具有重要意義，幫助我們優化資金配置。透過比較不同選項的回報率，可以更準確地評估投資的價值，從而實現資本效益的最大化。

90. 談判協議的最佳替代方案
Best Alternative to A Negotiated Agreement (BATNA)

談判中的力量來自於替代選項的強弱。當一方擁有更佳的替代方案時，談判時的地位會更有利。例如，在求職談判中，若求職者手中已有多個錄取通知書，便能更自信地爭取更好的薪酬條件。為提升談判優勢，應提前分析可能的替代方案並強化其可行性，確保即使談判未達成也不會陷入困境。

91. 槓桿作用 Leverage

槓桿作用是利用有限資源創造更大影響力的過程。例如，一位領導者透過分配任務和授權，可將個人的影響範圍擴大至整個團隊。同樣地，財務領域中，小額資本結合貸款或投資策略，能產生明顯收益。這一模式強調資源配置的重要性，幫助我們尋找關鍵點，以最低投入實現最大效果，從而提升行動效率和影響力。

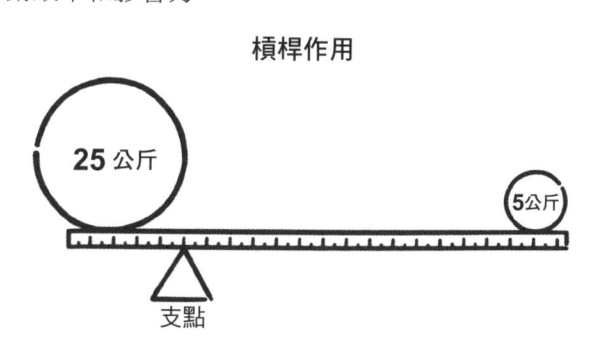

槓桿作用

25公斤

5公斤

支點

92. 高槓桿活動 High-Leverage Activities

並非所有活動都對結果具有相同的影響力。高槓桿活動是指那些以較小努力產生明顯效果的行為。例如，對於企業而言，專注於改進產品核心功能可能比分散精力於邊際優化更能帶來成長。這一模式提醒我們，要善於辨識高槓桿活動，優化資源分配，並避免將過多精力投入於低影響的任務上，以確保時間和努力產生最佳回報。

93. 帕雷托法則 Pareto Principle

80％的成果來自20％的努力，這是帕雷托法則的核心。例如，在銷售情境中，少數高價值客戶可能貢獻了大部分營收。這一模式幫助我們專注於最有價值的部分，識別和優化資源分配。同時，應警惕過於依賴單一來源的風險，確保在專注核心的同時維持一定的靈活性，提升系統的整體穩定性。

94. 乘冪定律分布 Power Law Distribution

資源和影響力在許多情境下並非平均分布，而是呈現少數人或事物占據大部分成果的現象。例如，少數暢銷書可能占據出版業大部分的銷售量。理解乘冪定律分布有助於我們更有效地專注於少數關鍵因素，從而提升效率。同時，也需要關注這種分布可能帶來的資源分配不均，採取措施改善過於集中的情況。

95. 報酬遞減法則 Law of Diminishing Returns

隨著投入資源的增加，單位投入的邊際收益會逐漸下降。例如，在學習過程中，初期的努力可能帶來顯著進步，但到達一定程度後，進步的速度會減緩。這一模式提醒我們，應合理分配資源，避免過度投入於單一領域，而忽略其他可能更高效益的選項。尋求平衡點是提升整體效率的關鍵。

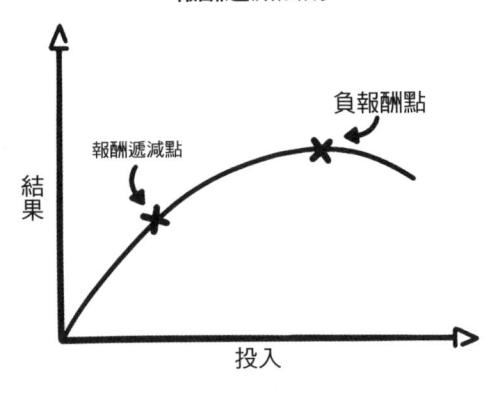

報酬遞減法則

96. 效用遞減法則 Law of Diminishing Utility

物質的滿足感隨消費量的增加而減弱,這是效用遞減法則的核心。例如,第一次吃蛋糕時可能非常滿足,但多吃幾塊後滿足感會逐漸降低。該法則幫助我們理解消費行為和資源分配中的心理動態,並促使我們合理規劃資源使用,避免因過度消費而浪費有限資源。

97. 負報酬 Negative Returns

當投入過多資源時,可能反而降低整體效益。例如,過度灌溉會損害農作物,過多的人員參與同一項目可能導致溝通效率下降。這一模式提醒我們,不僅要關注投入的總量,還需評估其產生的邊際效益,確保投入的每一份資源都能有效貢獻於目標達成。

98. 倦怠 Burnout

長時間的高強度工作可能導致心理與生理的耗竭,進而影響生產力和幸福感。倦怠不僅來自工作量過大,也可能源於缺乏控制感、支持系統或意義感。預防倦怠的策略包括合理安排工作負荷、定期放鬆,以及培養積極的心理狀態和支持網絡。適時休息和調整節奏能幫助恢復能量,提升長期效能。

99. 當前偏差 Present Bias

人們通常高估短期回報的重要性,而低估長期利益的價值。例如,選擇即時滿足的消費,而忽略長期儲蓄的益處。這一偏差常導致決策不夠理性或對未來準備不足。應對的方法包括設置具體的長期目標,並透過自動化或行為干預來降低短期誘惑的影響,幫助我們好好平衡當前需求與未來利益。

100. 折現率 Discount Rate

反映了人們對未來收益的折扣偏好。當折現率高時,代表人們更傾向於短期收益,而低折現率則偏好長期回報。例如,在投資中,選擇立即支付的收益與未來收益相比較時,折現率會影響決策。理解折現率有助於我們平衡短期與長期的利益,並在不同的時間範圍內做出更理性的選擇。

101. 現金流量折現 Discounted Cash Flow

一種評估投資價值的工具,透過將未來現金流折算為當前價值來衡量項目的潛在回報。例如,企業可以用此方法評估新產品的投資可行性。這一模式強調了時間價值在財務決策中的重要性,幫助我們在比較不同選項時,更準確地考量未來收益與當前投入的平衡。

102. 淨現值 Net Present Value (NPV)

評估投資是否值得的重要指標。淨現值為正代表項目能為投資者創造價值,為負則意味著損失。例如,在規劃一項新業務時,透過計算其未來

現金流的折現值減去初始投資成本,可以幫助決策者判斷該項目是否具有財務吸引力。淨現值工具有助於優化資金配置,提升投資決策的準確性。

103. 雙曲線折現 Hyperbolic Discounting

描述了人們對短期回報的偏好強於長期回報的現象。例如,選擇立即獲得 100 美元而非未來一年後的 200 美元,反映了雙曲線折現的影響。這種心理偏差可能導致不理性的決策,尤其在儲蓄、健康或長期規劃中。對抗雙曲線折現的方法包括設定具體的長期目標,並利用自動化工具減少短期誘惑。

104. 承諾 Commitment

在長期目標的追求中,承諾是一種強有力的約束力。例如,運動愛好者公開承諾完成某項挑戰,能激發自我驅動並提升目標實現的可能性。承諾可以是公開的,也可以透過書面形式或與他人協議來具體化。它的作用在於增強內外動力,幫助我們克服短期困難,專注於長期目標的實現。

105. 預設值效應 Default Effect

人們更傾向於接受預設選項,而非主動改變。例如,許多公司將員工的退休金計畫預設為自動參與,導致更多人保留該選項,而非選擇退出。預設效應強調了選項設計的重要性,尤其在公共政策或產品設計中。透過設置對大多數人有利的預設值,可以有效引導行為並提升整體效益。

106. 帕金森定律 Parkinson's Law

工作會膨脹以填滿所有可用時間,導致效率降低。例如,一項可以在兩天內完成的任務,若被給予一週的期限,往往會拖延到最後才完成。這種現象源於人們傾向於根據可用時間來調整工作進度,而非專注於任務本身的需求。解決這一問題的方法包括設定緊湊但可行的期限,並專注於核心目標,讓工作時間與內容保持一致,從而提高效率。

107. 侯世達定律 Hofstadter's Law

即使考慮到所有可能的延遲,事情仍可能比預期花費更長時間。例如,在開發新產品時,可能因技術挑戰或資源分配不當而超出原定時間。這一定律提醒我們,應對時間計畫保持謹慎態度,並為意外情況留出額外緩衝。實踐中,可以透過分解任務、定期審視進度和引入外部專家來降低風險,提升時間預估的準確性。

108. 損失規避 Loss Aversion

人們對損失的敏感度通常高於對收益的喜悅。例如,在投資決策中,投資者可能因害怕損失而放棄潛在的高回報機會。這一心理偏差可能導致

過度保守的決策，阻礙長期目標的實現。應對損失規避的方法包括設置明確的目標、強化風險意識，以及透過數據分析和理性思維克服情感因素的干擾。

109. 沉沒成本謬誤 Sunk-Cost Fallacy

已投入的資源無法收回，但人們往往因此而堅持不合適的決策。例如，觀眾可能會選擇看完一部無趣的電影，因為已經購買了票。這一謬誤源於對過去投入的情感依附，而非對未來效益的理性考量。避免沉沒成本謬誤的方法是專注於當下的選擇是否能帶來最佳結果，學會割捨不再有價值的投入，從而做出更明智的決策。

110. 設計模式 Design Pattern

解決常見問題的可重複應用的解決方案，特別在軟體開發中廣泛使用。例如，觀察者模式（Observer Pattern）用於監控對象的狀態變化，工廠模式（Factory Pattern）則簡化對象的創建過程。設計模式幫助開發者在面對複雜問題時，依循已驗證的方法論進行設計。透過善用設計模式，可以提高系統的可維護性、靈活性和可擴展性，減少重複勞動並提升效率。

111. 反面模式 Anti-pattern

一種看似有效卻可能帶來長期負面影響的做法，常見於組織管理和技術設計中。例如，過度依賴會議解決問題可能導致時間浪費、責任分散，並降低團隊效率。這類做法通常源於對問題本質的誤解或執行過程中的妥協。要避免反面模式，需善於識別其特徵，例如表面成功但深層矛盾，並尋求替代的最佳實踐方法。結合成功案例學習，建立清晰流程和目標，能幫助團隊在複雜環境中採用更高效的策略。

112. 蠻力 Brute Force

一種直接嘗試所有可能解決方案的策略，用於無法有效預測結果的情境。例如，破解密碼時逐一測試可能組合就是典型的蠻力方法。這種方法簡單有效，但資源消耗大，尤其在面對高複雜度問題時效率低下。雖然蠻力常被視為「最後的選擇」，但可以與其他策略結合使用以提升效率，如採用啟發法縮小搜索範圍。在技術應用外，蠻力方法亦可在創新過程中激發意想不到的結果。

113. 嘗試錯誤 Heuristic

透過經驗法則或直覺快速解決問題的策略，特別適用於資訊不完整或時間受限的情境。儘管可能無法保證最佳解方，但嘗試錯誤提供了實用且高效的應對方式，在決策和問題解決中廣泛應用。

114. 演算法 Algorithms
一系列清晰定義的步驟,用於解決特定問題或執行任務。例如,搜索引擎的排序演算法決定了資訊的呈現順序。優秀的演算法應具備效率、準確性和可擴展性,並根據需求靈活調整。熟悉不同類型的演算法可以幫助我們在多種領域中提升效率,實現複雜問題的自動化解決。

115. 黑箱 Black Boxes
一個系統或過程的內部運作對使用者是不可見的,只能根據輸入和輸出進行操作。例如,人工智慧模型的內部決策過程對用戶而言往往是黑箱。儘管黑箱提高了使用便捷性,但過度依賴可能導致透明性問題。理解黑箱的基本運作原理和可能的局限,有助於我們更謹慎地使用和評估技術。

116. 自動化 Automation
用技術取代人力完成重複性或耗時的任務,提高效率和精確度。例如,自動化生產線能大幅縮短製造時間,並降低人工錯誤的風險。自動化的實現需結合對流程的深入理解,並考量實施成本與長期效益。優化重點在於識別適合自動化的環節,確保資源配置的合理性。

117. 規模經濟 Economies of Scale
隨生產規模擴大,單位成本隨之下降的現象。例如,量產商品可透過固定成本的分攤降低每件產品的成本。規模經濟是企業擴張的重要驅動力,但需避免因過度追求規模導致管理複雜性和效率下降。平衡規模和靈活性是實現可持續成長的關鍵。

118. 平行處理 Parallel Processing
將任務分解為多個部分,並同時處理以提高效率。例如,電腦的多核處理器能同時運行多個運算任務,加速運作。平行處理的應用不限於技術領域,也可在組織內部分工協作中實現,幫助縮短完成時間並提升整體效率。

119. 分治 Divide and Conquer
透過將問題分解為較小的部分逐一解決,最終合併成果完成整體目標。例如,解決複雜專案時,將其分為多個階段或任務,分別由不同團隊處理。分治策略有助於減少壓力、提高專注度,並讓解決方案更加靈活和具體。

120. 重新架構問題 Reframe The Problem
改變問題的表述方式可以揭示新的解決思路。例如,將「如何減少成本」轉換為「如何提升投資效益」,可能帶來創新的視角。重新架構問題的關鍵在於挑戰既有假設,從多角度分析問題的核心,從而找到更具創造力的解決方案。

121. 社交工程 Social Engineering
利用心理學原理影響個人或群體行為，例如透過說服或操縱取得敏感資訊。雖然社會工程在網路安全中通常帶有負面含義，但也可用於推動正向改變，如公共政策宣導或團隊動員。提高對社會工程手段的認知，有助於識別潛在威脅，同時促進其在合規範圍內的正面應用。

IV. 克服慣性，適應各種變化

122. 物競天擇 Natural Selection
生物演化的核心機制，指具有適應性特徵的個體更可能存活並繁衍後代。例如，在變化的環境中，能快速適應的新物種通常能占據優勢。這一概念不僅適用於生物學，也廣泛影響組織和市場動態。在競爭激烈的環境中，企業需要不斷創新以保持競爭力，個人也需適應新技術或技能的需求，以應對快速變化的世界。

123. 科學方法 Scientific Method
一種系統化探究現象的過程，包括提出假設、進行實驗、蒐集數據並驗證結論。這種方法有助於區分主觀偏見與客觀事實，並推動知識進步。例如，新藥開發過程中，科學方法確保了藥物的安全性和有效性。實踐中，科學方法還可應用於商業決策和問題解決，幫助我們在不確定性中找到最可靠的答案。

124. 慣性 Inertia
一個系統或物體傾向於維持現狀的性質，即靜止保持靜止，運動保持運動。例如，一家長期使用舊技術的公司可能對新技術採用持消極態度，因為改變需要克服現有流程的慣性。慣性既可能帶來穩定性，也可能成為進步的障礙。解決方法包括設置外部壓力或內部激勵，打破既有模式，促進適應和變革。

125. 策略障礙 Strategy Tax
組織為實現長期目標而在短期內付出的代價。例如，企業為保持品牌一致性而限制某些產品功能，即使這可能影響短期銷售。這一現象揭示了策略決策中的權衡和妥協。要有效管理策略障礙，需要清晰定義長期目標，並透過優化資源分配和組織流程，將短期影響降至最低，從而提升整體效益。

126. 薛基原則 Shirky Principle
組織往往會抵制改變，即便新方法更高效，因為它們依賴於舊系統的

存在。例如，傳統媒體對數位化的抗拒，可能源於維持現有模式的經濟依賴。薛基原則強調了組織變革的挑戰，並提醒我們在推動創新時需要理解既有結構的動態。成功的策略應包括逐步引入改變，並為關鍵利益相關方提供轉型的支持和激勵。

127. 林迪效應 Lindy Effect

一個系統存在時間越長，它存續的可能性越高。例如，百年企業往往比初創公司更具抗風險能力。林迪效應表明，長期的穩定性是價值和韌性的象徵，但也可能伴隨著創新的滯後。理解這一效應有助於我們在投資、學習或戰略規劃中選擇可靠的對象，並促進我們對穩定性與創新的平衡。

128. 峰值 Peak

峰值代表個體或系統的最佳狀態。例如，一場音樂會的最高潮往往是觀眾最記住的片段。峰值在經驗設計中極為重要，因為人們對體驗的評價多半基於最精采的瞬間。無論是服務設計還是團隊表現，刻意創造和強化峰值時刻，能明顯提升滿意度與記憶點。同時，為達到持續成功，需要對峰值時刻的維持和再現進行戰略管理。

129. 動量 Momentum

一旦系統或個體達到持續的進步狀態，後續行動便更容易推動。例如，企業在建立品牌聲譽後，市場認可度會進一步促進其成長。動能強調連續行動的重要性，幫助克服初期阻力並形成良性循環。要維持動量，需要設置短期可達的目標，以穩定推動系統前進，同時不斷調整方向，避免因慣性過度延續而忽視變化的需求。

130. 飛輪 Flywheel

當系統的初始阻力被克服後，持續的小幅努力能帶來巨大回報。例如，亞馬遜透過提升用戶體驗吸引更多顧客，進而擴大商品範圍，形成正向增長循環。飛輪效應說明，成功往往來自於累積和穩定的持續推動，而非一蹴而就。企業和個人應識別核心驅動因素，專注於關鍵行動，讓小幅進展最終轉化為長期的顯著成果。

131. 恆定 Homeostasis

系統會自然調整以維持穩定。例如，人體在高溫環境中流汗以調節體溫。恆定同樣適用於組織或市場，當變化過於劇烈時，系統可能透過內部調整回到穩定狀態。然而，過度依賴平衡可能阻礙進步或創新。理解恆定的作用，能幫助我們在變革與穩定之間找到最佳平衡點，既維持系統穩定，又促進適應性。

132. 位能 Potential Energy

系統內部儲存的潛力可轉化為明顯的影響。例如，一支具備高素質人才但未充分發揮的團隊，具備強大的位能。一旦釋放這些潛力，系統便能實現快速進步。位能提醒我們，不應忽視隱藏資源的價值。透過合理的啟動機制或激勵措施，可以將位能轉化為行動的動能，實現系統的高效運作和成長。

133. 重心 Center of Gravity

系統的重心是其穩定性和力量的核心所在。例如，軍事行動中，敵方的補給線可能是其戰略重心，一旦摧毀將使其整體弱化。重心分析幫助我們識別最重要的資源或行動點，從而有效集中資源實現目標。在決策或競爭中，理解重心的概念可以幫助我們專注於核心問題，最大化行動的影響力。

134. 活化能 Activation Energy

啟動一項行動所需的最小能量。例如，改變日常習慣，如開始運動，通常需要初期的努力來克服慣性。降低活化能是促進改變的關鍵，可以透過拆解目標、設置簡單的開始步驟，或增加外部激勵來實現。隨著初始阻力的克服，行動變得自然而然，最終進入穩定的正向循環。

135. 催化劑 Catalyst

促進反應或改變的外部因素，能明顯提升效率而不被自身消耗。例如，企業文化變革中引入一位具備創新思維的領導者，可能加速團隊接受新模式。催化劑的作用在於打破現狀並啟動變革過程，其效果取決於環境和時機的配合。在組織管理中，識別並引入適當的催化劑能促成快速且深遠的改善，從而實現持續成長。

136. 強迫功能 Forcing Function

一種促使行為改變的外部壓力或條件。例如，截止日期強制人們完成項目，系統中的安全檢查防止用戶操作錯誤。強迫功能的目的是排除選擇餘地，以確保行為按照預定方向進行。在工作或生活中，設置適當的強迫功能可以幫助克服拖延或慣性，推動目標的實現，同時應避免壓力過大導致負面效果。

137. 臨界質量 Critical Mass

系統進入自我維持和成長的門檻。例如，社群媒體需要達到足夠用戶規模才能吸引更多人加入。達到臨界質量後，正向反饋機制將驅動系統加速發展。在組織或市場運作中，關注臨界質量能幫助我們設計策略，專注於推動關鍵增長點，並為長期穩定性打下基礎。

138. 連鎖反應 Chain Reaction

一個事件引發一系列後續反應,形成持續的影響。例如,市場危機可能因一家大公司破產而導致供應鏈全面中斷。連鎖反應表明,系統內部的相互依賴性可能放大初始影響力。在複雜環境中,理解連鎖反應能幫助我們設計更具韌性的系統,並制定有效的風險管理計畫以降低潛在損害。

139. 轉捩點 Tipping Point

系統從穩定狀態轉向另一個狀態的臨界點。例如,創新產品從小眾市場擴展到大眾市場時的關鍵階段。轉捩點往往由外部壓力或內部累積所引發,是快速變化的開端。理解轉捩點的特性有助於預測變化,並在策略中提前布局,利用機會或避免風險,從而在關鍵時刻抓住發展優勢。

140. 技術採用生命週期 Technology Adoption Life Cycle

描述新技術從早期使用者到大眾普及的過程,分為五個階段:創新者、早期使用者、早期大眾、晚期大眾和落後者。不同階段的用戶需求和行為特徵各異。例如,早期使用者偏好創新性,而大眾則更注重易用性與穩定性。企業需根據技術採用的生命週期,制定相應的市場策略,逐步吸引更廣泛的用戶群體,實現產品的長期成功。

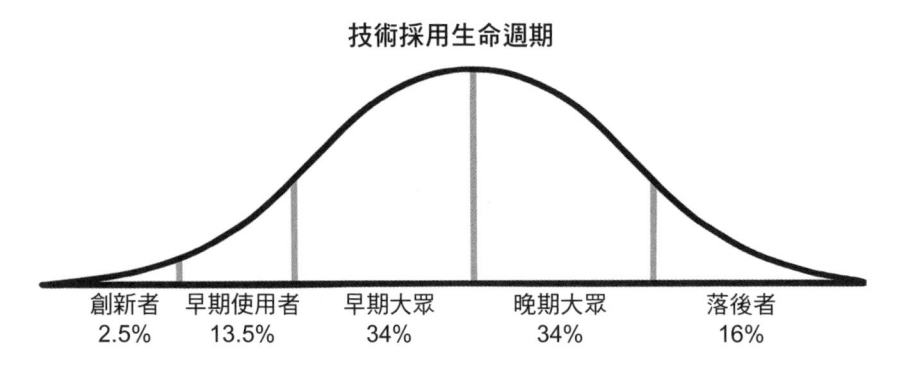

技術採用生命週期

創新者	早期使用者	早期大眾	晚期大眾	落後者
2.5%	13.5%	34%	34%	16%

141. S 曲線 S Curves

描述創新或成長過程中的典型軌跡,通常包括三個階段:緩慢起步、快速成長和穩定成熟。例如,新技術在市場初期需經歷試探階段,隨後在需求增長帶動下快速擴張,最終因市場飽和或資源限制而趨於平穩。S 曲線幫助我們預測系統的發展趨勢,並提醒在成長減緩前探索下一個成長點,以保持長期競爭力。

142. 網路效應 Network Effects

一個網路的價值隨用戶數量增加而提升。例如,社群媒體平台的吸引

力來自於更多用戶加入後帶來的互動機會。網路效應分為正向和負向，正向效應會促進成長，而負向效應（如過載或品質下降）可能削弱系統穩定性。理解網路效應能幫助企業制定用戶增長策略，並在設計上避免負向效應的發生，實現長期的網路價值最大化。

143. 梅卡菲定律 Metcalfe's Law

網路的價值與用戶數量的平方成正比。例如，雙方僅有一個用戶的通訊網路價值有限，但若增加到十個用戶，價值將大幅提升。梅卡菲定律強調用戶規模對網路價值的關鍵作用。企業應專注於吸引早期用戶，利用口碑和互動擴大網路規模。同時也需確保用戶體驗穩定，避免因用戶過多導致服務下降而損害價值。

144. 級聯失效 Cascading Failure

一個系統中的局部故障可能引發其他部分的連鎖崩潰，最終導致整體失效。例如，電網中某節點的過載可能引發大範圍停電。級聯失效反映了複雜系統中的脆弱性，特別是在高度相互依賴的環境中。減少此風險需要設計冗餘和隔離機制，提升系統的恢復能力，確保局部問題不會擴展為全局性危機。

145. 蝴蝶效應 Butterfly Effect

微小的初始變化可能帶來巨大而難以預測的後果。例如，一次無意的決策可能深刻影響企業未來的發展。蝴蝶效應說明，複雜系統中的細微差異可能對結果產生深遠影響。在戰略規劃和風險管理中，應注意細節的影響，並透過模擬和多場景分析降低不可預測性帶來的風險。

146. 好運表面積 Luck Surface Area

好運往往與行動和曝光的結合有關。例如，主動建立更多人際連結或參與多種活動，能增加好運到來的可能性。這一模式提醒我們，成功並非純粹依靠運氣，而是透過不斷嘗試和創造機會來放大好運的「表面積」。在職業發展和創新中，積極行動和擴展資源能明顯提升成功的概率。

147. 熵 Entropy

描述系統從有序狀態向無序狀態轉變的趨勢。例如，無法管理的團隊可能逐漸失去效率和凝聚力。熵的概念在自然界和社會系統中普遍存在，提醒我們持續投入資源以維持秩序和效率。透過設計簡單高效的流程或清晰的規範，可以減少熵的影響，提升系統的穩定性和運作效果。

148. 二行二列矩陣 2 x 2 Matrices

一種簡化問題並協助決策的工具，將事物依據兩個維度劃分為四個象

限。例如,艾森豪矩陣將任務分為四類:「重要且緊急」、「重要但不緊急」、「不重要但緊急」和「不重要且不緊急」,有助於時間管理。這種矩陣適用於分析複雜問題,幫助識別關鍵因素並確定行動優先順序。在使用時需謹記維度的選擇至關重要,確保分類準則能正確反映實際情況。

你可以自由制定你的分析矩陣

	低成本活動	高成本活動
高影響活動	參加	可能參加
低影響活動	可能參加	忽略

149. 極性 Polarity

描述事物的兩極性,顯示正反兩方面的相互依存關係。例如,創新需要突破規則,但規則也提供了穩定性。極性強調解決問題時需關注雙方的平衡,而非片面追求一方。這種思維適用於應對長期、無法徹底解決的挑戰,例如效率與創意、自由與控制等對立的需求。理解極性有助於設計兼顧多方利益的方案,實現動態平衡。

150. 非黑即白謬論 Black-and-white Fallacy

將問題簡化為二元對立的非理性思維模式,例如認為某件事非成功即失敗,忽視了灰色地帶的可能性。這種謬論容易導致過度簡化和錯誤決策。解決這一問題需要培養多元視角,承認事物的複雜性,並在分析問題時考慮更多可能的選項或解釋。避免二元對立有助於促進理性思考和多方協作。

151. 群體內的偏袒 In-Group Favoritism

人們傾向於對自己群體成員抱持更高的信任和好感,例如在招聘時優先選擇與自己有相同背景的人。這種偏袒可能導致資源分配不公或阻礙多樣性發展。為減少偏袒,需要制定客觀標準,並透過多元化倡議來提升不同群體間的理解與合作,從而創造更加包容的環境。

152. 群體外的偏見 Out-Group Bias

對於非自身群體成員,人們往往傾向於產生負面評價或刻板印象。例如,不熟悉某文化背景的人可能因偏見而低估其能力。這種偏見會阻礙跨文化交流和合作。克服群體外偏見需要培養同理心,主動了解其他群體的觀點與經驗,並在決策中引入更多元的視角,減少無意的偏見。

153. 零和與雙贏 Zero-sum Vs. Win-win

零和思維認為一方的得益必然是另一方的損失,而雙贏思維則尋求雙方共同受益的解決方案。例如,談判中若僅追求價格壓低,可能損害供應

商的長期合作意願；而雙贏策略則聚焦於提升整體價值。雙贏思維強調合作的重要性，適用於商業和人際關係，能促進持久且互惠的關係發展。

V. 從龐大數據中，正確判讀

154. 軼事證據 Anecdotal Evidence
個人經歷或單一事件的例子常被用作支持某觀點的證據，但這些證據可能缺乏代表性。例如，「我認識一個吸菸者活到 90 歲」並不能證明吸菸無害。軼事證據容易引發誤導，因為它忽略了統計學中的樣本大小和隨機性。理解這一點能幫助我們在決策時更加依賴科學證據和大規模研究，而非單一案例。

155. 相關不表示因果關係 Correlation Does Not Imply Causation
兩個變數之間的相關性不一定代表其中一方是另一方的原因。例如，冰淇淋銷量與溺水事故數量相關，但它們的共同因子是炎熱天氣。這提醒我們，分析數據時需謹慎避免將相關性誤認為因果關係，並進一步探討是否存在干擾因子或其他潛在變數。

156. 干擾因子 Confounding Factor
干擾因子是指影響兩個變數間關係的隱藏變數。例如，在研究運動與壽命的關係時，健康的飲食習慣可能是未被考慮的干擾因子。為了降低這種影響，實驗設計中應採用隨機分配或對干擾因子進行控制，確保結果的可靠性。

157. 假設 Hypothesis
假設是一種待驗證的推測，用於描述或預測現象。例如，「每日運動能降低血壓」是一個假設，需透過實驗和數據驗證。假設是科學研究的基礎，幫助我們提出具體問題並設計測試。良好的假設應具備可測試性、明確性和可反駁性，從而促進科學進步。

158. 德州神槍手謬誤 Texas Sharpshooter Fallacy
這種謬誤指在分析數據後挑選符合結論的模式，忽略其他訊息。例如，在隨機數據中找出某些表面模式並視其為有意義的結果。此謬誤提醒我們，在研究中應避免過度解讀隨機性或選擇性使用數據，並採用嚴格的統計檢定來確保結論的有效性。

159. 隨機對照實驗 Randomized Controlled Experiment

透過隨機分配參與者到實驗組和對照組,以比較不同條件下的效果。例如,測試新藥物時,對照組接受安慰劑,而實驗組接受藥物。這種方法能最大程度消除干擾因子,提高結果的可信度。在科學研究和產品開發中,隨機對照實驗是驗證因果關係的黃金標準。

160. A/B 測試 A/B Testing

一種簡化的隨機對照實驗,通常用於比較兩個版本的效果,例如測試不同網頁設計對點擊率的影響。A/B 測試的目的是透過數據驅動決策,幫助優化設計或策略。為獲得準確結果,需確保樣本足夠大並進行嚴格的統計分析,以減少偏差和假陽性。

161. 觀察者期望偏誤 Observer-Expectancy Bias

研究者的期望可能影響參與者行為或研究結果。例如,教師對學生的成績預期可能無意中影響其評分準則。此偏誤強調客觀性在實驗中的重要性,應採用雙盲設計以避免研究者對結果的影響。同時,標準化的操作流程與清晰的測量標準能進一步降低期望偏誤的影響。

162. 安慰劑效應 Placebo Effect

當個體相信某種干預有效時,即使實際沒有藥理作用,仍可能產生正向的心理或生理反應。例如,服用安慰劑後,病患可能感覺疼痛減輕。安慰劑效應提醒我們心理在健康干預中的作用,並在研究中強調設置對照組的重要性,以準確評估干預措施的真實效果。

163. 代理端點 Proxy Endpoint

在無法直接測量目標時,使用替代變數評估。例如,利用學生的出勤率衡量其參與程度。代理有助於簡化測量,但可能偏離實際目標。選擇代理時需確保其與目標高度相關,並定期驗證代理的有效性,以避免錯誤解讀或誤導性的結論。

164. 選擇偏差 Selection Bias

樣本選擇過程中的系統性偏差可能導致結果不具代表性。例如,僅調查城市居民的飲食習慣,可能無法反映農村地區的情況。為避免選擇偏差,應採用隨機抽樣和多樣化樣本來源,確保研究結果的廣泛適用性。

165. 無回應偏差 Nonresponse Bias

在調查中,未回應的群體特徵可能與回應群體不同,影響結果的準確性。例如,對收入的調查可能因高收入者不願透露資訊而產生偏差。處理無回應偏差的方法包括增加回應率、分析非回應群體特徵,以及在統計中對數據進行加權處理。

166. 反應偏差 Response Bias
回答者可能因社會期望或測試情境而提供不真實的答案。例如，問卷調查中，受訪者可能選擇「理想答案」而非真實想法。為減少反應偏差，需設計匿名調查、使用中性語言及透過交叉檢驗問題來確保回答的真實性。

167. 大數法則 Law of Large Numbers
樣本數量越大，觀測值的平均值越接近母體平均值。例如，擲一枚硬幣的結果在小樣本中可能偏離50％正反機率，但隨樣本增加，比例會趨近於理論值。大數法則強調在數據分析中使用足夠大的樣本，從而提高推論的可靠性。

168. 賭徒謬誤 Gambler's Fallacy
認為過去事件會影響未來獨立事件的機率，例如認為硬幣連續五次為正面後，下一次更可能出現反面。這是一種常見的認知偏誤，忽視了獨立事件之間的統計獨立性。理解賭徒謬誤有助於我們在機率相關決策中保持理性，避免將隨機性錯誤解讀為模式。

169. 群集錯覺 Clustering Illusion
在隨機數據中過度解讀模式，例如在彩票號碼中找到「看似」有規律的排列。這種錯覺源於人類對於模式的偏好，即便數據是隨機的。克服群集錯覺需要借助統計分析和工具來確認模式是否具有統計顯著性，而非依賴直覺判斷。

170. 平均數迴歸 Regression to The Mean
極端的數值傾向於在未來觀測中回到平均水準。例如，表現異常好的球員在下一場比賽中表現可能回歸至正常水準。這一現象提醒我們，過於依賴一次觀測可能導致過度解讀，尤其在預測未來表現時需要注意此規律。

171. 平均數、中位數和眾數 Mean, Median, and Mode
三者是描述數據中心趨勢的重要工具。平均數計算簡單，但對極端值敏感；中位數能有效反映數據分布的中心點，不受極端值影響；眾數則顯示最常出現的數值。根據數據特性選擇適當的統計量，能更準確地反映分布特徵並支持分析。

172. 變異數和標準差 Variance and Standard Deviation
衡量數據分布離散程度的重要指標。變異數反映數據值與平均數的偏離情況，標準差則是變異數的平方根，更易於解釋。較高的變異數或標準差代表數據分布更分散，較低則表明集中度高。理解這些指標有助於分析數據穩定性和變異情況。

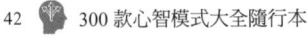

數值越大,代表離平均數越遠
低變異數值　　　高變異數值

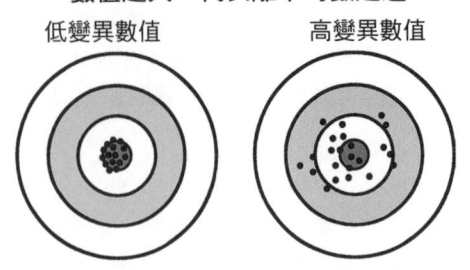

173. 常態分配 Normal Distribution
數據在平均值附近集中並呈現鐘形曲線的分布模式,廣泛存在於自然界和社會現象中。大多數數值集中於平均值附近,極端值較少。常態分配是統計分析的基礎,許多統計檢定和推斷方法依賴此分布假設。理解其特性能提升數據分析的準確性。

174. 機率分配 Probability Distribution
描述隨機變量可能取值及其機率分配的數學函數。常見的分布包括常態分配、卜瓦松分配和指數分配等。不同分布適用於不同情境,選擇合適的機率分配模型能幫助我們更好預測和分析數據,並支持決策過程。

常見的機率分配模式

對數常態分配　　　卜瓦松分配　　　指數分配

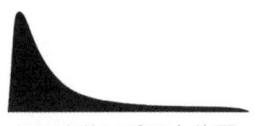

應用於遵循乘冪定律關係的現象,例如財富、城市大小、保險損失等。

應用於發生在特定時間或空間內的獨立且隨機事件,例如遭閃電擊中或城市中發生謀殺案的次數等。

應用於事件的計時,例如人與產品的生命週期、服務時間、放射性粒子衰退期等。

175. 中央極限定理 Central Limit Theorem
當樣本量足夠大時,無論母體分布形狀如何,樣本均值的分布都會趨於常態分布。這一定理是許多統計推斷方法的基礎,例如置信區間和假設檢定。它說明了樣本量的重要性,幫助我們在研究中利用樣本推測母體特徵,同時提醒需避免小樣本帶來的偏誤。

176. 信賴區間 Confidence Interval
用於描述某參數落入特定範圍內的可能性,例如「95％信賴區間」意

味著該範圍有95％的機率包含真實參數。信賴區間提供了估計的不確定性範圍，比單一點估計更能反映數據的真實性。正確解釋信賴區間對於避免過度自信或誤導性結論至關重要。

177. 誤差槓 Error Bars

用於圖表中表示數據變異或不確定性，例如平均值的誤差範圍。誤差槓幫助讀者快速理解數據的穩定性和信心水平。應謹慎解讀，誤差槓重疊不一定意味著無差異，也可能因變異來源不同而影響結論的準確性。

178. 條件機率 Conditional Probability

描述事件A發生的條件下，事件B發生的機率。例如，在測試中陽性結果的條件下，病患實際患病的可能性。條件機率是診斷學和決策分析中的關鍵工具，正確計算和理解條件機率需要結合數據背景和基礎率。

179. 基本率謬誤 Base Rate Fallacy

忽視基本率的影響，僅根據當前資訊做出判斷。例如，低患病率下陽性檢測結果未必表示高患病概率。此謬誤提醒我們，決策時需同時考慮基礎率和條件機率，避免因重視個別資訊而偏離合理結論。

180. 貝氏定理 Bayes' Theorem

透過結合先驗機率和新資訊更新對事件的預測。例如，初步診斷後引入檢測結果可提高疾病判斷準確性。貝氏定理在醫學、風險管理和機器學習中廣泛應用，有助於動態更新決策模型並提升推論的精確性。

181. 頻率學派與貝氏學派 Frequentists Vs. Bayesians

頻率學派基於長期觀察的頻率計算機率，而貝氏學派則強調先驗知識與新資訊的結合。兩種方法在統計推斷中各有優勢，頻率學派擅長處理大樣本穩定情況，貝氏學派則更適合小樣本和動態更新的場景。理解這兩者的差異有助於選擇適合的統計方法應用於不同情境。

182. 偽陽性 False Positive

測試結果顯示某事件發生，但實際上並未發生。例如，篩檢測試中誤將健康個體標記為陽性。偽陽性可能導致不必要的後續行動或資源浪費，特別是在低患病率的情境中更加常見。降低偽陽性率需要改進測試的特異性，並結合其他診斷方法提高準確性。

183. 偽陰性 False Negative

測試未能檢測到實際發生的事件，例如患病個體被標記為健康。偽陰性可能造成嚴重後果，特別是在早期治療或干預至關重要的情境中。提升檢測的靈敏度能有效降低偽陰性風險，同時需權衡特異性和靈敏性，以實

現測試效果的最佳平衡。

乳房 X 光檢查所有可能的結果

	有癌症證據	沒有癌症證據
病患罹患乳癌	真陽性	偽陰性
病患沒有罹患乳癌	偽陽性	真陰性

184. 檢定力 Power
統計檢定能夠檢測到實際效應的能力，受樣本大小、效應大小和顯著性水平影響。較高的檢定力意味著更小的誤差概率，能更準確拒絕虛無假設。設計研究時應確保檢定力足夠高，以降低偽陰性的風險，並提高結論的可信度。

185. 虛無假設 Null Hypothesis
假設兩組之間沒有明顯差異，例如藥物對治療效果無影響。在統計檢定中，虛無假設是被測試的基礎，目的是**檢驗觀察結果是否可歸因於隨機性**。拒絕虛無假設意味著觀測數據支持替代假設，表明效應的存在。研究設計中需謹慎定義虛無假設，以確保檢測目標明確。

186. 統計顯著性 Statistical Significance
數據所顯示的效應不太可能是由隨機性引起的，例如 p 值小於 0.05 表明結果達到顯著性。統計顯著性幫助研究者判斷效應的存在，但不代表效應的重要性或實用性。在解讀結果時，應結合效應大小和實際背景進行綜合評估，避免過度依賴顯著性。

187. 機率值 P-value
衡量虛無假設為真時，觀測數據或更極端結果出現的可能性。較低的 p 值（如 <0.05）通常被視為證據支持拒絕虛無假設。p 值是統計分析的重要工具，但須與其他指標結合使用，避免孤立地將其作為結論的唯一依據，以防止過度解釋或誤導。

188. 複製危機 Replication Crisis
許多科學研究難以在後續實驗中複製，導致結論的可靠性受質疑。複製危機常源於小樣本、數據選擇偏差或不充分的統計分析。解決這一問題須推動研究透明化、預註冊研究計畫，並重視複製型研究，從而提升科學發現的可信度。

189. 資料挖掘 Data Dredging
過度挖掘數據可能誤導結論，因為隨機數據中也可能出現看似有意義的模式。例如，在多次比較中，偶然的顯著結果可能被錯誤解讀為真實效應。資料探勘提醒我們，分析數據時需有明確的假設，並採用適當的統計修正方法，避免過度解釋無意義的關聯。

190. 出版偏差 Publication Bias
具有正向或顯著結果的研究更容易被出版，而負向或無顯著結果的研究常被忽略。例如，治療無效的研究可能因缺乏吸引力而未公開，導致對治療效能的高估。出版偏差強調了公開所有研究結果的重要性，能透過預註冊研究和開放數據平臺減少此現象對科學結論的影響。

191. 系統性回顧 Systematic Review
整合多項研究結果以提供全面的證據總結。例如，匯總關於某藥物治療效果的所有相關研究，能揭示其普遍效應和一致性。系統性回顧以嚴謹的篩選和分析流程為基礎，幫助研究者和決策者掌握某領域的完整圖景，是循證實踐的重要工具。

192. 整合分析 Meta-analysis
將多項研究的數據進行統計整合，以量化總體效應。例如，對某病症的不同治療方式進行整合分析，能提供更精確的結論。此方法能提高單一研究可能無法提供的檢測力，但需要確保納入的研究具有一致性和高質量，避免因資料異質性或偏差影響結論的準確性。

VI. 從眾多選項中，選出最自己最好的

193. 利弊清單 Pro-con List
一種簡單而有效的決策工具，用於列舉某選項的優勢與劣勢，幫助清晰比較。例如，在考慮工作機會時，列出薪資、職業發展、通勤時間等優缺點，有助於做出更理性的選擇。運用時需確保列出的項目與決策目標相關，並對不同項目進行權重分析，避免過度簡化或忽略關鍵因素。

194. 別人家的草地比較綠心態 Grass-is-greener Mentality
人們往往認為未擁有的選項更好，但這種思維可能導致不滿足現狀並做出草率決策。例如，在職場中總覺得其他公司待遇更佳，卻忽視了當前工作的優勢。運用此模式應反思決策是否基於事實或僅僅是心理偏見，並

客觀比較選項的長期價值以避免錯誤選擇。

195. 馬斯洛之槌 Maslow's Hammer

如果手中只有錘子，看所有問題都像釘子，這反映了人們過度依賴熟悉工具或方法的傾向。例如，領導者可能僅用績效獎勵處理所有問題，而忽視其他管理方式。應用此模式需謹記方法應因應問題特性選擇，並在解決問題時保持工具的多樣性和靈活性。

196. 成本效益分析 Cost-benefit Analysis

將選項的預期成本與潛在效益進行量化比較，幫助判斷是否值得投入。例如，評估一項新技術是否應用時，需考慮採購費用、培訓成本與可能帶來的效率提升。應用此模式時須關注長短期效益，並包含無形成本與效益以提高決策全面性。

197. 通貨膨脹 Inflation

物價隨時間上漲，導致貨幣購買力下跌。例如，計畫長期儲蓄時需考慮通貨膨脹對實際價值的侵蝕。理解此模式有助於在財務規劃中優化資產配置，例如投資具備抗通脹特性的資產（如股票或房地產），以保護財富免受通脹影響。

198. 敏感度分析 Sensitivity Analysis

透過評估不同參數變化對結果的影響，了解決策的穩定性。例如，在預測市場需求時，考量價格、競爭等因素的波動對銷售的影響。敏感度分析能幫助我們識別決策中的關鍵變數，並針對可能的風險制定相應應對措施，提高計畫的可靠性。

199. 垃圾進，垃圾出 Garbage In, Garbage Out

輸入數據的質量直接決定輸出的可靠性。如果模型或分析使用了不準確或不相關的數據，結論也將無法可信。這一概念廣泛應用於數據分析、機器學習和決策制定中，提醒我們在蒐集和清理數據時須保持嚴謹。選擇高質量的數據來源並驗證數據的準確性，可以明顯提高結果的有效性。

200. 決策樹 Decision Tree

一種可視化的決策支持工具，將選項和結果以樹狀結構呈現，幫助分析不同路徑的成本與效益。例如，在投資分析中，決策樹能比較不同市場策略的預期回報。它適用於處理多步驟且涉及不確定性的決策，透過系統化展示可能的後果，幫助做出更明智的選擇。

運用決策樹評估結果

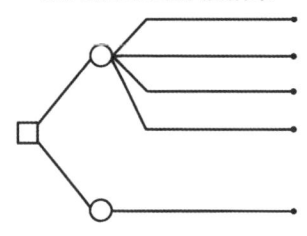

201. 期望值 Expected Value

衡量選項平均回報的指標，計算方式為各結果的收益乘以其發生概率後求和。例如，在風險投資中，期望值幫助判斷一個項目是否值得投入。理解期望值的概念有助於評估不確定性中的選擇，避免過度樂觀或保守，做出更平衡的決策。

202. 效用值 Utility Values

反映選項對個體偏好的主觀價值。例如，在選擇職業時，某人可能更重視工作與生活的平衡而非薪資。效用值強調考慮不同選項對個體或群體的實際影響，幫助將多維度的決策標準轉化為可比較的單一指標，以更全面權衡利弊。

203. 效用主義 Utilitarianism

追求行動對最大多數人帶來最大益處的哲學觀點。例如，政策制定者可能選擇對多數人有利的方案，即便少數人因此受到影響。運用效用主義時須考慮公平性和長期影響，避免因過度聚焦短期結果而忽視對少數群體的潛在損害。

204. 黑天鵝事件 Black Swan Events

極為罕見且影響巨大的事件，如2008年的全球金融危機。由於不可預測性，黑天鵝事件往往被忽視，但對系統的破壞力極大。應對此類事件需構建彈性系統並設置風險應急計畫，將損害降至最低，並抓住潛在機遇。

205. 厚尾分布 Fat-tailed Distributions

極端事件的發生概率高於常態分佈的預測，例如股市崩盤或自然災害。這類分布挑戰了許多傳統風險評估模型，因為通常低估了極端事件的頻率。理解厚尾分布有助於制定更穩健的風險管理策略，例如在投資組合中分散資產，降低對極端事件的敏感度。

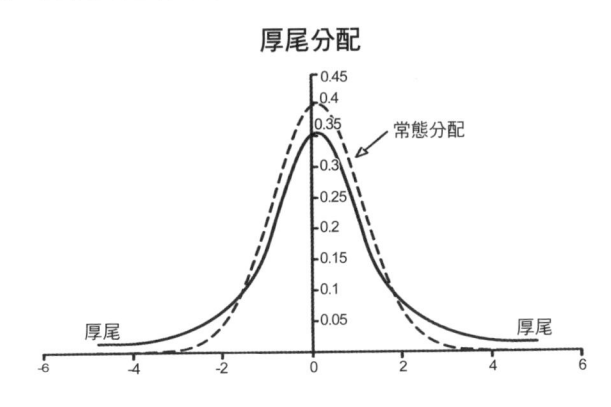

厚尾分配

206. 系統思考 Systems Thinking

系統思考強調從整體視角分析問題，考慮系統內部的相互作用和反饋回路。例如，在應對氣候變化時，需要綜合考量經濟、能源和社會因素。該模式幫助我們突破線性思維的限制，更有效解決複雜問題，同時避免短期行動導致長期負面影響。

207. 勒沙特列原理 Chatelier's Principle

當系統受到外部干擾時，會自發調整以恢復平衡。例如，供應鏈中某環節短缺會促使價格上漲，進而吸引更多供應商加入。這一原理提醒我們，在設計系統時應考慮其內在的適應能力，並透過適當的激勵機制提升系統的穩定性。

208. 遲滯現象 Hysteresis

系統的狀態改變可能滯後於外部變化。例如，經濟衰退後的就業市場需要較長時間恢復。這一現象提醒我們，在評估政策或干預措施時需考慮時滯效應，並在計畫中設置緩衝期，確保系統有足夠時間適應變化。

209. 蒙地卡羅模擬 Monte Carlo Simulation

透過隨機生成大量數據進行模擬，幫助分析不確定性。例如，在投資中可用於評估不同策略的潛在風險和回報。該方法適用於複雜問題的建模，能幫助決策者探索多種可能性，找到最符合目標的解決方案。

210. 局部最佳與全域最佳 Local Optimum Vs. Global Optimum

局部最佳指在某範圍內的最優解，但可能非整體最優。例如，某公司專注降低單一產品成本，卻忽視多產品協同效益。該模式提醒我們在尋找解決方案時避免過於狹隘，透過擴大視角或整合資源來尋求全域最佳。

211. 未知的未知 Unknown Unknowns

未知的未知是指我們無法預測或想像的未知事件，例如黑天鵝事件。這一概念強調系統中的不確定性，提醒我們在計畫和風險管理中保持靈活性，建立具備適應能力的策略，以應對未來可能出現的意外情況。

將已知與未知製成四象限評估

	已知	未知
已知	你知道的已知	你知道的未知
未知	你未知的已知	你未知的未知

212. 情境分析 Scenario Analysis
用於分析未來多種可能情境的工具，幫助決策者評估潛在影響。例如，企業在制定策略時可以模擬不同經濟條件下的業績表現。情境分析適用於高不確定性的環境，幫助探索風險與機遇，並設計更靈活的應對計畫，從而提升組織的抗風險能力。

213. 思想實驗 Thought Experiment
透過假設情境來檢驗觀點或探索問題，例如「如果地球上只有一人，會有法律嗎？」思想實驗適用於科學研究和哲學思考，幫助挑戰既有假設並發現新洞見。這一模式能拓展視野，促進創新與理性分析，尤其適用於無法實地測試的問題。

214. 反事實思考 Counterfactual Thinking
假設某事件未發生或以不同方式發展，探討可能的結果。例如，「如果某公司當初採用另一種策略，是否能避免危機？」反事實思考有助於檢討過往決策並優化未來策略，提醒我們考量多種可能性以減少決策偏誤。

215. 水平思考 Lateral Thinking
以創造性和非傳統方式解決問題，例如以全新視角重新定義問題。這一模式強調打破常規，適用於需要突破現狀的情境，如創新設計或市場開發。培養水平思考能力，能激發靈感並找到意想不到的解決方案。

216. 團體迷思 Groupthink
指團隊為了維持一致性而忽視批判思考的現象。例如，決策過程中若缺乏異議聲音，可能導致錯誤選擇。為避免團體迷思，需鼓勵多元觀點並創造開放討論的環境，確保決策基於充分考量而非盲從。

217. 潮流效應 Bandwagon Effect
人們因群體行為而改變自身選擇，例如跟隨大眾投資熱門股票。潮流效應揭示了個體容易受到社會影響的心理特性，但可能導致非理性決策。理解這一效應能幫助我們在面對群體壓力時保持獨立思考。

218. 發散性思考與收斂性思考 Divergent Thinking Vs. Convergent Thinking
發散性思考重在產生多種可能解決方案，適用於創意生成；收斂性思考則聚焦於篩選最佳選項，適合評估與執行。兩者互補，成功的問題解決過程需要結合發散和收斂思考，既能拓展選項，又能集中資源執行。

219. 群眾外包 Crowdsourcing
利用群體的智慧或資源完成任務或解決問題。例如，企業徵集消費者

為新產品命名，既能降低成本，又能提升參與感。群眾外包適用於多樣化創意、數據蒐集或快速解決複雜問題。在運用時需設計清晰的目標和參與機制，確保成果的質量和多樣性，並透過回饋機制激勵貢獻者。

220. 預測市場 Prediction Market

以市場為基礎，透過參與者對未來事件的預測買賣生成概率評估。例如，金融市場用以預測選舉結果或經濟增長。預測市場的優勢在於集成多數人的知識，提供相對準確的結果。這一模式適用於需要快速蒐集和分析多方意見的情境，幫助決策者提前應對不確定性。

221. 超級預測家 Superforecasters

指具備卓越預測能力的個人，常基於開放心態、數據分析與不斷修正的預測方式。例如，他們在國際事務或市場趨勢中能準確預測複雜情境的發展方向。成功的超級預測家善於結合專業知識與概率思維，並以謙遜的態度接受錯誤。這一模式提醒我們，透過學習和訓練可以顯著提升預測能力。

222. 商業理由 Business Case

用於說明某決策或專案的效益、成本和風險，例如提出新產品開發計畫的可行性報告。商業案例的核心在於數據驅動的分析，幫助決策者評估方案的投資回報和實施影響。在設計時需考慮目標的清晰度、對相關方的影響及執行過程中的風險，以支持有效的決策制定。

VII. 面對衝突環境，尋求最佳結果

223. 軍備競賽 Arms Race

描述雙方為了相對優勢而不斷增加投入的現象，例如冷戰期間美蘇的核武競賽或企業間的技術競爭。軍備競賽往往帶來高昂成本和資源浪費，最終可能損害所有參與方的利益。為避免陷入此模式，應尋找合作機會，例如設定資源上限或簽署協議。在商業場景中，品牌競爭可以透過差異化策略擺脫無休止的消耗戰，實現更可持續的成長。

224. 賽局理論 Game Theory

分析多方互動中決策行為的框架，適用於戰略規劃、談判和市場競爭。例如，兩家企業在廣告投資上可能選擇同時增加投入，但這可能減少整體收益。應用賽局理論時，分析各方利益和行動選項有助於設計合作策略。企業可透過與競爭對手合作共贏，避免資源浪費並提升行業效率。

225. 囚徒困境 Prisoner's Dilemma

兩方在合作和自利之間權衡時，可能因互不信任而選擇損害整體利益的行動。例如，兩家公司降價爭奪市場，導致雙方利潤下降。解決囚徒困境需設計激勵機制促進合作，如建立信任協議或長期合作關係。在公共政策中，推廣共享資源的使用規範是有效應用該模式的案例。

囚徒困境的報酬矩陣：面對判刑

	B 保持緘默	B 背叛 A
A 保持緘默	1 年，1 年	10 年，0 年
A 背叛 B	0 年，10 年	5 年，5 年

226. 納許均衡 Nash Equilibrium

描述所有參與者在不改變策略的情況下達成的穩定狀態。例如，價格戰可能在某一價格點達到平衡，因為進一步降價無法帶來更多利潤。運用納許均衡分析能幫助企業預測競爭行為，並在談判中設計激勵措施以打破不利均衡，例如推出增值服務或創新產品。

227. 亦步亦趨策略 Tit-for-tat

以合作開始，並根據對方行為進行對等回應的策略。例如，商業談判中一方讓步後，期望對方回應以達成雙贏結果。這種策略能有效抑制欺騙行為並促進信任，但可能因誤解導致報復升級。為提升成功率，可在回應中加入寬容機制，避免策略失控，例如給予對方修正錯誤的機會。

228. 互惠 Reciprocity

人們對善意行為有回報的傾向，例如贈送免費試用品能促使顧客購買更多產品。互惠是建立長期合作關係的重要心理基礎，適用於行銷策略、客戶關係管理以及團隊建設。運用此模式時應保持真誠，避免過度利用，確保互惠行為能增強彼此間的信任和好感，促進合作的穩定發展。

229. 好感 Liking

人們傾向於接受來自喜愛對象的建議或請求，例如熟人推薦的產品更容易被接受。好感的來源包括相似性、互惠、外表吸引力等因素。在商業環境中，建立良好的人際關係或品牌形象能提升說服力。實際運用中，可透過強化共同點、展現真誠態度或提供價值，增強彼此間的好感，進一步促成合作或交易。

230. 社會認同 Social Proof

當不確定時，人們會觀察他人的行為以指引自己的選擇，例如「熱

銷商品」標籤會提升購買意願。社會認同是一種強大的心理驅動力，在行銷、公共政策和行為設計中廣泛應用。實際運用時，展示用戶評價、推薦次數或大眾行為，能有效影響潛在受眾，尤其在面對未知產品或服務時。

231. 稀缺性 Scarcity

當資源被認為稀缺時，其價值會被高估，例如限量商品更能激發消費者購買慾望。稀缺性利用了人類害怕失去的心理機制，適用於促銷活動或產品定價策略。運用此模式時，需確保稀缺性是真實的，避免因過度使用而降低信任感，並結合其他價值訴求來增強效果。

232. 權威 Authority

人們傾向於相信專家或權威人士的意見，例如醫師推薦的健康產品更具說服力。權威效應能有效縮短決策時間，但也可能被濫用。運用時，應注重真實性，例如展示專家背書或引用可信來源，並透明地傳遞訊息，避免損害信任。

233. 社會規範與市場規範的區別 Social Norms Vs. Market Norms

社會規範基於情感和人際關係，例如朋友間的幫助；市場規範則以交易為基礎，例如薪酬交換勞動。混淆這兩者可能產生負面影響，例如以金錢回報人際幫助可能降低關係的純粹性。在設計合作或激勵計畫時，應根據情境選擇合適的規範，並避免兩者的過度干擾。

234. 最後通牒賽局 Ultimatum Game

描述資源分配時公平與自利的衝突，例如一方提出的分配方案若被另一方視為不公平，可能選擇拒絕，即使雙方都會因此受損。該模式反映了人類對公平的重視。運用此模式時，需平衡效益與公平，例如在商業談判中提出既具吸引力又能體現尊重的方案，以促進合作。

235. 分配正義與程序正義 Distributive Justice Vs. Procedural Justice

分配正義關注資源分配是否公平，例如薪酬是否反映貢獻；程序正義則強調決策過程的透明與一致性，例如人事升遷是否有公開標準。兩者在組織管理中同等重要。運用此模式時，需確保資源分配符合合理期望，同時設計清晰的程序以增強信任與滿意度。例如，績效評估應既考慮結果，也注重過程中的公正性，以激勵員工的長期投入。

236. 訴諸情感 Appeal to Emotion

利用情感影響決策，例如公益廣告中強調受助者的故事以激發捐款。這一模式能增強信息的說服力，但可能導致非理性行為。運用時應平衡情感訴求與事實呈現，例如在推廣新政策時，結合個人故事與具體數據，既激發共鳴又維持信任，避免過度渲染導致反感。

237. 恐懼、不確定性和懷疑 Fear, Uncertainty, and Doubt (FUD)

以渲染恐懼或不確定性影響行為，例如安全軟體廣告中強調未安裝可能面臨的風險。FUD策略在商業競爭中常見，但可能損害信任。使用此模式時需謹慎，確保傳遞的風險是真實的，並提供解決方案，而非僅引發恐慌。例如，針對數據洩漏風險，可結合教育與技術支持以促進行動。

238. 稻草人論證 Straw Man

歪曲對方論點以削弱其立場，例如將批評高稅收的人描述為完全反對公共服務。這種策略在辯論中或許有效，但可能破壞信任和理性討論氛圍。避免稻草人謬誤的關鍵在於準確理解和回應對方觀點，建立基於事實的溝通，從而促進真正的問題解決。

239. 訴諸人身 AD-Hominem

又稱「人身攻擊」，針對個人而非觀點進行攻擊，例如「這個提案毫無價值，因為提議者的經驗不足」。人身攻擊偏離了理性討論，可能破壞信任與合作。運用此模式時需避免偏離主題，重點應放在觀點的合理性與事實基礎上，以建立更健康的溝通環境，尤其在多方合作的情境中。

240. 黑暗模式 Dark Patterns

設計界面時故意引導用戶做出非最佳選擇，例如自動勾選訂閱選項。雖然可能短期提高收益，但長期會損害品牌形象。運用設計時應以用戶利益為核心，提供清晰透明的選項，並尊重用戶的自主權，從而建立長期的信任和忠誠。

241. 特洛伊木馬 Trojan Horse

外表看似無害或有吸引力，但實際上隱藏威脅或意圖的策略。例如，惡意軟件偽裝成免費工具，實際上用於竊取數據。這一模式提醒我們對免費或過於吸引人的提議保持警惕。在商業或談判中，需仔細評估對方提出的方案，避免隱藏條款或不公平條件的風險。同時，也可正向運用該策略吸引合作，例如提供試用產品，實際目的是建立信任並促進長期合作。

242. 誘餌和切換 Bait and Switch

以低價或誘人優惠吸引顧客，實際提供的產品或服務與宣傳不符。例如，廣告宣稱低價商品已售罄，但引導顧客購買更昂貴的替代品。雖然短期內可能提高銷售，但長期損害品牌信任。商業運用中應避免此類行為，改用透明的促銷手段，強調真實價值，從而提升顧客忠誠度。

243. 波坦金村 Potemkin Village

營造表面繁榮或成功的假象掩蓋內部問題。例如，公司在投資者面前展示不切實際的業績數據，以吸引資金。這一模式雖然可能短期奏效，但

風險極高，因為真相暴露後會對信譽造成毀滅性打擊。運用時應謹守誠信原則，注重內在實力的建設，避免依賴虛假形象。

244. 相互保證毀滅 Mutually Assured Destruction (MAD)
一種基於威懾的策略，雙方都能對對方造成毀滅性打擊，從而防止衝突升級。例如冷戰期間的核威懾策略。該模式適用於高風險對抗情境，但需謹慎控制意外升級的可能性。在商業競爭中，也可運用類似策略形成穩定均勢，例如確保對手知道不公平競爭可能帶來的雙輸局面。

245. 嚇阻 Deterrence
透過展示懲罰手段使對方放棄不利行為，例如交通罰則降低違規駕駛的可能性。有效的嚇阻需具備可信性和執行力，例如罰款需明確且可操作。在管理或談判中，也可採取適當的嚇阻策略以穩定局面，但應注意避免過度施壓以免引發反效果。

246. 胡蘿蔔與棍子 Carrot-and-stick
結合獎勵與懲罰的策略，例如對完成目標的團隊給予獎金，未達標則面臨減少資源的後果。該模式在組織管理中常用於激勵與約束，但應根據情境合理設計胡蘿蔔與棍子的比例，確保措施公平並能有效激勵行為變化。

247. 圍堵 Containment
限制問題的擴散或影響範圍，直至找到解決方案。例如，疫情爆發初期採取封鎖措施以防止傳播。圍堵策略在危機管理中尤為重要，能為決策者爭取時間，防止問題惡化。在商業中，面對負面輿論或財務危機時，圍堵措施可包括資訊控制、快速修正錯誤，並及時與利益相關者溝通以穩定局勢。

248. 止血 Stop The Bleeding
專注於解決當前最緊迫的問題，以防止進一步損失。例如，公司面對銷售下滑時，首要目標可能是減少不必要開支。止血策略適用於應急情境，幫助穩定局面，為後續計畫鋪平道路。然而，應避免過度短視，確保在止血的同時保持對長期目標的關注。

249. 隔離 Quarantine
將問題或風險源與其他系統部分分開，避免蔓延。例如，在網絡安全中，發現病毒時隔離受感染的設備以保護其他系統。隔離策略適用於需要阻止問題擴散的情境，如供應鏈中某一環節出現問題時，隔離該部分以保障整體運作的穩定性。

250. 捕蠅紙理論 Flypaper Theory
吸引敵對行動到一個可控的範圍內集中處理，例如軍事中誘導敵軍進

入設計好的伏擊圈。該理論在商業競爭中亦有應用，例如利用試用品吸引消費者進入後續的銷售轉化流程。運用此策略時需謹慎設計，確保能有效管理風險，同時避免敵人反制。

251. 骨牌效應 Domino Effect

一個事件引發連鎖反應，最終導致系統性影響。例如，某公司破產可能導致供應鏈中斷，進而影響其他企業。骨牌效應強調系統內部的相互依賴性，運用時需關注關鍵節點，設計冗餘和緩衝機制，以減少單點失效的風險。

252. 滑坡謬誤 Slippery Slope Argument

認為某一行為或政策會不可避免地引發一連串負面後果，例如「允許某些自由可能導致無政府狀態」。這是一種非理性的推論方式，常被用於恐懼訴求。避免滑坡謬誤的關鍵在於檢視假設的合理性，並用具體證據支持推論，確保決策基於事實而非過度擔憂。

253. 破窗理論 Broken Windows Theory

小問題未被及時處理會引發更大問題，例如街道的破窗若不修復，可能導致更多破壞行為。這一理論強調早期干預的重要性。在組織管理中，保持規範與秩序能有效提升團隊效率和士氣，防止小錯誤累積成大問題。

254. 上鉤毒品理論 Gateway Drug Theory

初期看似無害的行為可能導致更具風險的後續行為，例如免費試用的數位產品逐漸誘導用戶支付高額費用。這一模式提醒我們，在設計產品或服務時應平衡吸引力與長期信任，避免損害用戶體驗。在公共政策中，適用於預防青少年參與看似無害但潛在風險的行為，例如嚴格管理某些娛樂性產品的宣傳策略，以減少成癮行為的發生。

255. 虧本帶客策略 Loss Leader Strategy

透過低價甚至虧本商品吸引顧客，並帶動其他商品的銷售，例如便利店以低價促銷日用品，同時提升高毛利產品的銷售機會。這一策略需要良好的產品組合和精準的消費者行為分析，以確保虧損部分能從其他商品收益中獲得補償。實踐中需避免過度依賴虧本策略，以免損害長期利潤或品牌價值。

256. 妥協 Appeasement

以讓步換取短期和平的策略，例如國際關係中妥協以避免更大規模的衝突。該模式適用於高度緊張的對抗情境，但過度讓步可能引發對方進一步要求。在商業談判中，妥協策略應謹慎使用，避免核心利益受損。同時需明確劃定底線，並結合長期策略確保平衡局勢的穩定。

257. 紅線 Red Line
明確劃定不可逾越的界限，例如企業設定合規標準以防止重大違規行為。紅線策略能增強威懾效果，但需確保具備執行力，否則會削弱公信力。在危機管理中，紅線有助於控制事態，維護組織秩序。例如，對供應商制定明確的交付要求，確保項目按時完成並維持品質。

258. 極端選項 Nuclear Option
在極端情況下採取的激烈措施，例如停止運營某些無利潤業務以保護核心資產。這一模式需謹慎應用，因為後果往往不可逆。在商業策略中，應透過模擬分析極端選項的影響範圍，確保行動有助於實現整體目標。例如，當市場競爭過於激烈時，選擇退出某區域市場以集中資源投入其他具有更高增長潛力的領域。

259. 零容忍政策 Zero-Tolerance Policy
對不良行為採取絕對禁止的政策，例如企業對數據洩露實行零容忍規範，違規者將面臨立即解雇。該政策有助於建立嚴格的行為標準和管理秩序，但需避免過度機械化的執行方式。在實施中應保留一定靈活性，以考慮特殊情況並維護公平，從而平衡秩序與人性化管理。

260. 要你攤牌 Call Your Bluff
要求對方證明其主張，揭露是否虛張聲勢。例如，在談判中要求對手展示具體計畫或數據，判斷其威脅的真實性。這一模式在高壓環境下非常有效，能迅速檢視對方行動的可信度。實際運用時需謹慎選擇時機，確保自身準備充足，避免對方轉而採取更激烈的反制行動。

261. 消耗戰 War of Attrition
透過持久戰耗盡對方資源以獲取勝利，例如企業在市場競爭中持續削價，迫使對手退出。然而，消耗戰常伴隨高昂的成本，對雙方都是挑戰。在商業中應謹慎使用該策略，可結合資源分配與效率優化，確保自身具備比對手更強的持久力，並避免陷入無謂的損耗。

262. 空洞的勝利 Hollow Victory
勝利的代價過於高昂，可能削弱實際價值，例如企業獲得市場份額但財務狀況惡化。這一模式提醒我們，在追求目標時須考慮長期影響，避免因一時成功而付出過多成本。在計畫階段應設定清晰的資源與回報平衡點，確保行動成果對整體戰略有正面貢獻。

263. 游擊戰 Guerrilla Warfare
以靈活機動的方式對抗強大對手，例如小型創業公司利用快速迭代產

品挑戰市場領導者。這一模式適用於資源有限但需要高效率的情境。在實際運用中，可採取試探性行動或集中攻擊對手的薄弱環節，最大化資源效益，同時避免直接與對手進行全面對抗。

264. 將軍總在打上一場戰爭 Generals Always Fight The Last War

基於過去經驗制定策略，忽略現實環境的變化，例如公司沿用過時的市場模式應對新興競爭者。該模式強調應對環境變化的重要性。在戰略規劃中，需結合過去教訓與現實需求，避免過度依賴陳舊方法。同時，建立適應性強的組織結構以應對動態挑戰。

265. 越級挑戰 Punching Above Your Weight

在實力不對等的情況下對更強的對手發起挑戰，例如小品牌在資源有限下進入高端市場。這一模式需要精心計畫，集中資源在關鍵領域發揮優勢，並尋找創新方式補足資源差距。透過建立差異化價值或抓住對手忽略的機會，小規模挑戰者有可能成功改變競爭格局。

266. 終局 Endgame

在策略設計中考慮最終目標和退出條件，例如企業在快速擴張後計畫如何退出低效市場以集中資源。終局思維能幫助組織避免無目的的資源消耗，並確保行動方向清晰。在應用時需結合對市場趨勢和資源配置的動態分析，確保每一步行動都朝向最終目標。

267. 退場策略 Exit Strategy

在計畫或投資中設置合理的退出機制，確保在不利情況下能迅速減少損失。例如，創業公司在尋求投資時需考慮潛在的收購機會或退出途徑。退場策略幫助管理風險，避免資源的長期消耗。有效的退場策略應具備靈活性，結合市場情勢進行動態調整，同時應明確退出條件，確保執行不延誤，從而將損害降至最低，或最大化潛在收益。

268. 孤注一擲 Hail Mary Pass

在高風險情況下採取最後一搏的策略，例如一家瀕臨破產的公司推出創新產品以挽回市場。這一模式適用於其他選項幾乎無效的絕境，但需要對可能的後果進行嚴格評估，確保該行動即便失敗也不會導致不可逆損害。在運用孤注一擲策略時，應結合強有力的團隊執行力與外部支持，為可能的成功創造最大條件。

269. 焚舟破釜 Burn the Boats

透過切斷退路迫使自己全力以赴，例如秦國將領項羽焚船後成功擊敗敵軍。該模式能激發最大潛力，適用於需要極高專注力和決心的情境。在

現代商業中，焚舟破釜策略可用於戰略轉型，如企業徹底放棄傳統模式全面轉向數位化運營。應用時需謹慎，避免因切斷過多選項導致失敗後無法挽回，並確保在行動前做好充分準備，提升成功概率。

VIII. 激發潛能，創造高績效團隊

270. 喬伊法則 Joy's Law
最優秀的人才可能在組織外部，因此有效利用外部資源至關重要。例如，開源社區中的創新往往來自非公司內部的貢獻者。企業可以透過合作、外包或建立開放式創新平台，吸引外部專業人才參與解決問題。同時，內部管理者應創造適合外部專家融入的環境，最大化利用這些資源，從而提升整體競爭力。

271. 十倍工程師 10X Engineer
具有極高效能的工程師能創造比普通工程師多十倍的價值，例如具備深厚專業知識、創造力和問題解決能力的人才。在團隊管理中，發掘和支持這類工程師至關重要。實際應用中，可為他們提供更高的自主權和資源，讓其專注於影響最大的專案，並透過這些人的引領作用提升整個團隊的效能。

272. 十倍團隊 10X Team
由高效能個體組成的團隊能創造卓越成果，例如具備明確目標、分工協作和快速執行能力的創業團隊。組建十倍團隊需強調人員的技能互補與文化適配，並提供良好的工具和支持以促進合作。在運營中，可引入定期回顧機制，優化流程並確保團隊專注於最重要的目標。

273. 內向者與外向者 Introverts Vs. Extroverts
不同性格特質的人在工作環境中展現不同優勢，例如內向者擅長深度思考與細緻分析，外向者則善於協作和表達。在團隊管理中，應根據個性特質設計適合的角色和任務，避免強迫內向者過度外向化或忽視外向者的情感需求。同時，鼓勵多元文化，讓不同性格的人發揮互補作用。

274. 先天與後天 Nature Vs. Nature
個人成就受基因與環境共同影響，例如運動員可能同時具備天生的身體條件與優質的訓練環境。這一模式提醒我們在教育和管理中，應注重識別潛在能力，同時提供足夠的支持與培養環境。在員工發展中，需結合個

人天賦與適當機會，幫助其實現最大潛能，從而提升組織效益。

275. 智商與情商 IQ Vs. EQ

智商代表邏輯推理與解決問題的能力，情商則關注情緒理解與人際互動的技能。在高效團隊中，兩者缺一不可。例如，領導者須運用智商制定戰略，運用情商建立信任與激勵團隊。應用時，可根據不同職位需求平衡智商與情商的發展，例如針對技術人員加強邏輯訓練，針對管理者則注重情緒管理能力的提升。

276. 通才與專才 Generalists Vs. Specialists

通才具備廣泛技能與靈活適應能力，專才則專注於某一領域的深度知識。兩者在組織中扮演互補角色，例如創新團隊需要通才快速應變，而技術難題則需要專才深入解決。運用此模式時，應結合組織需求進行人力資源配置，同時提供學習與轉型機會，讓員工能夠隨環境變化調整角色。

277. 突擊隊、步兵和政策 Commandos, Infantry, and Policy

不同階段的任務需不同類型的人才。例如，創業初期需要突擊隊型成員快速推進，穩定後步兵型人員維持運作，而政策制定者確保規範與標準。運用此模式時，須根據任務性質合理分配資源，並在組織內部設置明確的角色轉換機制，確保各階段目標的連續實現。

278. 狐狸與刺蝟 Foxes Vs. Hedgehogs

狐狸掌握多種技巧，適應多變環境；刺蝟則專注於單一策略，追求深入理解。例如，跨國企業需要狐狸型管理者應對不同市場，而深耕技術創新的公司則更需要刺蝟型人才。運用時應根據企業的核心目標選擇適合的領導風格，並結合兩者特質打造多元化的團隊結構。

279. 因人而異的管理 Managing to The Person

根據個人特質與需求調整管理方式，避免一刀切。例如，有些員工在明確指導下表現更佳，而另一些則偏好自主決策。實施個性化管理需深入了解員工的動機與工作風格，並建立多元的激勵機制，例如針對創新型員工提供更多自由，對執行型員工則強調指標與過程監控。

280. 彼得原理 Peter Principle

在層級制度中，員工往往升遷至無法勝任的職位，導致效率下降。例如，一位優秀的技術專家未必能勝任管理工作。該模式提醒我們在選拔人才時應考慮能力與適配性，並設計專業發展路徑，讓員工在其擅長的領域持續創造價值，而非僅以晉升作為激勵手段。

彼得原理

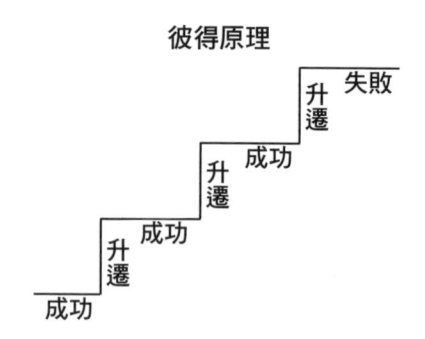

成功 → 升遷 → 成功 → 升遷 → 成功 → 升遷 → 失敗

281. 戰略與戰術 Strategy Vs. Tactics

戰略是長期目標和方向的規劃，戰術則是實現目標的具體行動。例如，公司制定國際化戰略後，採取戰術行動如建立當地分支機構或針對當地市場調整產品。有效的組織管理需要平衡戰略與戰術，確保行動與長期目標一致。在實施過程中，應定期審視戰術是否支持戰略，同時根據環境變化靈活調整。

282. 機構知識 Institutional Knowledge

組織內部特有的運作方式、歷史經驗與非正式流程構成了制度知識。例如，熟悉內部決策流程的員工能更有效率地完成任務。這一知識對新員工尤為重要，影響其適應與貢獻速度。為保留和傳遞制度知識，可採取指導計畫或建立知識庫，確保關鍵經驗在員工流動中不會丟失。

283. 獨角獸候選人 Unicorn Candidate

極其稀有且具備多種高階能力的求職者，例如同時精通技術與市場的創業型人才。獲得這類候選人需要吸引力十足的職位與文化，並提供充分的成長空間。然而，組織應避免過度依賴獨角獸候選人，透過提升團隊協作能力和分散關鍵職責，減少對個人英雄的依賴風險。

284. 直接負責人 Directly Responsible Individual (DRI)

將每個專案或任務分配給一位明確的直接負責人，確保執行效率與結果的可追溯性。例如，產品開發中將每個階段指派給對應的負責人，避免責任模糊。DRI 模式強調責任分工與清晰度，有助於提升團隊效率並減少溝通成本。實踐中應定期檢討執行情況，確保每位負責人獲得必要的支持與資源。

285. 旁觀者效應 Bystander Effect

當多人在場時，個體可能因假設他人會採取行動而選擇不介入，例如公共場合中的緊急事件未被及時應對。該效應在團隊合作中也可能導致責

任分散，降低效率。為減少旁觀者效應，應設立明確的責任分配與監控機制，並培養成員的積極行動意識，確保問題能被快速處理。

286. 權力真空 Power Vacuum
當權力中心缺失或動搖時，可能出現混亂或爭奪。例如，組織內部高層人事變動後，可能導致部門間合作受阻。應對權力真空需及時任命臨時領導者或明確過渡計畫，確保權力平穩交接，避免組織陷入動盪。同時需建立健全的治理架構，減少權力過度集中造成的風險。

287. 刻意練習 Deliberate Practice
刻意練習指針對性地提升特定技能的訓練方法，強調反覆練習和即時反饋。例如，音樂家在指導下專注於改進演奏中的薄弱環節。該模式適用於任何需要精進專業技能的情境。在工作中，員工可以針對某項能力設置明確目標並尋求反饋，從而加速成長。同時，刻意練習需要強大的內在動機和耐心，組織應提供支持性環境以促進長期投入。

288. 間隔效應 Spacing Effect
學習與記憶的效果會因為分散的練習時間而提高，而非密集的短期重複。例如，考試準備中，將學習時間分成多天效果優於一晚突擊。間隔效應適用於培訓與教育場景，可設計分段式課程或定期復習計畫，以鞏固關鍵知識。運用該模式能避免因過度密集練習導致的疲勞，提升學習效率。

經由刻意練習，一般人也能達到專家級的表現

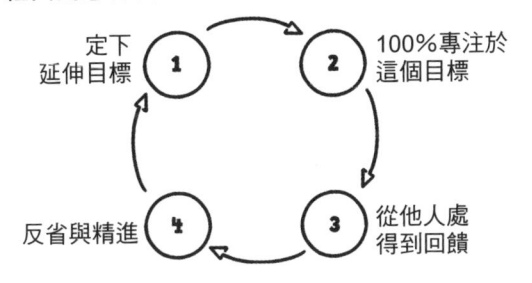

1. 定下延伸目標
2. 100%專注於這個目標
3. 從他人處得到回饋
4. 反省與精進

289. 每週一對一 Weekly One-on-one
定期的個人會談為員工與管理者提供交流和反饋的機會。例如，主管可以了解員工的挑戰並提供即時支持。這一模式強調溝通的重要性，有助於建立信任並提高工作滿意度。運用時應確保會談內容具體且具有行動導向，例如檢視目標進度或討論個人發展計畫，避免淪為形式化的例行程序。

290. 徹底坦率 Radical Cador
坦誠地給予建設性批評，同時展現對個人的真誠關心。例如，主管

指出員工表現不足之處並提供改進建議,表達出對其成長的期待。激進坦率在組織管理中能促進透明文化,但需避免過度直率傷害他人感受。實踐中,可結合具體示例與實用建議,確保反饋具有建設性並增強彼此信任。

從「徹底坦率」的角度提出建議

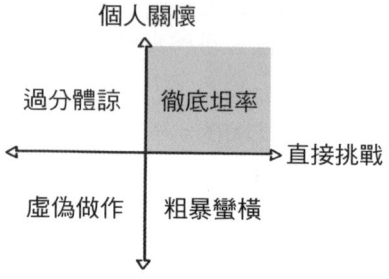

	個人關懷	
過分體諒	徹底坦率	→ 直接挑戰
虛偽做作	粗暴蠻橫	

291. 後果信念矩陣 Consequence-conviction Matrix

用於評估決策的潛在影響與信心程度。例如,某項新產品是否值得推出,可根據市場調研數據與團隊信心進行判斷。後果信念矩陣幫助決策者權衡風險與回報,尤其適用於不確定性高的情境。在實踐中,需結合數據支持和多方意見,確保決策具有足夠的合理性與執行基礎。

利用後果信念矩陣,可以作為是否授權的評估

	高信念	低信念
高後果	不授權	有時授權
低後果	有時授權	完全授權

292. 定型心態與成長心態 Fixed Mindset Vs. Growth Mindset

定型心態認為能力是固定的,成長心態則相信能力可以透過努力提升。例如,認為數學天賦與生俱來的人可能因挫折而放棄,而成長心態者則會將困難視為學習機會。這一模式提醒我們培養員工的成長心態,尤其在面臨挑戰時,應提供支持與資源,鼓勵他們接受失敗並持續改進,從而提升整體績效。

293. 畢馬龍效應 Pygmalion Effect

高期望能促進更好的表現,例如老師對學生的信任與期待能提升學習成果。該效應強調領導者對員工期望的重要性。在實踐中,應透過設定清晰的目標與提供適當的鼓勵,激發員工潛力。同時,避免設定過高或過低

的期望，確保每個目標均在合理範圍內，且可激發成員的自信與動力。

294. 戈蘭效應 Golem Effect

低期望可能導致低績效，例如管理者因偏見而忽視某員工的貢獻，進一步削弱對方的表現動力。該模式提醒我們在管理中應避免負面標籤，注重公平對待每一位員工。實踐中，可結合績效評估與定期反饋，幫助員工識別改進方向，同時強調其積極特質，避免不必要的負面影響。

295. 冒牌者症候群 Impostor Syndrome

即便取得成就仍懷疑自己能力的心理現象，例如優秀員工擔心自己的成功是僥倖。這一症候常出現在高成就者中，可能降低自信與表現。應對此現象，管理者需提供積極反饋並幫助員工認可自己的價值。例如，透過強調具體成果和努力，提升其自我肯定感，從而增強工作動力。

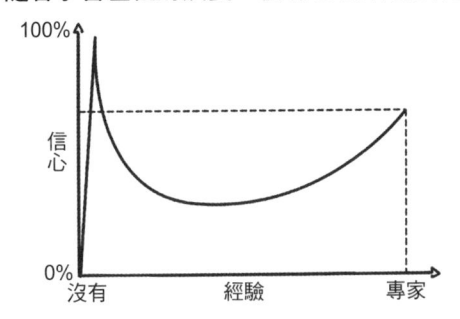

隨著學習歷程的演變，信心也會跟著變化

(圖：X軸為沒有→經驗→專家，Y軸為信心0%~100%，曲線先急升至高點再下降至谷底後回升)

296. 鄧寧－克魯格效應 Dunning-Kruger Effect

能力低的人往往高估自己，而能力高的人則低估自己的水平。例如，初學者可能因對某技能的了解不足而過度自信。該效應強調了自我認知的重要性。在組織中，可透過持續培訓與客觀反饋，幫助員工了解自身實力，避免錯誤決策。同時，為高能力者提供機會展現實力，防止他們低估自己的價值。

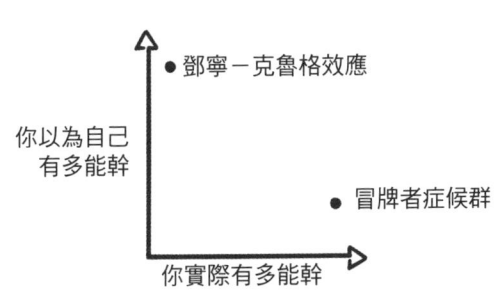

(圖：X軸為「你實際有多能幹」，Y軸為「你以為自己有多能幹」，左上標示●鄧寧－克魯格效應，右下標示●冒牌者症候群)

297. 馬斯洛需求層次理論 Maslow's Hierarchy of Needs

從基本需求到自我實現的五層需求模型，揭示了人類行為的驅動力。例如，員工只有在薪資滿足基本需求後，才會關注工作成就感和個人成長。管理中應根據需求層次制定策略，例如滿足安全需求後提供進階的發展機會，以激發員工的內在動力，促進個人與組織的共同成長。

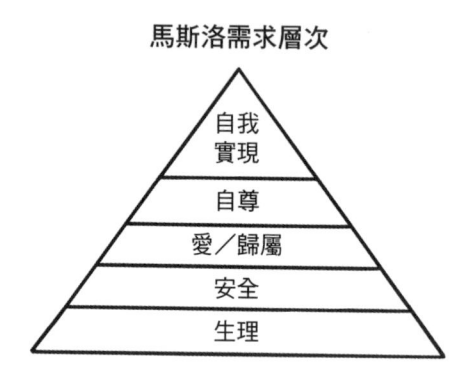

馬斯洛需求層次

(金字塔由上而下：自我實現／自尊／愛・歸屬／安全／生理)

298. 後見之明偏誤 Hindsight Bias

事後認為事件的結果是可以預見的，例如投資失敗後，覺得應該早就發現風險。這種偏誤可能削弱學習效果，因為人們忽略了當時的不確定性。在決策過程中，應強調記錄當下的條件與考量，避免事後過度簡化事件。例如，企業進行專案回顧時，可透過時間線還原當時的情境與限制，促進更深入的反思與改進。

299. 文化 Culture

組織的文化決定了行為的基本規範與價值觀，例如創新型公司可能鼓勵冒險與快速迭代，而傳統產業強調穩定與規範。文化對員工的行為和決策具有深遠影響，管理者應積極塑造符合組織目標的文化。例如，透過典範行為、公開表彰和溝通，推動員工內化文化價值，從而提升組織一致性與凝聚力。

300. 高語境與低語境 High-context Vs. Low-Conext

高語境文化強調隱含訊息與非語言溝通，如亞洲國家；低語境文化則更注重直接與清晰表達，如西方國家。理解這一差異有助於跨文化溝通與合作。例如，跨國企業在高語境文化中進行談判時，應重視關係的建立與微妙暗示，而在低語境文化中，則需更注重契約條款的明確性，避免誤解。

301. 贏得人心 Winning Hearts and Minds

成功的領導不僅需要理性說服，也需情感共鳴。例如，推行新政策時，單純強調數據可能不足以激發支持，需結合故事與願景引起情感共鳴。實際運用時，可透過透明溝通與強調共同利益贏得信任，並讓成員感受到被尊重與認同，從而提高執行力與參與度。

302. 忠誠者與傭兵 Loyalists Vs. Mercenaries

忠誠者對組織抱有高度承諾，願意與其共進退；傭兵則更多基於報酬動機工作，缺乏長期忠誠度。企業需要兩者的平衡，忠誠者能帶來穩定性與文化傳承，傭兵則提供靈活性與專業技能。運用該模式時，應重視忠誠者的關懷與激勵，例如培養歸屬感與發展機會；同時有效利用傭兵的專長，並結合績效評估促進合作效益。

303. 管理者的時間表與自造者的時間表 Manager's Schedule Vs. Maker's Schedule

管理者以會議為主，時間被細分成多個區段；自造者則偏好大塊連續的時間進行創造性工作。兩者的時間表差異可能導致合作困難。例如，設計師需要集中精力完成作品，但頻繁的會議干擾其工作流。為平衡雙方需求，企業應在排程時考慮角色特性，減少不必要的中斷，例如設定特定時間為深度工作時段，提升工作效率。

304. 鄧巴數字 Dunbar's Number

人類在社交關係中能維持穩定聯繫的人數上限約為 150 人。例如，小型企業中員工間的互動頻繁，組織氛圍更具凝聚力，但隨規模擴大可能出現疏離感。理解鄧巴數字有助於設計組織結構，例如將大型團隊拆分成小型工作單位，保持高效的溝通與合作。同時，企業應重視文化與價值觀的傳遞，彌補規模成長帶來的疏遠。

305. 人月迷思 Mythical Man-month

增加人力並不一定縮短項目完成時間，反而可能因溝通與協作成本上升導致延遲。例如，軟體開發中過多的人員參與會使協調工作超過實際編碼工作。該模式提醒管理者，在分配資源時需注重合理性，避免盲目增加人力。運用時可透過優化流程與角色分工，提升現有團隊的效率，而非單純依賴人力增補。

306. 地面部隊 Boots on the Ground

指在第一線工作的基層人員，他們對實際情況的了解比高層更為直觀。例如，銷售代表能直接感知市場變化，比管理層更快發現問題與機會。運用該模式時，組織應鼓勵基層員工分享經驗與建議，並建立反饋機

制,將前線觀察納入決策過程。這不僅能提升執行力,也有助於更準確地應對挑戰。

IX. 展現你的市場競爭力

307. 套利 Arbitrage
套利指利用市場中價格差異賺取利潤,例如同一產品在不同地區價格不同時進行買賣操作。該模式強調高效資源配置和精確市場分析。企業可透過尋找價格錯位的市場機會實現快速增長,例如利用跨境電商平臺銷售低成本來源商品。然而,套利行為需警惕市場規則與法律約束,並結合長期戰略防止過度依賴短期收益。

308. 永續競爭優勢 Sustainable Competitive Advantage
在市場中長期保持競爭力,例如具備強大品牌效應、專有技術或獨特供應鏈。這一模式提醒企業需專注於構建難以模仿的核心優勢。在實踐中,可透過不斷投資創新、優化流程和建立消費者信任來實現。運用時應確保策略靈活,以應對市場變化並延續競爭力。

309. 市場力量 Market Power
能夠影響市場價格或行業規則的能力,例如龍頭企業透過其規模優勢控制成本並改變定價策略。市場力量可帶來明顯的盈利能力,但也可能導致監管風險。在運用時,企業應平衡短期利益與長期合規性,採取透明策略維持市場地位,避免因濫用市場力量引發消費者或監管機構的不滿。

310. 共識－反向矩陣 Consensus-contrarian Matrix
用於評估投資或策略是否具備獨特性和潛力。例如,大多數人低估的市場可能隱藏著巨大的機會。該矩陣鼓勵挑戰共識,發掘被忽視的價值。在實踐中,需結合數據分析與市場調研,確保決策建立在堅實的基礎上。同時,持續檢討假設與觀點,避免過度偏離現實。

用共識－反向矩陣來解釋投資回報

	錯誤	正確
共識	沒有回報	正常回報
反向操作	沒有回報	超額回報

311. 祕密 Secrets

成功企業通常依賴他人未發現的核心洞見，例如解決特定用戶需求的新技術或服務。祕密提供了建立競爭壁壘的基礎。在創業或產品開發中，需專注於發現尚未被滿足的需求並提供創新解決方案。例如，針對利基市場設計高度差異化的產品，搶占先機並鞏固市場地位。

312. 為什麼是現在？ Why Now?

這一模式強調在適當的時機推出產品或服務的重要性。例如，新技術的普及、法規的變化或市場需求的暴增可能為新機會鋪平道路。在商業決策中，應深刻分析外部環境，判斷當前時機是否具備突破性優勢。成功的產品推出常結合對市場需求的洞察與執行的及時性，避免因過早或過晚行動錯失良機。

313. 同時發明 Simultaneous invention

指出相似的創新往往在不同地方同時出現，反映出技術或市場條件已經成熟。例如，電燈由多位發明家幾乎同時開發成功。這提醒我們，創新的成功不僅取決於想法本身，還需快速執行和有效推廣。在產品開發中，應專注於差異化策略，確保在競爭中脫穎而出。

314. 先行者優勢與先行者劣勢
First-mover Advantage Vs. First-mover Disadvantage

先行者可能佔據市場份額並建立品牌，但也可能因技術不成熟或市場接受度不足而失敗。後進者可以學習前者的經驗並改進產品。例如，社交媒體領域中的早期平台雖然具備創新性，但後進者憑藉更佳的使用體驗獲得了最終成功。這一模式強調在行動前需仔細評估行業特性和市場條件。

315. 產品與市場適配 Product/Market Fit

產品與市場適配指產品恰好滿足目標市場需求，常被視為企業成功的關鍵。例如，針對特定受眾設計功能精簡但高效的解決方案，有助於迅速建立忠實用戶基礎。為達成適配，企業需結合客戶反饋進行產品調整，確保價值主張直擊痛點，並及時識別市場需求的變化以保持競爭力。

316. 共振頻率 Resonant Frequency

指與目標市場需求高度契合的產品特性。例如，某款智慧家居產品的功能設計恰好符合用戶對便捷性的期待，從而引發熱烈反響。在產品設計或行銷過程中，應深入研究客戶心理和行為模式，確保核心價值點引起共鳴。成功的共振能帶動用戶的情感認同，轉化為持續的品牌忠誠度。

共振

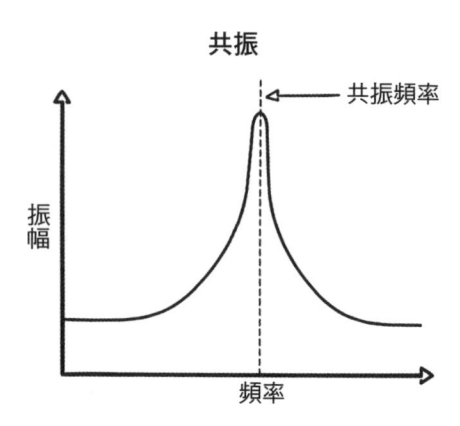

振幅 / 頻率 / 共振頻率

317. 客戶開發 Customer Development

客戶開發是以需求為導向的產品開發方法，重點在於與潛在客戶交流以驗證假設。例如，初創企業在產品推出前，應積極了解用戶需求與痛點，避免浪費資源在市場需求不足的功能上。該模式適用於新產品開發和市場進入策略，透過迭代和測試，確保產品與用戶需求高度匹配，從而提高市場接受度和競爭力。

318. OODA 循環 OODA Loop

OODA 循環由四個步驟組成：觀察（Observe）、定向（Orient）、決策（Decide）和行動（Act），適用於快速應對變化的環境。例如，在市場競爭中，企業需要快速蒐集數據（觀察）、分析情境（定向）、制定計畫（決策）並付諸實施（行動）。該模式強調靈活性與迭代，尤其在動態環境中，能幫助組織保持敏捷並搶占先機。

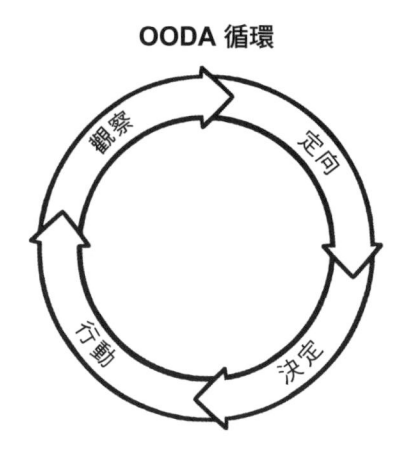

OODA 循環

觀察 → 定向 → 決定 → 行動

319. 轉型 Pivo

轉型指在目標市場或產品定位不奏效時，迅速調整方向。例如，Instagram 原本是一款定位於打卡地點的應用，後來轉向分享圖片的社交平台並大獲成功。這一模式強調在早期階段的靈活性，透過分析數據與用戶反饋，快速調整策略，找到更具市場潛力的定位。

320. 待完成的工作 Jobs to Be Done

該模式認為，消費者購買產品並非因為產品本身，而是為了解決某個具體問題。例如，購買咖啡並不僅為了喝飲料，而是為了提神或社交。了解客戶的「待完成工作」能幫助企業精準定位價值主張，設計更符合需求的產品或服務，從而提升市場競爭力和用戶滿意度。

321. 你在尋找什麼樣的客戶？ What Type of Customer Are You Hunting?

根據目標客戶的特性制定相應的策略，例如專注於大客戶可帶來穩定收入，而小型客戶則可能更具數量優勢。這一模式強調市場細分與精準定位的重要性。企業應根據資源與核心能力選擇最具價值的客戶類型，並針對性地設計產品和營銷計畫，以提高成交率與忠誠度。

322. 信封背面計算 Back-of-the-Envelope Calculation

快速進行簡單的數學推算，用於評估項目的可行性或價值。例如，在開發新產品前，透過粗略計算預估市場規模和潛在收益，以決定是否投入資源。這一模式適合於早期決策階段，幫助快速篩選出潛力選項。在應用時，應結合關鍵假設和合理的參數，避免過於樂觀或悲觀的偏差。

323. 人物設定 Persona

建立目標用戶的假想人物形象，幫助團隊更直觀了解客戶需求。例如，為一款運動應用設計典型用戶形象，包括年齡、興趣和使用場景。這一模式能提升產品設計的針對性，幫助團隊集中資源滿足核心用戶需求。在應用過程中，應透過市場調研和數據分析不斷完善人設，確保其準確性。

324. 亮點 Bright Spots

專注於已成功的案例或行為，並將其擴展到其他領域。例如，企業發現某地區的銷售模式效果顯著，進而將其複製到其他市場。這一模式強調從成功中學習，而非過度關注問題。應用時需分析成功案例的關鍵因素，確保可行性和適配性，避免直接照搬導致的不適應。

325. 灘頭陣地 Beachhead

在特定市場或領域建立穩固基礎，進一步拓展規模。例如，新創企業以小眾市場為起點，逐步向大眾市場滲透。這一模式適用於資源有限的情境，能幫助企業集中精力獲取初期成功。運用時需選擇具備高成長潛力的目標市場，並在建立穩固地位後迅速擴張。

326. 想法迷宮 Idea Maze

將創新過程視為探索迷宮的過程，需要不斷試探與修正。例如，創業者在發展產品時可能經歷多次調整與迭代，最終找到最佳解決方案。這一模式強調靈活性與耐心，適合創新型專案。實踐中，應鼓勵團隊分享和試驗不同想法，並建立快速反饋機制，幫助更快找到成功路徑。

327. 追熱飛彈 Heat-Seeking Missile

形容專注於目標並靈活應對外部變化的策略，例如公司根據即時市場趨勢調整產品方向。該模式適用於高競爭和快速變化的行業，能幫助組織抓住瞬時機遇。在實踐中，須結合數據分析與市場洞察，保持靈敏的反應速度。同時，應確保團隊具備快速執行和調整策略的能力，避免因過於頻繁變動影響長期穩定。

328. 護城河 Moat

企業建立競爭壁壘，阻止競爭者進入市場，例如專利技術或品牌忠誠度。護城河可保護市場份額和利潤空間，是企業長期成功的關鍵。在實踐中，企業應透過創新、資源整合或客戶服務優化，不斷拓寬護城河。同時，需定期評估外部威脅，確保競爭壁壘的持續有效性。

329. 鎖定效果 Lock-In

讓用戶因為便利性或高轉換成本而留在產品生態系統內，例如軟體訂閱模式或生態鏈硬體產品。這一模式強調提高用戶黏性，確保長期收益。在應用時，應優化使用者體驗，增加產品整合度，使用戶在離開時感受到明顯的不便。此外，透過提供持續價值，讓鎖定成為用戶的主動選擇，而非被迫依賴。

330. 轉換成本 Switching Costs

描述用戶切換產品或服務的代價，例如學習新系統的時間成本或資料轉移的技術障礙。高轉換成本能提升客戶留存率，對競爭者形成壁壘。在產品設計時，企業應透過創建專屬功能或提供整合服務提高轉換成本。同時，避免讓用戶感到受限，需透過卓越服務與創新維持用戶忠誠度。

331. 進入障礙和退出障礙 Barriers to Entry and Barriers to Exit

進入障礙指行業新進者需克服的困難，例如資本需求或技術專利；退出障礙則是企業撤出市場的挑戰，例如沉沒成本或聲譽風險。高進入障礙有助於保護市場領導者的地位，但高退出障礙可能導致資源浪費。在制定戰略時，需評估行業特性，採取措施降低退出風險，並有效運用進入障礙維護競爭優勢。

332. 管制俘虜 Regulatory Capture

指行業的監管機構因受行業影響過大，反而成為行業利益的代言人。例如，大型企業可能透過資金影響或人員流動使監管政策向自身有利方向傾斜。該模式提醒我們在制定政策或管理機制時需保持獨立性和透明性，避免不公平競爭的情況。同時，企業在參與行業規範時，應謹慎平衡短期利益與長期市場信任的關係。

333. 贏家占據大多數市場 Winner-take-most markets

某些市場中，領先企業可能占據絕大多數的市場份額，例如搜尋引擎或電商平台。這一模式強調規模效應和網路效應的重要性。在競爭激烈的市場中，企業需快速建立競爭優勢，例如透過創新、優化客戶體驗或擴展生態系統，搶占關鍵市場份額。此外，需持續投入資源以鞏固地位，避免因後進者趕超而失去優勢。

334. 唯偏執狂得以倖存 Only the Paranoid Survive

市場競爭中保持高度警覺，才能及時應對威脅並保持領先地位。例如，科技企業需要不斷監測行業趨勢和競爭動態，提前部署新技術或進入新市場。該模式適合高風險、高變化的環境，要求企業時刻反思現有策略是否仍具競爭力。在實踐中，可建立快速響應機制和定期回顧流程，以應對潛在挑戰。

335. 破壞式創新 Disruptive Innovations

小規模的新進者透過簡化或更便宜的解決方案顛覆現有市場，例如線上教育改變了傳統教育行業。破壞式創新通常從未被充分滿足的用戶需求開始，逐步擴展影響範圍。企業可透過關注未被服務的市場或客戶痛點進行創新。同時，市場領導者需警惕新進者，積極進行自我革新，防止被顛覆。

336. 跨越鴻溝 Crossing the Chasm

描述新技術或產品從早期使用者推廣到主流市場的挑戰。例如，初創企業的科技產品需從小眾市場進入大規模應用。成功跨越鴻溝需優化產品體驗並解決主流市場的核心需求。實踐中，企業應聚焦於早期用戶的成

功案例,透過口碑效應逐步滲透主流市場,並調整行銷策略滿足更廣泛的需求。

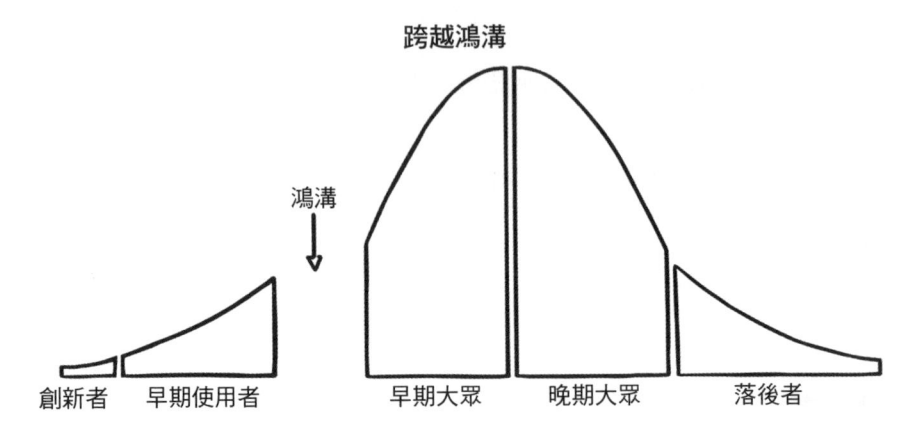

跨越鴻溝

鴻溝

創新者　早期使用者　早期大眾　晚期大眾　落後者

337. 船貨崇拜 Cargo Cult

模仿成功行為而忽略其背後邏輯的現象,例如單純複製競爭對手策略而未結合自身情境。該模式提醒我們在學習他人成功經驗時需深入理解其適用條件,避免照搬導致失敗。實踐中,可透過結合數據分析和自身資源,確保策略符合企業目標和市場特性,避免盲目模仿。

338. 能力圈 Circle of Competence

指專注於自身熟悉的領域進行決策或投資,例如企業應聚焦於核心技術或市場優勢。該模式強調認清自身的能力邊界,避免進入陌生領域導致資源浪費。在實踐中,需持續提升專業技能並建立競爭優勢,並在擴展能力圈時採取謹慎態度,確保資源運用的最大化效益。

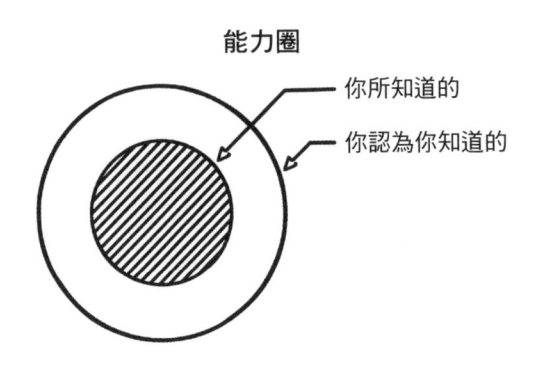

能力圈

你所知道的
你認為你知道的